Verhandlungsgesteuerte Sanierung
durch den prepackaged plan

Schriftenreihe des Centrum für Deutsches & Europäisches Insolvenzrecht

Herausgegeben von
Stefan Smid, Silke Wehdeking
und Mark Zeuner

Band 4

PL ACADEMIC RESEARCH

Sebastian Müller

Verhandlungsgesteuerte Sanierung durch den prepackaged plan

Das Planinitiativrecht des Schuldners aus § 218 Abs. 1 S. 2 InsO als Ausgangspunkt steuer- und planbarer Gestaltungsprozesse

PL ACADEMIC RESEARCH

Bibliografische Information der Deutschen Nationalbibliothek
Die Deutsche Nationalbibliothek verzeichnet diese Publikation in der Deutschen Nationalbibliografie; detaillierte bibliografische Daten sind im Internet über http://dnb.d-nb.de abrufbar.

Zugl.: Kiel, Univ., Diss., 2013

D 8
ISSN 2194-4881
ISBN 978-3-631-64360-0 (Print)
E-ISBN 978-3-653-03453-0 (E-Book)
DOI 10.3726/978-3-653-03453-0

PL Academic Research ist ein Imprint der Peter Lang GmbH.

Peter Lang – Frankfurt am Main · Bern · Bruxelles · New York · Oxford · Warszawa · Wien

www.peterlang.de

Vorwort

Die vorliegende Arbeit wurde im Wintersemester 2012/2013 von der Rechtswissenschaftlichen Fakultät der Christian-Albrechts-Universität zu Kiel als Dissertation angenommen.

Mein besonderer Dank gilt Herrn Prof. Dr. Smid für die Betreuung während der Anfertigung der Arbeit. Herrn Prof Dr. Michael Fischer danke ich für die Erstellung des Zweitgutachtens.

Zum allergrößten Dank bin ich meinen Eltern verpflichtet, die mir durch ihre ununterbrochene Unterstützung das Schreiben dieser Arbeit ermöglicht haben. Ihnen ist die Arbeit in tiefster Dankbarkeit gewidmet.

Kiel, im Mai 2013 Sebastian Müller

Inhaltsverzeichnis

Einleitung und Vorgehensweise

A. Einleitung

Die Stellung des Antrags auf Eröffnung des Insolvenzverfahrens über sein Vermögen markiert für den Schuldner eine Zäsur in seiner rechtlichen wie wirtschaftlichen Existenz. Mit dem Eingang des Antrags, spätestens mit der Eröffnung des Insolvenzverfahrens, unterwirft das Gesetz die bis dahin freie Handlungsmacht des Schuldners rechtlichen Beschränkungen. Selbiges gilt für die Gläubiger, denen die bis dahin unbegrenzte Einzelzwangsvollstreckung zugunsten eines staatlich überwachten Vollstreckungsverfahrens untersagt wird. Dass auch ein mit Zwang verbundenes Verfahren eine Perspektive der Steuerung, Beherrsch- und Planbarkeit bereithält, wird von der insolvenzrechtlichen Praxis und Literatur nicht verneint. Sie wurde jedoch vielfach bereits mit einem Verweis auf den mangelnden Einfluss der Beteiligten auf die – in Anlehnung an *Ernst Jaeger*[1] – als „Schicksalsfrage" des Insolvenzverfahrens bezeichnete Entscheidung des Gerichts, nämlich die Auswahl des im Verfahren mit zentralen Handlungs- und Entscheidungsbefugnissen ausgestatteten Insolvenzverwalters, als faktisch nicht existent und existierbar abgetan[2]. *Smid/Rattunde* formulierten das hiermit korrespondierende Empfinden, sich mit dem Eröffnungsantrag einem nicht durchschaubaren Geflecht aus divergierenden Interessen und einem kaum zu prognostizierenden Verfahren auszusetzen, wie folgt: „Insolvenzverfahren gelten – leider oft zu Recht – als nicht planbar, Gerichtsentscheidungen sind unvorhersehbar. Das Insolvenzverfahren gleicht zuweilen einer lebensgefährlichen Operation, bei der das Operationsergebnis zusammengelost wird."[3]

---

1 Jaeger-*Jaeger*, § 78, Rn. 7.

2 Vgl. hierzu *Braun* in: Braun/Uhlenbruck, S. 687 ff.; *Köster*, Bestellung, S. 101 f.; *Seide/Brosa*, ZInsO 2008, S. 769 ff.; *Westpfahl/Janjuah*, ZIP 2008, Beilage Heft 3, S. 9 ff. Nichts anderes folge aus der Möglichkeit der ersten Gläubigerversammlung gemäß § 57 InsO einen neuen Insolvenzverwalter zu wählen. Nach *Wild*, KTS 1982, S. 64 beinhalte die Abwahl des bestellten Verwalters eine große Vermutung dafür, dass das Gericht offensichtlich die falsche Wahl getroffen habe. Aus diesem erklärten Misstrauen resultiere ein gestörtes Vertrauensverhältnis der Gläubiger zum Gericht, was der angestrebten günstigen Verfahrensabwicklung entgegenstehe.

3 *Smid/Rattunde*, Insolvenzplan, Rn. 0.17.

Aufgrund dieses in der Rechtspraxis vorherrschenden Empfindens sah sich der Gesetzgeber zum Handeln verpflichtet. Produkt seines Handelns war das Gesetz zur weiteren Erleichterung der Sanierung von Unternehmen (ESUG), welches am 01.03.2012 in Kraft trat[4]. Ziel des Gesetzgebers war die Erleichterung der Sanierung von Unternehmen, was insbesondere durch einen stärkeren Einfluss der Gläubiger auf die Auswahl des Insolvenzverwalters, durch den Ausbau und die Straffung des Insolvenzplanverfahrens und durch die Vereinfachung des Zugangs zur Eigenverwaltung verwirklicht werden sollte. Den Beteiligten soll eine größere Planungssicherheit hinsichtlich des Ablaufs des Insolvenzverfahrens und damit ein berechenbares Verfahren gewährleistet werden[5].

Ihren Ausgangspunkt haben die sowohl für den Schuldner als auch für die Gläubiger erstrebenswerten Elemente der Vorhersehbarkeit, Beherrschbarkeit und Planung in der Vorbereitung[6]. Auch frühzeitige Sanierungen im Wege eines Insolvenzverfahrens haben ihren Ursprung in dem Eröffnungsantrag vorausgehenden Aktivitäten. In dieses Konstrukt fügt sich die durch das ESUG unverändert gebliebene Möglichkeit des Schuldners aus § 218 Abs. 1 S. 2 InsO ein. Hiernach kann der Schuldner die Vorlage eines Insolvenzplans mit dem Antrag auf Eröffnung des Insolvenzverfahrens verbinden. Die Option vermag für den Schuldner den erforderlichen zeitlichen Vorsprung bereitzuhalten, da sie ihm ermöglicht, den mit dem ESUG als Sanierungsinstrument gestärkten Insolvenzplan bereits vor der Einreichung des Eröffnungsantrags beim Insolvenzgericht zu erstellen.

Für den Schuldner verbindet sich mit der Wahrnehmung seiner Möglichkeit aus § 218 Abs. 1 S. 2 InsO die Frage, wie er den mit ihr eröffneten Gestaltungsspiel- und Gestaltungszeitraum optimal nutzen kann und welche Anforderungen zunächst die Gewährleistung und sodann die Aufrechterhaltung einer hierdurch geschaffenen Steuerungs- und Planbarkeitsperspektive an ihn stellt. Dem vorbereitenden und planenden Schuldner werden dabei durch die Insolvenzordnung bestimmte Rahmenbedingungen vorgegeben, die er bei der Gestaltung seines Plankonzepts nicht unberücksichtigt lassen kann und darf. Gestaltung im Hinblick auf ein künftiges formell geregeltes Verfahren bedingt die Berücksichtigung, idealerweise Antizipation der durch das Verfahren vorgegebenen Strukturen. Er kommt nicht umhin, diese Strukturen in seinen Gestaltungsprozess zu integrieren. Insoweit besteht ein Wechselspiel zwischen diesen Komponenten. Inwieweit sich die Schaffung einer Steuerungs- und Planbarkeitsperspektive durch die Option aus § 218 Abs. 1 S. 2 InsO verwirklichen lässt, ist Gegenstand der Arbeit.

---

4 Verkündet im Bundesgesetzblatt am 13.12.2011, vgl. BGBl. 2011, Teil 1 Nr. 64, S. 2582.

5 BT-Drs. 17/5711, S. 17 ff.

6 Vgl. insoweit *Westpfahl/Janjuah*, ZIP 2008, Beilage Heft 3, S. 4, nach denen Planungsunsicherheit das Resultat im Vorfeld des Verfahrens ungeklärter Fragen darstellt; sehr weitgehend *Schunke*, DZWir 1999, S. 284.

B. Vorgehensweise

Die vorliegende Arbeit ist in insgesamt fünf Teile untergliedert.

Im ersten Teil werden nach einleitenden Ausführungen zum Insolvenzplan als dem von der InsO bereitgestelltem Sanierungsinstrument die Grundlagen des schuldnerischen Planinitiativrechts dargestellt. Zunächst wird die abstrakte Bedeutung dieses Rechts für den Schuldner aufgezeigt. Auf dieser Grundlage erfolgt eine Auseinandersetzung mit der Möglichkeit des Schuldners aus § 218 Abs. 1 S. 2 InsO. Es werden die sich ergebenden Besonderheiten und Gestaltungschancen sowie deren Auswirkungen auf die Position des Schuldners, insbesondere im Hinblick auf die Schaffung einer Perspektive der Steuerung und Beherrschung, untersucht.

Für die Wahrnehmung der Möglichkeit aus § 218 Abs. 1 S. 2 InsO hat sich in der deutschen Rechtswissenschaft und -praxis der Begriff des „prepackaged plan" etabliert. Der prepackaged plan stellt eine spezielle verfahrensrechtliche Ausprägung des im US-amerikanischen Insolvenzrecht ebenfalls als Gestaltungsmittel verwendeten Reorganisationsplans dar. Aus diesem Grund folgt eine Auseinandersetzung mit dessen rechtlichen wie gestalterischen Grundlagen in der US-amerikanischen Sanierungstheorie und -praxis.

Auf Basis der gewonnenen Erkenntnisse über den prepackaged plan im US-Recht wird im zweiten Teil dessen Übertragbarkeit auf einen deutschen Sanierungssachverhalt untersucht. Ein Schwerpunkt liegt hierbei auf der Auseinandersetzung mit der Möglichkeit einer (rechtsverbindlichen) Planung, die der prepackaged plan im US-amerikanischen Recht bereithält. Inwieweit diese auch im deutschen Recht für die Beteiligten zu realisieren ist bzw. welche Anforderungen und allgemeinen Effekte sie mit sich bringt, ist im Folgenden Gegenstand der Arbeit.

Der dritte Teil der Untersuchung widmet sich der konkreten Effekte, die mit einem prepackaged plan für das formelle Insolvenzverfahren verbunden sind. Konkret geht es hierbei um die Frage, inwieweit die Beteiligten durch verfahrensvorbereitende (Ver-)Handlungen Einfluss auf die Entscheidungen des Insolvenzgerichts nehmen können. Zu diesem Zweck werden dessen Entscheidungen im Eröffnungsverfahren und im Rahmen des Erlasses des Eröffnungsbeschlusses dargestellt und die wechselseitigen Bedeutungen der konkreten Gerichtsentscheidung und des prepackaged plan analysiert. In diesem Zusammenhang werden die Intentionen und Handlungsmöglichkeiten aufgezeigt, die sich mit dem prepackaged plan für die Beteiligten verbinden.

Sodann widmet sich die Untersuchung den von Gesetzes wegen bis zur Planbestätigung und Verfahrensaufhebung zu absolvierenden Verfahrensschritten.

Dabei liegt ein besonderer Fokus auf der Frage, inwieweit die Beteiligten einzelne Verfahrensetappen durch Aktivitäten zeitlich vor dem Verfahren vorbereiten bzw. sogar vorwegnehmen können. Zugleich wird untersucht, wie der Plan in diesem Zeitraum durch das Gericht behandelt wird und sich eine zügige, die Perspektive der Steuerung und Planbarkeit bietende Verfahrensabsolvierung erzielen lässt.

Dass in einem gläubiger- und damit interessenreichen Insolvenzsachverhalt effektive Planverhandlungen lediglich auf Basis einer Organisation geführt werden können, wird im vierten Teil der Arbeit erörtert. Zu diesem Zweck wird die von Gesetzes wegen vorgegebene Entscheidungsstruktur und ihre Bedeutung für die im Zusammenhang mit einem prepackaged plan vor dem Verfahren zu leistenden Verhandlungen analysiert. Hierbei wird der Frage nachgegangen, inwieweit dem Schuldner vom Gesetz eingeräumte gestalterische und strategische Möglichkeiten diesen Prozess beeinflussen können. Daran an knüpft sich die Auseinandersetzung mit der Frage, ob die Gewährleistung einer Steuerung und Planbarkeit weitere als die vom Gesetz formulierten Anforderungen an die Beteiligten stellt und inwieweit einem solchen Vorgehen Bedenken begegnen.

Der fünfte Teil stellt den Abschluss der Arbeit dar mit einer Zusammenfassung ihrer wesentlichen Ergebnisse.

1. Teil: Das schuldnerische Planinitiativrecht

A. Der Insolvenzplan als Sanierungsinstrument der InsO

Das Vorliegen eines Eröffnungsgrundes bzw. die Eröffnung des Insolvenzverfahrens bedeutet nicht, dass das schuldnerische Unternehmen nicht mehr saniert werden kann[7]. Die Insolvenzordnung stellt die Eigensanierung als ein Mittel der schuldnerischen Haftungsrealisierung bereit. Dabei existiert sie gleichberechtigt neben den anderen von der InsO eröffneten Verwertungsoptionen wie der Liquidation und der – in den §§ 162, 163 InsO vorausgesetzten – übertragenden Sanierung. Das Gesetz unterlässt es, eine Vorentscheidung in Richtung der Sanierung zu treffen. Die Entscheidung wird in Anknüpfung an das im Insolvenzverfahren dominierende Prinzip der Gläubigerautonomie einzig und allein den Gläubigern überlassen[8].

Auch wenn es dem Gesetzgeber mit der Schaffung des Insolvenzplanverfahrens nicht darauf ankam, eine der möglichen Verwertungsarten vorzuziehen, hat er den Insolvenzplan primär für die Fälle der Unternehmenssanierung vorgesehen. Durch die Modifikation der Insolvenzordnung durch das ESUG wurde die Sanierung als Verwertungsziel weiter gestärkt. Im Gegensatz zu der Liquidation oder der übertragenden Sanierung lässt sich eine Eigensanierung lediglich im Plan-, nicht aber im Regelinsolvenzverfahren verwirklichen[9].

Die Schwierigkeit und die Herausforderung bei der Entscheidung zugunsten der Sanierung bestehen für die Beteiligten darin, dass sie sich selbständig über die Art und Weise der Erreichung einer für sie optimalen Verwirklichung der Schuldnerhaftung einig werden müssen. Anders als beim Liquidationsverfahren entsteht bei der Entscheidung für die Sanierung kein gesetzlich vorgegebener und damit nachvollziehbarer Automatismus, nach dem die Verwertung des schuldnerischen Vermögens zu erfolgen hat. Das Gelingen einer Sanierung hängt von einer Vielzahl von Faktoren ab und beinhaltet daher ein gewisses Risiko für die Beteiligten. Im Vorhinein können nicht alle Szenarien komplett kalkuliert

---

7 *Liebig/Witt*, DB 2011, S. 1929; *Steffan*, WPg. 2003, Sonderheft, S. 151.

8 Vgl. nur *Balz*, ZIP 1988, S. 277 f.

9 Vgl. MüKo-*Eidenmüller*, Vor §§ 217-269, Rn. 9; *Schiessler*, Insolvenzplan, S. 31; *Warrikoff*, KTS 1997, S. 542.

werden, sodass mit der Entscheidung eine gewisse Unsicherheit einhergeht. Die Frage nach einer Sanierung müssen die Beteiligten aber selber beantworten, das Gesetz nimmt ihnen die Entscheidung nicht ab[10].

Die Motivationen der Beteiligten, sich zugunsten einer Sanierung zu entscheiden, können vielfältig sein. Insbesondere bestimmte Wettbewerbsvorteile sprechen für eine Sanierung. Verfügt der Schuldner etwa über günstige Vertragsbeziehungen zu Dritten oder ist er Inhaber personengebundener Konzessionen, Lizenzen oder öffentlich-rechtlicher Genehmigungen wird es sich lohnen, diese Ressourcen zu erhalten und im wirtschaftlichen Verkehr zu nutzen[11].

Die Sanierung eines Unternehmens meint die Wiederherstellung seiner Leistungs- und Überlebensfähigkeit durch geeignete leistungs- und finanzwirtschaftliche sowie rechtlich-organisatorische Maßnahmen. Sie ist gerichtet auf die Beseitigung der Zahlungsunfähigkeit, der drohenden Zahlungsunfähigkeit bzw. der Überschuldung im Sinne der §§ 17-19 InsO[12]. Ein als Sanierungsplan ausgestalteter Insolvenzplan zeigt den Beteiligten auf, wie die Ertragskraft des schuldnerischen Unternehmens wieder herzustellen ist und aus welchen Erlösen die Gläubigerbefriedigung erfolgen wird[13]. Hauptaufgabe der Beteiligten ist es folglich, die dazu erforderlichen Maßnahmen zu bestimmen und zu ergreifen. Das Insolvenzplanverfahren bietet ihnen den rechtlichen Rahmen, in den sie das von ihnen ausgearbeitete Konzept einpassen und -fügen müssen. In ihm wird die Sanierung verwirklicht[14].

B. Das Planinitiativrecht des Schuldners

I. Das Planinitiativrecht als Element der Verfahrenslenkung

Die Durchführung des im 6. Teil der Insolvenzordnung normierten Insolvenzplanverfahrens beginnt mit der Vorlage eines Insolvenzplans. Ein förmliches Antragsverfahren sieht das Gesetz nicht vor. Einhergehend mit der Planvorlage richtet der Vorlegende aber die einem Antrag gleichgestellte Aufforderung an

10 Vgl. *Seagon* in: Buth/Hermanns, § 27, Rn. 16.

11 *Bales*, NZI 2008, S. 219; *Brinkmann*, WM 2011, S. 98; *Brockdorff* in: FS Heumann, S. 66 f.; *Gerster*, ZInsO 2008, S. 440; *Häsemeyer*, Insolvenzrecht, Rn. 28.06c.

12 *Bales*, NZI 2008, S. 219; *Hermanns/Buth*, DStR 1997, S. 1179; *Kautzsch*, Unternehmenssanierung, S. 178.

13 *Burger/Schellberg*, DB 1994, S. 1834; *Hermanns/Buth*, DStR 1997, S. 1178; *Pape/Uhlenbruck*, Insolvenzrecht, Rn. 780; *Smid*, WM 1998, S. 2490.

14 *Hess*, WPg. 2009, S. 301.

das Gericht, das Insolvenzplanverfahren einzuleiten[15]. Das Gesetz normiert zugleich einen Plandurchführungsanspruch zugunsten des Planvorlegenden, sodass das Gericht seiner Aufforderung nachzukommen hat[16]. Eine Entscheidungsinstanz ist der Einleitung nicht vorgeschaltet. Die Einreichung des Plans führt ohne Zwischenschritt in ein Prüfungs- und Beschlussverfahren. Eine öffentliche Bekanntmachung des Übertritts in das Planverfahren erfolgt nicht[17].

Mit der Eröffnung des Insolvenzverfahrens geht gemäß § 80 Abs. 1 InsO die Verwaltungs- und Verfügungsbefugnis über das schuldnerische Vermögen im Grundsatz auf den Insolvenzverwalter über, was nach § 148 Abs. 1 InsO dessen Inbesitznahme umfasst. Der Insolvenzverwalter beginnt im Anschluss an den Berichtstermin nach § 159 InsO mit der Verwertung desselben. Grundsätzlich kann gemäß §§ 157, 159 InsO lediglich die Gläubigerversammlung diese Sofortverwertung verhindern, indem sie im Berichtstermin etwas anderes beschließt. Eine Ausnahme von dieser Alleinbefugnis normiert jedoch § 233 InsO. Demnach kann auf Antrag des Planvorlegenden die Verwertung und Verteilung der Insolvenzmasse ausgesetzt werden. Diese Möglichkeit soll dem Planvorlegenden die Durchführung seines Plans sichern, dessen Umsetzung mit der Verwertung der Insolvenzmasse faktisch unmöglich würde[18]. Lediglich in solchen Fällen, in denen die Gefahr erheblicher Nachteile für die Masse droht oder der Verwalter die Fortsetzung der Verwertung mit Zustimmung des Gläubigerausschusses oder der Gläubigerversammlung beantragt, soll das Gericht nach § 233 S. 2 InsO von dieser Möglichkeit absehen[19].

Der Gesetzgeber hat durch die Formulierung des § 233 InsO im Wege eines Regel- (S. 1) und Ausnahmeverhältnisses (S. 2) klargestellt, dass grundsätzlich eine Verwertung zu unterbleiben hat, damit das Planinitiativrecht nicht ausgehöhlt und damit ein aussichtsreiches Verwertungskonzept mit der Perspektive einer verbesserten Gläubigerbefriedigung von vornherein unmöglich wird[20]. Bereits durch seine Befugnis zur Planvorlage wird der Planverfasser mithin in eine mit Steuerungs- und Beherrschungspotential verbundene Position versetzt, allerdings beschränkt durch die Handlungsoptionen des Insolvenzgerichts sowie des Insolvenzverwalters in Kooperation mit dem Gläubigerausschuss oder der

15 *Braun* in: Gottwald, § 68, Rn. 5; *Gietl/Langheinrich* in: WDWW, Kap. 12, Rn. 61; *Schiessler*, Insolvenzplan, S. 86.

16 *Kersting*, Rechtsstellung, S. 85; Uhlenbruck-*Lüer*, § 218, Rn. 1.

17 Vgl. HK-*Flessner*, § 218, Rn. 15.

18 *Braun* in: Gottwald, Handbuch, § 68, Rn. 19; *Götker*, Rechtsstellung, Rn. 962; *Herzig*, Insolvenzplanverfahren, S. 96; Nerlich/Römermann-*Braun*, § 233, Rn. 1.

19 HambKom-*Thies*, § 233, Rn. 6 f.

20 So *Smid/Rattunde*, Insolvenzplan, Rn. 10.15; im Ergebnis ebenso *Weisemann/Holz* in: Weisemann/Smid, Kap. 15, Rn. 93.

Gläubigerversammlung. Nichtsdestotrotz ist mit der Möglichkeit, das Insolvenzplanverfahren in Gang und das Verwertungsverfahren außer Kraft zu setzen, eine entscheidende Einflussnahmeoption zugunsten des Planvorlegenden im Hinblick auf das weitere Verfahren verbunden. Ihm wird ein Instrument an die Hand gegeben, mittels dessen er die Rücksichtnahme auf seine Belange erzwingen kann[21].

II. Bedeutung und Grenzen des schuldnerischen Planinitiativrechts

1. Bedeutung des schuldnerischen Planinitiativrechts

Der Gesetzgeber der InsO hat die marktkonforme Insolvenzbewältigung zum primären Ziel der Insolvenzordnung erklärt. Die Beteiligten sollen einen Wettbewerb um die im Einzelfall beste Verfahrensart initiieren und in diesem Prozess die optimale Art und Weise der Realisierung der schuldnerischen Haftung erarbeiten. Sie bestimmen, wie die aus ihrer Sicht komfortabelste Befriedigung erreicht werden kann[22].

Der Schuldner ist in den von der Insolvenzordnung initiierten Prozess zur Entdeckung, Bestimmung und Erreichung dieses Resultats integriert. Mit seiner Planvorlage richtet er einen Vorschlag an seine Gläubiger, wie seine Haftung in Abweichung zur Regelliquidation verwirklicht werden soll[23]. Durch die Einbeziehung des Schuldners wird das Spektrum von Verwertungsvorschlägen erweitert. Es wird eine weitere Perspektive gewonnen, die alternative Ansätze für Gestaltungen repräsentiert[24]. Auf diese Weise erhöht sich die Bedürftigkeit eines Dialoges zwischen den Beteiligten und damit idealerweise auch die Wahrscheinlichkeit der Erzielung eines Konsenses[25].

Mit seiner Integration in den Gestaltungsprozess dürfte sich die Hoffnung verbinden, die beim Schuldner vorhandenen Informationen über sein Unternehmen, die sonst von den Gläubigern und dem Insolvenzverwalter im Insolvenzantrags- und im eröffneten Insolvenzverfahren zusammenzutragen und zu analysieren wären, im Interesse der Optimierung seiner Haftungsverwirklichung nutzbar zu machen. Kein Beteiligter kennt das in Schieflage geratene Unternehmen so gut wie der Schuldner[26]. Insofern ist er grundsätzlich dazu prädestiniert, die Schwachstel-

---

21 *Gietl/Langheinrich* in: WDWW, Kap. 12, Rn. 61; *Kersting*, Rechtsstellung, S. 85; *Schiessler*, Insolvenzplan, S. 86; *Smid*, WM 1998, S. 2492.

22 Vgl. nur *Balz*, ZIP 1988, S. 278.

23 *Frege/Keller/Riedel*, Insolvenzrecht, Rn. 1925.

24 Vgl. *Balz*, ZIP 1988, S. 285; *Steffan*, WPg. 2003, Sonderheft, S. 155.

25 Vgl. *Happe*, Rechtsnatur, S. 84.

26 *Foerste*, Insolvenzrecht, Rn. 496; *Steffan*, WPg. 2003, Sonderheft, S. 156.

len seines Unternehmens herauszuarbeiten und darauf aufbauend notwenige Sanierungsmaßnahmen zu bestimmen[27].

Aus der vom Gesetzgeber intendierten Perspektiverweiterung ist indes keine gesetzliche Pflicht für den Schuldner geworden. Die Entscheidung über die Vorlage eines Insolvenzplans steht einzig und allein in seinem Ermessen[28]. Weder kann ihm der Insolvenzverwalter noch die Gläubigerversammlung – anders als dem Verwalter gemäß §§ 157 S. 2, 218 Abs. 2 InsO – die Anfertigung eines Plans auferlegen[29]. Eine Erweiterung der Perspektive und Handlungsoptionen zugunsten der Gläubigerbefriedigung überwiegt nicht das Recht des Schuldners, selbstbestimmt auf die Nutzung des Insolvenzplans zu verzichten[30].

2. Rechtliche Grenzen des schuldnerischen Planinitiativrechts

Bereits seine rechtliche Befugnis zur Vorlage eines Insolvenzplans vermag für den Schuldner die Perspektive der Steuerung und Einflussnahme bereitzuhalten. Zumindest geht für den Schuldner von seinem Planvorlagerrecht der Anreiz aus, den passiven Part, der ihm im Rahmen der Regelliquidation zukommt, aufzugeben und selbst durch die Ausübung seines Rechts zur Planinitiative gestalterisch aktiv zu werden. Er kann durch eine von ihm initiierte und inhaltlich festgelegte Gestaltung den Gläubigern eine Verhandlungsgrundlage schaffen und versuchen, ihren Entscheidungsprozess maßgeblich zu beeinflussen[31].

Dabei erlegt ihm das Gesetz im Zuge der Anfertigung des Plans weder inhaltlich noch verfahrensrechtlich Beschränkungen auf. Er wird in die Lage versetzt, vollkommen frei zu agieren und die ihm eingeräumten, weiten Gestaltungsräume zur Durchsetzung seiner Vorstellungen zu nutzen. Der Schuldner kann demgemäß die Stärkung seiner Position zum primären Ziel seines Plans machen und den Gläubigern immense Mitwirkungsbeiträge in Form der Einschränkung ihrer Rechte auferlegen[32]. Der ihm vom Gesetzgeber eingeräumte Gestaltungsspielraum ist insoweit im Zusammenhang mit der ebenfalls vom Gesetzgeber gestärkten Gläubigerautonomie zu sehen. Letztere macht die Gläubiger zu den ausschließlichen

---

27 MüKo-*Eidenmüller*, § 218, Rn. 66; *Schiessler*, Insolvenzplan, S. 101.

28 *Warrikoff*, KTS 1997, S. 528.

29 *Keller*, Insolvenzrecht, Rn. 1706; *Warrikoff*, KTS 1997, S. 532; etwas anderes gilt im Fall einer angeordneten Eigenverwaltung im Sinne der §§ 270 ff. InsO, bei der die Gläubigerversammlung den Schuldner gemäß § 284 Abs. 1 S. 1 InsO mit der Ausarbeitung eines Plans beauftragen kann.

30 Dies gilt zumindest im Hinblick auf sein eigenes Planinitiativrecht aus § 218 InsO. Im Zuge der Erstellung des Insolvenzplans durch den Insolvenzverwalter resultiert für den Schuldner jedoch aus seiner allgemeinen Auskunfts- und Mitwirkungspflicht, Beiträge zu dem vom Verwalter beherrschten plangestalterischen Prozess zu leisten.

31 Vgl. *Kaltmeyer*, ZInsO 1999, S. 257; *Uhlenbruck*, GmbHR 1995, S. 210.

32 Vgl. *Steffan* in: Oppenländer/Trölitzsch, § 37, Rn. 133.

Entscheidungsträgern im Insolvenzverfahren. Dies schließt die Möglichkeit mit ein, starke Einschränkungen ihrer Positionen zu akzeptieren und auf die im Gesetz vorgesehene Mindestwertgarantie ihrer Rechte, nämlich durch den Plan nicht schlechter gestellt werden zu dürfen als sie ohne ihn stünden, zu verzichten[33]. Auch wenn der Schuldner diesen Mindestgehalt bei seiner Gestaltung stets im Hinterkopf haben sollte, stellt er für ihn aus rechtlicher Sicht keine Einschränkung seiner Gestaltungsfreiheit dar[34].

Die Anfertigung eines eigenen Planentwurfs zieht der Schuldner ausschließlich dann in Betracht, wenn er sich davon Vorteile verspricht[35]. Diese bestehen vornehmlich in der Sanierung seines Unternehmens unter Erhaltung oder gar Stärkung der eigenen wirtschaftlichen Position[36]. Die Möglichkeit einer Planvorlage beinhaltet für den Schuldner regelmäßig die letzte Chance, sein Unternehmen selbstbestimmt zu sanieren und eben diese Ziele zu verfolgen. Schuldnerpläne sind daher durch eine aktive Rolle der Geschäftsführung geprägt. Sie sehen in der Regel erhebliche Sanierungsbeiträge seitens der Gläubiger vor, um das schuldnerische Erhaltungsinteresse zu verwirklichen[37]. Das Erhaltungsinteresse zugunsten des Schuldners spielt bei originären und derivativen Verwalterplänen eine untergeordnete Rolle. Die Gestaltung durch den Insolvenzverwalter ist ausschließlich auf die Maximierung der Haftungsmasse ausgerichtet. Die Erhaltung der Position des Schuldners kann im Einzelfall ein Mittel zur Erreichung dieses Ziel sein, generell stellt sie jedoch keinen Orientierungspunkt für den Verwalter dar[38].

Nicht nur inhaltlich, sondern auch verfahrensrechtlich unterwirft das Gesetz den Schuldner bei der Ausgestaltung des Plans keinen Beschränkungen. Die Regelung des § 218 Abs. 3 InsO, wonach bei der Aufstellung des Plans der Gläubigerausschuss, der Betriebsrat, der Sprecherausschuss der leitenden Angestellten sowie der Schuldner mitwirken, gilt lediglich für den Insolvenzverwalter, hingegen nicht für den Schuldner[39].

Der Schuldner ist damit im Prozess der Plangestaltung vollkommen unabhängig. Die Nichterforderlichkeit der Beteiligung gewährt ihm die Freiheit, zu gestal-

---

33 Jeder Gläubiger kann in der Abstimmung gegen den Plan stimmen. Aufgrund der gesetzlich vorgegebenen Mehrheitserfordernisse muss hieraus jedoch kein endgültiges Scheitern des Plans folgen. Die Mindestverwirklichung seiner Rechte sichert dem einzelnen Gläubiger die Möglichkeit, einen Antrag auf Minderheitenschutz im Sinne des § 251 InsO zu stellen, mit der Folge, dass das Gericht die Bestätigung des Plans zu versagen hat. Eine Verpflichtung zur Stellung des Antrags besteht für den einzelnen Gläubiger indes nicht.

34 Vgl. *Schuhmacher/Thiemann*, DZWir 1999, S. 443.

35 *Kaltmeyer*, ZInsO 1999, S. 257.

36 *Achsnick*, Options-Modelle, S. 42 f.

37 Vgl. *Braun* in: Braun/Uhlenbruck, S. 560; *Pape/Uhlenbruck*, Insolvenzrecht, Rn. 791.

38 *Kaltmeyer*, ZInsO 1999, S. 257; *Maus* in: KS, S. 941; *Schiessler*, Insolvenzplan, S. 101.

39 *H/W/F*, Handbuch, Kap. 9, Rn. 19; *Obermüller*, Bankpraxis, Rn. 1.520.

ten ohne sich mit anderen Interessen auseinandersetzen zu müssen. Dem Schuldner steht das Recht zu, den von seiner Insolvenz betroffenen Gläubigern mit einem kompletten Verwertungskonzept gegenüberzutreten und darin innewohnende Handlungsperspektiven für sich zu nutzen[40]. Dies beinhaltet eine ihn begünstigende strategische Ausgestaltung[41]. So liegt die Bestimmung von Art und Umfang der Sanierungsbeiträge der Beteiligten ebenso in seiner Hand wie der Zuschnitt der Gruppen, in denen die Abstimmung über den Plan erfolgt[42]. Damit bestehen für ihn erhebliche Möglichkeiten, entscheidenden Einfluss auch auf das sich anschließende Insolvenzplanverfahren zu nehmen[43].

Die zeitliche Grenze der schuldnerischen Planinitiative markiert § 218 Abs. 1 S. 3 InsO, wonach die Vorlage des Plans spätestens im Schlusstermin zu erfolgen hat. Die Eröffnung des Insolvenzverfahrens hindert ihn damit nicht an einer Planvorlage. Das Gesetz ermöglicht dem Schuldner, Sanierungschancen auch dann noch zu ergreifen, wenn sie sich erst im Laufe des eröffneten Verfahrens und damit möglicherweise nach Beginn der Vermögensverwertung ergeben[44].

3. Praktische Grenzen des schuldnerischen Planinitiativrechts

Eingebettet in die zeitliche Limitierung des Planvorlagezeitraums ist eine praktische Grenze des Planinitiativrechts. Zwar ist für den Schuldner in der Zeit zwischen dem frühesten und dem spätesten Planvorlagezeitpunkt jederzeit die Einreichung eines Plans möglich[45]. Mit der Stellung des Insolvenzantrages und der damit verbundenen Einleitung des Insolvenzeröffnungsverfahrens sind für den Schuldner in der Praxis jedoch regelmäßig erhebliche Einschnitte verbunden. Mit ihr geht für das Insolvenzgericht die Möglichkeit einher, Sicherungsmaßnahmen nach §§ 21 ff. InsO zu erlassen. Von besonderer Bedeutung ist in diesem Zusammenhang die Bestellung eines vorläufigen Insolvenzverwalters, die insbesondere dann erforderlich und geboten ist, wenn der Geschäftsbetrieb des schuldnerischen Unternehmens läuft und der Schuldner mit dem Eröffnungsantrag keine Verwertungsperspektive präsentiert[46].

Für den Schuldner bedeutet der Eintritt des vorläufigen Insolvenzverwalters in sein Unternehmens das Vorhandensein einer externen Autorität. Mit ihm ist

---

40 Vgl. Uhlenbruck-*Lüer*, § 218, Rn. 47.

41 Vgl. *Barre*, single asset real estate case, S. 93 f.; MüKo-*Eidenmüller*, § 218, Rn. 65.

42 Vgl. *Kaltmeyer*, ZInsO 1999, S. 258 ff.; *Riggert*, WM 1998, S. 1523 ff.

43 FK-*Jaffé*, § 218, Rn. 15; *Smid/Rattunde*, Insolvenzplan, Rn. 3.4.

44 *Schiessler*, Insolvenzplan, S. 103.

45 *Weisemann/Holz* in: Weisemann/Smid, Kap. 15, Rn. 33 bezeichnen zu diesem Zeitpunkt eingereichte Pläne als „verfahrenserarbeitete Pläne".

46 Vgl. *Undritz*, ZGR 2010, S. 203 ff.; *Vallender*, MDR 2012, S. 63.

der Verlust eines nicht unerheblichen Teils der Selbständigkeit verbunden[47]. Dies gilt insbesondere für den Fall, dass das Gericht im Insolvenzeröffnungsverfahren entsprechend § 22 Abs. 1 S. 2 Nr. 2 InsO die Fortführung des vom Schuldner betriebenen Unternehmens durch den vorläufigen Insolvenzverwalter anordnet. Aber auch im Falle der Nichtanordnung besteht die Aufgabe des Verwalters darin, die Sicherung des Haftungsvermögens sowie die Überwachung der schuldnerischen Unternehmensführung und seines Finanzierungsverhaltens zu gewährleisten[48]. In der Praxis zeigt sich jedenfalls, dass vom Insolvenzverfahren des Schuldners betroffene Gruppen wie insbesondere Lieferanten, Mitarbeiter und Kunden mit der Bestellung einen vorläufigen Insolvenzverwalters ausschließlich Kontakt zu diesem suchen, wenn sie Informationen über den weiteren Fortgang erhalten wollen[49]. Für den Schuldner hat dies zur Folge, seine Geschäfte nicht mehr allein nach seinen Vorstellungen führen zu können, sondern sich stets mit dem Verwalter und dessen Ansichten arrangieren zu müssen. Hinzu kommen die nach dem Gesetz entstehenden Auskunfts- und Mitwirkungspflichten gemäß §§ 20 Abs. 1, 22 Abs. 3 in Verbindung mit §§ 97, 98, 101 Abs. 1 InsO, die den Schuldner zu einer ständigen Kooperation mit dem Verwalter und dem Insolvenzgericht zwingen. Ein erheblicher Teil der Kapazitäten des Schuldners ist hierdurch bereits gebunden[50]. Denn gerade im Insolvenzeröffnungsverfahren kommt es für den vorläufigen Insolvenzverwalter darauf an, das Unternehmen auf die Insolvenzsituation einzustellen und durch die ersten schwierigen Wochen zu steuern. Grundlage hierfür ist die ununterbrochene Unterstützung durch den Schuldner[51].

Die Erstellung eines Insolvenzplans ist jedoch eine den Verfasser in vielerlei Hinsicht fordernde Aufgabe. Die Anfertigung eines erfolgversprechenden Sanierungskonzepts stellt erhebliche rechtliche wie wirtschaftliche Anforderungen an den Planverfasser. Sie erfordert die Berücksichtigung aller relevanten Informationen und macht insoweit eine detaillierte und ausgewogene Vorbereitung sowie Koordinierung unumgänglich. Damit verbunden sind erhebliche zeitliche wie personelle Aufwendungen, die mit dem Zeitdruck des vorläufigen Insolvenzverfahrens nicht vereinbar sind[52].

---

47 *Bales*, NZI 2008, S. 217; *Kranzusch*, ZInsO 2008, S. 1347; *Steffan* in: Oppenländer/Trölitzsch, § 37, Rn. 86.

48 *Uhlenbruck* in: KS, S. 343; *Undritz*, ZGR 2010, S. 204.

49 Vgl. *Beck* in: Beck/Depré, § 5 Rn. 3; *Mönning*, Betriebsfortführung, Rn. 1098; *Vallender*, MDR 2012, S. 63; *Westrick*, NZI 2003, S. 65.

50 *Uhlenbruck*, BB 2001, S. 1646; *Uhlenbruck* in: Schmidt/Uhlenbruck, Rn. 5.285 ff.

51 Braun-*Kroth*, § 97, Rn. 1 ff.; *Denkhaus*, ZInsO 1999, S. 219.

52 Vgl. *Denkhaus*, ZInsO 1999, S. 219; *Fröhlich/Bächstädt*, ZInsO 2011, S. 987; *Kassing* in: Haft/v. Schlieffen, § 25, Rn. 15.

Aussichtsreiche Schuldnerpläne zeichnen sich demgemäß durch eine frühzeitige initiative Rolle des Schuldners aus[53]. Nur wenn er seine nachteilige wirtschaftliche Situation verinnerlicht und das Insolvenzplanverfahren als Sanierungsoption wahrnimmt, kommt eine aussichtsreiche Planinitiative in Betracht. Maßgeblich ist ein aktives, steuerndes Handeln durch den Schuldner, was eine umfangreiche Vorbereitung erforderlich macht. Aus eben diesem Grund sind schuldnerische Planinitiativen in der Regel das Produkt vorbereiteter, eigenantragsgesteuerter Verfahren. Im Falle eines Fremdantrags ist eine Planvorlage ausschließlich dann zu erwarten, wenn sich der Schuldner bereits in einer fortgeschrittenen Phase der Planerstellung befindet. Die Planvorlage erfolgt dann aufgrund der bereits geleisteten Planvorbereitungen zumindest zeitnah[54].

Aufgabe des vorläufigen Insolvenzverwalters ist es regelmäßig, als Sachverständiger im Sinne des § 22 Abs. 1 S. 2 Nr. 3, (Abs. 2) InsO zu prüfen, inwieweit Aussichten für eine Fortführung des Unternehmens bestehen[55]. Die Prüfung steht im Zusammenhang mit der Regelung des § 156 Abs. 1 InsO, wonach der Insolvenzverwalter im Berichtstermin zu berichten hat, welche Möglichkeiten für einen Erhalt des Unternehmens bzw. für einen Insolvenzplan bestehen. Erkenntnisse hierüber gewinnt der vorläufige Insolvenzverwalter, der in der Praxis regelmäßig auch zum endgültigen Verwalter bestellt wird, bereits im vorläufigen Insolvenzverfahren[56]. Steht der Insolvenzverwalter zu Beginn noch in einem engen Abhängigkeitsverhältnis zum Schuldner und dessen Auskunfts- sowie Mitwirkungsbeiträgen, lockert sich dieses im Verlauf der Ermittlungen und den gewonnenen Erkenntnissen auf[57]. In dieser Zeit entwickelt der Verwalter konkrete Vorstellungen über die Handlungsoptionen und leitet etwaige gestalterische Prozesse bereits ein[58]. Für den Schuldner hat der zunehmende Verlust seiner Bedeutung für die Ermittlungen des Verwalters nunmehr seinerseits die Begründung eines Abhängigkeitsverhältnisses zur Folge. Die steuernde Einflussnahme auf das tägliche und zukünftige Geschäft ist für den Schuldner erheblich erschwert. Seine Rolle ist vielmehr darauf beschränkt, die Handlungen des Insolvenzverwalters zu begleiten. Folglich weiß er um dessen Ansichten in Bezug auf die Fortführung des Unternehmens bzw. die Erstellung eines Insolvenzplanes und damit auch dessen voraussichtliche Empfehlungen an die Gläubigerversammlung.

Bei der Erstellung eines eigenständigen Plankonzepts muss der Schuldner diese Erkenntnisse stets im Hinterkopf haben. Ist sein Entwurf völlig gegensätzlich zu

---

53 *Mönning*, Betriebsfortführung, Rn. 1107.

54 *Braun* in: Braun/Uhlenbruck, S. 560.

55 *Undritz*, ZGR 2010, S. 205.

56 Vgl. nur Kübler/Prütting-*Otte*, § 218, Rn. 11.

57 *Grub*, AnwBl. 2000, S. 582.

58 *Uhlenbruck*, GmbHR 1995, S. 209.

den Empfehlungen und Vorhaben des Verwalters, besteht in der Regel kaum eine Aussicht auf die Annahme des Plans durch die Gläubiger. Legt der Verwalter einen Insolvenzplan vor, stehen die Gläubiger diesem in der Regel aufgeschlossener und optimistischer gegenüber und verweigern dem des Schuldners die Zustimmung[59]. Dies gilt auch dann, wenn der Verwalter den Gläubigern vom Schuldnerplan abrät[60]. Folglich hat eine Planausarbeitung durch den Schuldner zu diesem Zeitpunkt nur dann eine realistische Chance auf Annahme, wenn er eng mit dem Verwalter zusammenarbeitet. Durch die Abhängigkeit geht für den Schuldner jedoch die Möglichkeit verloren, eine eigene Sanierungsstrategie zu entwickeln und die Planvorlage selbständig zu gestalten[61].

Der Zulässigkeit einer Planvorlage nach Insolvenzantrag steht dies nicht entgegen. Allerdings wird der Schuldner mit der Eröffnung des Insolvenzantragsverfahrens in eine passive Rolle gedrängt. Seine personellen Kapazitäten sind durch außerhalb der Planerarbeitung liegende Vorgänge gebunden. Auch die finanziellen Kapazitäten, etwa zur Beauftragung externer Sanierungsberater, unterliegen nach Anordnung der Sicherungsmaßnahmen nicht mehr der alleinigen Entscheidungsgewalt des Schuldners[62]. In Betracht kommt ab diesem Zeitpunkt nur noch ein kurzfristig erstellter Planentwurf, dem die Gläubiger im Hinblick auf die inhaltliche Qualität und Umsetzbarkeit eher skeptisch gegenüber stehen und der daher kaum mehr als Ausgangspunkt einer letzten Hoffnung des Schuldners darstellen dürfte[63]. Aus diesem Grund sind verfahrenserarbeitete Pläne in der Praxis vorwiegend Produkt des Wirkens des Insolvenzverwalters[64].

C. Das Planinitiativrecht des Schuldners aus § 218 Abs. 1 S. 2 InsO

I. Ausgangspunkt

Nach § 218 Abs. 1 S. 2 InsO kann der Schuldner seinen Insolvenzplan mit dem Antrag auf Eröffnung des Insolvenzverfahrens verbinden. Der Gesetzgeber hat damit den frühestmöglichen Zeitpunkt einer Planvorlage durch den Schuldner

59 *Eidenmüller*, BB 1998, Beilage 10, S. 24.
60 Vgl. *Kußmaul/Steffan*, DB 2000, S. 1853; *Uhlenbruck*, BB 1998, S. 2014.
61 *Kranzusch*, ZInsO 2008, S. 1347.
62 Vgl. *Desch*, BB 2011, S. 842.
63 *Braun* in: Braun/Uhlenbruck, S. 669; *Fröhlich/Bächstädt*, ZInsO 2011, S. 987.
64 LSZ-*Rattunde*, § 218, Rn. 5; *Steffan*, WPg. 2003, Sonderheft, S. 157.

normiert. Eine Pflicht zur Wahrnehmung dieser Möglichkeit besteht insolvenzrechtlich nicht[65].

II. Sichtweise des Gesetzgebers und der Literatur

Der Regierungsentwurf zur Insolvenzordnung (RegE InsO) definierte den Kreis der Planvorlageberechtigten in den §§ 254, 255, wozu nach § 254 Abs. 1 der Insolvenzverwalter zählte. Sein Planvorlagerecht war auf den Fall beschränkt, dass ihm die Gläubigerversammlung im Berichtstermin einen entsprechenden Auftrag erteilt[66]. In § 255 RegE InsO wies der Gesetzgeber dem Schuldner sowie bestimmten Gläubigerminderheiten das Recht zu, dem Insolvenzgericht einen Insolvenzplan vorzulegen. Dabei konnten diese beiden Gruppen gemäß § 255 Abs. 2 S. 2 RegE InsO ihre Vorlage mit dem Antrag auf Eröffnung des Insolvenzverfahrens verbinden.

Der Gesetzgeber verwies im Zusammenhang mit dieser frühzeitigen Planvorlagemöglichkeit in der Begründung zu § 255 RegE. auf diese „besondere Bedeutung“[67] gerade für den Schuldner. Er könne „auf diese Weise (...) – ähnlich wie nach dem geltenden Recht mit einem Vergleichsantrag – von vornherein gegenüber seinen Gläubigern zum Ausdruck bringen, dass er zwar nicht mehr uneingeschränkt zur Erfüllung seiner Verbindlichkeiten in der Lage ist, dass er jedoch einen Weg sieht, die Insolvenz einvernehmlich zu bereinigen“[68]. So könnten bei Unternehmen „die negativen Auswirkungen des Eröffnungsantrags auf die Fortsetzung der Geschäftsbeziehungen in Grenzen gehalten werden“[69].

Eine nähere Beschreibung etwaiger negativer Auswirkungen auf die geschäftlichen Beziehungen unterlässt der Gesetzgeber. Allerdings lassen sich aus der Praxis Erfahrungswerte entnehmen, die die Sichtweise des Gesetzgebers

---

65 *Hess* in: Hess/Obermüller, Rn. 26; *Weisemann/Holz* in: Weisemann/Smid, Kap. 15, Rn. 48. Allerdings könne nach einigen Stimmen in der Literatur aus dem Recht des Schuldners zur Planvorlage im Sinne des § 218 Abs. 1 (S. 2) InsO eine Pflicht des Geschäftsführers im Verhältnis zu der Gesellschaft erwachsen. Dies gelte in solchen Konstellationen, in denen der Insolvenzplan das optimale Instrument zur Sanierung der Gesellschaft darstelle. Dies folge aus seiner allgemeinen Pflicht zur unternehmerischen Leitung der Gesellschaft, die sich im Einzelfall in eine Pflicht zur Sanierung im Wege des Insolvenzplans konkretisieren könne, vgl. dazu FK-*Jaffé*, § 218, Rn. 10 f.; *Götker*, Geschäftsführer, Rn. 536 f.; *Maus*, DStR 2002, S. 1105; *Maus* in: Schmidt/Uhlenbruck, Rn. 8.29; *Schluck-Amend/Walker*, GmbHR 2001, S. 379 ff.; *Steffan* in: Oppenländer/Trölitzsch, § 37, Rn. 86; *Uhlenbruck*, GmbHR 2005, S. 824.

66 Vgl. BT-Drs. 12/2443, S. 196.

67 BT-Drs. 12/2443, S. 196.

68 BT-Drs. 12/2443, S. 196.

69 BT-Drs. 12/2443, S. 196.

entscheidend geprägt haben. Zum einen verbindet der Schuldner den Gang ins Insolvenzverfahren regelmäßig nicht mit einem ausgearbeiteten Verwertungskonzept, das seinen Gläubigern die Perspektive einer aussichtsreichen Forderungsbefriedigung bietet. Zum anderen erfahren die von der Insolvenz des Schuldners betroffenen Gruppen wie die Arbeitnehmer, Lieferanten und Kunden oftmals erst nach dem Eröffnungsantrag durch den vorläufigen Insolvenzverwalter von der wirtschaftlichen Schieflage ihres Geschäftspartners[70]. Mit Bekanntwerden ändert sich ihre geschäftliche Einstellung zum Schuldner. Bei den Arbeitnehmern entsteht Unsicherheit hinsichtlich der beruflichen Zukunft, Banken und andere Gläubiger stellen Investitionsprozesse ein und beschränken sich auf vermögenssichernde Maßnahmen. Einer Fortsetzung der geschäftlichen Tätigkeit ist in diesem Fall, wenn etwa Lieferanten die betriebsnotwendige Warenbelieferung einstellen, der Boden entzogen. Zugleich geht mit dem Eröffnungsantrag regelmäßig ein Verlust an Vertrauen in die Fähigkeiten des Schuldners bzw. der auf seiner Seite handelnden Personen einher. Ein Mangel an Vertrauen steht der Bereitschaft zur Durchführung eines Sanierungsprozesses, insbesondere auf Basis eines schuldnereigenen Insolvenzplans, jedoch entgegen[71].

An letztere, psychologisch geprägte Effekte des Eröffnungsantrags knüpft der Gesetzgeber in der Begründung zum Regierungsentwurf an. Er stellt dem Schuldner im Falle der Ausübung seiner frühzeitigen Planvorlagemöglichkeit das Erzielen positiver Effekte in Aussicht, die ihre Wirkungen allen voran auf psychologischer Ebene entfalten[72]. Diese resultieren aus einem bei seinen Gläubigern ausgelösten Wohlwollen, das er durch die Offenheit im Hinblick auf seine wirtschaftlichen Schwierigkeiten sowie seine Bereitschaft, eine einvernehmliche Überwindung seiner Insolvenz zu realisieren, hervorruft. Der Gesetzgeber nimmt insoweit eine positive Signalwirkung der Planvorlage an[73].

Von der Literatur wird in Anknüpfung an die Sichtweise des Gesetzgebers ergänzt, dass die zur Durchführung eines Sanierungsprozesses erforderliche Basis an Vertrauen gegenüber dem Schuldner im Falle einer frühzeitigen Planvorlage noch vorhanden sein werde[74]. Insoweit werde das vom Schuldner an den Tag gelegte Verhalten seine Vertragspartner idealerweise dazu ermutigen, die Geschäftsbeziehungen auch zukünftig aufrecht zu erhalten und daher ihrerseits einen Beitrag zu seiner Gesundung zu leisten[75]. Daran anknüpfend gingen von der frühzeitigen Planvorlage positive Signale nicht nur an die Gläubiger, sondern

70 Vgl. *Smid/Rattunde*, Insolvenzplan, Rn. 4.2.

71 *Eidenmüller*, BB 1998, Beilage 10, S. 24.

72 Vgl. *Schiessler*, Insolvenzplan, S. 103.

73 Vgl. *Gietl/Langheinrich* in: WDWW, Kap. 12, Rn. 66.

74 *Braun* in: Braun/Uhlenbruck, S. 560.

75 *Weisemann/Holz* in: Weisemann/Smid, Kap. 15, Rn. 40.

auch an andere von seiner Insolvenz betroffene Gruppen, etwa Arbeitnehmer und Kunden, aus[76].

Eidenmüller[77] verweist darauf, dass die Möglichkeit aus § 218 Abs. 1 S. 2 InsO ihre positiven Wirkungen nicht nur im Hinblick auf die künftige Entwicklung des Schuldners entfalte, sondern auch in die Vergangenheit zurückwirke. Lege der Schuldner seinen Plan mit dem Eröffnungsantrag vor, zeige er seinen Gläubigern, dass er seine wirtschaftlich nachteilige Situation erkannt und mit der Erstellung eines Sanierungskonzepts darauf reagiert habe. Bei einem Schuldner, der für sich keine Perspektive mehr sehe, drohe nämlich die Gefahr, dass er durch das Verheimlichen der Krise und eine risikoreiche Geschäftspolitik versuche, die nachteilige wirtschaftliche Situation seines Unternehmens selbständig zu überbrücken und damit nur noch eine weitere Schmälerung seines Vermögens und damit der Masse bezwecke[78]. Durch die Nutzung der frühzeitigen Planvorlage bringt der Schuldner jedoch zum Ausdruck, dass sich dieses Risiko in seinem Fall ob seines frühzeitigen Gestaltens nicht verwirklicht und er statt dessen eine Basis für einen gemeinsamen Prozess zur Realisierung seiner Haftung bereitet habe. Letztlich vermittle er seinen Gläubigern auf diese Weise den positiven Eindruck von seiner Sanierungsbereitschaft und -würdigkeit[79].

Durch die Möglichkeit einer Planvorlage zeitgleich mit dem Eröffnungsantrag wird der Wirkungsbereich des Plangestalters auf den Bereich zeitlich vor dem Insolvenzantrag ausgedehnt. Anders als der Insolvenzverwalter kann sich der Schuldner diesen Bereich für die Gestaltung eines Insolvenzplans zu Nutze machen. Auf daraus resultierende besondere wirtschaftliche oder rechtliche Gestaltungsmöglichkeiten und -chancen sowie etwaige Vorteile weist der Gesetzgeber den Schuldner nicht hin. Die Ausschöpfung des zur Verfügung gestellten zusätzlichen Wirkungsbereichs überlässt er ausschließlich dem Schuldner. Dies gilt gleichermaßen für den in § 255 Abs. 1 Nr. 1 RegE InsO ebenfalls legitimierten Kreis der planvorlageberechtigten Gläubigergruppen. Für diese verbindet sich mit der frühzeitigen Planvorlage nicht das Ziel eines Hervorrufens positiver psychologischer Effekte bei den sonstigen Gläubigern, Kunden und Arbeitnehmern. Eine Planvorlage ihrerseits ist ausschließlich wirtschaftlich orientiert. Eine Optimierung ihrer Forderungsbefriedigung steht für sie im Fokus. Inwieweit eine solche durch die Ausschöpfung einer frühzeitigen Planvorlage realisiert werden kann, lässt der Gesetzgeber ebenfalls offen.

---

76 *Gietl/Langheinrich* in: WDWW, Kap. 12, Rn. 66.

77 MüKo-*Eidenmüller*, § 218, Rn. 66.

78 MüKo-*Eidenmüller*, § 218, Rn. 66.

79 *Denkhaus*, ZInsO 1999, S. 219.

Die Befugnis zur Planvorlage für die in § 255 RegE InsO vorgesehenen Gläubigerminderheiten hat – anders als die des Schuldners in § 218 Abs.1 S. 2 InsO – keinen Eingang in die Insolvenzordnung gefunden. Grund dafür waren vom Rechtsausschuss geltend gemachten Bedenken, ein zu ausschweifender Planwettbewerb stehe der Praktikabilität des Verfahrens entgegen[80]. Die nunmehr auf den Schuldner beschränkte Möglichkeit einer Planvorlage gleichzeitig mit dem Eröffnungsantrag stieß seitens des Rechtsausschusses auf keine Reaktion.

III. Grundsätzliche Bedeutung des Planinitiativrechts aus § 218 Abs. 1 S. 2 InsO

Grundlage einer erfolgreichen Sanierung ist ein materielles Sanierungskonzept, in dem die erforderlichen Maßnahmen und Beiträge zur Reorganisation des Schuldners festgelegt werden[81]. Die Bewältigung einer Insolvenz hängt von verschiedenen relevanten Faktoren ab und stellt je nach Planziel unterschiedliche Anforderungen an alle Beteiligten und damit auch an den Inhalt des Insolvenzplans[82]. Im Sinne der Wahrung eines Höchstmaßes an Gläubigerautonomie hält sich das Gesetz damit zurück, strenge Vorgaben für den Inhalt des Insolvenzplanes zu machen. Es bleibt den Gläubigern überlassen, wie sie das Planverfahren zur Erreichung einer für sie optimalen Verwirklichung der schuldnerischen Haftungsverwirklichung ausgestalten. Lediglich in den §§ 219 ff. InsO werden einige formale Ordnungsvorschriften bestimmt[83].

Die Festlegung der einzelnen Sanierungsmaßnahmen und -beiträge ist ein vom formellen Verfahren losgelöster Vorgang. Diese Feststellung ergibt sich aus der Möglichkeit des Schuldners aus § 218 Abs. 1 S. 2 InsO. Das Gesetz erlaubt dem Schuldner, bereits zeitlich vor der Einreichung eines Insolvenzantrags die Erstellung eines Insolvenzplans vorzunehmen. Der einzureichende Insolvenzplan ist – anders als der rechtkräftig bestätigte Insolvenzplan – kein Produkt eines formellen Verfahrens. Seine Entstehung knüpft nicht an die Absolvierung eines gesetzlich festgelegten Verfahrens an. Dies impliziert den Verzicht seitens des Gesetzgebers darauf, planerische Gestaltungsprozesse ausschließlich in dem geordneten Rahmen eines Verfahrens unter staatlicher Aufsicht zu gestatten. Weder die Stellung des Eröffnungsantrags noch die Eröffnung des Insolvenzverfahrens ist Voraussetzung

---

80 BT-Drs. 12/7302, S. 181 f.; *Hess* in: Hess/Obermüller, Rn. 44, 47; vgl. zudem bereits *Henckel*, KTS 1989, S. 490.

81 *Seagon/Wiester*, ZInsO 1999, S. 631.

82 *Braun* in: Gottwald, § 68, Rn. 27; FK-*Jaffé*, § 220, Rn. 6; *Gietl/Langheinrich* in: WDWW, Kap. 12, Rn. 24.

83 *Bork*, Insolvenzrecht, Rn. 313 f.

dafür, dem schuldnerischen Planverfasser materielle Gestaltungen im Hinblick auf ein formell geregeltes Gestaltungsinstrumentarium der Insolvenzordnung zu gestatten. Die gesetzgeberische Intention, dem schuldnerischen Planverfasser einen unabhängigen und weitreichenden Gestaltungsspielraum zuzugestehen, beschränkt sich insofern nicht auf das gesetzliche Insolvenzverfahren. Er dehnt es auf einen Zeitraum zeitlich vor dem formellen Verfahren aus[84].

Insolvenzplanerische Gestaltungsspielräume bestehen zugunsten des Schuldners bereits vor dem formellen Insolvenzverfahren. Während das Gesetz die verfahrensrechtliche Stufe von der Planvorlage bis zur rechtskräftigen Bestätigung des Plans determiniert, hält es sich mit Anforderungen an die Erstellung des Plankonzepts zurück. Das Gesetz enthält nur in einem kleinen Umfang Regelungen darüber, wie der Planverfasser die Gestaltung seines Plankonzepts vorzunehmen hat[85]. Der Gesetzgeber beschränkt sich darauf, die vom Gesetz bestimmten Rahmenbedingungen im formellen Insolvenzplanverfahren einer Prüfung zu unterziehen. Ein vom Planverfasser erstellter Planentwurf obliegt vor seiner Vorlage keiner Beurteilung durch das Gericht. Erst das aus der Gestaltung entstandene Produkt, der eingereichte Insolvenzplan, muss sich an den formellen Anforderungen der §§ 217 ff. InsO messen lassen.

Der Erarbeitung des materiellen Sanierungskonzepts wird durch die rechtlichen Vorgaben lediglich mittelbar ein Rahmen auferlegt. Der Planverfasser ist in seiner Gestaltung des Sanierungskonzepts absolut unabhängig, was so vom Gesetzgeber gewollt ist.

IV. Bedeutung des Planinitiativrechts aus § 218 Abs. 1 S. 2 InsO für den Schuldner

Die Möglichkeit einer Verbindung eines Insolvenzplans mit dem Insolvenzantrag nach § 218 Abs. 1 S. 2 InsO obliegt ausschließlich dem Schuldner. Das Amt des Insolvenzverwalters sowie die Gläubigerversammlung entstehen erst mit bzw. nach der Eröffnung des Insolvenzverfahrens, einzelnen Gläubigern räumt das Gesetz kein Planvorlagerecht ein[86]. Zwar können auch Letztere bereits zu diesem Zeitpunkt einen Plan entwerfen. Um ihren Plan in das formelle Verfahren einzubringen bedürfen sie jedoch neben der Eröffnung des Insolvenzverfahrens

---

84 *Kassing* in: Haft/Schlieffen, § 25, Rn. 38.

85 *Eidenmüller*, BB 1998, Beilage 10, S. 24. Eine Regelung bzgl. des Wie der Planerstellung findet sich indes lediglich für den Insolvenzverwalter in § 218 Abs. 3 InsO. Indes hat der Gesetzgeber auf eine konkrete gesetzliche Ausgestaltung von Beteiligungs-, Anhörungs- oder Kontrollpflichten bzw. -befugnissen verzichtet.

86 *H/W/F*, Handbuch, Kap. 9 Rn. 23; *Bork*, Einführung, Rn. 330.

einer mehrheitsgetragenen Billigung ihres Entwurfs durch die Gläubigerversammlung, um diesen dann durch den Insolvenzverwalter gemäß §§ 157 S. 2, 218 Abs. 2 InsO einreichen zu lassen[87].

Für den Schuldner hat dies zur Konsequenz, dass er vor dem Einreichen eines Insolvenzantrags einzig und allein für ihn eine aussichtsreiche Initiativberechtigung besteht. Ihm steht insofern das von *Braun* als ein wesentliches Element der Planungsdurchsetzung bezeichnete „Gesetz des Handelns im ersten Zugriff" zu[88]. Anders als die Gläubiger kann der Schuldner in dieser Phase nicht von einem „fremden" Insolvenzplan überrascht werden. Das Moment der Auslösung eines Insolvenzplanverfahrens liegt ausschließlich in seinen Händen[89].

Eine Planvorlage im eröffneten Verfahren ist für den Schuldner mit erheblichen praktischen Schwierigkeiten verbunden[90]. Neben der Praxis begegnet auch das Verfahrensrecht einem Plan des Schuldners mit Vorbehalten. So ist dem Gericht im Rahmen der Vorprüfung des Plans nach § 231 Abs. 1 S. 1 Nr. 2, 3 InsO im Falle der Urheberschaft des Schuldners ein verschärfter Prüfungsmaßstab auferlegt[91]. Eine Planvorlage nach § 218 Abs. 1 S. 2 InsO lässt den Prüfungsmaßstab des Gerichts zwar unberührt, allerdings räumt der Gesetzgeber dem Schuldner die Möglichkeit ein, die negativen Folgen des Antrags auf die von der Insolvenz betroffenen Gruppen zu begrenzen. Durch die Nutzbarmachung des Bereichs zeitlich vor dem Verfahren kann der Schuldner bereits gestalterisch tätig werden und zur Vorbereitung eines Konzepts ausschöpfen. Auf diese Weise kann er den in der Praxis entstehenden Vorbehalten zuvorkommen. Die grundsätzliche Benachteiligung des Schuldnerplans erfährt insoweit durch die Bereitstellung der Möglichkeit aus § 218 Abs. 1 S. 2 InsO eine Kompensation. Dem Schuldner wird – gegenüber dem Verwalter – ein zeitlich erweiterter Gestaltungspielraum und damit ein für das Gelingen der Sanierung bedeutsamer Zeitvorsprung eingeräumt[92]. Durch die Ausarbeitung eines Plankonzepts kann er etwaigen Bedenken begegnen und idealerweise zu einer Optimierung seiner Haftungsverwirklichung beitragen. Die frühzeitige Planvorlage dient insoweit der Zurückgewinnung des bis dato idealerweise nur rudimentär verloren gegangenem Vertrauen.

---

87 *H/W/F*, Handbuch, Kap. 9 Rn. 22; *Maus* in: KS, S. 940; Nerlich/Römermann-*Braun*, § 218, Rn. 42; *Riggert*, WM 1998, S. 1522; *Warrikoff*, KTS 1997, S. 530.

88 Nerlich/Römermann-*Braun*, Vor. § 217, Rn. 219; ebenso *Frank* in: Runkel, § 12, Rn. 28.

89 Nerlich/Römermann-*Braun*, Vor. § 217, Rn. 226.

90 Vgl. hierzu oben, S. 12 ff.

91 Vgl. nur *Braun* in: Gottwald, § 67, Rn. 10, der insoweit von einer „partiellen Diskriminierung" des Schuldnerplans durch das Gesetz spricht.

92 Vgl. *Herzig*, Insolvenzplanverfahren, S. 93; Kübler/Prütting-*Otte*, § 218, Rn. 20; *Maus* in: KS, S. 942 f.; *Schlegel*, Eigenverwaltung, S. 64; *Uhlenbruck*, GmbHR 2005, S. 824.

Auf diese mit einer Planvorlage im Sinne des § 218 Abs. 1 S. 2 InsO verbundenen vornehmlich psychologischen Effekte stellte der Gesetzgeber in der Begründung zum Regierungsentwurf zur InsO ab. Darin eingebettet dürfte zugleich die Hoffnung gelegen haben, dass der Schuldner seinerseits aus dieser Chance eine Motivation zieht[93]. Die zeitliche Privilegierung, die § 218 Abs. 1 S. 2 InsO für den Schuldner bietet, soll demgemäß verhindern, dass er die anstehende Insolvenz als Ende seines wirtschaftlichen Wirkens empfindet und sich daraufhin tatenlos den (Liquidations-)Automatismen des Insolvenzverfahrens unterwirft[94]. Vielmehr soll von ihr der Anreiz ausgehen, sich mit dem von der Insolvenzordnung bereitgestellten Sanierungsinstrument des Insolvenzplanes und dessen innewohnenden Vorteilen intensiv zu beschäftigen. Anknüpfend daran bleibt es idealerweise nicht bei der bloßen Beschäftigung, sondern mündet bereits in einen aktiven Gestaltungsprozess[95].

Das schuldnerische Handlungsspektrum erhält durch die Möglichkeit aus § 218 Abs. 1 S. 2 InsO eine steuernde Prägung[96]. Der Schuldner ist zum Zeitpunkt vor der Stellung des Insolvenzantrags der einzige, der einen Insolvenzplan aussichtsreich initiieren kann. Im Falle drohendender Zahlungsunfähigkeit im Sinne des § 18 InsO liegt neben dem Moment der Plan- auch der der Verfahrensauslösung ausschließlich in seinen Händen. Sie verkörpert insoweit die Option maximaler Beherrschbarkeit[97]. Gläubiger können dem Verfahren vorgeschaltete Verhandlungen nicht durch die Stellung eines Eröffnungsantrags mit unmittelbarer Verfahrenseröffnung zu Fall bringen. Die Ausgangslage ist für den Schuldner insoweit optimiert[98]. Die in jedem Fall einhergehende Freiheit und Unabhängigkeit konzentriert die Handlungsperspektive des Schuldners auf das aktive Gestalten von Sanierungslösungen. Mit dem Insolvenzeröffnungs- bzw. Insolvenzverfahren verbundene Einschränkungen bestehen für ihn zu diesem Zeitpunkt nicht. Weder beeinflussen Auskunfts- und Mitwirkungspflichten noch Einschränkungen in der Verwaltungs- und Verfügungsbefugnis seine gestalterische Position. Die vorhandenen Kapazitäten können vollumfänglich in den planerischen Ausarbeitungsprozess eingebracht werden, was eine wohlbedachte Vorbereitung desselben einschließt[99].

Zugleich bedeutet die Nichtexistenz einer externen Autorität, dass sich der Schuldner nicht mit fremden Ansichten und Vorhaben arrangieren muss. Der Insol-

---

93 Vgl. *Kaltmeyer*, ZInsO 1999, S. 257.

94 MüKo-*Eidenmüller*, § 218, Rn. 66.

95 MüKo-*Eidenmüller*, Vor §§ 217-269, Rn. 58.

96 Vgl. Nerlich/Römermann-*Braun*, Vor. § 217, Rn. 217 ff.

97 Vgl. *Achsnick*, Options-Modelle, S. 42; *Maus* in: KS, S. 941 f.; *Paulus*, ZGR 2005, S. 317.

98 Vgl. *Huntemann/Dietrich*, ZInsO 2001, S. 16; *Paulus*, ZGR 2005, S. 317.

99 *Frank* in: Runkel, § 12, Rn. 62.

venzverwalter zwingt den Schuldner im Falle eines verfahrenserarbeiteten Plans in eine Position, die ausschließlich reagierende Handlungsoptionen bereithält. Durch seine Unabhängigkeit zeitlich vor dem formellen Verfahren kann er aber frei gestalten und versuchen, dem sich anschließenden Verfahren Richtung und Weg vorzugeben. Er kommt den Entwicklungen, die ihn in eine rein reagierende Position versetzen, durch das aktive Gestalten eines eigenen Lösungsweges zuvor[100].

V. Verhältnis zum Schutzschirmverfahren nach § 270b InsO

Eine Art Zwischenweg stellt das mit dem ESUG in § 270b InsO implementierte Schutzschirmverfahren dar. Hiernach hat der Schuldner die Möglichkeit, unter dem Schutzschirm des Eröffnungsverfahrens innerhalb einer maximal dreimonatigen Frist einen Insolvenzplan auszuarbeiten und nach Verfahrenseröffnung seinen Gläubigern zur Abstimmung zu stellen. Das eröffnete Insolvenzverfahren wird sodann durch den Schuldner in Eigenverwaltung betrieben[101].

Bereits mit dem Antrag kann er eine Person für das Amt des vorläufigen Sachwalters vorschlagen, von dem das Gericht nach § 270b Abs. 2 S. 2 InsO nur im Ausnahmefall abweichen darf. Nach dem Willen des Gesetzgebers soll so für den Schuldner ein Anreiz geschaffen werden, frühzeitig einen Eröffnungsantrag und so rechtzeitig die Weichen für eine Sanierung seines Unternehmens zu stellen[102]. Die Schaffung dieser Möglichkeit liegt der mit dem ESUG verfolgten Intention des Gesetzgebers zugrunde, ein für den Schuldner planbares Verfahren zu eröffnen und ihm die Angst zu nehmen, mit der Stellung des Eröffnungsantrags die Kontrolle über sein Unternehmen zu verlieren[103].

Die Option aus § 270b InsO tritt für den Schuldner neben seine Möglichkeit aus § 218 Abs. 1 S. 2 InsO. Sie stehen in der Krise als gleichberechtigte Handlungsoptionen nebeneinander. Anders als das Planinitiativrecht aus § 218 Abs. 1 S. 2 InsO ist die Option aus § 270b InsO nicht an eine simultane Vorlage von Insolvenzplan und Eröffnungsantrag geknüpft. Während der Ausübung ersterer zwingend plangestalterische Prozesse vorausgehen müssen, beschränken sich die vom Schuldner notwendigerweise zu erbringenden Tätigkeiten im Zuge der Vorbereitung einer Sanierung auf die Einholung einer mit Gründen versehenen Bescheinigung im Sinne des § 270b Abs. 1 S. 3 InsO. Aus dieser muss sich ergeben, dass drohende Zahlungsunfähigkeit oder Überschuldung, aber keine Zah-

100 Vgl. *Denkhaus*, ZInsO 1999, S. 219.
101 BT-Drs. 17/5712, S. 40 f.
102 BT-Drs. 17/5712, S. 40.
103 BT-Drs. 17/5712, S. 17, 40.

lungsunfähigkeit vorliegt und die angestrebte Sanierung nicht offensichtlich aussichtslos ist[104].

Die vom Gesetzgeber mit dem Schutzschirmverfahren anvisierte Schaffung einer Perspektive der Vorhersehbarkeit und Planbarkeit zugunsten des sanierungswilligen Schuldners vermag hinterfragt zu werden. Wie er selbst ausführt, ist die mit § 270b InsO geschaffene Option auf solche Sachverhalte ausgerichtet und zugleich beschränkt, in denen vor der Einreichung des Eröffnungsantrags Absprachen mit einzelnen Gläubigern getroffen wurden[105]. Ein Schuldner, der seinen Gläubigern jedoch erstmals mit der Forderung nach Sanierungsbeiträgen ohne ein Konzept entgegentritt, welches aussichtsreiche Anknüpfungspunkte bereithält, kann eine solche Sanierungsbereitschaft kaum entfachen[106]. Allein die Aussicht, ein solches Konzept unter dem Schutzschirm des Eröffnungsverfahrens zu erarbeiten, reicht hierfür nicht aus[107]. Vielmehr muss der Schuldner die Entstehung des Eindrucks verhindern, er nutze ein in Eigenverwaltung betriebenes Verfahren unter Mitwirkung eines von ihm nach § 270b Abs. 2 S. 2 InsO ausgewählten vorläufigen Sachwalters zur Durchsetzung seiner eigenen Interessen[108].

Tatsächlich wie rechtlich befinden sich Gläubiger wie insbesondere die Banken und Lieferanten in einer beherrschenden Position[109]. Es liegt in ihrer Hand, durch die Kündigung der Geschäftsbeziehungen bzw. das Verlangen nach Vorschüssen die Zahlungsunfähigkeit des Schuldners herbeizuführen. Zwar führt der Eintritt der Zahlungsunfähigkeit nicht mehr automatisch zu einer Aufhebung des Schutzschirmverfahrens[110]. Im schlimmsten Fall bezwecken die Gläubiger durch ihr Verhalten jedoch die Aussichtslosigkeit der vom Schuldner angestrebten Sanierung und verpflichten das Gericht so zur Aufhebung der angeordneten Schutzmaßnahmen entsprechend § 270b Abs. 4 S. 1 Nr. 1 InsO[111]. Dies lässt die grundsätzliche Möglichkeit für den Schuldner unberührt, die Ausarbeitung seines

104 *Hölzle*, NZI 2011, S. 130; zu den Anforderungen, denen eine solche Bescheinigung genügen muss, vgl. *Hölzle/Pink*, ZIP 2011, S. 366 f.; *Willemsen/Rechel*, BB 2011, S. 837.

105 Vgl. BT-Drs. 17/5712, S. 40.

106 So auch *Hölzle/Pink*, ZIP 2011, S. 367, die zugleich darauf verweisen, dass die Erarbeitung des Insolvenzplans innerhalb von drei Monaten nur auf Grundlage der Bescheinigung nach § 270b Abs. 1 InsO, jedoch ohne jegliche Vorbereitungshandlungen im Hinblick auf das Sanierungskonzept, kaum möglich sein wird.

107 Vgl. *Piepenburg*, WPg. 2011, Sonderheft, S. 19.

108 Vgl. *Hölzle*, NZI 2011, S. 130; *Hölzle/Pink*, ZIP 2011, S. 364.

109 *Kammel/Staps*, NZI 2010, S. 796.

110 Dies sah der Gesetzesentwurf zum ESUG bis zuletzt in § 270b Abs. 3 S. 1 Nr. 4 vor. Nach massiver Kritik (vgl. nur *Brinkmann/Zipperer*, ZIP 2011, S. 1344 f.; *Desch*, BB 2011, S. 843 f.) sah sich der Gesetzgeber jedoch dazu veranlasst, im Hinblick auf die zu starke Position einzelner Gläubiger die Vorschrift zu streichen, vgl. BT-Drs. 17/7511, S. 37.

111 Vgl. *Vallender*, MDR 2012, S. 129.

Insolvenzplans fortzusetzen[112]. Ein solcher Plan bietet aber kaum eine Aussicht darauf, im eröffneten Verfahren von den Gläubigern akzeptiert zu werden.

Auch der sanierungswillige Schuldner kommt insoweit nicht umher, bereits in der Krise gestalterische Überlegungen anzustellen bzw. bereits konkret im Wege der Gestaltung eines Insolvenzplans umzusetzen[113]. Genau diese Option bietet ihm sein Planinitiativrecht aus § 218 Abs. 1 S. 2 InsO. Insoweit sind keine Gründe ersichtlich, den ihm im Vorfeld umfangreich zur Verfügung gestellten Handlungsspielraum ungenutzt zu lassen und sich auf die Vorbereitung einer Sanierung entsprechend § 270b InsO zu beschränken. Mit der Möglichkeit aus § 270b InsO sind für den Schuldner keine besonderen Möglichkeiten verbunden, die ihm nicht auch sein Planinitiativrecht aus § 218 Abs. 1 S. 2 InsO bietet[114]. Vielmehr untersteht er während der gesamten Dauer der Anfertigung seines Insolvenzplans der Aufsicht des Insolvenzgerichts und eines regelmäßig zu bestellenden vorläufigen Sachwalters[115].

Insbesondere die Existenz des vorläufigen Sachwalters gefährdet die selbstbestimmte Sanierungsvorbereitung und -durchführung durch den Schuldner. Auch wenn dem vorläufigen Sachwalter nicht die umfangreichen Befugnisse eines vorläufigen Insolvenzverwalters zustehen, schränkt seine Existenz die Handlungsfreiheit des Schuldners erheblich ein. Zu dessen Aufgaben zählt es, im Interesse der Gläubiger die gestalterischen Tätigkeiten des Schuldners zu überwachen und durch Berichte gegenüber dem Insolvenzgericht zu dokumentieren[116]. Für den Schuldner sind hieran zeitaufwendige Kommunikations- und Rechtsfertigungsprozesse geknüpft, die ihn in dieser Phase bei der vornehmlich durchzuführenden Planausarbeitung beschränken. Die Auswahl einer von ihm entsprechend § 270b Abs. 2 S. 2 InsO vorgeschlagenen Person lässt diese Erfordernisse unberührt.

Daneben tritt die explizit geregelte, dokumentationserfordernde Pflicht des Sachwalters nach § 270b Abs. 4 S. 2 InsO, dem Gericht den Eintritt der Zahlungsunfähigkeit bzw. der Aussichtslosigkeit der Sanierung unverzüglich anzuzeigen[117]. Allein der vorläufige Sachwalter erweist sich hier als effektive Informationsquelle für das Gericht, da der Schuldner zum einen regelmäßig nicht über die Fähigkeiten verfügt, das Vorliegen einer Zahlungsunfähigkeit zu beurteilen. Zum anderen ist bei einem sanierungswilligen Schuldner nicht die Bereitschaft anzunehmen, die Zahlungsunfähigkeit einzuräumen und damit die Aufhebung

112 *Desch*, BB 2011, S. 844; *Vallender*, MDR 2012, S. 129.
113 *Hölzle*, NZI 2011, S. 130.
114 *Braun/Heinrich*, NZI 2011, S. 511.
115 BT-Drs. 17/5712, S. 40.
116 *Brinkmann/Zipperer*, ZIP 2011, S. 1344.
117 *Brinkmann/Zipperer*, ZIP 2011, S. 1344; *Desch*, BB 2011, S. 843.

des Schutzschirms sowie das Scheitern der Sanierungsbemühungen herbeizuführen[118].

Mit der Ausschöpfung der Option aus § 270b InsO ist damit nicht ohne Weiteres die Perspektive der Plan- und Beherrschbarkeit zugunsten des Schuldners verbunden[119]. Allen voran die kontinuierliche Durchführung eines Dialogs mit dem vorläufigen Sachwalter, das Risiko des Eintritts der Zahlungsunfähigkeit bzw. der Aussichtlosigkeit der Sanierung sowie eine bei den Gläubigern mit der Ankündigung der Planausarbeitung entstehende Erwartungshaltung stehen der Annahme einer solchen entgegen. Ein Verfahren nach § 270b InsO bietet dem Schuldner nur insoweit Planungssicherheit, als es von Anfang an auf ein Planverfahren ausgerichtet ist[120]. Diese Perspektive hält für den Schuldner aber auch sein Planinitiativrecht aus § 218 Abs. 1 S. 2 InsO bereit, fernab der Existenz eines vorläufigen Sachwalters und für ihn nicht steuerbarer Erwartungshaltungen bei den Gläubigern.

D. Der prepackaged plan

I. Ausgangspunkt

Für die frühzeitige Erarbeitung eines materiellen Verwertungskonzepts zeitlich vor dem Insolvenzverfahren und dessen Einbringung in selbiges in Form des Insolvenzplans hat sich in der deutschen Literatur der Amerikanismus „prepackaged plan“ etabliert[121]. Der Terminus wird allen voran im Zusammenhang mit der Möglichkeit des Schuldners aus § 218 Abs. 1 S. 2 InsO verwendet.

II. Begriff

Der Insolvenzordnung ist der Terminus „prepackaged plan“ fremd. Er findet weder in der Insolvenzordnung noch in den Unterlagen zu ihrer Gesetzgebungsgeschichte

118 Aus diesem Grund weisen *Schmittmann/Dannemann*, VR 2012, S. 78 darauf hin, dass es wünschenswert gewesen wäre, die Verpflichtung nach § 270b Abs. 4 S. 2 InsO strafbewehrt zu gestalten.

119 *Madaus*, NZI 2011, S. 627.

120 Vgl. *Desch*, BB 2011, S. 842.

121 So u. a. *Ehlers*, ZInsO 2010, S. 259; *Gietl/Langheinrich* in: WDWW, Kap. 12, Rn. 66; *Grub*, AnwBl. 2000, S. 582; *Huntemann/Dietrich*, ZInsO 2001, S.14; *Paulus*, ZGR 2005, S. 321 f.; *Riggert* in: Haarmeyer, Bd. 1, S. 232; *Schmittmann*, VR 2009, S. 290; *Spies*, ZInsO 2005, S. 1255; *Weisemann/Holz:* in Weisemann/Smid, Kap. 15, Rn. 31.

eine Erwähnung. Erstmals hat der Gesetzgeber die Begrifflichkeit im Diskussionsentwurf zum ESUG aufgegriffen. In der Begründung des Diskussionsentwurfs zum in § 270b DiskE ESUG geregelten Schutzschirmverfahren führt er aus: „Ist es dem Schuldner innerhalb der Frist des Schutzschirms gelungen, einen Insolvenzplan im Sinne eines ‚pre-packaged plans' vorzubereiten, legt er diesen dem Gericht vor"[122]. Eine Definition unternahm der Gesetzgeber dabei nicht. Allerdings lieferte er in der Begründung zur Vorschrift des § 270b RefE ESUG eine nähere Erläuterung. Er fügte in dem zum DiskE ansonsten wortgleichen Satz hinter dem Begriff des „pre-packaged plans" die Apposition ein: „also eines vorab erstellten Plans". Nähere Ausführungen zu dem eingefügten Zusatz erfolgten auch hier nicht.

Legt man dem vom Gesetzgeber gewählten Wortlaut zugrunde, fällt jeder vor der Verfahrenseröffnung erarbeitete Insolvenzplan, mithin auch der entsprechend § 218 Abs. 1 S. 2 InsO vorgelegte, unter diese Definition. Der Gesetzgeber knüpft die Vorlage an den Ablauf der nach § 270b Abs. 3 S. 1 RefE ESUG gesetzten Frist zur Planausarbeitung, die die Eröffnung des Insolvenzverfahrens nach sich zieht. Da der Gesetzgeber die Begrifflichkeit im Rahmen der Vorschrift über das Schutzschirmverfahren aufgreift, liegt die Überlegung nahe, lediglich einen solchen Insolvenzplan als prepackaged plan zu bezeichnen, der innerhalb der Schutzschirmfrist erarbeitet wurde. Eine dahingehende Intention des Gesetzgebers mit der Folge, sämtliche auf andere Art und Weise erarbeitete Insolvenzpläne explizit von einer Bezeichnung als prepackaged plan auszuschließen, ist jedoch nicht anzunehmen. Dies wird entscheidend dadurch geprägt, dass es sich beim prepackaged plan eben nicht um einen gesetzlichen Terminus handelt, an dessen Subsumtion sich bestimmte Rechtsfolgen anschließen. Das Bedürfnis und damit der Wille zu einer verbindlichen Kategorisierung bestand seitens des Gesetzgebers insoweit nicht. In diesem Fall wären hinsichtlich der Begrifflichkeit weitere Ausführungen des Gesetzgebers zu den US-amerikanischen Grundlagen sowie seiner Verwendung in der US-amerikanischen wie deutschen Rechtswissenschaft angezeigt gewesen. Der Gesetzgeber hat es insoweit der gängigen Praxis der überwiegenden Mehrheit der Rechtswissenschaft gleichgetan, die die Begrifflichkeit des prepackaged plan ohne das Unternehmen einer näheren Definition und Differenzierung übernommen hat.

Auch im US-amerikanischen Insolvenzrecht existiert der rechtliche Terminus „prepackaged plan" indes nicht. Vielmehr ist der Begriff ein Produkt der US-amerikanischen Literatur[123]. Die deutsche Literatur hat den Begriff übernommen, ohne ihn näher aufzugreifen. Eine intensive Behandlung der Begrifflichkeit ist

122 DiskE ESUG, S. 46.

123 *Herzig*, Insolvenzplanverfahren, S. 93; *Madaus*, Insolvenzplan, S. 565.

erstmals durch *Madaus* erfolgt[124]. Überwiegend beschränkt sich die Auseinandersetzung auf die bloße Übersetzung des prepackaged plan als „vorbereiteter Plan"[125]. Sie ergibt sich aus dem Präfix „pre", das auf das lateinische „prae" zurückgeht und die Wortbedeutung „vor", „vorher" oder auch „vorweg" trägt[126]. „pack" ist Wortbestandteil und Kurzform des Begriffs „package", welches sich als „Paket" ins Deutsche übersetzen lässt[127]. Der Begriff des „plan" entspricht dem deutschen „Plan", ist hier jedoch in seiner Verbindung zum US-amerikanischen Insolvenzrecht zu sehen, nach dem die Sanierung eines Unternehmens im Wege eines Reorganisationsplans („reorganization plan") erfolgt[128]. Im Ergebnis ergibt sich aus der Übersetzung des prepackaged plan die Begrifflichkeit des „vorgepackten Plans" oder auch „vorgefertigten Plans", deren Verwendung sich ebenfalls vereinzelnd in der Literatur finden lassen[129]. Überwiegend wird dieser jedoch durch die Benutzung des Terminus „vorbereiteter Plan" verdrängt.

Im Zuge ihrer Auseinandersetzung mit dem prepackaged plan stellen die Vertreter der Literatur wesentlich auf den Aspekt der Vorbereitung ab und wählen die Möglichkeit des Schuldners aus § 218 Abs. 1 S. 2 InsO als Ausgangspunkt ihrer Behandlung[130]. Die Wahrnehmung dieser rechtlichen Befugnis erfordere nämlich vom Schuldner, zeitlich vor dem formellen Verfahren und damit vor seiner Stellung als „Insolvenzschuldner" im Sinne der Insolvenzordnung einen Insolvenzplan zu entwerfen. Durch diese vorzeitige Erledigung gestalterischer Prozesse werde neben einer Beschäftigung mit dem Insolvenz- bzw. Insolvenzplanverfahren auch dessen Vorbereitung erreicht, da zumindest die zeitintensive Erarbeitung des materiellen Verwertungskonzepts im sich anschließenden Verfahren entfalle[131].

In Anknüpfung an diesen Vorbereitungseffekt stellt für eine Vielzahl von Stimmen in der Literatur bereits jeder Plan, der vom Schuldner gleichzeitig mit

124 Vgl. *Madaus*, Insolvenzplan, S. 562 ff.

125 Statt vieler *Gietl/Langheinrich* in: WDWW, Kap. 12, Rn. 66; Kübler/Prütting-*Otte*, § 218, Rn. 21; *Liebig/Witt*, DB 2011, S. 1931.

126 Duden, Deutsches Universallexikon, S. 1363, Stichwort: prä-, Pra-; Langenscheidts Großwörterbuch, S. 865, Stichwort: pre.

127 Langenscheidts Großwörterbuch, S. 801 f., Stichwort: package.

128 Langenscheidts Großwörterbuch, S. 844, Stichwort: plan.

129 So bei *Achsnick*, Options-Modelle, S. 43; *Eidenmüller*, Unternehmenssanierung, S. 442.

130 Vgl. *Braun* in: Gottwald, § 68, Rn. 1; *Denkhaus*, ZInsO 1999, S. 219; *Exner/Beck* in: Beck/Depré, § 43, Rn.60; *Weisemann/Holz* in: Weisemann/Smid, Kap. 15, Rn. 31.

131 Vgl. FK-*Jaffé*, § 218, Rn. 18; Nerlich/Römermann-*Braun*, Vor. § 217, Rn. 203; *Weisemann/Holz* in: Weisemann/Smid, Kap. 15, Rn. 32.

dem Eröffnungsantrag vorgelegt wird, begrifflich einen prepackaged plan dar[132]. So definieren etwa *Kußmaul/Steffan* den prepackaged plan als einen „vom Unternehmen mit der Zielsetzung der Eigensanierung erstellten Sanierungsplan, der ein eröffnetes Insolvenzverfahren unterstellt und mit dem Antrag auf Eröffnung des Insolvenzverfahrens beim Insolvenzgericht eingereicht wird"[133].

III. Grundlagen im US-amerikanischen Recht

1. Ausgangspunkt

Der Begriff des prepackaged plan ist in der deutschen Literatur im Zusammenhang mit der Behandlung des schuldnerischen Planinitiativrechts allgegenwärtig, obwohl er der Insolvenzordnung fremd ist. Auch im US-amerikanischen Insolvenzrecht existiert der Begriff nicht. Er ist vielmehr Produkt der US-amerikanischen Literatur und Rechtspraxis. Um seine Grundlagen nachvollziehen zu können, ist zunächst eine Auseinandersetzung mit den gesetzlichen Grundlagen des US-amerikanischen Sanierungsrechts erforderlich. Erst auf dieser Basis kann eine Beschäftigung mit den gestalterischen Optionen des prepackaged plan erfolgen.

2. Bedeutung des US-amerikanischen für das deutsche Insolvenzrecht

Das Sanierungsverfahren in den USA ist in Chapter 11 Bankruptcy Code, auch United States Code genannt, geregelt. Dem deutschen Gesetzgeber dienten die Vorschriften in weiten Teilen als Vorbild zur Gestaltung des Insolvenzplanverfahrens[134]. Das US amerikanische Recht enthält bereits seit Ende der 30-er Jahre sanierungsrechtliche Regelungen und kann demgemäß auf eine lange und erkenntnisreiche Tradition zurückblicken. Zur letzten schwerwiegenden Reform sah sich der amerikanische Gesetzgeber 1978 veranlasst[135].

Im Falle einer Unternehmensinsolvenz stehen nach US-amerikanischem Recht grundsätzlich zwei Verfahrenswege offen. Zum einen das Liquidationsverfahren nach Chapter 7 Bankruptcy Code (BC) und zum anderen das in Chapter 11 BC geregelte Reorganisationsverfahren. Die Reorganisation erfolgt im Wege eines Reorganisationsplans, der gesetzlich in den 11 USC §§ 1121-1129 geregelt

132 So etwa bei *Denkhaus*, ZInsO 1999, S. 219; *Gietl/Langheinrich* in: WDWW, Kap. 12, Rn. 66; *Graf/Wunsch*, ZIP 2001, S. 1030; *Rotstegge*, Konzerninsolvenz, S. 361; *Schmittmann*, VR 2009, S. 290; *Weisemann/Holz* in Weisemann/Smid, Kap. 15, Rn. 31.

133 *Kußmaul/Steffan*, DB 2000, S. 1849.

134 *Smid*, WM 1996, S. 1251; *Weisemann/Holz* in: Weisemann/Smid, Kap. 15, Rn. 15.

135 *Happe*, Rechtsnatur, S. 25 f.; *Möhlmann*, KTS 1997, S. 2 f.; Nerlich/Römermann-*Braun*, Vor. § 218, Rn. 18.

ist. Der Reorganisationsplan ist die Übereinkunft zwischen Gläubiger, Schuldner und Gericht über die Art und Weise der Befriedigung der seitens der Gläubiger bestehenden Forderungen. In ihm legen die Beteiligten die geeigneten Maßnahmen zur finanziellen Restrukturierung des Schuldners sowie zur Realisierung der Gläubigerbefriedigung fest[136].

Zur rechtsverbindlichen Herbeiführung der in dem Plan festgestellten Änderungen und Ansprüche sieht das Gesetz ein bestimmtes Verfahren vor. Eine Vielzahl dieser Verfahrensschritte und Vorschriften dienten dem deutschen Gesetzgeber dabei als Vorlage für die Kodifizierung des Insolvenzplanverfahrens in den §§ 217 ff. InsO. Übernommen wurden insbesondere die Notwendigkeit eines darstellenden Teils zur Information der Gläubiger, die Bildung von Gläubigergruppen sowie die Abstimmung über den Plan in diesen Gruppen, die Mehrheitserfordernisse und das Obstruktionsverbot[137].

Wesentlich ist die Übernahme des Grundsatzes, dass die Gläubigerautonomie das dominierende Prinzip im Insolvenzverfahren darstellen soll. Nach dem US-amerikanischen Recht liegt die Entscheidung über die schuldnerische Haftungsverwirklichung ausschließlich in den Händen der Gläubiger. Im Wege der Verhandlung sollen die Beteiligten die optimale Art und Weise der Haftungsverwirklichung entdecken[138]. Grundlage und Garantie für einen fruchtbaren Verhandlungs- und Entscheidungsprozess ist nach dem Willen des US-amerikanischen Gesetzgebers der Grundsatz der umfassenden Information („adequate information"). Die Beteiligten sollen zu jeder Zeit über alle für ihre Entscheidung erforderlichen Tatsachen im Bilde sein. Das Verfahren stellt daher eine Offenlegung der Situation sowie aller relevanten Informationen sicher, damit die Gläubiger in voller Kenntnis eine fundierte Entscheidung treffen können[139]. Das Gericht bleibt in diesem Prozess außen vor. Just für den Fall, dass die Beteiligten trotz dieser Grundlage nicht über eine Reorganisation einigen können, bestehen Möglichkeiten des Gerichts zur Kontrolle und Einflussnahme[140].

3. Das Planinitiativrecht im US-amerikanischen Recht

Eine Sanierung mittels Reorganisationsplan setzt im US-amerikanischen Recht die Eröffnung eines formellen Insolvenzverfahrens voraus. Das Reorganisationsverfahren ist als Antragsverfahren ausgestaltet.

---

136 *Möhlmann*, KTS 1997, S. 7 f.; *Weisemann/Holz* in: Weisemann/Smid, Kap. 15, Rn. 19.

137 *Herzig*, Insolvenzplanverfahren, S. 32; *Möhlmann*, KTS 1997, S. 8 f.; *Seagon* in: Buth/Hermanns, § 27, Rn. 88.

138 *Flessner*, Sanierung, S. 128.

139 *Möhlmann*, KTS 1997, S. 7.

140 *Flessner*, Sanierung, S. 117 f.

Antragsberechtigt ist zum einen der Schuldner. Als Voraussetzung für die Zulässigkeit des Schuldnerantrags sieht das Gesetz in 11 USC § 109 (a) lediglich die Zahlung einer Gebühr sowie die Vorlage eines Registerauszuges vor, das den US-amerikanischen Sitz des schuldnerischen Unternehmens nachweist[141]. Ein Insolvenzgrund wie die Zahlungsunfähigkeit oder Überschuldung ist nach dem Gesetz nicht erforderlich[142]. Auch die Gläubiger können einen Insolvenzantrag stellen. Dafür bestimmt 11 USC § 303 (a) besondere Voraussetzungen[143].

Der Antrag führt im Falle des Schuldnerantrags automatisch, beim Gläubigerantrag durch Gerichtsbeschluss zur Eröffnung und Durchführung des Insolvenzverfahrens. Der Antragsteller legt zugleich den Verfahrensweg fest, in dem er seinen Antrag entweder auf die Durchführung eines Liquidationsverfahrens nach Chapter 7 oder eines Reorganisationsverfahrens nach Chapter 11 richtet[144].

Die Eröffnung des Verfahrens führt nach 11 USC § 362 zum „automatic stay". Dieser beinhaltet ein Vollstreckungs- und Aufrechnungsverbot zulasten der Gläubiger und bewirkt zugunsten des Schuldners die Erhaltung seiner Vermögensmasse. Er ist ein wesentliches Mittel zur Sicherung der Geschäftsfortführung und der Sanierungschancen zugunsten des schuldnerischen Unternehmens[145]. Der Schuldner bleibt dabei nach 11 USC § 1107 Inhaber der Verwaltungs- und Verfügungsbefugnis über sein Vermögen als sog. „debtor in posession", d. h. die schuldnerische Unternehmensleitung führt die Geschäfte unverändert weiter[146]. Lediglich in begründeten Ausnahmefällen kann das Gericht gemäß 11 USC § 1104 (a) (1) und (2) nach Anhörung der Beteiligten einen Treuhänder (trustee) ernennen. Erforderlich ist dafür der Antrag eines Verfahrensbeteiligten, in dem er ein grobes Fehlverhalten des Schuldners nachweist[147].

Der automatic stay setzt neben der Vollstreckungssperre das Recht des Schuldners zur Ausarbeitung eines Insolvenzplans in Gange. Das Planvorlagerecht ist ein exklusives der schuldnerischen Unternehmensleitung und schließt die sonstigen Beteiligten von einer eigenen Planvorlage aus. Gemäß 11 USC § 1121 (c) (2) stehen dem Schuldner nach Verfahrenseröffnung 120 Tage zur Anfertigung eines Reorganisationsplans zur Verfügung („exclusive period"). Nach der Ausarbeitung hat der Schuldner nach 11 USC § 1121 (c) (3) weitere 60 Tage Zeit, um für die Zustimmung für seinen Plan zu werben. Beide Fristen können nach Maßgabe des 11 USC § 1121 (d) vom Gericht verkürzt oder ver-

141 *Möhlmann*, KTS 1997, S. 4.

142 *Bork*, ZZP 1996, S. 480; *Fassbach*, Cram down, S. 10 f.

143 Vgl. *Möhlmann*, KTS 1997, S. 5.

144 *Bork*, ZZP 1996, S. 473 f.

145 *Möhlmann*, KTS 1997, S. 5 f.; *Smid/Rattunde*, Insolvenzplan, Rn. 2.37.

146 *Bauer*, DJAV-Newsletter 2009, S. 104.

147 *Flessner*, Sanierung, S. 224; *Möhlmann*, KTS 1997, S. 6.

längert werden[148]. Gelingt es dem Schuldner nicht, innerhalb dieser Zeiträume eine Zustimmung zum Plan zu erzielen, steht nach 11 USC § 1121 (c) den anderen Verfahrensbeteiligten („any party in interest") das Planinitiativrecht zu[149].

Wesentlicher Bestandteil des Reorganisationsplans ist das disclosure statement[150]. Es stellt die Informationen bereit, die die Gläubiger benötigen, um eine Entscheidung über den vorgelegten Plan treffen zu können. Der nach US-amerikanischen Recht unumstößliche Grundsatz umfassender Information für die Gläubiger wird durch das disclosure statement gewährleistet. Normiert ist dieser Grundsatz in 11 USC § 1125, wobei das Gesetz es unterlässt, Inhalt und Form des disclosure statements exakt vorzugeben. Die Erforderlichkeit bestimmter Informationen lässt sich insoweit regelmäßig ausschließlich anhand der Umstände des Einzelfalls bestimmen, wobei in der US-amerikanischen Literatur Einigkeit darüber besteht, dass ausschließlich quantitative Daten diesem Zweck gerecht werden[151]. Das disclosure statement bedarf einer Genehmigung durch das Gericht, die diese nach einer gesonderten Anhörung zwecks Sicherstellung einer vollständigen und adäquaten Informationsgrundlage für die Gläubiger erteilt. Erst nach der Billigung kann eine Abstimmung der Gläubiger über den Plan in den vom Planverfasser gebildeten Gruppen stattfinden[152].

4. Rechtliche Grundlagen des prepackaged plan

Beim prepackaged plan handelt es sich nicht um ein eigenständig geregeltes Rechtsinstitut. Er stellt eine besondere Ausprägung des im US-amerikanischen Recht geregelten Sanierungsinstruments des reorganization plan dar.

Ausgangspunkt des prepackaged plan ist der Grundsatz der umfassenden Information, den 11 USC § 1125 für die Beteiligten verwirklicht. In Anknüpfung an das fundamentale Informationserfordernis bestimmt 11 USC § 1125 (b), dass der Schuldner erst dann in Verhandlungen mit seinen Gläubigern über seinen Planvorschlag treten darf, wenn alle Gläubiger über diese Informationsgrundlage verfügen. Dementsprechend verbietet es dem Planverfasser, ohne das vom Gericht genehmigte disclosure statement bei seinen Gläubigern für eine Zustim-

148 In der Praxis machen die Gerichte insbesondere von der Möglichkeit der Fristverlängerung großzügig Gebrauch, um dem Schuldner genügend Zeit für die Verhandlungen mit seinen Gläubigern einzuräumen, vgl. *Bork*, ZZP 1996, S. 484; *Fassbach*, Cram down, S. 22.

149 *Smid*, WM 1996, S. 1251.

150 *Flessner*, Sanierung, S. 117; Nerlich/Römermann-*Braun*, Vor. § 217, Rn. 47 f.

151 Vgl. *Herzig*, Insolvenzplanverfahren, S. 152; *Möhlmann*, KTS 1997, S. 21 m. w. N.

152 *Möhlmann*, KTS 1997, S. 22; Uhlenbruck-*Lüer*, Vor §§ 217-269, Rn. 27 f.

mung zum Plan zu werben[153]. Das Verbot gilt ab dem Zeitpunkt, zu dem der Schuldner einen Eröffnungsantrag bei dem Gericht gestellt hat[154].

Auf diesem in 11 USC § 1125 (b) normierten Verbot fußt das Rechtsinstitut des prepackaged plan[155]. Aus ihm folgt, dass zeitlich vor dem Eröffnungsantrag eine Konsultation der von seinem Plan betroffenen Gläubiger durch den Schuldner erfolgen kann. In diesem Moment ist der Schuldner noch nicht „debtor" im Sinne des formellen Insolvenzrechts. Insoweit unterliegt er noch nicht dem Verbot des 11 USC § 1125 (b) und kann bei seinen Gläubigern für den Plan, den er wie den Eröffnungsantrag noch nicht bei Gericht eingereicht hat, werben[156]. Dies schließt die gemeinsame Erarbeitung eines Plans ein. Der Schuldner kann seinen Gläubigern einen von ihm vorentworfenen Plan überlassen, ihn verhandeln, gegebenenfalls anpassen und damit eine einvernehmliche Lösung erzielen[157].

In den vor dem Verfahren stattfinden Verhandlungen haben die Beteiligten nunmehr die Möglichkeit, bereits ihre verbindliche Zustimmung zum Plan zu erteilen. Dies eröffnet die Option, außergerichtlich bereits die mehrheitliche Annahme des Plans herbeizuführen[158]. Für diese spezielle Verfahrensart als Unterart des prepackaged plan haben sich in der US-amerikanischen Rechtsterminologie die synonym gebrauchten Bezeichnungen „pre-voted plan", „pre-voted prepack" oder auch „pre-voted bankruptcy" etabliert[159]. Verbindlichkeit entfaltet die von den Gläubigern erteilte Zustimmung für das nunmehr einzuleitende gerichtliche Verfahren indes nur dann, wenn diese zum Zeitpunkt ihrer Entscheidung über eine hinreichende Informationsgrundlage verfügten[160]. Den Grundsatz der Gewährleistung einer umfassenden Information soll der Schuldner nicht dadurch umgehen können, dass er die Gläubiger zeitlich vor dem Verfahren über den Plan eine Entscheidung treffen lässt[161]. Um eine wirksame Bindung seiner Gläubiger an ihre vor dem Verfahren erklärte Zustimmung oder Ablehnung an

153 Vgl. *Herzig*, Insolvenzplanverfahren, S. 153.

154 Vgl. 11 USC § 1125 (b) „after the commencement of the case under this title".

155 Zu den historischen Grundlagen seiner Entwicklung vgl. *Flessner*, Sanierung, S. 81 ff.; *Herzig*, Insolvenzplanverfahren, S. 152 f.

156 *Braun* in: Braun/Uhlenbruck, S. 560 f.; Kübler/Prütting-*Otte*, § 218, Rn. 21.

157 *Braun* in: Gottwald, § 68, Rn. 2.

158 *Eidenmüller*, Unternehmenssanierung, S. 438; *Madaus*, NZI 2011, S. 625.

159 Vgl. insoweit *McConnell/Servaes* in: Bhandari/Weiss, S. 323; i. Ü. auch *Eidenmüller*, Unternehmenssanierung, S. 438; *Paulus,* WM 2011, S. 2208. Das Gegenstück hierzu stellt der „post-voted plan" oder auch „pre-negotiated plan" dar, der – wie der pre-voted plan – von den Beteiligten vor dem Verfahren ausgehandelt wird, zu dem die Gläubiger allerdings erst im Verfahren ihre Zustimmung erklären, vgl. *Eidenmüller*, Unternehmenssanierung, S. 438; *Madaus*, Insolvenzplan, S. 563 f.

160 *Braun* in: Braun/Uhlenbruck, S. 568; *Flessner*, Sanierung, S. 130.

161 *Eidenmüller*, Unternehmenssanierung, S. 438; *Flessner*, Sanierung, S. 130; *Herzig*, Insolvenzplanverfahren, S. 154; Nerlich/Römermann-*Braun*, Vor. § 217, Rn. 203.

den Plan zu erzielen, müssen auch zu diesem Zeitpunkt die in 11 USC § 1125 formulierten Anforderungen an den Informationsgehalt des Plans erfüllt sein, vgl. 11 USC § 1126 (b)[162]. Dies wird vom Gericht neben der Einhaltung sonstiger gesetzlicher Anforderungen nach Einreichung des Plans in nur einem Termin geprüft[163]. Um eine Bindung herbeizuführen, muss der vorbereitete Plan indes gemäß Rule 3018 (b) BR allen Gläubigern und Eigenkapitalinhabern vor der Zustimmung übersandt werden[164].

Der Plan wird sodann gleichzeitig mit dem Insolvenzantrag im Sinne des 11 USC § 1125 (a), einem Antrag auf Planbestätigung sowie das dem Plan zugrundeliegende disclosure statement nach 11 USC § 1126 (b) bei Gericht eingereicht[165]. Der Schuldner stellt zugleich einen Antrag auf beschleunigte Terminierung, um eine zügige Realisierung der im Plan festgelegten Maßnahmen herbeizuführen[166].

IV. Der prepackaged plan in der US-amerikanischen Sanierungspraxis

Jede Sanierung beginnt mit der Erarbeitung eines materiell-rechtlichen Konzepts, in dem die zur Reorganisation des schuldnerischen Unternehmens notwendigen Rechtsänderungen bestimmt werden. Die Erarbeitung eines solchen Sanierungskonzepts erfordert vom Schuldner, mit seinen Gläubigern fruchtende Verhandlungen zu führen und auf diese Weise eine interessengerechte Lösung zu erarbeiten.

Dieser gestalterische Prozess ist vom Schuldner in jedem Sanierungssachverhalt zu absolvieren, unabhängig davon, ob er eine Sanierung im Wege einer außergerichtlichen oder eines gerichtlichen Verfahrens durchführen will. Es handelt sich um einen vom formellen Verfahren komplett losgelösten Prozess. In der US-amerikanischen Sanierungspraxis wird ein solcher Prozess im Wege eines „workout" gestaltet, was letztlich nichts anderes bedeutet als die Durchführung von Verhandlungen fernab gerichtlicher Überwachung und Entscheidungsbefugnisse[167]. Auch im Falle einer Reorganisation im Wege des prepackaged plan wird der gerichtliche Prozess maßgeblich durch ein nicht verfahrensrechtliches Prozedere vorbereitet[168].

---

162 Vgl. insoweit Senate Report No. 95-989, § 1126 US BC

163 *Madaus*, Insolvenzplan, S. 567 f.; weitere Anforderungen können sich etwa aus dem allgemeinen Wertpapiergesetz ergeben, vgl. *Herzig*, Insolvenzplanverfahren, S. 154.

164 Vgl. *Herzig*, Insolvenzplanverfahren, S.154.

165 *Bauer*, DAJV-Newsletter 2009, S. 107.

166 *Braun* in: Braun/Uhlenbruck, S. 561.

167 *Eidenmüller*, Unternehmenssanierung, S. 261 ff.; *Eidenmüller*, BB 1998, Beilage 10, S. 21.

168 Vgl. *Achsnick*, Options-Modelle, S. 43; *Braun* in: Braun/Uhlenbruck, S. 568.

Nach *McConnell/Servaes* besteht demgemäß die Grundidee eines prepackaged plan darin, die Vorteile eines außergerichtlichen workout zu nutzen und dieses durch die Vorzüge des gerichtlichen Verfahrens zu optimieren. Insoweit bezeichnen sie den prepackaged plan als eine „hybrid form“, die diese beiden gebräuchlichen Formen der Unternehmenssanierung miteinander kombiniert[169].

Der Ablauf gestaltet sich dabei dermaßen, dass der Schuldner zunächst in Kontakt mit den wichtigsten Gläubigern aller von einem Reorganisationsplan betroffenen Gläubigergruppen tritt. Zweck der Kontaktaufnahme besteht in der einvernehmlichen Bildung von Gläubigerausschüssen und der Bestimmung von Repräsentanten derselben[170]. Sodann verhandelt der Schuldner mit diesen in den workouts über die zu einer Sanierung notwendig zu leistenden Beiträge. Ziel der Verhandlungen ist es dabei, frühzeitig ein von allen Seiten getragenes Sanierungskonzept zu erarbeiten. Die Verhandlungen werden dabei durch die Möglichkeit und Option eines prepackaged plan Verfahrens wesentlich beeinflusst. In der Praxis wird in den zunächst im Wege eines außergerichtlichen workout erarbeiteten und zur Abstimmung gestellten Vergleichsvorschlag eine Klausel eingefügt, nach der die Zustimmung oder Ablehnung zu dem Vergleich auch als verbindliche Entscheidung über den Plan im gerichtlichen Verfahren gilt[171]. Wurde nunmehr die erforderliche ganzheitliche Zustimmung zum Vergleichsvorschlag nicht erreicht, so kündigt der Schuldner gegenüber den nichtzustimmenden Gläubigern die Einbringung des gescheiterten Entwurfs im Wege eines Reorganisationsplans in das gerichtliche Verfahren an. Dasselbe gilt für den Fall, dass der Schuldner nicht sämtliche, sondern zunächst nur ausgewählte Gläubiger in die Verhandlungen einbezogen hat, für die bis dato nicht beteiligen Gläubiger[172]. Wenn nun die im Vorfeld erzielte Übereinkunft den vom Gesetz gestellten Anforderungen entspricht und dessen Mehrheitserfordernissen genügt, so droht den nichtzustimmenden bzw. bisher unbeteiligten Gläubigern mit dem Gang in das gerichtliche Reorganisationsverfahren, dass sie in der Planabstimmung überstimmt werden oder gegebenenfalls ihre Nichtzustimmung aufgrund der Regelungen des „cram down“ unerheblich ist[173].

---

169 *McConnell/Servaes* in: Bhandari/Weiss, S. 322. In Anlehnung daran verweist *Eidenmüller*, Unternehmenssanierung, S. 437 f., darauf, dass sich der prepackaged plan sowohl der gerichtlichen als auch der außergerichtlichen Sanierungskategorie zuordnen ließe. Zu Recht macht er in diesem Zusammenhang jedoch deutlich, dass es sich hierbei um eine rein terminologische Frage handelt, deren Beantwortung keinerlei Richtung in Bezug auf die inhaltliche Ausgestaltung des Konzepts vorgibt.

170 Vgl. *Madaus*, Insolvenzplan, S. 567.

171 Vgl. *Eidenmüller*, Unternehmenssanierungen, S. 438 f.

172 *Braun* in: Braun/Uhlenbruck, S. 561.

173 *Eidenmüller*, Unternehmenssanierung, S. 439 f.; *McConnell/Servaes* in: Bhandari/Weiss, S. 326.

Um diesen Umstand wissen sie zum Zeitpunkt der Verhandlungen und Abstimmung zeitlich vor dem Verfahren. Über den workouts schwebt für sie insoweit zu jeder Zeit die Drohung der Unbeachtlichkeit ihrer Nichtzustimmung. Folge dieser Drohung ist dann regelmäßig die Erkenntnis dieser Gläubiger, dass eine Obstruktion gegen den Plan keine Aussicht auf Erfolg bietet. Damit geht einher, dass sie, um zumindest eine über das Mindestmaß hinausgehende Befriedigung zu sichern, auf eine weitestgehende Durchsetzung ihrer Anspruchsverwirklichung verzichten. Letztlich entsteht so die erhöhte Bereitschaft der Beteiligten, einen außergerichtlichen Vergleich mitzugestalten und ihre Zustimmung hierzu zu erteilen. Das gerichtliche Insolvenzverfahren wird so vermieden[174].

V. Konsequenz für das deutsche Verständnis des prepackaged plan

1. Analyse des US-amerikanischen Modells

Die Option eines prepackaged plan beinhaltet für die Beteiligten eines US-amerikanischen Sanierungsfalls die Perspektive umfänglicher Vorbereitung eines Reorganisationsverfahrens nach Chapter 11 US BC. Diese beschränkt sich dabei nicht auf die bloße Schaffung und Bereitstellung tatsächlicher Umstände. Durch die Regelung des § 1126 (b) US BC und die mit ihr verbundene Option eines pre-voted plan ist den Beteiligten vielmehr die Möglichkeit gegeben, im Verfahren zu leistende Prozesse der Planvorlage und damit der Einleitung desselben verbindlich vorwegzunehmen. Durch die Möglichkeit der Vorwegnahme erfährt die Option der Vorbereitung eine Optimierung.

Im Falle einer solchen Antizipation der Abstimmungserklärung wird das formelle Verfahren maßgeblich beeinflusst. Die Einleitung und Durchführung des gerichtlichen Verfahrens nach Chapter 11 US BC dient einzig und allein der Herbeiführung der Bestätigung des Plans, um die im Plan bereits vereinbarten Änderungen in verbindliches Recht zu transformieren[175]. Damit verbunden ist die Absicht einer Verkürzung der für die Absolvierung des Verfahrens notwendigen Zeit[176].

Das Charakteristikum eines prepackaged plan liegt in der sicheren Kenntnis und damit einer Maximierung der Beherrschbarkeit und Planbarkeit hinsichtlich des Verfahrens[177]. Mit Einreichen des Plans verbindet sich Gewissheit darüber,

174 *Eidenmüller*, Unternehmenssanierung, S. 439 f.

175 *Braun* in: Braun/Uhlenbruck, S. 568; *Pape/Uhlenbruck*, Insolvenzrecht, Rn. 781.

176 *Bauer*, DAJV-Newsletter 2009, S. 107; *Braun* in: Braun/Uhlenbruck, S. 561; *Flessner,* Sanierung, S. 130; Kübler/Prütting-*Otte*, § 218, Rn. 21; MüKo-*Grauke/Youdelman*, Anhang, USA, Rn. 43.

177 Vgl. *Braun* in: Braun/Uhlenbruck, S. 562 f.

dass der Plan der nach dem Gesetz erforderlichen Mehrheiten sicher ist[178]. Voraussetzung hierfür ist zwar, dass die Gläubiger zum Zeitpunkt ihrer Abstimmung über den Plan über eine ausreichende Informationsgrundlage besaßen und dass das Gericht diese als gesetzesgemäß qualifiziert. Dies zu gewährleisten obliegt jedoch dem Schuldner und fällt damit in seinen ausschließlichen Beherrschbarkeitsbereich. Vorbereitung im Zusammenhang mit einem prepackaged plan meint damit die rechtsverbindliche Einflussnahme auf formell-rechtliche Vorgänge zeitlich vor dem Verfahren.

Die Minimierung richterlicher Einflussnahme ist Konsequenz und Charakteristikum des prepackaged plan[179]. Die Notwendigkeit gerichtlicher Entscheidung beschränkt sich im Wesentlichen auf die Billigung des Plans als adäquate Information sowie dessen Bestätigung, die das Gericht nach 11 USC § 1129 erteilt. Die Kontrolle des eigenverwaltenden Schuldners erfolgt nicht ausschließlich durch das Gericht, sondern primär durch Gläubigerausschüsse („creditors' committees")[180]. In einem prepackaged plan Verfahren repräsentieren jedoch die Gläubiger – ebenso wie der Schuldner – den im Vorfeld des Verfahrens ausgearbeiteten Plankonsens. Plangefährdende Verhaltensweisen sind von ihnen nicht zu erwarten. Insoweit stellen diese in einem prepackaged plan basierten Verfahren nicht den Gegenpart zum debtor in possession dar, sondern vielmehr erhöht die Überwachung des Schuldners durch sie den Grad der Beherrschbarkeit des Verfahrens für die am prepackaged plan Beteiligten[181].

Die Verbindlichkeit einer Zustimmung oder Ablehnung auch im gerichtlichen Verfahren macht den dann einzureichenden Plan „prepackaged", also vorgefertigt. In Anknüpfung an die Beherrschbarkeit des Verfahrens lässt sich vereinzelt auch der Terminus „prepackaged bankruptcy"[182] finden, der den Aspekt der Vorbereitung bzw. Vorfertigung begrifflich nicht auf den Plan beschränkt,

---

178 *Herzig*, Insolvenzplan, S. 93, 152.

179 Vgl. *Braun* in: Braun/Uhlenbruck, S. 568.

180 *Fassbach*, Cram down, S. 21 f.; *Haas/Kahlert* in: Gottwald, § 86, Rn. 11; Nerlich/Römermann-*Riggert*, Vor. § 270, Rn. 3. Nach 11 USC § 1102 wird für die ungesicherten Gläubiger unmittelbar nach Erlass der order for relief ein Gläubigerausschuss eingesetzt. Er setzt sich grundsätzlich aus den sieben Gläubigern mit den größten ungesicherten Forderungen zusammen. Der Ausschuss kann gemäß 11 USC § 1103 (c) Zusammenkünfte mit dem Schuldner einfordern und in diesem Zusammenhang die Geschäftsführung sowie die Vorbereitung der Plangestaltung und -umsetzung kontrollieren. Nach 11 USC § 1102 (a) ist die Bildung weiterer Ausschüsse zulässig, zu denen sich die Teilhaber des Schuldners und die Gläubiger mit gleicher Rechtsstellung und Interessenlage zusammenschließen können.

181 Vgl. *Braun* in: Braun/Uhlenbruck, S. 502.

182 So bei *Bauer*, DAJV-Newsletter 2009, S: 107; *Hofmann*, ZIP 2007, S. 263; zudem *Eidenmüller*, Unternehmenssanierung, S. 437, der diese als „vorgefertigten Konkurs" oder „geplanten Konkurs" übersetzt.

sondern auf das gesamte formelle Verfahren ausweitet. Da sich in einem Reorganisationsverfahren nach Chapter 11 BC die gerichtlichen Entscheidungserfordernisse jedoch im Wesentlichen auf planspezifische Vorgänge beschränken, erscheint ebenso die Verwendung des Terminus „prepackaged plan“ statthaft.

Wie gezeigt liegt die besondere Bedeutung des prepackaged plan und die ihr innwohnende Option frühzeitiger verbindlicher Zustimmung oder Ablehnung aber in seiner Auswirkung auf die vor dem Verfahren stattfindenden Verhandlungen. So droht nichtzustimmenden Gläubigern zum einen, dass sie im Verfahren überstimmt werden oder ihre Ablehnung aufgrund des Obstruktionsverbots unbeachtlich ist. Zum anderen wirkt sich aber auch die bedeutende Rolle des Schuldners mit seinen wirkungsreichen Möglichkeiten im gerichtlichen Verfahren auf das Abstimmungsverhalten der Gläubiger aus.

Der Schuldner nimmt im US-amerikanischen Sanierungsrecht eine bedeutende Position ein. Dies äußert sich insbesondere darin, dass er als „debtor in possession“ Inhaber der Verwaltungs- und Verfügungsbefugnis über sein Vermögen bleibt. Dies stellt dabei den Regelfall dar, nur in seltenen Ausnahmefällen kann die Bestellung eines Insolvenzverwalters in Betracht kommen[183]. Zugleich ist der Schuldner in dieser Phase der einzige Berechtigte, der einen Reorganisationsplan vorlegen kann. Aufgrund der überaus großen Zeiträume von mindestens 120 bzw. 60 Tagen, die er zur Erarbeitung bzw. Werbung für seinen Plan nutzen kann, existiert (rechts-) tatsächlich ein aussichtsreiches Planinitiativrecht ausschließlich zugunsten des Schuldners[184]. Dieser immense zeitliche Vorsprung erhöht den Druck auf die Gläubiger, Kompromisse mit dem Schuldner bereits vor dem Verfahren zu schließen[185]. Im Verfahren selber beschränken sich ihre Wirkungsmöglichkeiten auf die Zustimmung oder Ablehnung des vorgelegten Plans[186].

Die Regelungen des Reorganisationsverfahrens nach Chapter 11 US BC sind überaus schuldnerfreundlich ausgestaltet[187]. Ihm werden vielfältige Wirkungsmöglichkeiten eingeräumt. Die Ausgestaltung ist Ausdruck der im US-amerikanischen Recht vorherrschende Grundintention des „fresh start“, wonach die Kontrolle über das Unternehmen beim Schuldner verbleibt und ihm auf dieser Basis ein unbelasteter Wiedereintritt ins Wirtschaftsleben ermöglicht werden soll[188]. Diese weitreichenden Gestaltungsbefugnisse des Schuldners beeinflussen die vor dem Verfahren stattfindenden außergerichtlichen Verhandlungen immens. Durch die Möglichkeit, im Wege vorverfahrensrechtlicher Abstimmungen bereits eine

---

183 *Happe*, Rechtsnatur, S. 28 ff.; *Möhlmann*, KTS 1997, S. 6.

184 *Flöther* in: Flöther/Smid/Wehdeking, Kap. 7, Rn. 7; *Happe*, Rechtsnatur, S. 30.

185 Kübler/Prütting-*Otte*, § 217, Rn. 22.

186 *Happe*, Rechtsnatur, S. 29 f.

187 *Bork*, ZZP 1996, S. 482; *Happe*, Rechtsnatur, S. 29.

188 *Smid*, WM 1996, S. 1251 f.; *Weisemann/Holz* in: Weisemann/Smid, Kap. 15, Rn. 16.

Verbindlichkeit des Stimmverhaltens auch für das Verfahren zu erzielen, werden diese Befugnisse indes noch erweitert. Die Möglichkeit des prepackaged plan haftet als eine Art Druckmittel den Verhandlungen an und lenkt sie in die Richtung eines außergerichtlichen Vergleichs. Für die Gläubiger ist es insoweit regelmäßig aussichtsreicher, ein gerichtliches Verfahren und damit weitreichende Befugnisse des Schuldners zu vermeiden und ihre Interessen vielmehr im Wege eines außergerichtlichen Vergleichs zu verwirklichen.

2. Konsequenz für die Möglichkeit aus § 218 Abs. 1 S. 2 InsO

a) Außergerichtliche Sanierung

Wie im US-amerikanischen Recht geht der Vorlage eines Insolvenzplans an das Insolvenzgericht durch den Schuldner nach der Insolvenzordnung die Erarbeitung eines materiellen Sanierungskonzepts voraus. Die Art und Weise der Gestaltung dieses Prozesses bleibt grundsätzlich einzig und allein dem letztlich planvorlegenden Schuldner überlassen. Im Falle der Wahrnehmung seiner frühzeitigen Planvorlagebefugnis aus § 218 Abs. 1 S. 2 InsO muss der Schuldner den Prozess indes zeitlich vor dem Eröffnungsantrag durchführen. Erst die Vorlage an das Gericht markiert die formell-rechtlich erste Stufe. Zu diesem Zeitpunkt fernab gerichtlicher Einwirkungsmöglichkeiten bietet sich für den Schuldner ebenfalls noch die Perspektive eines außergerichtlichen Sanierungsvergleichs. Das Aus- und Verhandeln von Sanierungslösungen vor der Eröffnung eines Insolvenzverfahrens stellt in seiner Struktur nämlich den Prozess einer außergerichtlichen Sanierung dar[189]. Diese nimmt auch in der deutschen Sanierungspraxis eine bedeutsame Rolle ein[190].

Anders als im US-amerikanischen Recht entfaltet das Inaussichtstellen eines Planverfahrens nach der InsO durch den Schuldner im Falle des Scheiterns der Verhandlungen vor dem Insolvenzverfahren aber keine Drohwirkung bei seinen Gläubigern. Für sie wird die Einbringung ihrer Interessen zwecks Verfolgung ihrer Rechte in einem formellen Insolvenzverfahren nicht unmöglich. Den Schuldner hebt die Eröffnung des Insolvenzverfahrens nicht in eine übermächtige Position. Dies erklärt sich mit den verschiedenen Zielrichtungen der beiden Insolvenzgesetze. Während das US-amerikanische Insolvenzrecht vornehmlich dem Schuldnerschutz dient und diesem weitreichende und exklusive Gestaltungsbefugnisse einräumt, ist das deutsche Insolvenzrecht auf die optimale Haftungsverwirklichung zugunsten der Gläubiger ausgerichtet. Dabei geht es ausschließlich

---

189 Vgl. *Kassing* in: Haft/v. Schlieffen, § 25, Rn. 14.

190 Vgl. nur die umfassenden Ausführungen bei *Uhlenbruck* in: Schmidt/Uhlenbruck, S. 143 ff.

um die Maximierung des haftenden Schuldnervermögens, deren Realisierung einzelne Schuldner- oder Gläubigerinteressen stets überragt[191]. Demgemäß ist der Einfluss des Schuldners im Verfahren nicht derart groß wie im US-amerikanischen Recht. Der Schuldner verliert mit der Stellung des Eröffnungsantrags die ausschließliche Befugnis zur Verwaltung und Verfügung über sein Vermögen. Zudem steht ihm ein exklusives Planvorschlagsrecht, das weitere Planinitiativen ausschließt, nicht zu. Vielmehr nimmt im deutschen Recht der Insolvenzverwalter die dominante Position ein[192]. So liegen Planinitiative und Fortgang des Insolvenzverfahrens maßgeblich in seinen Händen[193]. Die Gläubiger haben über die Möglichkeit aus §§ 218 Abs. 2, 157 S. 2 InsO ein eigenes Planinitiativrecht, das von dem Planvorlagerecht des Schuldners weder verdrängt noch aufgeschoben wird.

Ein grundsätzlicher Einschüchterungs- bzw. Beeinflussungseffekt mit Wirkung auf die vorverfahrensrechtlichen Verhandlungen, wie er sich im Falle des US-amerikanischen Rechts aufgrund der exklusiven und weitreichenden Gestaltungsbefugnisse des Schuldners ergibt, entfällt deshalb bei einem deutschen Sanierungssachverhalt. Dem Schuldner wird die Durchführung von Verhandlungen zeitlich vor dem Verfahren vielmehr mangels Durchschlagskraft seiner Druckmittel immens erschwert. Den Gläubigern bietet das Verfahren weitreichende Gestaltungs- und Entscheidungsbefugnisse, die sie sich mitunter zu Lasten des Schuldners zu Nutze machen können[194]. Aus Schuldnersicht kommt einzelnen Gläubigern vielmehr bereits vor dem gerichtlichen Verfahren ein erhebliches Gefahrenpotential zu, als sie ihm mit dem Abbruch der Geschäftsbeziehungen drohen können[195].

191 *Smid/Rattunde*, Insolvenzplan, Rn. 2.38.

192 Zwar kennt auch das deutsche Recht die Möglichkeit, die Verwaltungs- und Verfügungsbefugnis beim Schuldner zu belassen. Die Anordnung der Eigenverwaltung im Sinne der §§ 270 ff. InsO bereits im Eröffnungsbeschluss ist jedoch gemäß § 270 Abs. 2 und 3 InsO an besondere Voraussetzungen gebunden und insoweit – auch nach der Geltung des ESUG – als Ausnahme formuliert.

193 *Bork*, ZZP 1996, S. 481; *Smid/Rattunde*, Insolvenzplan, Rn. 2.36.

194 Im Ergebnis ebenso *Eidenmüller*, Unternehmenssanierung, S. 444 f.

195 Dies gilt allerdings ebenso für die Verhandlungen innerhalb eines US-amerikanischen Sanierungssachverhalts, worauf zu Recht hingewiesen wird, vgl. *Eidenmüller*, Unternehmenssanierung, S. 440, 444.

b) *Prepackaged plan*

(1) Der pre-voted plan im deutschen Recht

(a) Der Ansatz von Madaus

Das Maximum einer Plan- und Vorhersehbarkeit des gerichtlichen Verfahrens liegt in seiner verbindlichen Vorwegnahme. Zwar lässt auch das US-amerikanische Insolvenzrecht eine solche nicht zu, da die außergerichtlich erklärte Zustimmung erst im formellen Reorganisationsverfahren rechtswirksam Geltung entfaltet[196]. Diese Differenzierung ist jedoch rein dogmatischer Natur. Die vom US-Gesetzgeber zugelassene Bindung des Gläubigers an seine im Vorfeld getätigte Erklärung führt tatsächlich dazu, dass mit der Vorlage des Eröffnungsantrags der Verfahrensausgang in Gestalt des zeitgleich eingereichten Reorganisationsplans konkret feststeht.

Das Insolvenzverfahren dient im Falle eines pre-voted plan ausschließlich der Herbeiführung der Verbindlichkeit der im Reorganisationsplan vereinbarten rechtlichen Maßnahmen. Verbunden mit einem solchen Verfahren sind erhebliche Vorteile. Die seitens des Gerichts exklusiv, jedoch notwendigerweise zu erbringenden Mitwirkungsbeiträge beschränken sich im Wesentlichen auf Kontroll- und Durchsetzungstätigkeiten[197]. Das Gericht erfährt so eine Entlastung, was sich in einem verminderten Zeit- und Kostenaufwand wiederspiegelt[198].

Ausgehend von diesen Vorteilen hinterfragt *Madaus* die Durchführbarkeit eines pre-voted plan Verfahrens im deutschen Insolvenzrecht, welche er als „Bestätigungsinsolvenz“ bezeichnet[199]. Das Verfahrensrecht müsse dem Schuldner mehr bieten als die mit § 218 Abs. 1 S. 2 InsO verknüpfte Möglichkeit gestalterischer Tätigkeiten vor dem formellen Verfahren. Denn dem deutschen sei es wie dem US-amerikanischen Insolvenzschuldner daran gelegen, im Interesse einer Vorhersehbarkeit und Beherrschbarkeit dem Insolvenzverfahren wesentliche, spätestens hier zu leistende Tätigkeiten verbindlich vorwegzunehmen[200]. Die Bestätigungsinsolvenz schaffe eine solche Perspektive, da sie dem Schuldner allein das Risiko zuweise, dass die gerichtliche Bestätigung wegen der Nichtbeachtung der gesetzlichen Vorgaben an den Planinhalt oder die Abstimmung versagt werde[201]. Sie schließe damit die Lücke zwischen der auf Konsens beruhenden außergerich-

196 *Madaus*, Insolvenzplan, S. 587.
197 *Madaus*, Insolvenzplan, S. 559.
198 *Madaus*, Insolvenzplan, S. 570.
199 *Madaus*, Insolvenzplan, S. 578 ff.
200 *Madaus*, Insolvenzplan, S. 561; *Madaus*, NZI 2011, S. 625.
201 *Madaus*, Insolvenzplan, S. 561.

tlichen Einigung und des ergebnisoffenen gerichtlichen Insolvenzplanverfahrens[202].

(b) Zulässigkeit

Wie bereits festgestellt ist der Schuldner im Rahmen seiner Möglichkeit aus § 218 Abs. 1 S. 2 InsO unabhängig darin, wie er den ihm zur Gestaltung eines Insolvenzplans zur Verfügung gestellten Freiraum nutzt. Das Gesetz schränkt ihn nicht durch bestimmte Vorgaben unmittelbar ein[203]. Wie ihm das Gesetz keine Beschränkungen auferlegt, räumt es ihm jedoch keine erweiterten Gestaltungsmöglichkeiten ein, die sich im Hinblick auf das sich anschließende Verfahren auswirken. Insbesondere kennt die Insolvenzordnung eine 11 USC § 1126 (b) entsprechende Vorschrift nicht.

Die Zulässigkeit einer pre-voted bankruptcy ist jedoch untrennbar verknüpft mit der Regelung des 11 USC § 1126 (b). Sie bereitet verfahrensrechtlich die Grundlage für die Option, eine Bindung an eine vorzeitig abgegebene Zustimmungserklärung zu erreichen. Für den US-amerikanischen Gesetzgeber stellt eine nachträgliche Billigung des disclosure statement durch das Gericht eine ausreichende Informations- und Schutzgrundlage für die Gläubiger dar, um sie an ihre Planentscheidung zu binden[204].

Wie das US-amerikanische hält auch das deutsche Insolvenzrecht Informations- und Schutzmechanismen zugunsten der Beteiligten bereit. Zwar diente dem deutschen Gesetzgeber das US-Recht vielfach als Vorbild, was in der Übernahme bestimmter Inhalte resultierte, insbesondere betreffend das Planverfahren. Die Übernahme beschränkt sich jedoch mitunter auf die sinngemäße Implementierung, vereinzelt verbunden mit verfahrensrechtlichen Modifikationen. Als wesentliches Beispiel dient insoweit der Grundsatz umfassender Information („adaequate information“), den der deutsche Gesetzgeber in die Vorschrift des § 220 InsO eingebettet hat[205]. Ihre Einhaltung wird sichergestellt durch die vom Gericht nach § 231 Abs. 1 InsO und § 250 Nr. 1 InsO vorzunehmenden Prüfungen, was insoweit ebenfalls dem US-amerikanischen Vorbild entspricht. Entscheidend ist jedoch, dass der deutsche Gesetzgeber die Option aus 11 USC § 1126 (b), eine

---

202 *Madaus*, NZI 2011, S. 625; zustimmend *Paulus*, WM 2011, S. 2208 unter Hinweis auf die damit verbundene Effizienzsteigerung außergerichtlicher Verhandlungen.

203 Siehe oben, S. 23 ff. Lediglich im Hinblick auf den Planinhalt ist die Gestaltungsfreiheit mittelbar betroffen, da der Plan sich im Verfahren an den von Gesetzes wegen vorgegebenen Inhaltsmaßstäben messen lassen muss.

204 Vgl. *Madaus*, Insolvenzplan, S. 567 f.

205 Nerlich/Römermann-*Braun*, vor § 217, Rn. 55 ff.

vorverfahrensrechtliche verbindliche Zustimmungserklärung zuzulassen, nicht übernommen hat[206].

Aus planverfahrensrechtlicher Sicht entscheidend ist die Bindung der Ausübung des Stimmrechts an den Abstimmungstermin[207]. Der Durchführbarkeit dieses Termins sind informatorische Verfahrensschritte vorgeschaltet. Hierzu zählt die Niederlegung des Plans nach § 234 InsO, die den Beteiligten eine Auseinandersetzung nicht nur mit dem Plan, sondern auch den hierzu eingegangenen Stellungnahmen gewährleisten soll. Zu den zur Stellungnahme Berechtigten zählen indes nach § 232 Abs. 1 Nr. 1, 3 InsO der Insolvenzverwalter und der Gläubigerausschuss, deren Existenz als Verfahrensbeteiligte zumindest an die Stellung des Eröffnungsantrags geknüpft ist.

Zwar lässt auch die Insolvenzordnung in § 242 InsO eine verbindliche Abstimmung über den Insolvenzplan außerhalb des Gerichtssaals zu. Die schriftliche Ausübung des Stimmrechts ist jedoch ihrerseits zwingend geknüpft an die ordnungsgemäße Absolvierung der vorausgehenden Informationsprozesse. Dazu zählt insbesondere die abgeschlossene Durchführung des Erörterungstermins, der nicht nur der Erörterung der Stimmrechte, sondern auch der Diskussion und gegebenenfalls der Anpassung des Planinhalts dient. Lediglich aus dem Grund, dass diese Kommunikationsprozesse im Folgenden nicht mehr erfolgen müssen, lässt das Gesetz eine Ausnahme der Anwesenheit der Stimmberechtigten zu[208].

Es entspricht der Intention des deutschen Gesetzgebers, den vom Plan betroffenen Gläubigern vor Ausübung ihres Stimmrechts umfangreiche Informationsoptionen einzuräumen. Zu diesem Zweck hat er umfangreiche Schutzinstrumentarien in das Planverfahren eingebettet, damit aber zugleich einer Bestätigungsinsolvenz den Boden entzogen.

(c) Stellungnahme

Die vom deutschen Gesetzgeber in die Vorschriften der InsO integrierten Informationsprozesse zugunsten der zur Abstimmung berufenen Beteiligten beschränken die Handlungsoptionen im Zuge der Ausübung der Möglichkeit aus § 218 Abs. 1 S. 2 InsO auf vorverfahrensrechtliche Verhandlungen. Die Insolvenzordnung ermöglicht zwar den post-voted plan, die in sie eingebetteten In-

---

206 Der deutsche Gesetzgeber hat vielmehr weitere Informationsprozesse zugunsten der zur Abstimmung berufenen Beteiligten eingerichtet. Hierzu zählt etwa die Durchführung eines Berichtstermins, bei dem gemäß § 29 Abs. 1 Nr. 1 InsO auf Grundlage eines Berichts des Insolvenzverwalters über den Fortgang des Insolvenzverfahrens entschieden wird. Dieser Informationsvorgang muss jeder Verwertungsentscheidung zwingend vorausgehen.

207 *Eidenmüller*, Unternehmenssanierung, S. 443.

208 Vgl. HK-*Flessner*, § 241, Rn. 1.

formations- und Schutzinstrumentarien verhindern jedoch den pre-voted plan. Die Schaffung der Option einer pre-voted bankruptcy entsprechenden Bestätigungsinsolvenz, ggf. verbunden mit einem von *Madaus*[209] vorgeschlagenen gesetzlichen Ausschluss von Alternativplänen sowie alternativen Verwertungsoptionen bis zur Bestätigungsentscheidung, ist an ein Tätigwerden des Gesetzgebers gebunden[210]. Die Abstimmung über den Insolvenzplan kann ausschließlich im Gerichtssaal erfolgen[211].

Bereits im Zuge der Schaffung der Insolvenzordnung stellte für den Gesetzgeber die Option einer Bestätigungsinsolvenz, wie sie im als Vorbild dienenden US-amerikanischen Insolvenzrecht schon existierte, keinen Überlegungsgegenstand dar. Dies vermag zum einen zurückzuführen sein auf die in Deutschland verankerte Rechtstradition, die die verbindliche Abstimmung über einen Verwertungskonsens ausschließlich innerhalb eines formell geregelten Verfahrens zulässt, zum anderen auf die Tatsache, dass sich in der amerikanischen Rechtspraxis die pre-voted bankruptcy erst zu einem Zeitpunkt mehr und mehr etablierte, zu dem der Diskussionsprozess in Deutschland über eine Reform des Konkursrechts nahezu abgeschlossen war[212]. Insoweit überrascht vor dem Hintergrund, dass die Zahl erfolgreicher pre-voted plan geprägter Verfahren in der US-amerikanischen Rechtspraxis zunimmt, die Nichtbeachtung einer Bestätigungsinsolvenz im Zuge der Fortbildung der InsO durch das ESUG[213]. In der von Gesetzgeber wie Literatur geführten Diskussion blieb die Frage ihrer Implementierung in die Insolvenzordnung außen vor. Auch wenn vereinzelt der Wunsch nach einer Möglichkeit zur nachträglichen Ratifikation vorverfahrensrechtlicher Verwertungsentscheidungen und damit einer Bestätigungsinsolvenz zumindest angedeutet wurde, unterblieb doch eine explizite Forderung unter ausdrücklichem Hinweis auf die Regelung und das Potential des 11 USC § 1126 (b)[214]. Dieser Tatsache muss die

209 *Madaus*, Insolvenzplan, S. 561 f.

210 *Eidenmüller*, Unternehmenssanierung, S. 443; *Madaus*, Insolvenzplan, S. 584. Als Minus zu einer Bestätigungsinsolvenz wird in der Literatur die Zulässigkeit von Stimmbindungsverträgen diskutiert, durch die sich die Beteiligten im Rahmen außergerichtlicher Sanierungsverhandlungen vertraglich dazu verpflichten, im Falle der Eröffnung des Insolvenzverfahrens für den ausgearbeiteten Plan zu stimmen, vgl. insoweit *Braun* in: Gottwald, § 68, Rn. 4; *Madaus*, Insolvenzplan, S. 587; MüKo-*Eidenmüller*, Vor §§ 217-269, Rn. 60; *Smid/Rattunde*, Insolvenzplan, Rn. 4.10 ff. Wie *Eidenmüller*, Unternehmenssanierung, S. 443 richtigerweise feststellt, machen diese Vereinbarungen die im künftigen Insolvenzverfahren zu leistenden Informationsprozesse und allen voran die Durchführung der Abstimmung über den Plan aber nicht entbehrlich.

211 Eine Pflicht zur Ausübung des Stimmrechts besteht indes nicht. Jeder Gläubiger ist frei darin, auf die Ausschöpfung der vom Gesetz eingerichteten Informationsquellen zu verzichten.

212 *Madaus*, Insolvenzplan, S. 577.

213 *Madaus*, Insolvenzplan, S. 566 f.

214 Vgl. *Hirte*, ZGR 2010, S. 242 f.

Feststellung entnommen werden, dass die Auseinandersetzung mit dem prepackaged plan immer noch am Anfang steht. In der Praxis hat sich jedenfalls noch kein Bedürfnis entwickelt, durch Rechtsfortbildung auf eine der Bestätigungsinsolvenz entsprechende Option für die Beteiligten hinzuwirken.

(2) Der post-voted plan im deutschen Recht

Auch wenn dem Insolvenzschuldner im deutschen Recht die Option des prevoted plan verwehrt ist, führt dies nicht zugleich zu der Feststellung, dass zu seinen Gunsten eine Perspektive der Plan- und Beherrschbarkeit von Vornherein zu verneinen ist. Ihren Ausgangspunkt haben diese für den Schuldner erstrebenswerten Elemente in den Verhandlungen zeitlich vor dem formellen Insolvenzverfahren. Dieser Bereich ist auch dem deutschen Schuldner durch seine Möglichkeit aus § 218 Abs. 1 S. 2 InsO eröffnet. Dabei ist ihm überlassen, wie er den Bereich vor der Stellung seines Antrags zur Anfertigung des in jedem Fall bereits zu diesem Zeitpunkt zu erstellenden Plankonzepts nutzt.

Die ihm vom Gesetz eingeräumte Gestaltungsfreiheit impliziert die Möglichkeit für den Schuldner, sich seine Unabhängigkeit vollständig zu bewahren und seinen Plan unter Ausschluss der sonstigen durch ein Insolvenzverfahren Betroffenen zu erarbeiten. Ein solches Vorgehen hat seinen Ursprung regelmäßig in der strategischen Komponente, die eine unangekündigte Planvorlage an die Gläubiger bereithält. Das Charakteristikum des prepackaged plan, ein Höchstmaß an Beherrschbar- und Planbarkeit zu gewährleisten und auf dieser Basis verfahrensrechtliche Schritte durch Gestaltungen im Vorfeld zu beeinflussen oder gar vorwegzunehmen, setzt jedoch voraus, die von ihr vorgegebenen Strukturen zu antizipieren. Eine optimierte Vorbereitung bedingt eine Vorstrukturierung[215].

Einfluss auf verfahrensrechtliche Vorgänge zu nehmen erfordert im Mindestmaß, strukturgleiche bzw. strukturähnliche Wirkungsprozesse dem Verfahren vorwegzunehmen. Schlüssel hierfür ist die Möglichkeit des Schuldners aus § 218 Abs. 1 S. 2 InsO. Ihre Besonderheit liegt dabei nicht darin begründet, dass sie frühzeitig die Erarbeitung eines materiell-rechtlichen Verwertungskonzepts ermöglicht. Ihre Bedeutung entfaltet sie dadurch, dass sie einen Zeitraum vor dem Eröffnungsantrag und damit richterlicher Entscheidungsbefugnisse eröffnet. Nur durch eine Planvorlage gleichzeitig mit dem Eröffnungsantrag besteht die Möglichkeit für die Beteiligten, auf die erste Entscheidungsbefugnis des Gerichts, nämlich die Entscheidung über vorläufige Sicherungsmaßnahmen gemäß §§ 21 ff. InsO, Einfluss zu nehmen. Erfolgt die Planvorlage erst nach der Einrei-

215 Vgl. *Achsnick*, Options-Modelle, S. 423.

chung des Eröffnungsantrags, hat das Gericht seine Entscheidungsbefugnisse bereits ausgeübt[216].

Die Basis des prepackaged plan im US-amerikanischen Recht bildet die Durchführung der Planverhandlungen im Vorfeld des gerichtlichen Verfahrens[217]. Die Abstimmung durch die Gläubiger verwirklicht die dem Reorganisations- bzw. Insolvenzplanverfahren zugrundeliegende Gläubigerautonomie, die nach den Vorstellungen des Gesetzgebers im Wege des Dialoges zwischen den Beteiligten entfaltet wird. Für die Klassifizierung eines gemäß § 218 Abs. 1 S. 2 InsO eingereichten Plans als prepackaged plan ist demgemäß erforderlich, dass der Dialogausrichtung Rechnung getragen wurde. Der Vorlage des Plans müssen umfangreiche Verhandlungen über selbigen vorausgegangen sein[218]. Nur in diesem Fall beinhaltet die Planvorlage die einem prepackaged plan innewohnende (Er-)Kenntnis hinsichtlich des Abstimmungsverhaltens und damit den auf ihr beruhenden Grundsatz der Beherrschbarkeit des Verfahrens.

Diese Option ist aber nicht exklusiv beschränkt auf eine pre-voted bankruptcy, sondern bietet sich auch im Zusammenhang mit einem post-voted plan. Zwar ist dem deutschen Schuldner die Einholung verbindlicher Zustimmungserklärungen verwehrt, es bleibt ihm jedoch die Möglichkeit, Verhandlungen mit seinen Gläubigern zu führen und hierbei das von *Herzig* als „positive Zustimmungsprognose" bezeichnete Kenntnis- und Planbarkeitselement zu erzielen[219]. Es verkörpert ebenfalls die Perspektive der Beherrschbarkeit und Steuerung im Hinblick auf das sich anschließende Verfahren[220]. Im Folgenden wird zu unter-

---

216 Ausdruck einer umfassenden Vorbereitung und Beherrschbarkeit sollte eigentlich sein, dass der Schuldner den erarbeiteten Plan im Wege eines Eigenantrags einbringt und nicht von einem Fremdantrag überrascht wird. Dennoch kann die frühzeitige Planvorlage im Sinne des § 218 Abs. 1 S. 2 InsO auch mit einem Gläubigerantrag erfolgen. Der Aspekt umfassender Vorbereitung und Einflussnahme auf das gerichtliche Verfahren ist kein zwingend vom Schuldner zu verwirklichendes Ziel, das es rechtfertigen würde, den Planvorschlag nach § 218 Abs. 1 S. 2 InsO ausschließlich mit dem Eigenantrag zuzulassen, so aber *Smid*, WM 1996, S. 1249. Der InsO-Gesetzgeber hat sich in der Gesetzesbegründung zu § 218 Abs. 1 S. 2 InsO auf die Darstellung etwaiger psychologischer und wirtschaftlicher Wirkungen einer solchen Planvorlage beschränkt. Er verknüpft sie jedoch nicht mit der Pflicht, Einfluss auf Gericht und Verfahren zu nehmen.

217 *Madaus*, Insolvenzplan, S. 563.

218 So bei *Bähr/Landry* in: Mohrbutter/Ringstmeier, § 14, Rn. 86; *Barre*, single asset real estate case, S. 106 f.; *Bergau/Schmeisser*, DStR 2001, S. 274; *Ehlers*, ZInsO 2010, S. 259; *Frank* in: Runkel, § 12, Rn. 28; *Häsemeyer*, Insolvenzrecht, Rn. 28.06d; *Kassing* in: Haft/v. Schlieffen, § 25, Rn. 15; Kübler/Prütting-*Otte*, § 218, Rn. 21; *Maus* in: KS, S. 939; MüKo-*Eidenmüller*, § 218, Rn. 65; *Riggert* in: Haarmeyer I, S. 224 f.; *Wellensiek*, BB 2000, S. 6.

219 *Herzig*, Insolvenzplanverfahren, S. 152.

220 Zu diesem Ergebnis kommen indes auch diejenigen, die den Aspekt der Verfahrensvorbereitung hinten anstellen und den prepackaged plan im Wesentlichen als Produkt gescheiterter au-

suchen sein, inwieweit dieses Element als Minus zu einer rechtswirksamen Zustimmungserklärung Wirkung für das Verfahren entfaltet[221].

ßergerichtlicher Vergleichsversuche betrachten. Gescheiterte Verhandlungen sind nämlich ihrerseits mit der Erkenntnis darüber verbunden, wer den Plan abgelehnt hat und ob die Struktur und Zahl der erteilten Zustimmungen im Insolvenzplanverfahren zu einer verfahrensgemäßen Annahme des Plans ausreicht, vgl. insoweit *Achsnick*, Options-Modelle, S. 43; *Braun* in: Gottwald, § 68, Rn. 3; *Pape/Uhlenbruck*, Insolvenzrecht, Rn. 781.

221 Zu berücksichtigen ist indes, dass auch die Existenz eines pre-voted plan nicht dazu führt, dass das Gericht – trotz reduziertem Tätigkeitsfeld – die von ihm notwendigerweise zu treffenden Entscheidungen ohne Weiteres im Interesse der an der Planausarbeitung Beteiligten fällt, was *Madaus*, Insolvenzplan, S. 589 richtigerweise für die vorläufigen Sicherungsmaßnahmen und die Eigenverwaltung feststellt.

2. Teil: Der prepackaged plan als Basis beherrsch- und planbarer Prozesse im deutschen Insolvenzrecht

A. Der Dialog als Basis des prepackaged plan

I. Ausgangspunkt

Die einem prepackaged plan innewohnende Perspektive der Steuerung und Planbarkeit hat ihren Ursprung in den vorverfahrensrechtlichen Verhandlungen, in denen das im Insolvenzplanverfahren dominierende Prinzip der Gläubigerautonomie antizipiert wird. Ausgangspunkt solcher Verhandlungen im deutschen Insolvenzrecht kann die Möglichkeit des Schuldners aus § 218 Abs. 1 S. 2 InsO sein, die den Zeitraum vor dem Insolvenzverfahren für die Gestaltung eines gesetzlichen Sanierungsinstruments eröffnet.

II. Bedeutung der positiven Zustimmungsprognose für die Beherrsch- und Planbarkeitsperspektive

Die Option der Einflussnahme auf ein künftiges Verfahren wird wesentlich durch die vom Gesetz vorgegebenen Strukturen bestimmt. In einem US-amerikanischen Sanierungssachverhalt nach Chapter 11 Bankruptcy Code tragen die mit viel Rechtsmacht verbundene Verfahrensposition des Schuldners als debtor in possession und die reduzierten Mitwirkungs- und Kontrollbeiträge des Gerichts zu einer Beherrschbarkeit des Verfahrens bei.

Das deutsche Insolvenzplanverfahren wird wie das US-amerikanische Reorganisationsrecht durch den Grundsatz der Gläubigerautonomie dominiert. Einzig und allein den Gläubigern obliegt die Bestimmung des Verfahrensziels sowie die Art und Weise seiner Erreichung. Die Entscheidung über einen Insolvenzplan treffen die Gläubiger gemäß §§ 243, 244 InsO im eröffneten Verfahren. Die Gläubigerabstimmung über den Plan im Erörterungs- und Abstimmungstermin ist nicht disponibler Bestandteil des Insolvenzplanverfahrens. Eine Einflussnahme auf diesen verfahrensrechtlichen Grundsatz ist dem Schuldner nicht möglich.

Durch keine Gestaltung im Vorfeld kann er diesen Verfahrensbestandteil und damit das Prinzip der Gläubigerautonomie umgehen[222].

Auch der Schuldner in einem US-amerikanischen Sachverhalt kommt nicht umhin, die Gläubiger in einen Gestaltungsprozess zu integrieren. Daran ändert seine einflussreiche Stellung im Verfahren nichts. Sie versetzt ihn lediglich in eine verbesserte Verhandlungsposition. Wie der US-Schuldner muss der Schuldner eines deutschen Sanierungssachverhalts dem Grundsatz der Gläubigerautonomie Rechnung tragen und einen gemeinschaftlichen Dialog mit seinen Gläubigern initiieren. Seine Beeinflussungsmöglichkeiten sind im Zusammenhang mit der Legitimation des Plans auf das Abstimmungsverhalten der Gläubiger beschränkt. Planbar für den Schuldner ist im Vorfeld des Verfahrens einzig und allein deren Interesse an einer optimierten Befriedigung ihrer Forderungen.

Auch wenn der prepackaged plan entsprechend § 218 Abs. 1 S. 2 InsO durch den Schuldner bei Gericht vorgelegt wird, ist er Produkt eines gemeinschaftlichen Wirkens mit seinen Gläubigern. Ohne die durch ihre Beteiligung erzielte positive Zustimmungsprognose verkörpert der Plan nicht die Perspektive der Steuer- und Planbarkeit. Einfluss auf gerichtliche Entscheidungsprozesse zu nehmen wird bedingt und optimiert durch das Handeln im Einvernehmen mit den Gläubigern. Auf diesem gemeinschaftlichen Wirken fußt die Perspektive der Beherrsch- und Planbarkeit. Die Basis des gemeinsamen Wirkens müssen die Beteiligten zunächst mit der Erarbeitung des Plans schaffen. Ausgangspunkt dies frühzeitig zu tun und die Strukturen des Verfahrens zu antizipieren ist die Möglichkeit des Schuldners aus § 218 Abs. 1 S. 2 InsO. Sie eröffnet den Zeitraum vor dem formellen Insolvenzverfahren für die Gestaltung des an die Verfahrenseröffnung geknüpften Insolvenzplans.

III. Die Planerarbeitung im Wege des Dialogs

1. Konsensförderung durch die Regelung des § 218 Abs. 3 InsO

Die Beteiligung der von der Insolvenz des Schuldners betroffenen Gruppen in der Planerarbeitungsphase ist der Insolvenzordnung nicht fremd. Das Gesetz legt dem Insolvenzverwalter im Zuge der Erstellung seines Insolvenzplans Informations- und Konsultationspflichten auf. Nach § 218 Abs. 3 InsO wirken bei seiner

222 Zwar beinhaltet das Gesetz mit der Befugnis zur Einteilung der Abstimmungsgruppen sowie dem Obstruktionsverbot strategische Gestaltungsmöglichkeiten zugunsten des planverfassenden Schuldners. Diese knüpfen jedoch ihrerseits an Mehrheitsentscheidungen der Gläubiger und damit auch der Erzielung eines Plankonsenses an.

Planaufstellung der Gläubigerausschuss, der Betriebsrat, der Sprecherausschuss der leitenden Angestellten und der Schuldner beratend mit.

Die in § 218 Abs. 3 InsO statuierte Mitwirkungsbefugnis bringt die mit dem Gesetz verfolgte Zielrichtung, das Insolvenzplanverfahren als Konsensfindungsverfahren auszugestalten, zum Ausdruck. Es soll zwischen den Beteiligten einen Dialog herbeizuführen, in dem sie die ihrer Ansicht nach optimale Art und Weise der Verwertung des schuldnerischen Vermögens entdecken[223]. Der erstellte Insolvenzplan bedarf zu seiner rechtlichen Verbindlichkeit der Zustimmung des Schuldners nach § 247 InsO und der Zustimmung der Gläubigerschaft, die diese im Erörterungs- und Abstimmungstermin gemäß §§ 243, 244 InsO erteilen. Die Zustimmungen im Verfahren sicherzustellen bedingt es insoweit für den planverfassenden Insolvenzverwalter, die Interessen und Bedürfnisse der betroffenen Gruppen zu beachten. Das Gesetz trägt dazu bei, in dem es ihm eine Beratung mit den wichtigsten Entscheidungsträgern auferlegt[224]. Dies umfasst nach § 218 Abs. 3 InsO ein Zusammenwirken mit dem Gläubigerausschuss, dem Schuldner sowie den Vertretern der im Rahmen einer Geschäftsfortführung gesondert betroffenen Gruppe der Arbeitnehmer[225].

Die Beteiligung dient dem Verwalter dazu, die vorhandenen Interessen herauszufiltern, unterschiedliche Ansichten zu vermitteln und letztlich ein interessengerechtes Resultat zu gestalten. Das gemeinsame Vorgehen soll die Akzeptanzwahrscheinlichkeit seines erarbeiteten Plans erhöhen. In dem Prozess werden Zustimmungsbarrieren idealerweise vermieden, ansonsten erkannt und ausgeräumt[226]. Im Ergebnis dient sie damit der Herstellung einer positiven Zustimmungsprognose[227].

Der Gesetzgeber der Insolvenzordnung hat die Befugnis zur beratenden Mitwirkung aus § 218 Abs. 3 InsO auf den vom Insolvenzverwalter zu erstellenden Plan beschränkt. Der integrative Sinn und Zweck bei einem Verwalterplan lässt sich im Grundsatz auf den des Schuldners nicht übertragen. Anders als der Schuldner ist der Verwalter bei seinem Plan ausschließlich darauf bedacht, die von ihm herausgearbeiteten Interessen der Gläubiger in das Konzept einzuarbeiten und die Zustimmung in der Abstimmung über den Plan sicherzustellen[228]. Leitendes Motiv des Verwalters stellt dabei die Maximierung der Haftungsmasse dar, die aus seiner allgemeinen Pflicht zur bestmöglichen Verwertung der Insolvenzmasse

---

223 Kübler/Prütting-*Otte*, § 218, Rn. 53.

224 *Bähr/Landry* in: Mohrbutter/Ringstmeier, § 14, Rn. 81.

225 Nerlich/Römermann-*Braun*, § 218, Rn. 54 f.

226 *H/W/F*, Handbuch, Kap. 9, Rn. 30; *Warrikoff*, KTS 1997, S. 531.

227 Vgl. Andres/Leithaus-*Andres*, § 218, Rn. 7.

228 Vgl. Uhlenbruck-*Lüke*, § 218, Rn. 6.

im Interesse der Beteiligten resultiert[229]. Wie für den Verwalter geht es auch für die Gläubiger einzig und allein um die Optimierung ihrer Befriedigungsaussichten. Insoweit entsprechen sich die planerische Zielrichtung von Insolvenzverwalter und Gläubigerschaft.

Demgegenüber liegt die Motivation des Schuldners bei der Erarbeitung eines eigenen Planentwurfs darin, die Fortführung des Unternehmens unter Sicherung oder Stärkung seiner Position zu gewährleisten. Sein Konzept sieht daher eben jenes als zentrales Element vor[230]. Eine Maximierung der Haftungsmasse und damit das Hauptinteresse der Gläubigerschaft kann im schuldnerischen Gestaltungsprozess außen vor bleiben. Anders als beim Verwalter und der Gläubigerschaft unterscheidet sich damit in der Grundkonstellation die planerische Zielrichtung von Schuldner und Gläubigerschaft. Um ein frühzeitiges Aufeinandertreffen dieser gegensätzlichen Intentionen zu vermeiden und den Schuldner nicht von vornherein potentiellen Widerständen auszusetzen, verzichtet das Gesetz im Interesse der intendierten Perspektiverweiterung darauf, dem Schuldner die Konfrontationspflichten des § 218 Abs. 3 InsO aufzuerlegen. Die einer Planvorlage innewohnenden Handlungsperspektiven zur selbstbestimmten Sanierung seines Unternehmens will ihm das Gesetz nicht nehmen.

Wie der Plan des Insolvenzverwalters bedarf der Schuldnerplan einer Legitimation durch die Gläubigerschaft im Insolvenzverfahren. Insoweit bedingt ein vorbereiteter, auf die Bestätigung ausgerichteter Insolvenzplan, die sich anschließenden Verfahrensschritte und formellen Anforderungen zu berücksichtigen. Nur so lässt sich eine Nachhaltigkeit des erarbeiteten Plans im Hinblick auf das Verfahren erreichen. Dies gilt allem voran für die Tatsache, dass das Gesetz eine Abstimmung der Gläubiger über den Plan nach §§ 243, 244 InsO vorsieht. Die Zustimmung erteilen die Gläubiger aber nur dann, wenn der Schuldnerplan ihre Interessen angemessen berücksichtigt[231]. Um die vorhandenen Interessen herauszufiltern und in ein angemessenes Verhältnis zu bringen, ist es für den Schuldner unausweichlich, seinerseits in den Dialog mit den von seiner Insolvenz Betroffenen zu treten und zustimmungsorientierte Verhandlungen zu führen[232]. Insoweit kann auch auf seiner Seite das Bedürfnis bestehen, im Hinblick auf die vom Verfahren gestellten Anforderungen eine erhöhte Akzeptanzwahrscheinlichkeit seines Planvorschlags frühzeitig sicherzustellen.

---

229 Vgl. *H/W/F*, Handbuch, Kap. 5, Rn. 462 ff.; HK-*Flessner*, § 218, Rn. 11.

230 *Achsnick*, Options-Modelle, S. 92 f.

231 Vgl. *Steffan* in: Oppenländer/Trölitzsch, § 37, Rn. 133.

232 Vgl. *Becker*, Insolvenzrecht, Rn. 1614; *Frind*, NZI 2007, S. 374; *Warrikoff*, KTS 1997, S. 532.

2. Zulässigkeit einer dialogausgerichteten Planerarbeitung durch den Schuldner

a) Ausschluss nach § 218 Abs. 3 InsO?

Mit der Nichtnormierung der Beteiligungspflicht hat der Gesetzgeber keine grundsätzliche Entscheidung gegen die Zulässigkeit einer Integration der Gläubigerschaft in den schuldnerischen Gestaltungsprozess getroffen. Der Verzicht auf eine Beteiligungspflicht im Sinne des § 218 Abs. 3 InsO statuiert kein generelles Verbot für den Schuldner, die von seiner Insolvenz Betroffenen an seiner Plangestaltung zu beteiligen. Die Einbeziehung des Schuldners in den Kreis der planvorlageberechtigten Personen dient der Erweiterung der Handlungsoptionen hinsichtlich der Art und Weise der Verwertung seines Haftungsvermögens. In diesem Zusammenhang wollte ihn der Gesetzgeber vor frühzeitigen Gläubigerwiderständen schützen und ihm umfassende Handlungsmöglichkeiten einräumen.

Das Nichterfordernis einer Beteiligung sichert dem Schuldner nicht das Recht zur Planvorlage, sondern dessen tatsächliche, aussichtsreiche Ausübung. Bereits das Recht zur Planvorlage ist für den Schuldner obligatorisch. Das Gesetz normiert keinen Zwang für ihn, seinen Gläubigern einen Insolvenzplan zu präsentieren. Dem Schuldner steht es frei, auf die Nichtbeteiligung der in § 218 Abs. 3 InsO genannten Gruppen zu verzichten und den Plan nicht isoliert, sondern gemeinschaftlich mit seinen Gläubigern zu erarbeiten. Trägt er auf diese Weise zu einer Verbesserung der Befriedigungsaussichten seiner Gläubiger bei, handelt er auch in ihrem Interesse. Ohnehin ist seine Integration in den Kreis der Planvorlageberechtigten letztlich ausgerichtet auf die Interessen der Gläubiger. Für sie kommt es im Ergebnis auf die Optimierung ihrer Forderungsbefriedigung an. Ob diese auf einem Verwalter- oder Schuldnerplan beruht ist für sie ebenso irrelevant wie die Tatsache, ob Letzterer vom Schuldner isoliert oder unter Beteiligung der Gläubiger erarbeitet worden ist[233].

Verfahrensrechte und -grundsätze werden durch eine frühzeitige Einbindung der Gläubiger nicht berührt. Der Insolvenzplan muss sich weiterhin im formellen Verfahren der gerichtlichen Kontrolle gemäß §§ 231, 250 InsO unterziehen lassen. Das Recht der Gläubiger zur Ablehnung in der Planabstimmung bleibt ebenso unberührt wie das der in § 218 Abs. 3 InsO genannten Gruppen nach § 232 Abs. 1 InsO, eine Stellungnahme zum Plan abzugeben[234]. Die Grundintention des Plans, einen Dialog herbeizuführen und Verhandlungsprozesse zu ermöglichen, steht einem grundsätzlichen Verbot der Beteiligung von seiner Insolvenz betroffener Gruppen durch den Schuldner entgegen.

233 Vgl. Kübler/Prütting-*Otte*, § 218, Rn. 31.
234 Vgl. *H/W/F*, Handbuch, Kap. 9, Rn. 32 f.

Ebenso wenig wie ein generelles Beteiligungsverbot für den Schuldner beinhaltet § 218 Abs. 3 InsO eine Entscheidung dafür, dass eine Interaktion ausschließlich mit den dort genannten Gruppen zulässig ist. Ihre Berechtigung begründet für sie kein universelles Recht, an jedem planerischen Gestaltungsprozess beteiligt zu werden. Die in § 218 Abs. 3 InsO vorgesehene Mitwirkung dient vornehmlich dem Interesse des Plangestalters eine positive Zustimmungsprognose zwecks Ermöglichung einer Planung zu erzielen[235]. Im Zuge des Zusammenwirkens soll er Erkenntnisse über die vorhandenen Interessenspositionen gewinnen. Diese bringt er in ein den Interessen aller Seiten entsprechendes Verhältnis und arbeitet sie in das Konzept ein, welches gemäß § 218 Abs. 1 S. 1 InsO ausschließlich durch ihn in das Verfahren eingebracht werden kann. Auf diese Weise stellt er eine höhere Akzeptanzwahrscheinlichkeit des Plans sicher als bei einer Gestaltung ohne vorheriger Konsultation der Beteiligten. Ziel dieses Vorgehens ist es zu vermeiden, dass die Gläubigerschaft seinem Plan im Erörterungs- und Abstimmungstermin die Zustimmung versagt und damit zeitaufwendige Gestaltungen vergeblich waren. Einhergehende Vertrauensverluste und zeitliche Verzögerungen sollen verhindert werden[236].

Aus eben jenem Grund begründet die in § 218 Abs. 3 InsO vorgesehene beratende Mitwirkung der dort genannten Gruppen keine rechtlichen Einwirkungsrechte. Der Verwalter ist bei seiner Gestaltung nicht verpflichtet, die erteilten Ratschläge in sein Konzept umzusetzen[237]. Darüber hinaus darf der Verwalter auch weitere als die in § 218 Abs. 3 InsO genannten Gruppen in seinen Interaktionsprozess integrieren. Auf diese Weise kann der vom Gesetzgeber verfolgte Zweck, zur Erarbeitung von Plänen beizutragen, die sämtliche Interessen in ein angemessenes Verhältnis bringen und daher zu einer Akzeptanzwahrscheinlichkeit beitragen, effizienter erreicht werden[238]. Der Verwalter erlangt so die auch für ihn erstrebenswerte Maximierung des Beherrsch- und Planbarkeitsbereichs und ist demgemäß dazu aufgerufen, alle vorhandenen Erkenntnisquellen auszuschöpfen, um zu einem solchen Ergebnis zu gelangen[239].

---

235 Andres/Leithaus-*Andres*, § 218, Rn. 7.

236 *H/W/F*, Handbuch, Kap. 9, Rn. 30.

237 So die ganz h.M., nach der ein Verstoß des Verwalters gegen die Mitwirkungspflichten keinen Verfahrensmangel darstellt und daher nicht zu einer Zurückweisung durch das Gericht im Rahmen der Prüfung nach § 231 Abs. 1 Nr. 1 InsO führt, vgl. *H/W/F*, Handbuch, Kap. 9, Rn. 29 ff.; *Kersting*, Rechtsstellung, S. 98; Uhlenbruck-*Lüer*, § 218, Rn. 47; *Warrikoff*, KTS 1997, S. 532; *a.A.* Nerlich/Römermann-*Braun*, § 218, Rn. 56 ff., nach dem das verwalterische Planinitiativrecht in einem derart engen Zusammenhang mit den Interessen der Gläubiger stehe, dass eine Missachtung bzw. Übergehung ihrer in § 218 Abs. 3 InsO statuierten Beteiligungsrechte durch den Verwalter nicht zulässig sei.

238 Kübler/Prütting-*Otte*, § 218, Rn. 55.

239 MüKo-*Eidenmüller*, § 218, Rn. 43; *Warrikoff*, KTS 1997, S. 531.

Dies gilt auch für den Schuldner bei der Erarbeitung seines Plans, bei dem – ebenso wie beim Verwalterplan – die Beteiligung der von seiner Insolvenz betroffener Gruppen zwecks Erhöhung der Akzeptanzchancen zulässig ist. Auch für ihn gilt keine Beschränkung auf die Beteiligung der in § 218 Abs. 3 InsO genannten Gruppen. Im Falle der Wahrnehmung der Möglichkeit aus § 218 Abs. 1 S. 2 InsO wäre dieses ohnehin beschränkt. Zum Zeitpunkt der materiellen Erarbeitung existiert weder der Gläubigerausschuss als gemäß § 67 Abs. 2 InsO repräsentativ zusammengesetzten Organ der Gläubigerselbstverwaltung noch das Amt des Insolvenzverwalters[240]. Dem Schuldner wäre insofern nur eine Interaktion mit den Arbeitnehmervertretern möglich. Eine Beteiligung dieser im Planerarbeitungsprozess trüge aber nur unwesentlich zur Erzielung des mit § 218 Abs. 3 InsO verfolgten Zwecks, nämlich eine Steigerung der Akzeptanzwahrscheinlichkeit des Plans zu erreichen, bei. Da alle Gläubiger über den Plan abstimmen, erfordert eine mehrheitsausgerichtete Gestaltung die Berücksichtigung sämtlicher vorhandener Gläubigerinteressen. Diese würden aber vornehmlich durch den Gläubigerausschuss als Spiegelbild der Gläubigerstruktur repräsentiert[241]. Dessen Beteiligung scheidet im Zuge vorverfahrensrechtlicher Verhandlungen jedoch aus. Die zu beteiligenden Arbeitnehmervertreter hingegen müssen nicht einmal notwendigerweise Forderungen gegen den Schuldner repräsentieren, so dass für sie in diesem Fall die Gestaltung hinsichtlich der Forderungsbefriedigung irrelevant ist. Für sie stünde – selbst im Fall einer Beteiligung als Gläubiger – ohnehin die Erhaltung des schuldnerischen Unternehmens bzw. der Arbeitsplätze im Vordergrund, weshalb sie regelmäßig zu größeren Sanierungsbeiträgen als die sonstigen Gläubiger bereits sind[242]. Zu einer effizienten Steigerung der Akzeptenzwahrscheinlichkeit im Abstimmungsverfahren, welche die Berücksichtigung sämtlicher Gläubigerinteressen notwendig macht, trägt eine vorrangige Beteiligung der Arbeitnehmerschaft im Ergebnis nicht bei.

b) Ausschluss nach § 226 Abs. 3 InsO?

Das Insolvenzverfahren wird beherrscht von dem Gebot der Gläubigergleichbehandlung[243]. In der Vorschrift des § 226 InsO wird dieser Grundsatz für das Insolvenzplanverfahren näher bestimmt, indem sie die Gleichbehandlung aller Beteiligten innerhalb einer Gruppe vorschreibt[244]. Zulässig kann die unterschiedliche Behandlung der Mitglieder einer Gruppe sein, wenn nach § 226 Abs. 2 InsO die

240 MüKo-*Eidenmüller*, § 218, Rn. 40.

241 Vgl. *Warrikoff*, KTS 1997, S. 531.

242 Vgl. *Riggert*, WM 1998, S. 1525; *Warrikoff*, KTS 1997, S. 545.

243 MüKo-*Breuer*, § 226, Rn. 1

244 *Gietl/Langheinrich* in: WDWW, Kap. 12, Rn. 34.

zustimmenden Erklärungen aller von der abweichenden Behandlung betroffenen Beteiligten eingeholt und dem Insolvenzplan beigefügt werden. Fehlt die Zustimmung auch nur eines betroffenen Gläubigers, so hat das Gericht den Plan gemäß § 231 Abs. 1 S. 1 Nr. 1 InsO zurückzuweisen bzw. dessen Bestätigung nach § 250 Nr. 1 InsO zu versagen[245].

Die Regelung des § 226 Abs. 1 InsO setzt dem Schuldner bei der inhaltlichen Gestaltung seines Insolvenzplans eine Grenze. Er hat sicherzustellen, dass den Beteiligten jeder Gruppe identische Rechte angeboten werden und hiervon nur im Falle der ausdrücklich im Insolvenzplan erklärten Zustimmung abgewichen wird. Im Hinblick auf die Nutzung des ihm durch seine Möglichkeit aus § 218 Abs. 1 S. 2 InsO zur Verfügung gestellten zeitlichen Gestaltungsspielraum vor der Stellung des Eröffnungsantrags ergeben sich hieraus keinerlei Beschränkungen. Allerdings erklärt § 226 Abs. 3 InsO jegliches Abkommen des Insolvenzverwalters, des Schuldners oder anderer Personen mit einzelnen Beteiligten, durch das diesen für ihr Verhalten bei Abstimmungen oder sonst im Zusammenhang mit dem Insolvenzverfahren ein nicht im Plan vorgesehener Vorteil gewährt wird, für nichtig. Die Nichtigkeitsfolge tritt ein, falls das Gericht den Insolvenzplan bestätigt hat. Erhält das Gericht bereits im Zuge der Vorprüfung nach § 231 Abs. 1 S. 1 Nr. 1 InsO bzw. spätestens im Rahmen der Bestätigungsprüfung nach § 250 Nr. 2 InsO von dem Abkommen Kenntnis, so weist es den Plan zurück bzw. versagt dessen Bestätigung[246].

Während die Begünstigung einzelner Gläubiger ohne Zustimmung der betroffenen Gläubiger derselben Gruppe nach § 226 Abs. 2 InsO leidglich zur Unzulässigkeit führt, erklärt Abs. 3 die dort genannten Abkommen für nichtig. Wird der Plan demgemäß vom Gericht bestätigt, kann der Gläubiger aus dem Abkommen keine Ansprüche herleiten. Voraussetzung hierfür ist, dass das Abkommen für die im Plan nicht ausgewiesene und von den übrigen Gläubigern nicht bewilligte Begünstigung dem Gläubiger als Entgelt für eine auf das Insolvenzverfahren bezogene Leistung dient[247].

Die Vorschrift des § 226 Abs. 3 InsO bewirkt eine Absicherung des Gleichheitsgebots[248]. Ihrer Anwendung steht nicht entgegen, dass die Planverhandlungen zwischen dem Schuldner und den von seinem Insolvenzverfahren betroffenen Gläubigern im Falle der anvisierten Wahrnehmung seiner Möglichkeit aus § 218

---

245 *Gietl/Langheinrich* in: WDWW, Kap. 12, Rn. 36; *Kersting*, Rechtsstellung, S. 76 f.

246 BGH, Beschl. v. 03.03.2005 – IX ZB 153/04, NZI 2005, 325 (327 f.); Andres/Leithaus-*Andres*, § 226, Rn. 4.

247 BGH, Beschl. v. 03.03.2005 – IX ZB 153/04, NZI 2005, 325 (327); Kübler/Prütting-*Otte*, § 226, Rn. 6; *Smid/Rattunde*, Insolvenzplan, Rn. 4.13 ff.

248 *Gietl/Langheinrich* in: WDWW, Kap. 12, Rn. 37; *Schiessler*, Insolvenzplan, S. 124.

Abs. 1 S. 2 InsO zeitlich vor der Stellung des Eröffnungsantrags stattfinden[249]. Zwar bewirkt erst die Eröffnung des Insolvenzverfahrens den unmittelbaren Übergang zur Geltung des Gläubigergleichbehandlungsgebots[250]. Im Verfahren selbst kann die Regelung des § 226 Abs. 3 InsO jedoch ausschließlich dann einen effektiven Schutz gewährleisten, wenn sie auch solche Sonderabkommen einschließt, die zeitlich vor dem Insolvenzverfahren geschlossen wurden. Gerade zu dem Zeitpunkt, zu dem absehbar ist, dass ein Insolvenzverfahren nicht mehr zu verhindern ist, besteht ein erhöhtes Risiko für die Gläubigergleichbehandlung. Die Praxis zeigt, dass Gläubiger im Hinblick auf das nicht mehr zur universellen Befriedigung ausreichende Schuldnervermögen versuchen, durch Vereinbarungen mit dem Schuldner die eigenen Befriedigungsaussichten zulasten anderer Gläubiger zu steigern. Der Schuldner erhofft sich, hierdurch Wohlwollen erkaufen und somit sein Erhaltungsinteresse verwirklichen zu können[251]. Im Falle der bereits zu diesem Zeitpunkt stattfindenden Erarbeitung eines Insolvenzplans konkretisiert sich das Risiko in der Einflussnahme auf das Abstimmungsverhalten einzelner Gläubiger im Erörterungs- und Abstimmungstermin.

Diesen Risiken im Interesse der Gläubigergleichbehandlung zu begegnen lässt es nicht zu, den Zeitraum vor der Eröffnung des Insolvenzverfahrens aus dem Anwendungsbereich des § 226 Abs. 3 InsO herauszunehmen. Der Zeitfaktor findet nur insoweit eine Berücksichtigung, als das getroffene Abkommen verfahrensbezogen sein muss ist, also die Belohnung für eine in der Zukunft liegende Leistung im Zusammenhang mit dem Insolvenzverfahren im allgemeinen oder dem Abstimmungsverhalten im speziellen stehen muss[252].

Auch wenn der Wirkungsbereich des Abkommens im Sinne des § 226 Abs. 3 InsO grundsätzlich weit zu fassen ist, untersagt die Vorschrift nicht bereits jede Kontaktaufnahme des Schuldners zu sämtlichen bzw. ausgewählten Gläubigern[253]. Die ihr zugrunde liegende Intention einer umfassenden Gewährleistung der Gläubigergleichbehandlung ist ausschließlich dann beeinträchtigt, wenn sich das Abkommen durch die Gewährung von Vermögenswerten positiv auf die Befriedigungsaussichten des aus dem Abkommen Berechtigten auswirkt[254]. Der mit dem Plan bezweckte Vorteil folgt demgemäß aus einem hypothetischen Vergleich der Befriedigungsaussichten. Sind diese mit der im Abkommen vorgesehenen Begünstigung bessergestellt als ohne selbige und wirkt sich die Begünstigung nicht gleichzeitig mit identischer Wirkung auf die Position der sonstigen Gruppenmit-

249 Vgl. *Hess* in: Hess/Obermüller, Rn. 149 f.; MüKo-*Breuer*, § 226, Rn. 17.

250 *Häsemeyer*, Insolvenzrecht, Rn. 27.09; *Oelrichs*, Gläubigermitwirkung, S. 14 ff.

251 Vgl. H/W/W-*Hess*, § 226, Rn. 13.

252 FK-*Jaffé*, § 226, Rn. 13.

253 Vgl. *Gietl/Langheinrich* in: WDWW, Kap. 12, Rn. 37; *Smid/Rattunde*, Insolvenzplan, Rn. 4.13.

254 *Kersting*, Rechtsstellung, S. 78; Uhlenbruck-*Lüer*, § 226, Rn. 5.

glieder aus, ist eine Verletzung des Gläubigergleichbehandlungsgebots anzunehmen[255]. An das Vorliegen einer Bevorzugung sind dabei keine hohen Anforderungen zu stellen[256]. Insbesondere kommt es nicht darauf an, dass durch die gewährte Leistung die künftige Insolvenzmasse geschmälert wird. Vielmehr genügt auch die Vorteilsgewährung auf Kosten eines Dritten[257].

Ausschließlich eine Steigerung der Befriedigungsaussichten des durch das Abkommen Berechtigten führt demnach zu einer Gläubigerbenachteiligung. Ein bloßes Informationsdefizit begründet eine solche noch nicht. Lediglich, wenn Absprachen zwischen dem Schuldner und ausgewählten Gläubigern zu konkreten, die Befriedigungsaussichten beeinflussenden Resultaten geführt haben, muss eine Ausweisung im Insolvenzplan erfolgen. Ausschließlich im Hinblick auf solche Abkommen wird der Schuldner durch § 226 Abs. 3 InsO zur Transparenz verpflichtet. Das Prozedere der Planerstellung hat er nicht offenzulegen. Dies korrespondiert mit dem im Insolvenzplanverfahren verankerten Informationsanspruch der Gläubiger, der durch die Vorschrift des § 220 InsO lediglich im Hinblick auf den Planinhalt verwirklicht wird[258].

Für den planvorbereitenden Schuldner bedeutet dies, dass er bereits vor der Stellung des Eröffnungsantrags nicht nur Kontakt, sondern intensive Planverhandlungen mit den von seinem künftigen Insolvenzverfahren betroffenen Gläubigern aufnehmen kann. Eine Ausweisung im Insolvenzplan schuldet er nicht bzw. nur dann, wenn tatsächlich Absprachen getroffen werden, durch die einzelnen Gläubigern eine gesteigerte Befriedigung gegenüber den anderen Mitgliedern ihrer Gruppe gewährt wird[259].

3. Konzept einer dialogausgerichteten Planerarbeitung

Trotz seiner Einbettung in das Instrument des Insolvenzplans handelt es sich bei der Durchführung des Dialoges um einen vom formellen Verfahren losgelösten Vorgang. Der zusätzliche zeitliche Gestaltungsspielraum, der das Planinitiativrecht aus § 218 Abs. 1 S. 2 InsO dem Schuldner eröffnet, ermöglicht seine zustimmungsorientierte Durchführung bereits vor dem Eröffnungsantrag und dem

255 MüKo-*Breuer*, § 226, Rn. 16.

256 Vgl. H/W/W-*Hess*, § 226, Rn. 22 f.

257 Nerlich/Römermann-*Braun*, § 226, Rn. 8; Uhlenbruck-*Lüer*, § 226, Rn. 5.

258 Zwar erfordert der darstellende Teil gemäß § 220 Abs. 2 InsO alle sonstigen Angaben u. a. zu den Grundlagen des Plans, die für die Entscheidung der Gläubiger über die Zustimmung zum Plan erheblich sind. Die von den Gläubigern zu treffende Investitionsentscheidung ist jedoch, wie aus §§ 245, 251 InsO folgt, ausschließlich wirtschaftlicher Natur. Für die dahingehende Beurteilung hat die Frage, ob bzw. welche Gläubiger der Schuldner bei der Planerstellung beteiligt hat, keine Relevanz.

259 Uhlenbruck-*Lüer*, § 226, Rn. 6.

formellem Insolvenzverfahren[260]. Ziel dieser Vorgehensweise ist es, aufgrund der bereits geleisteten Arbeiten die Erforderlichkeit weiterer Entscheidungsprozesse und dazu notwendiger Verhandlungen zu minimieren und damit die Zeitspanne zwischen dem Insolvenzantrag und der Bestätigung des Plans so zu kurz wie möglich zu halten[261].

Um dies zu erreichen, muss sich der Schuldner frühzeitig auf die von seinem künftigen Insolvenzverfahren Betroffenen zubewegen. Er hat ihnen seine Sanierungsbedürftigkeit und -willigkeit zu offenbaren und dergestalt in einen Verhandlungs- und Gestaltungsprozess mit ihnen zu treten, dass er sie auf seine Insolvenz vorbereitet und zugleich die Überwindung derselben fokussiert und vorantreibt[262]. Die vorhandenen Interessen werden frühzeitig herausgearbeitet sowie strukturiert und nicht erst durch die Verfahrenseröffnung ungeordnet offengelegt[263]. So können bereits interessengerechte Lösungen entwickelt und auf ihre Erfolgsaussichten geprüft werden[264]. Produkt des gestalterischen Prozesses ist im Idealfall das komplett ausgearbeitete Sanierungskonzept, das von allen Seiten getragen und sodann in Form des Insolvenzplans in das Insolvenzverfahren gemäß § 218 Abs. 1 S. 2 InsO eingebracht wird[265].

Bei einem prepackaged plan ist die Erstellung des materiellen Verwertungskonzepts nicht die alleinige Aufgabe des letztlich planeinreichenden Schuldners[266]. Er tritt nicht mit der Vorlage des Insolvenzantrags und -plans erstmals gegenüber seinen Gläubigern in Erscheinung und versucht diesen ein von ihm ausgearbeitetes Plankonzept aufzuoktroyieren. Vielmehr initiiert er weit vor dessen Einreichung einen Verhandlungsprozess zwischen allen Beteiligten, der in einen gemeinsamen Gestaltungsvorgang mündet. Die Ausgestaltung dieses Prozesses liegt dabei in den Händen aller Beteiligten. In der Regel sind neben dem Schuldner als Kenner seines Unternehmens auch solche von der Insolvenz betroffenen Gruppen, zu denen der Schuldner in engen und ständigen Geschäftsbeziehungen steht, dazu prädestiniert, geeignete Sanierungsmaßnahmen zu bestimmen. Sie verfügen über die Kenntnisse im Hinblick auf die Marktsituation, Entwicklungspotentiale und Schwachstellen des Schuldners. Die Nutzung dieser Kenntnisse führt zu einer inhaltlichen Optimierung des Plans und kann durch die frühzeitige Ausschöpfung effizient zur Geltung gebracht werden[267].

---

260 *Kassing*, ZInsO 1999, S. 267.

261 *Braun* in: Gottwald, § 68, Rn. 1; *Grub*, AnwBl. 2000, S. 582; *Weisemann/Holz* in: Weisemann/Smid, Kap. 15, Rn. 32.

262 *Gietl/Langheinrich* in: WDWW, Kap. 12, Rn. 66.

263 Vgl. *Uhlenbruck*, WM 1999, S. 1198.

264 *Achsnick*, Options-Modelle, S. 43.

265 *Kußmaul/Steffan*, DB 2000, S. 1849.

266 *Herzig*, Insolvenzplanverfahren, S. 93.

267 *Smid/Rattunde*, Insolvenzplan, Rn. 4.1.

Ein dialogausgerichteter Gestaltungsprozess ist gebunden an intensive Aktivitäten vor der Plan- und Antragsvorlage[268]. Der Schuldner lässt sich hierbei nicht an einem von ihm festgelegten Ergebnis, nämlich einem ausgearbeiteten Plankonzept, sondern an einem ergebnisoffenen Weg, der gemeinsamen Ausarbeitung eines Plans, messen. Im Rahmen eines beteiligungsorientierten Vorgehens sucht der Schuldner die Konfrontation mit seinen Gläubigern und nimmt frühzeitige Widerstände gegen seine Sanierungsbemühungen in Kauf. Die Konfrontation markiert für ihn den Beginn eines gemeinsamen, transparenten, und nicht, wie im Falle der autonomen Planerarbeitung, den Abschluss eines alleinigen Entscheidungsprozesses[269]. Hinter einer offenen und transparenten Kommunikation steckt die Intention des Schuldners, dass Vertrauen zurückgewonnen und so die Bereitschaft hervorgerufen wird, einen Beitrag zum Erhalt des Unternehmens zu leisten[270].

Dies bedeutet indes keinen Verzicht des Schuldners darauf, eigene Ziele zu verfolgen. Lediglich seine Vorgehensweise ändert sich. Anstatt seine Interessen in einem antizipierten Entwurf unterzubringen und so weit wie möglich in das sich unmittelbar anschließende Verfahren hineinzuretten, bringt sie der Schuldner im Rahmen gemeinsamer Verhandlungen ein und versucht sie auf argumentativer Grundlage durchzusetzen[271]. Auf diese Weise wird der Schuldner der Grundintention des Insolvenzplans gerecht, nämlich auf Basis gemeinsamer Verhandlungen einen den Interessen aller Seiten entsprechenden Kompromiss herbeizuführen.

B. Planerische Prozesse im Insolvenzplanverfahren und ihre Beeinflussung durch den prepackaged plan

I. Ausgangspunkt

Mit dem prepackaged plan unter Ausschöpfung der verfahrensrechtlichen Option aus § 218 Abs. 1 S. 2 InsO ist das Leitbild einer „geordneten“[272] oder auch „ge-

---

268 *Häsemeyer*, Insolvenzrecht, Rn. 28.09.

269 Vgl. *Kassing* in: Haft/v. Schlieffen, § 25, Rn. 37.

270 *Steffan*, WPg. 2003, Sonderheft, S. 154.

271 Vgl. *Seibert* in: Kindler/Nachmann, 2. Teil, Rn. 195.

272 So *Spies*, ZInsO 2005, S. 1256; *Steffan* in: Oppenländer/Trölitzsch, § 37, Rn. 87. Die Begrifflichkeit ist insoweit irreführend, als auch ein nicht vorbereitetes Insolvenzverfahren „geordnet“ ist. Sowohl die Regelliquidation als auch eine alternative Abwicklung durch den Insolvenzverwalter oder eigenverwaltenden Schuldner erfolgen auf Grundlage gesetzlicher Regelungen und damit stets auf Basis eines „geordneten“ Verfahrens.

planten“[273] Insolvenz verbunden. Es beruht auf der Idee, dass sowohl Inhalt als auch Verfahren des Insolvenzplans bereits im Vorfeld in allen Einzelheiten geklärt sind und seine Einbringung in das formelle Insolvenzverfahren lediglich einer reinen Formalität, nämlich der „Absegnung“ durch das Gericht, dient[274]. Nicht bloß auf die Perspektive, sondern die Notwendigkeit des Aspekts der Planung bzw. Planbarkeit im Zusammenhang mit der Sanierung durch Insolvenzplan verweisen *Smid/Rattunde*, wenn sie darauf aufmerksam machen, die Insolvenz sollte „in einem gewissen Rahmen planbar sein, will man ein Sanierungskonzept nicht dem Zufall preisgeben“[275].

II. Der Insolvenzplan als Instrument rechtsverbindlicher Planung

Der sechste Teil der Insolvenzordnung trägt den Titel „Insolvenzplan“. Der Begriff des „Plans“ findet sich in verschiedenen Wissenschaften und ist zu einem festen Handlungsinstrument auch der Rechtswissenschaft geworden[276]. Der Gesetzgeber der InsO hat eine Begriffsbestimmung des Insolvenzplans unterlassen und sich auf die Bereitstellung einzelner Vorgaben beschränkt[277]. *Braun* beschreibt Planung als einen „systematisch-methodischen Prozess der Erkenntnis und Lösung von Zukunftsproblemen“[278].

Mit dem Insolvenzplan wird den Beteiligten des Insolvenzverfahrens die Möglichkeit gegeben, sich von den gesetzlichen Regelungen der InsO zu lösen, um die Verwertung des schuldnerischen Vermögens eigenverantwortlich festzulegen. Dementsprechend erlaubt das Gesetz den Beteiligten in § 217 S. 1 InsO, die Befriedigung der absonderungsberechtigten Gläubiger und der Insolvenzgläubiger, die Verwertung der Insolvenzmasse und deren Verteilung an die Beteiligten sowie die Verfahrensabwicklung und die Haftung des Schuldners nach der Beendigung des Insolvenzverfahrens in einem Insolvenzplan abweichend zu regeln. Rechtliche Verbindlichkeit entfalten die innerhalb des Plans festgelegten Rechtsänderungen mit der Rechtskraft seiner gerichtlichen Bestätigung nach §§ 248, 254 InsO. Die Gläubiger können unter den Voraussetzungen des § 257

---

273 So H/W/F-*Wutzke*, § 218, Rn. 10; *Paulus*, ZGR 2005, S. 322.

274 So *Pape/Uhlenbruck*, Insolvenzrecht, Rn. 781, wonach sich die Rolle des Insolvenzgerichts im Falle eines umfassend vorbereiteten Insolvenzplans auf die Prüfung desselben beschränkt und es sodann lediglich „seinen Stempel unter den Plan setzt“.

275 *Smid/Rattunde*, Insolvenzplan, Rn. 4.1.

276 *Braun* in: Braun/Uhlenbruck, S. 442; zu der Bedeutung und den Grundlagen des „Plans“ in den verschiedenen Rechtsgebieten und Wissenschaften vgl. die Ausführungen und Nachweise ebenda, S. 440 ff.; *Happe*, Rechtsnatur, S. 67 ff.

277 *Weisemann/Holz* in: Weisemann/Smid, Kap. 15, Rn. 27.

278 *Braun* in: Braun/Uhlenbruck, S. 442.

Abs. 1 InsO aus dem rechtskräftig bestätigten Insolvenzplan in Verbindung mit der Eintragung in die Tabelle die Zwangsvollstreckung gegen den Schuldner und nach Abs. 2 auch gegen mithaftende Dritte betreiben[279].

Der Preis, den die Beteiligten für die Möglichkeit einer rechtverbindlichen Planung zahlen müssen, liegt darin, dass der Eintritt ihrer Wirkung an bestimmte verfahrensrechtliche Voraussetzungen gebunden ist[280]. Nur wenn die formellrechtlichen Voraussetzungen gegeben sind, kann eine Umsetzung der im Plan vorgesehenen materiell-rechtlichen Gestaltungen erfolgen. Dabei beschränkt sich der mittels Insolvenzplan rechtlich planbare Bereich auf die Zeit nach der Bestätigung des Plans. Die Regelung des § 254 Abs. 1 S. 1 InsO, wonach die im gestaltenden Teil des Plans festgelegten Wirkungen mit der rechtskräftigen Bestätigung des Plans eintreten, beinhaltet insoweit eine Erkennbarkeit zugunsten der Beteiligten, ab wann die Rechtsänderungen rechtliche Verbindlichkeit entfalten.

Die Art und Weise der Verwertung des schuldnerischen Haftungsvermögens und damit auch die Festlegung der Rechtsänderungen beruhen auf einer wirtschaftlichen Entscheidung der Gläubigerschaft[281]. Dabei können sie sich auf eine Eigensanierung des schuldnerischen Unternehmens einigen. Im Falle eines dafür zu erstellenden Sanierungsplans erfolgt die Befriedigung aus den künftig vom sanierten Unternehmen zu erzielenden Erlösen. Um eine angemessene Entscheidungsgrundlage für die Beteiligten zu gewährleisten, sind im darstellenden Teil des Plans gemäß § 220 InsO alle Informationen bereitzustellen, anhand derer sie die finanziellen Auswirkungen eines Erhalts des Unternehmens für ihre eigene Position beurteilen können. Die Prüfung der Sanierungsfähigkeit des schuldnerischen Unternehmens sowie die Darstellung und Erläuterung des Sanierungskonzepts bilden den zentralen Bestandteil des darstellenden Teils des Plans[282].

Auch wenn das Gesetz in § 220 InsO an seine Auf- und Darstellung keine konkreten Anforderungen normiert, hängt der Erfolg der Sanierung doch wesentlich vom Gelingen des Insolvenzplans ab und stellt eben deshalb hohe Anforderungen an den Planverfasser[283]. Die Erstellung eines Sanierungskonzepts erfordert die Beschäftigung mit zukünftigen wirtschaftlichen Entwicklungen, allen voran in

---

279 Vgl. *Happe*, Rechtsnatur, S. 68, der darauf verweist, das wesentliche Spezifikum des juristischen gegenüber dem betriebswirtschaftlichen Plan liege in dem Erfordernis der rechtlichen Verbindlichkeit, die seine inhaltlichen Regelungen entfalten (müssen). Daraus folge zum einen die Möglichkeit seiner zwangsweisen Durchsetzung, zum anderen die Sanktion seiner unterlassenen bzw. fehlerhaften Erfüllung.

280 *Braun* in: Braun/Uhlenbruck, S. 457.

281 Nerlich/Römermann-*Braun*, § 217, Rn. 176.

282 *Maus* in: KS, S. 943.

283 Vgl. nur *Spies*, ZInsO 2005, S. 1256; *Steffan*, WPg. 2003, Sonderheft, S. 154.

der Bestimmung des Soll-Zustandes des Unternehmens[284]. So bedingt etwa die erforderliche Entwicklung eines Unternehmensleitbildes die Analyse der künftigen Wettbewerbsposition des Schuldners und die Berücksichtigung relevanter Umweltveränderungen[285]. Die anzustellende Vergleichsrechnung verlangt vom Verfasser, fiktive Verwertungserlöse auf Basis einer Liquidation und einer Sanierung gegenüberzustellen[286]. Den Untersuchungen ist gemein, dass sie als Ausgangspunkt eine hypothetische Entscheidung im Hinblick auf die künftige wirtschaftliche Stellung des Schuldners erforderlich machen. Dem Planverfasser bleiben Prognosetätigkeiten nicht erspart[287]. Die Durchführung ist ihrerseits das Resultat betriebswirtschaftlicher Planungsprozesse. Insoweit ist eine rechtliche Planentscheidung stets im Zusammenhang mit betriebswirtschaftlichen Planungsprozessen zu sehen[288]. Der Insolvenzplan stellt eine Mischform zwischen rechtlich geprägtem und betriebswirtschaftlichem Plan dar[289].

Dieses Zusammenwirken kommt insbesondere durch das in § 219 S. 2 InsO normierte Erfordernis der Beifügung der in § 229, 230 InsO genannten Plananlagen zum Ausdruck. Diese sollen eine Nachvollziehbarkeit der im Sanierungskonzept ausgewiesenen Ergebnisse, Analysen etc. gewährleisten. So sieht § 229 S. 1 InsO eine Vermögensübersicht vor, welche die im Falle des Wirksamwerdens des Plans sich gegenüberstehenden Vermögensgegenstände und Verbindlichkeiten aufführt (Planbilanz). Darüber hinaus verlangt § 229 S. 2 InsO eine Zusammenstellung der Aufwendungen und Erträge des fortgeführten Unternehmens für den Zeitraum, in dem den Gläubigern die Überschüsse zur Verfügung

---

284 Vgl. im Zusammenhang mit einer Sanierungsfähigkeitsprüfung insbesondere die Verlautbarung „IDW Stellungnahme FAR 1/1991: Anforderungen an Sanierungskonzepte“ des Fachausschuss Recht und des Hauptfachausschuss des Instituts der Wirtschaftsprüfer e.V. (IDW), nunmehr ersetzt durch den Standard IDW ES 6, sowie den eigens für Insolvenzpläne entworfenen „IDW Standard: Anforderungen an Insolvenzpläne (IDW S 2)“, abgedruckt in WPg. 2000, S. 285 ff. In den Standards fasst der IDW die Berufsauffassung zusammen, die sich vor dem Hintergrund der in Theorie, Praxis und Rechtsprechung entwickelten Auffassungen zu den Anforderungen an Sanierungskonzepte entwickelt hat. Die insolvenzrechtliche Literatur hat sich der Empfehlung an den Planverfasser, den Entwurf des IDW zur Grundlage seiner Gestaltung zu machen, weit überwiegend angeschlossen, vgl. u. a. *Beck* in: Beck/Depré, § 43, Rn. 16; *Braun* in: Braun/Uhlenbruck, S. 549; *Fröhlich/Bächstädt*, ZInsO 2011, S. 987; *Hess*, WPg. 2009, S. 304; *Kußmaul/Steffen*, DB 2000, S. 1851; *Schmittmann* in: S/T/B, § 6, Rn. 35; *Weidekind* in: WDWW, Kap. 22, Rn. 19.

285 Vgl. zu den betriebswirtschaftlichen Aspekten *Madaus*, Insolvenzplan, S. 13 ff.; *Weidekind* in: WWDW, Kap. 22, Rn. 1 ff.

286 *Steffan* in: Oppenländer/Trölitzsch, § 37, Rn. 95.

287 *Maus* in: KS, S. 945.

288 Vgl. *Braun* in: Gottwald, § 67, Rn. 61; *Hermanns/Buth*, DStR 1997, S. 1179 f.; Nerlich/Römermann-*Braun*, § 217, Rn. 153 ff.; *Weidekind* in: WDWW, Kap. 22, Rn. 38 ff.

289 *Braun* in: Braun/Uhlenbruck, S. 453; *Happe*, Rechtsnatur, S. 67.

stehen (Plan-Erfolgsrechnung) sowie eine Aufstellung der Einnahmen und Ausgaben für den Zeitraum, in dem die Überschüsse des fortgeführten Unternehmens den Gläubigern gemäß den im gestaltenden Teil getroffenen Vereinbarungen zur Verfügung stehen sollen (Plan-Liquiditätsrechnung)[290]. Weiterhin müssen alle Unterlagen bereitgestellt werden, die den Beteiligten eine bessere Bewertung des schuldnerischen Unternehmens und ihrer Befriedigungsaussichten ermöglichen. Dazu zählen vorhandene Gutachten über Vermögensgegenstände, Bewertungen von Wirtschaftsprüfern und Sanierungsberatern, besondere Verträge etc.[291]. Erhebliche Bedeutung haben insbesondere solche Unterlagen, die sich auf das Sanierungskonzept beziehen und dieses näher veranschaulichen. Zu denken sind dabei an etwaige Zahlen und Statistiken, die als Grundlage der Marktanalysen, von Ertragsrechnungen oder Prognosedarstellungen dienten[292].

Die Gläubiger haben im Falle einer Forderungsbefriedigung aus künftig vom Schuldner zu erzielenden Erlösen ein besonderes Interesse daran, die Grundlagen der künftigen wirtschaftlichen Entwicklung nachvollziehen zu können. Die Plananlagen sollen den Gläubigern diese Möglichkeit bieten[293]. Sie belegen und ergänzen die bereits im darstellenden Teil im Sanierungskonzept gemachten Angaben der künftigen Entwicklung, auf die entsprechend zurückgegriffen werden können[294].

III. Der prepackaged plan und der Aspekt der Planbarkeit

1. Vorbereitung als Basis planerischer Prozesse

Die Nutzung der Möglichkeit aus § 218 Abs. 1 S. 2 InsO lässt den rechtlichen Zeitpunkt des Wirksamwerdens der von den Beteiligten im Insolvenzplan festgelegten Rechtsänderungen unberührt. Erst die gerichtliche Bestätigung des Plans führt diese herbei.

Wenn *Smid/Rattunde* demnach von der „Planbarkeit der Sanierung durch Insolvenz“ sprechen, geht es ihnen weniger um die rechtliche Herbeiführung der durch den Plan festgelegten Rechtsänderungen als vielmehr um den Aspekt der Planung des formellen Verfahrens[295]. Die rein tatsächliche Planbarkeit stellt ein Minus zur rechtsverbindlichen Planung dar. Die Absolvierung des Verfahrens ist

290 *Maus* in: KS, S. 950; *Pape/Uhlenbruck*, Insolvenzrecht, Rn. 789.

291 LSZ-*Rattunde*, § 229, Rn. 3.

292 LSZ-*Rattunde*, § 229, Rn. 3.

293 LSZ-*Rattunde*, § 229, Rn. 2; *Pape/Uhlenbruck*, Insolvenzrecht, Rn. 789.

294 *Maus* in: KS, S. 950.

295 Im Ergebnis ebenso *Maus*, DStR 2002, S. 1108; wohl auch *Schreiber* in: Buth/Hermanns, § 24, Rn. 32 f.

unabdingbare Voraussetzung für die Bestätigung des Insolvenzplans. Anders als die Gestaltung des materiellen Verwertungskonzepts liegt sie nicht ausschließlich in der Hand des Schuldners und seiner Gläubiger. Das Verfahren ist durchzogen von formell-rechtlichen Prozessen, die erheblich durch andere Entscheidungsträger – insbesondere das Insolvenzgericht – geprägt werden.

Planbarkeit ist das Resultat einer optimalen Ausschöpfung vorbereitender Prozesse[296]. Die Möglichkeit der Vorbereitung hat ihren Ausgangspunkt in der Kenntnis. Sie erfordert, den Eintritt eines künftigen Ereignisses prognostizieren bzw. den Kreis potentieller Entwicklungen eingrenzen zu können. Ausschließlich auf dieser Grundlage kann die Vorbereitung für stets auf die Zukunft ausgerichtete Handlungsprozesse verwirklicht werden. Mit der Entscheidung des Schuldners, eine Sanierung im Wege des Insolvenzplanverfahrens auf Grundlage der Möglichkeit aus § 218 Abs. 1 S. 2 InsO wahrzunehmen, weiß der Schuldner um die Erforderlichkeit, sich eines Insolvenzverfahrens auszusetzen. Damit verbunden ist die Gewissheit darüber, zwingend das in der InsO geregelte formelle Verfahren zu durchlaufen.

Bereits die Entscheidung zugunsten des Insolvenzplans und des mit ihm verbundenen Verfahrens beinhaltet insoweit ein erhebliches Maß an Kenntnis und damit auch Planungssicherheit. Die Verbindlichkeit des gesetzlichen Verfahrens stellt die Basis des Schuldners zur Vorbereitung seines Sanierungsprozesses durch den Insolvenzplan dar. Sie ermöglicht dem Schuldner, die Umstände seines Insolvenzsachverhalts unter eben jenes zu subsumieren und die zu leistenden Etappen zu analysieren[297].

2. Praktische Vorbehalte als Schranke planerischer Prozesse?

Die Vorbereitung wie die Nutzung des von der Insolvenzordnung bereitgestellten Sanierungsinstruments des Insolvenzplans erfordern die Bereitschaft des Planverfassers, sich mit dessen innewohnenden Gestaltungsmöglichkeiten und -spielräumen intensiv auseinanderzusetzen. Dies gilt demgemäß für den Schuldner im Hinblick auf die Wahrnehmung seiner Planvorlagemöglichkeit aus § 218 Abs. 1 S. 2 InsO. Die hier bestehende Besonderheit liegt darin, dass sich der Schuldner auf das Konzept dieses Sanierungsmittels zu einem Zeitpunkt vor dem Insolvenzantrag und damit seiner verfahrensrechtlichen Stellung als Insolvenzschuldner einlassen muss.

---

296 Vgl. insoweit das bereits eingangs in der Einleitung erwähnte Beispiel bei *Smid/Rattunde*, Insolvenzplan, Rn. 4.1, wonach sie die Sanierung eines Unternehmens mit der Operation eines Patienten in der Medizin vergleichen. Demnach werde eine ordentliche Vorbereitung der Behandlung die Überlebenschancen des Patienten gegenüber der Durchführung einer Notoperation stets erhöhen

297 Vgl. *Paulus*, ZGR 2005, S. 322.

Die Praxis zeigt, dass die meisten Verantwortlichen eines Unternehmens in der Krise mit allen Mitteln versuchen, ein Insolvenzverfahren zu vermeiden. Der Schwerpunkt liegt insoweit nicht auf der Beschäftigung mit den gestalterischen Möglichkeiten und Vorteilen eines solchen Verfahrens, sondern der Durchführung außergerichtlicher Einigungsversuche mit ihren Gläubigern[298]. Sie räumen in der Regel außergerichtlichen Sanierungsprozessen einen Vorrang gegenüber gerichtlichen ein. Der Gang in das Insolvenzverfahren stellt für sie sodann die letzte Option dar, wenn außergerichtliche Einigungsversuche keine Sanierungsperspektiven mehr zu Gunsten des Unternehmens bereithalten und sämtliche schuldnerische Kapazitäten für die Einigungsversuche aufgezehrt sind. Die Motivation zur aktiven Gestaltung eines erneuten Sanierungsprozesses innerhalb des Insolvenzverfahrens ist dann aufgrund der bereits gescheiterten, regelmäßig zeit-, kosten- und energieaufwändigen Prozesse kaum mehr vorhanden[299].

Indes ist die Möglichkeit für den Schuldner aus § 218 Abs. 1 S. 2 InsO, seinen Insolvenzplan gleichzeitig mit dem Eröffnungsantrag vorzulegen, nicht an die erfolglose Durchführung eines außergerichtlichen Sanierungsversuchs gebunden. Zwischen diesen beiden Sanierungsoptionen besteht kein Rangverhältnis[300]. Sie stehen als gleichwertige Handlungsoptionen unabhängig nebeneinander[301].

---

298 *Smid/Rattunde*, Insolvenzplan, Rn. 4.2.

299 Vgl. *Brockdorff* in: FS Heumann, S. 68; *Riggert* in: Haarmeyer, Bd. 1, S. 224.

300 Vgl. *Uhlenbruck*, BB 1998, S. 2011.

301 Missverständlich insoweit *Braun* in: Gottwald, § 68, Rn. 3; *Seagon/Wiester*, ZInsO 1999, S. 631, wohl auch *Engberding*, DZWir 1998, S. 95; *v. Zwoll*, ZInsO 2008, S. 420, nach denen sich ein prepackaged plan-Verfahren an einen gescheiterten außergerichtlichen Einigungsversuch des Schuldners mit seinen Gläubigern anschließe. Dabei könne der Schuldner im Rahmen der außergerichtlichen Sanierungsversuchs die Struktur des denkbar späteren Insolvenzplans antizipieren und sodann im Falle eines Scheiterns der Verhandlungen den ausgehandelten, jedoch im Ergebnis nicht konsensfähigen Einigungsversuch in Form eines Insolvenzplans in das Insolvenzverfahren einbringen. Diese Anknüpfung beruht ersichtlich auf dem im Gesellschaftsrecht vertretenen Ansatz, der außergerichtlichen Sanierung sei ein Vorrang gegenüber der gerichtlichen Sanierung eingeräumt, vgl. nur *de Angelis/Bodenbenner*, MDR 2003, S. 1148 ff. m. w. N. Allerdings stellt das Insolvenzrecht mit den gestalterischen Möglichkeiten aus § 218 Abs. 1 S. 2 InsO sowie § 18 InsO die Option der gezielten, bereits zeitlich vor der gesellschaftsrechtlichen Pflicht zur Insolvenzantragstellung offenstehenden Vorbereitung einer Sanierung via Insolvenzverfahren zur Verfügung, das die Annahme eines absoluten Vorrangs der außergerichtlichen Sanierung nicht mehr zulässt, vgl. *Ehlers*, ZInsO 2010, S. 263 f. Sofern sich der Schuldner dazu entschließt, die Gestaltung im Wege eines gemeinsamen Verhandlungsprozesses durchzuführen, kann es für ihn durchaus in Betracht kommen, diese von Anfang an im Lichte eines künftigen Insolvenzverfahrens stattfinden zu lassen. Die Aussicht auf ein durch Gericht und Gläubiger überwachtes sowie transparentes Verfahren vermag einen anderen Einfluss auf die Verhandlungen und Verhandlungspartner zu haben als die Perspektive einer außergerichtlichen Sanierung.

Einer umfassenden Vorbereitung der Wahrnehmung der Möglichkeit aus § 218 Abs. 1 S. 2 InsO stehe jedoch das in der insolvenzrechtlichen Literatur vielfach erwähnte Hemmnis entgegen, dass viele Schuldner dem Gang ins Insolvenzverfahren nicht nur reserviert, sondern mit absoluter Ablehnung gegenüberstünden[302]. Viele Schuldner setzten den Eintritt der Insolvenz einem endgültigen persönlichen Scheitern gleich[303]. Dies hindere sie daran, das Insolvenzverfahren als Sanierungsoption wahrzunehmen und eine Bereitschaft zu entwickeln, bewusst den Gang in ein Insolvenzverfahren zu wählen sowie die Rechtsfolgen seiner Eröffnung hinzunehmen[304]. Drastischer wird es von anderen Stimmen in der Literatur formuliert, in dem sie die Empfindung der Insolvenz nicht nur als Scheitern, sondern mit Bildnissen wie „Angst", „lästigem Übel" oder „finalem Todesstoß" beschreiben[305]. Eine derartige Wahrnehmung beschränke sich dabei nicht auf die Person des insolventen Schuldners, sondern auf sämtliche von der Insolvenz betroffenen Gruppen wie seine Arbeitnehmer, Geschäftspartner und Kunden[306]. Das Zusammenwirken persönlicher Selbstzweifel und Angst vor öffentlicher Brandmarkung lasse es demgemäß für den Schuldner von vornherein ausscheiden, sich mit der Insolvenzordnung als Sanierungsoption auseinanderzusetzen. Und solange bei diesen die Empfindung vorherrsche, die Stellung des Insolvenzantrags bedeute zugleich das Ende für das Unternehmen ohne die Perspektive der Rettung, werde sich ein Umdenken nicht erzielen lassen. Den Meisten ginge es daher immer noch darum, ein Insolvenzverfahren mit allen Mittel zu vermeiden, selbst wenn dies erforderlich mache, sich einer zivil- und strafrechtlichen Haftung auszusetzen[307].

Der Änderung der Insolvenzordnung durch das ESUG lag die Motivation des Gesetzgebers zugrunde, das deutsche Insolvenzrecht als Sanierungsoption attraktiver zu gestalten. Insbesondere die Stärkung des Einflusses der Beteiligten auf wesentliche Entscheidungen des Insolvenzgerichts soll zu deren Gunsten ein berechenbares und damit Planungssicherheit bietendes Verfahren gewährleisten[308]. Der Beschäftigung mit auf ein künftiges Insolvenzverfahren gerichteten Planungsoptionen voraus geht jedoch weiterhin die Entscheidung zugunsten des Insolvenzantrags. Inwieweit sich die gesetzgeberische Intention im Hinblick auf diese vorgelagerte Entscheidung verwirklicht, wird abzuwarten sein. Sie ist gekoppelt

302 Vgl. zu den historischen Entwicklungen *Paulus*, ZGR 2005, S. 312 ff.; *Uhlenbruck*, BB 2001, S. 1641 f.

303 FK-*Jaffé*, § 218, Rn. 16 f.; *Kaltmeyer*, ZInsO 1999, S. 256.

304 *Ehlers*, ZInsO 2010, S. 257; *Gerster*, ZInsO 2008, S. 438.

305 *Ries*, ZInsO 2010, S. 513; *Undritz*, ZGR 2010, S. 202.

306 *Undritz*, ZGR 2010, S. 216.

307 *Ehlers*, ZInsO 2010, S. 257; *Smid/Rattunde*, Insolvenzplan, Rn. 0.16.

308 BT-Drs. 17/5712, S. 17.

an Erfolgsmeldungen und insoweit als langwieriger Prozess zu begreifen. Die Wahrnehmung der Möglichkeit aus § 218 Abs. 1 S. 2 InsO als Begründung, nicht als Verlust einer beherrschenden Position zu empfinden, erfordert insoweit am Anfang weiterhin eine Überwindung der noch vorherrschenden distanzierten Sichtweise. Die frühzeitige Fokussierung auf die Nutzung insolvenzrechtlicher Sanierungsoptionen und -mittel kann nur erfolgen, wenn zunächst der Schuldner bereit ist, sich bewusst in das Insolvenzverfahren zu begeben. Die Hinnahme der Rechtsfolgen ist unverzichtbarer Teil der Vorbereitung.

3. Die Bedeutung des prepackaged plan für den Aspekt der Planbarkeit

Erst mit seiner gerichtlichen Bestätigung entfalten die im Insolvenzplan festgelegten Rechtsänderungen ihre rechtliche Verbindlichkeit gemäß § 254 InsO. Die Umsetzung des materiell-rechtlichen Sanierungskonzepts wird insofern durch formell-rechtliche Vorgänge gehemmt.

Auch die für eine Planentscheidung notwendigen Analysen innerhalb des Sanierungskonzepts setzen an einem Punkt zeitlich nach der Bestätigung an, da sie an die Bestätigung anknüpfen und sie demgemäß voraussetzen. Die Forderungsbefriedigung erfolgt im Rahmen der Sanierung regelmäßig aus den künftig durch das sanierte Unternehmen zu erwirtschaftenden Erträgen. Die Wiederherstellung der Ertragsfähigkeit des Unternehmens geht diesem Schritt zwingend voraus und stellt sich insoweit als entscheidende von den Beteiligten zu leistende Aufgabe dar. Der Insolvenzplan gibt ihnen den Rahmen zur Bestimmung der dazu notwendigen Maßnahmen zwecks Umgestaltung der leistungswirtschaftlichen Struktur vor. Die Bestätigung des Plans und die damit verbundene Umsetzung der Sanierungsmaßnahmen markieren den aus Sicht der Beteiligten relevanten Zeitpunkt. Darauf ausgerichtet bestimmen sie diejenigen Maßnahmen, die ihrer Ansicht nach notwendig sind, um eine Gesundung des schuldnerischen Unternehmens zu erzielen.

Im Zuge der konsensausgerichteten Wahrnehmung der Möglichkeit aus § 218 Abs.1 S. 2 InsO erfolgt jene Bestimmung der Maßnahmen nicht erst nach der Einreichung des Insolvenzantrags, sondern wird zeitlich davor geleistet. Bereits der Entscheidung des Schuldners, eine Sanierung im Wege des Insolvenzplanverfahrens durchzuführen, wohnt ein erhebliches Maß an Planungssicherheit für den Schuldner und die von ihm beteiligten Gruppen inne. Sie beinhaltet die Gewissheit darüber, das in der InsO zwingend vorgesehene formelle Verfahren zu durchlaufen und sich seinen speziellen Handlungsinstrumenten bedienen zu können[309].

309 Zu den speziellen, ausschließlich im Insolvenzverfahren realisierbaren Gestaltungsmöglichkeiten wie der erleichterten Lösung von unrentablen Verträgen gemäß den §§ 103 ff. InsO, dem in § 89 InsO normierten Schutz vor Einzelzwangsvollstreckungen in bewegliche Gegenstände oder der Rückführung an Gläubiger und Gesellschafter abgeflossener Vermögensgegenstände

Eine Maximierung der Planungssicherheit kann indes dadurch herbeigeführt werden, dass der Schuldner den vom Gesetz vorgegebenen Verfahrensschritten und dessen Anforderungen frühzeitig Rechnung trägt. Diesem Grundsatz folgt die dialogausgerichtete Vorbereitung des Insolvenzplans. Zwar wird sie im Hinblick auf die Erstellung ein materiell-rechtliches, vom Verfahren losgelöstes Verwertungskonzept vollzogen. Ihr zugrunde liegt jedoch das Ziel einer Determinierung der im formell-rechtlichen Verfahren vorgesehenen Abstimmung im Sinne der §§ 243, 244 InsO durch die Erzielung einer positiven Zustimmungsprognose. Die umfassende Legitimation bedingt idealerweise, dass der Ausgang der Abstimmung über den Plan weitestgehend prognostiziert werden kann. Überraschungen bei der Abstimmung sollten im Falle der gemeinsamen Planerstellung ausbleiben[310].

Durch ein solches Vorgehen nehmen die Beteiligten die Durchführung der vom Gesetzgeber mit dem Insolvenzplanverfahren gewollten Konsensfindungsprozesse vorweg. Gelingt den Beteiligten im Vorfeld der Planvorlage eine Einigung, sind nicht nur die existentiellen Fragen, sondern idealerweise bereits alle Details vollumfänglich geklärt. Allein aus zeitlicher Sicht ergibt sich hierdurch eine erhebliche Entlastung der Beteiligten. Wie lange es dauert, einen Kompromiss zu erreichen, kann in jedem Sanierungsfall nur schwer kalkuliert werden. Liegt dieser bei Verfahrensbeginn bereits vor, braucht für seine Erzielung keine Zeit eingeplant zu werden[311].

Je größer der Umfang der vor dem Verfahren gemeinschaftlich getroffenen Entscheidungen und durchgeführten Aktionen, desto geringer ist das Risiko für die Beteiligten, sich im Verfahren unvorhergesehener Entwicklungen auszusetzen. Unvorhergesehene Situationen machen Reaktionen erforderlich. Damit verbunden sind im Regelfall zeitliche Aufwendungen. Nach dem Grundsatz einer dialogausgerichteten Planvorbereitung können solche Risiken minimiert werden. Mit dem Vorhandensein eines allgemein akzeptierten Konsenses und der damit verbundenen Zustimmungssicherheit besteht regelmäßig nicht das Bedürfnis, an der bereits erzielten Einigung zu zweifeln und deren verfahrensmäßige Umsetzung zu gefährden[312]. Dies beinhaltet den positiven Effekt, dass eine umfassende Vorbereitung die absolute Gewissheit auf die weitere Verfahrensentwicklung und damit maximale Planungssicherheit mit sich bringt. Die gemeinschaftliche Vorbereitung ermöglicht eine „Planung der Planung“ und beruht auf der Prämisse,

---

durch Insolvenzanfechtung nach den §§ 129 ff. InsO vgl. etwa *Ehlers*, ZInsO 2010, S. 258 f.; *Uhlenbruck/Vuia* in: Gottwald, § 4, Rn. 22.

310 *Paulus*, ZGR 2005, S. 332; *Weisemann/Holz* in: Weisemann/Smid, Kap. 15, Rn. 32.

311 Vgl. *Braun* in: Gottwald, § 68, Rn. 1.

312 HambKom-*Thies*, Vor. § 217, Rn. 18; Nerlich/Römermann-*Braun*, Vor. § 217, Rn. 226.

dass der gesamte Gang durch das Insolvenzverfahren im Voraus durchdacht und von langer Hand geplant werden kann[313].

Durch die damit erzielbaren Effekte verschiebt sich die Akzentuierung innerhalb des Insolvenzverfahrens. Das Verfahren dient nicht der vom Gesetzgeber verfolgten Absicht, den Rahmen zur Erarbeitung einer einvernehmlichen Lösung zur Verfügung zu stellen. Denn dieses Resultat wurde bereits erzielt. Vielmehr dient es nunmehr ausschließlich der Sicherung formell-verfahrensrechtlicher Beteiligungs- und Kontrollrechte. Materiell-rechtliche Gestaltungsvorgänge brauchen in das Verfahren nicht integriert zu werden. Sie sind mit der Vorlage des Plans, also bei Stellung des Insolvenzantrags, abgeschlossen. Folge ihres Fehlens ist die Tatsache, dass die noch offenen Verfahrensschritte mangels hindernder Klärungsbedürfnisse und Obstruktionen in den gesetzlich vorgesehenen Automatismus münden[314].

Die Beteiligten erhalten sich dadurch Kapazitäten, die sie vollends auf die erfolgreiche Umsetzung des Sanierungskonzepts ausrichten können. Dies dient der Erhaltung reagierender Handlungsräume. Treten Umstände ein, die eine erfolgreiche Umsetzung des Konzepts gefährden, können die Beteiligten mit geeigneten Maßnahmen gegenlenken. Von weitaus größerer Relevanz ist jedoch die Schaffung agierender Handlungsräume. Die Umsetzung des Sanierungskonzepts kann durch die Vornahme bestimmter Handlungen weitestgehend vorbereitet werden. Die Beteiligten können insofern dafür Sorge tragen, dass die dazu erforderlichen Voraussetzungen jederzeit gegeben sind[315].

4. Die Bedeutung des prepackaged plan für den Faktor Zeit

Sanierungsvorgänge sind in einem hohen Maße zeitsensibel[316]. Dies gilt demgemäß auch für Unternehmensrestrukturierungen durch einen Insolvenzplan. In diesem Fall müssen die Beteiligten die Fortführung des Geschäftsbetriebs während des gesamten Insolvenzverfahrens sicherstellen[317]. Die dazu erforderliche Erhaltung von Finanzierungsspielräumen sowie eines hinreichenden Auftragsbestandes bedingen, die Zeit zwischen dem Eröffnungsantrag und der Bestätigung des Plans kurz zu halten[318].

Zwischen der Dauer des Verfahrens und dem Bedürfnis nach weiterer Liquidität besteht ein Abhängigkeitsverhältnis. Nicht ausreichende Finanzierungs-

---

313 *Paulus*, ZGR 2005, S. 323; *Westpfahl/Janjuah*, ZIP 2008, Beilage Heft 3, S. 4.

314 Vgl. *Pape/Uhlenbruck*, Insolvenzrecht, Rn. 781.

315 Vgl. *Hess/Weis*, WM 1998, S. 2354; *Smid/Rattunde*, Insolvenzplan, Rn. 4.2.

316 Vgl. nur *Rattunde*, ZIP 2003, S. 597.

317 Kübler/Prütting-*Otte*, § 218, Rn. 21; *Smid/Rattunde*, Insolvenzplan, Rn. 1.11.

318 *Braun* in: Gottwald, § 68, Rn. 1; *Grub*, AnwBl. 2000, S. 582.

spielräume können die Sanierung und damit die Realisierung des Planziels gefährden. Daher gilt, je schneller eine Sanierung durchgeführt werden kann, desto erfolgversprechender ist sie[319]. Die Straffung des Prozesses wird im Verfahren begrenzt durch gesetzlich vorgegebene Fristen. Der Beitrag der Beteiligten muss sich insoweit darauf beschränken, die Voraussetzungen für eine Absolvierung des Verfahrens innerhalb der von gesetzten Mindestfristen zu gewährleisten[320]. Dies beinhaltet eine Annahme des Plans in der ersten Gläubigerversammlung[321].

Mit dem prepackaged plan ist die realistische Möglichkeit verbunden, ein Sanierungskonzept zügig zu vereinbaren und umzusetzen[322]. Bereits durch die Vorerledigung wesentlicher Gestaltungsarbeiten wird eine Beschleunigung des Verfahrens erreicht[323]. So entfällt mit der frühzeitigen Planvorlage die zumeist zeitintensive Planausarbeitungszeit, die ansonsten im Insolvenzantragsverfahren oder im eröffneten Verfahren investiert werden müsste[324]. Die sich aus einem etwaigen Zeitverlust ergebenden Schäden für die Masse können so gering gehalten werden[325]. Solche sind zu befürchten, wenn der Schuldner mangels Perspektive dem Kapitalverzehr seines Vermögens nicht mehr mit der im Wirtschaftsverkehr notwendigen Motivation und Rationalität entgegentritt und sich etwa risikoreicher Geschäftsmodelle bedient. Durch die sich aus diesen Gründen verschärfende Krise drohen die Gestaltungsspielräume enger zu werden und letztlich die erhebliche Verkleinerung der Befriedigungsaussichten der Gläubiger[326]. Dem tritt der Schuldner mit seiner frühzeitigen Planvorlage entgegen.

Durch die gemeinschaftliche Planausarbeitung erzielen die Beteiligten den Effekt, das Insolvenzverfahren innerhalb kürzester Zeit durchlaufen zu können[327]. Sie trägt damit zugleich zu einer Verringerung des Bedürfnisses nach weiterer Liquidität bei. Die Beteiligten kommen jedoch nicht vollständig umhin, Finanzierungsräume sicherzustellen. Schwierigkeiten ergeben sich hierbei in der Regel dadurch, dass zum Zeitpunkt der Stellung des Insolvenzantrags kaum noch liquide Mittel vorhanden sind und diese zur Deckung des gesamten erforderlichen Finanzbedarfs in der Regel nicht ausreichen[328].

---

319 *Bergau/Schmeisser*, DStR 2001, S. 274; *Huntemann/Dietrich*, ZInsO 2001, S. 16; Nerlich/Römermann-*Braun*, Vor. § 217, Rn. 225; *Rattunde*, ZIP 2003, S. 597

320 *Huntemann/Dietrich*, ZInsO 2001, S. 17; *Maus*, DStR 2002, S. 1105; *Rattunde*, ZIP 2003, S. 598.

321 *Nerlich* in: Nerlich/Kreplin, § 21, Rn. 80.

322 *Bähr/Landry* in: Mohrbutter/Ringstmeier, § 14, Rn. 86.

323 *Herzig*, Insolvenzplanverfahren, S. 93; *Seibert* in: Kindler/Nachmann, 2. Teil, Rn. 195.

324 *Huntemann/Dietrich*, ZInsO 2001, S. 16; *Obermüller*, Bankpraxis, Rn. 1.523.

325 *Häsemeyer*, Insolvenzrecht, Rn. 28.09.

326 *Breuer*, Insolvenzrecht, S. 149; MüKo-*Eidenmüller*, § 218, Rn. 66.

327 Siehe dazu auch unten S. 151 ff.

328 *Graf/Wunsch*, ZIP 2001, S. 1035.

Um diese Schwierigkeiten wissen die Beteiligten, wenn sie den Plan erarbeiten. Im Rahmen der Sanierungsvorbereitung gewinnt daher der Aspekt der Finanzierungsplanung entscheidende Bedeutung[329]. Die umfassende Vorbereitung beinhaltet für die Beteiligten die Möglichkeit, die Dauer des Verfahrens bestimmen und damit auch den Bedarf nach Liquidität beziffern zu können. Auf dieser Basis können bereits frühzeitig Verhandlungen mit potentiellen Kreditgebern geführt werden. Hierzu zählen allen voran die Kreditinstitute sowie alte und neue Gesellschafter, bei kleineren Insolvenzsachverhalten auch nahestehende Personen oder sonstige an der Erhaltung des schuldnerischen Unternehmens wirtschaftlich Interessierte[330]. Die Durchführung des Verhandlungsprozesses, das dabei komplett ausgehandelte Sanierungskonzept und die ihr innewohnende aussichtsreiche Sanierungsperspektive bewegen sie idealerweise dazu, in die Sanierung zu investieren und finanzielle Mittel zu ihrer Absolvierung bereitzustellen[331].

5. Die Effekte der Nutzung planerischer Prozesse

Im Falle umfassender Vorbereitung dient das formelle Insolvenzverfahren nicht mehr der Verhandlung über die Planziele sowie die Art und Weise ihrer Herbeiführung. Durch die bereits im Vorfeld erfolgte Organisation und Regelung aller sanierungsrelevanten Angelegenheiten ersparen sich die Beteiligten die üblicherweise einhergehenden Reibungsverluste im Antragsverfahren und zu Beginn des eröffneten Verfahrens[332]. Die Beteiligten werden von der Stellung des Eröffnungsantrags und der Planvorlage durch den Schuldner nicht überrascht. Sie stellt lediglich einen Zwischenschritt in einem von ihnen vollumfänglich beherrschten, transparenten Prozess dar. Die Beteiligten haben sichere Kenntnis über alles, was der Planvorlage vorausging sowie all dasjenige, was ihr nachfolgt. Es besteht kein Erfordernis, unter dem zeitlichen, finanziellen und mitunter öffentlichen Druck des Insolvenzverfahrens riskante ad-hoc-Entscheidungen zu treffen.

Die Vorlage von Eröffnungsantrag und Insolvenzplan löst lediglich das formelle Verfahren aus. Auf die damit verbundenen Rechtsfolgen sind die Beteiligten vorbereitet. Das Verfahren dient einzig und allein der Sicherstellung der gesetzlich vorgesehenen Anforderungen, deren Ablauf, Dauer und Resultat die Beteiligten aufgrund der geleisteten Vorarbeiten bereits zum Zeitpunkt der Antrags- und Planvorlage weitgehend bestimmen können.

---

329 Vgl. *Westpfahl/Janjuah*, ZIP 2008, Beilage zu Heft 3, S. 4.

330 *Graf/Wunsch*, ZIP 2001, S. 1035; *Herzig*, Insolvenzplanverfahren, S. 158; *Hess/Weis*, WM 1998, S. 2355; *Kußmaul/Steffan*, DB 2000, S. 1850.

331 Vgl. *Herzig*, Insolvenzplanverfahren, S. 158; *Rattunde*, ZIP 2003, S. 596.

332 Nerlich/Römermann-*Braun*, Vor. § 217, Rn. 231; *Pape/Uhlenbruck*, Insolvenzrecht, Rn. 781.

In Anknüpfung an die allseitig geklärte Lage sowie die positive Zustimmungsprognose sollten Störfeuer jeglicher Art ausbleiben. Mit der Eröffnung des Insolvenzverfahrens werden nicht zwei nunmehr zwanghaft zu vereinende Gegensätze einem formellen Verfahren unterworfen. Vielmehr hat sich im Zuge der Vorbereitungen eine Einheit aus dem Schuldner und seinen Gläubigern gebildet, deren Basis der gemeinsam ausgearbeitete Insolvenzplan darstellt[333]. Das Vertrauen in den Plan schließt für einzelne Beteiligte die Notwendigkeit aus, mittels plangefährdender Verhaltensweisen die Berücksichtigung eigener Interessen zu erzwingen[334]. Bringt der Plan sämtliche Interessen in einen angemessenen Ausgleich, so besteht insbesondere nicht das mehrheitsfähige Bedürfnis innerhalb der Gläubigerschaft, den Insolvenzverwalter oder Schuldner mit der Ausarbeitung eines alternativen Insolvenzplanes zu beauftragen[335]. Für weitere Planvorschläge bzw. eine Planvielfalt bestünde generell kein Bedürfnis[336]. Während im US-amerikanischen Insolvenzrecht in der „exclusive period" Alternativplanvorschläge rechtlich ausgeschlossen sind, schaffen die Beteiligten eines deutschen Sachverhalts durch ihr Zusammenwirken einen Zustand, in dem alternative Planvorschläge faktisch ausgeschlossen sind. Derartige Behinderungen können demgemäß von vornherein ausgeblendet werden. Der Fokus liegt einzig und allein auf der Umsetzung der abgestimmten Maßnahmen. Die Gläubiger brauchen sich in das von ihnen mitentworfene Konzept nicht mehr einzuarbeiten[337].

333 Vgl. *Paulus*, ZGR 2005, S. 320.
334 *Undritz*, ZGR 2010, S. 209.
335 Vgl. *Uhlenbruck*, GmbHR 2005, S. 824.
336 Vgl. *Braun* in: Braun/Uhlenbruck, S. 512.
337 *Spies*, ZInsO 2005, S. 1257.

3. Teil: Gerichtliche Entscheidungsprozesse im Insolvenzverfahren und ihre Beeinflussbarkeit durch den prepackaged plan

A. Insolvenzeröffnungsverfahren

I. Vorläufige Sicherungsmaßnahmen

1. Rechtliche Grundlagen

Nach der zeitgleichen Vorlage von Eröffnungsantrag und Insolvenzplan durch den Schuldner im Sinne des § 218 Abs. 1 S. 2 InsO prüft das Insolvenzgericht, ob die Voraussetzungen für die Durchführung des Verfahrens vorliegen und eine die Verfahrenskosten deckende Masse vorhanden ist. Der Eröffnungsantrag führt zur Einleitung des Insolvenzeröffnungsverfahrens[338].

Während die Stellung des Eröffnungsantrags der Dispositionsmaxime zugeordnet ist und daher ausschließlich Schuldner und Gläubiger, hingegen nicht dem Insolvenzgericht, zusteht, gilt ab der Vorlage des Antrags der Amtsermittlungsgrundsatz[339]. Dies umfasst die Ermittlung aller für das Insolvenzverfahren relevanten Umstände durch das Gericht sowie die Anordnung von Sicherungsmaßnahmen, die zwecks Sicherung der Masse bis zur Entscheidung über den Antrag erforderlich sind[340].

Mit der Ermittlung der Eröffnungsvoraussetzungen sind regelmäßig zeitliche Aufwendungen verbunden. In der Zeit bis zur verbindlichen Entscheidung über den Insolvenzantrag befindet sich das Verfahren in einer Art Schwebezustand, mit dem die Ungewissheit verbunden ist, ob an dessen Ende die Eröffnung des Verfahrens oder die Ablehnung des Eröffnungsantrags steht[341]. Gemäß § 21 Abs. 1 S. 1 InsO hat das Gericht alle Maßnahmen zu treffen, die erforderlich sind, eine Verschlechterung der Vermögensverhältnisse des Schuldners zu Lasten seiner

---

338 *Seagon* in: Buth/Hermanns, § 27, Rn. 15.

339 Vgl. nur *Maier* in: WDWW, Kap. 3, Rn. 8.

340 *Ley* in: Beck/Depré, § 4, Rn. 34 .

341 *Ernestus* in: Mohrbutter/Ringstmeier, § 4, Rn. 2.

Gläubiger in dieser Zeit zu verhindern. Das Gesetz nennt hierfür in § 21 Abs. 2 InsO einen nicht abgeschlossenen Katalog an Sicherungsmaßnahmen. Dem Gericht bieten sich vielfältige gestalterische Möglichkeiten[342].

Die Anordnung einer Maßnahme im Sinne der §§ 21 ff. InsO dient der Erhaltung des schuldnerischen Vermögens bis zu seiner im eröffneten Verfahren gesetzlich festgelegten Sicherung. Durch die Notwendigkeit anzustellender Ermittlungen für die Entscheidung über den Eröffnungsantrag besteht ein erhöhtes Risiko der Minderung und Manipulation der möglicherweise künftigen Insolvenzmasse[343]. Dies gilt sowohl seitens des Schuldners, etwa durch das Verschleiern oder Beiseiteschaffen von Vermögensgegenständen, als auch seitens der Gläubiger, die versuchen könnten, der Masse Vermögenswerte zwecks Sicherung ihrer Ansprüche zu entziehen[344].

Die Anordnung einer Sicherungsmaßnahme orientiert sich an den konkreten Umständen des jeweiligen Einzelfalls. Die Entscheidung nimmt das Gericht nach Ausübung eines pflichtgemäßen Ermessens vor[345]. Dabei beschränkt das Kriterium der Erforderlichkeit das Auswahlermessen auf solche Sicherungsmaßnahmen, die zur Erreichung des Sicherungszwecks notwendig, zugleich aber auch ausreichend sind[346]. Insoweit konkretisiert es das allgemein zu beachtende Gebot der Verhältnismäßigkeit richterlichen Handelns[347].

Im Falle einer Gefährdung der schuldnerischen Vermögensmasse muss das Gericht die Sicherungsmaßnahme anordnen, das Gesetz sieht eine zwingende Verpflichtung vor[348]. Es hat in jedem Einzelfall zu prüfen, welche Maßnahmen erforderlich sind, um eine Veränderung der Haftungsmasse zu Lasten der Gläubiger zu verhindern[349]. Dabei ist auf die Belange des Schuldners Rücksicht zu nehmen. Der Grundsatz der Verhältnismäßigkeit gebietet, neben dem Sicherungszweck auch den Interessen des Schuldners Rechnung zu tragen[350].

---

342 *Brockdorff* in: Huntemann/Brockdorff, Kap. 3, Rn. 13.

343 Vgl. nur *Obermüller*, Bankpraxis, Rn. 1.221.

344 *Brockdorff* in: Huntemann/Brockdorff, Kap. 3, Rn. 7; *H/W/F*, Handbuch, Kap. 3, Rn. 234.

345 Vgl. nur Nerlich/Römermann-*Mönning*, § 21, Rn. 14.

346 Grundlegend *Haarmeyer*, ZInsO 2001, S. 205.

347 Vgl. auch *H/W/F*, Handbuch, Kap. 3, Rn. 239; LSZ-*Thiemann*, § 21, Rn. 12; *Pohlmann*, Befugnisse, Rn. 21; Uhlenbruck-*Uhlenbruck*, § 21, Rn. 3.

348 *H/W/F*, Handbuch, Kap. 3, Rn. 239; *Pohlmann*, Befugnisse, Rn. 20; vgl. insoweit den Wortlaut von § 21 Abs. 1 S. 1 InsO „hat alle Maßnahmen zu treffen".

349 *Uhlenbruck/Vuia* in: Gottwald, § 14, Rn. 3.

350 *Uhlenbruck/Vuia* in: Gottwald, § 14, Rn. 4.

2. Einzelne Sicherungsmaßnahmen

a) Bestellung eines vorläufigen Insolvenzverwalters oder vorläufigen Sachwalters

(1) Der prepackaged plan im Kontext der gerichtlichen Entscheidung über die Bestellung eines vorläufigen Insolvenzverwalters oder vorläufigen Sachwalters

Von besonderer Bedeutung im Zusammenhang mit der gerichtlichen Entscheidung über Sicherungsmaßnahmen im Sinne der §§ 21 ff. InsO ist die Möglichkeit des Gerichts, einen vorläufigen Insolvenzverwalter zu bestellen und den Schuldner in seiner Verfügungsbefugnis zu beschränken. Der vorläufige Verwalter tritt im Falle seiner Bestellung als Externer in das schuldnerische Unternehmen ein und beeinflusst das Handeln des Schuldners immens[351]. Im vorläufigen Insolvenzverfahren existiert eine faktische Herrschaft von Insolvenzgericht und vorläufigem Verwalter[352]. Die Gläubiger und der Schuldner bleiben in diesem Prozess so gut wie außen vor.

Eine erhebliche Auswirkung kann dies in einem Verfahren haben, in dem mit dem Eröffnungsantrag ein von dem Schuldner gemeinschaftlich mit seinen Gläubigern ausgearbeiteter Insolvenzplan vorgelegt wird. Für diese ist die Haltung des vorläufigen Insolvenzverwalters zu dem ausgearbeiteten Plan schwer zu kalkulieren[353]. Seiner Bestellung wohnt insoweit das Risiko der Planablehnung und damit die Gefährdung des geplanten Sanierungsprozesses inne, wenn er von der vorgesehenen Behandlung des Plans absieht und so dessen Umsetzung im Ganzen unmöglich werden lässt[354].

Dieses Risiko ist im Falle einer vom Schuldner – mit der Vorlage des prepackaged plan regelmäßig verbundenen[355] – beantragten Eigenverwaltung entschärft. Für diesen Fall stellt der mit dem ESUG in die InsO eingeführte § 270a Abs. 1 S. 1 InsO klar, dass das Gericht, sofern der Antrag auf Eigenverwaltung nicht offensichtlich aussichtslos ist, davon absehen soll, dem Schuldner ein allgemeines Verfügungsverbot aufzuerlegen oder anzuordnen, dass Verfügungen des Schuldners nur noch mit Zustimmung eines vorläufigen Insolvenzverwalters zulässig sind.

---

351 Allein die bloße Existenz eines vorläufigen Insolvenzverwalters reicht hierfür aus. Auf das Ob und Wie der Einschränkung des Schuldners in seiner Verfügungsbefugnis kommt es nicht an, vgl. hierzu oben, S. 12 ff.

352 *Smid*, Praxishandbuch, § 4, Rn. 127.

353 Nerlich/Römermann-*Braun*, InsO, Vor. § 217 Rn. 220.

354 Vgl. *Spies*, ZInsO 2005, S. 1255.

355 Siehe dazu später, S. 405 ff.

(2) Intention der Beteiligten

Durch die dem Verfahren zeitlich vorgelagerten Verhandlungen besteht Einvernehmen zwischen dem Schuldner und den sonstigen von seiner Insolvenz betroffenen Gruppen im Hinblick auf das weitere Vorgehen. Die Beteiligten bilden eine gefestigte Einheit, deren Basis der ausgehandelte Insolvenzplan mit den in ihm vorgesehenen Maßnahmen darstellt. Die positive Befriedigungsaussicht der Gläubiger wurzelt auf der bereits erfolgten Zusammenarbeit. In diesem Zusammenhang haben alle Beteiligten ihren Einfluss geltend gemacht und die ihrer Ansicht nach notwendigen Maßnahmen zur Optimierung der schuldnerischen Haftungsverwirklichung geregelt. Ziel der Beteiligten ist es nunmehr einzig und allein, so schnell wie möglich die Transferierung dieser Maßnahmen in verbindliches Recht herbeizuführen.

Wesentlicher Bestandteil dieses von den Beteiligten bis dato vollumfänglich beherrschten Prozesses ist die Erhaltung ihrer Dominanz. Sie würde durch einen eintretenden vorläufigen Insolvenzverwalter mit seinen Einarbeitungs- und Kommunikationsbedürfnissen, möglicherweise divergierenden Ansichten und allem voran seinen Handlungsbefugnissen gefährdet. Nichts anderes gilt im Hinblick auf einen vorläufigen Sachwalter, der zwecks Durchführung seiner Prüfungstätigkeiten ebenfalls auf die Durchführung von zeitaufwendigen Kommunikationsakten mit dem Schuldner angewiesen ist und diesen so an der zügigen Planumsetzung hindert. Mithin entspricht es den Interessen der Gläubiger, dass nicht ein Externer, sondern der Schuldner als Bestandteil der Einheit, die sich im Vorfeld zwischen ihm und seinen Gläubigern gebildet hat, im Insolvenzeröffnungsverfahren selbstbestimmt das Ruder in den Händen hält. Auf diese Weise kann er die von sämtliche Beteiligten angestrebten Voraussetzungen dafür bereiten, dass das Insolvenzverfahren so schnell wie möglich eröffnet und so die im Plan festgelegten Maßnahmen zügig umgesetzt werden können. Das Ziel im Zusammenhang mit der Vorlage eines Insolvenzplans besteht demgemäß darin, die Gefährdung dieser Einheit zu verhindern[356].

Die Bestellung eines vorläufigen Insolvenzverwalters durchbricht die bisherige Schuldner-Gläubiger-Dominanz vollends. Sie vermag auch durch eine Anordnung der Eigenverwaltung mit Verfahrenseröffnung nicht wieder hergestellt zu werden, da der vorläufige Insolvenzverwalter in der Phase zwischen der Eröffnungsantrag und Verfahrenseröffnung das Heft des Handelns wesentlich in seinen Händen gehalten hat. In dieser Phase schafft er in der Regel Tatsachen, die einer späteren Rückübertragung der Verfügungsbefugnis auf den Schuldner und damit der Um-

356 Vgl. *Spies*, ZInsO 2005, S. 1255; *Wehdeking* in: Flöther/Smid/Wehdeking, Kap. 2, Rn. 56.

setzung der im Zusammenhang mit dem prepackaged plan erforderlichen Maßnahmen entgegenstehen[357].

Dieses Risiko vermag im Falle der Bestellung eines vorläufigen Sachwalters, dessen Kompetenzen im Vergleich zu einem vorläufigen Insolvenzverwalter reduziert sind, nicht derart gravierend zu sein. Seiner Bestellung voraus geht nach § 270a Abs. 1 S. 1 InsO die Bejahung der Erfolgsaussichten des Eigenverwaltungsantrags, was den vorläufigen Sachwalter dazu verleiten sollte, keine Tatsachen zu schaffen, die einer erfolgreichen Absolvierung des Verfahrens durch einen eigenverwaltenden Schuldner entgegenstehen. Allerdings ist aufgrund der im Vorfeld erzielten Einigkeit, verknüpft mit dem Ziel einer zügigen, absprachegemäßen Vorbereitung der Planumsetzung, ein Bedürfnis der Gläubiger nicht gegeben, dem Schuldner einen vorläufigen Sachwalter zur Seite zu stellen. Ein etwaiges Überwachungsinteresse besteht aufgrund des Vertrauens in den Schuldner und seine Fähigkeiten nicht.

(3) Entscheidung des Gerichts

(a) Bestellung eines vorläufigen Insolvenzverwalters

Eine der wesentlichen Motivationen des Gesetzgebers bei der Änderung der Insolvenzordnung durch das ESUG war die Stärkung der Eigenverwaltung, von deren Beantragung die Mehrzahl der Schuldner aus Furcht vor der Ablehnung und einem damit einhergehenden absoluten Kontrollverlust absahen[358]. Es entsprach der gängigen Praxis einer Vielzahl von Gerichten, trotz beantragter Eigenverwaltung einen vorläufigen Insolvenzverwalter zu bestellten, in der Regel verbunden mit der Anordnung, dass Zustimmungen des Schuldners nur noch mit Zustimmung des vorläufigen Verwalters zulässig sind[359]. Eine Anordnung der Eigenverwaltung kam dann jedoch mit Verfahrenseröffnung kaum mehr in Betracht, da der vorläufige Insolvenzverwalter zwischenzeitlich das Ruder übernommen und damit die Kontinuität der Unternehmensleitung durchbrochen hatte[360].

Eine Präjudizierung durch die Anordnung schuldnereinschränkender Sicherungsmaßnahmen soll nach dem Willen des Gesetzgebers die Vorschrift des § 270a Abs. 1 S. 1 InsO verhindern. Demnach soll das Gericht im Eröffnungsverfahren davon absehen, dem Schuldner ein allgemeines Verfügungsverbot aufzuerlegen oder anzuordnen, dass alle Verfügungen des Schuldners nur mit

357 Vgl. *Ehricke*, ZIP 2002, S. 783; FK-*Schmerbach*, § 21, Rn. 67 f.; *Haarmeyer*, ZInsO 2001, S. 206; *Spies*, ZInsO 2005, S. 1255.

358 Vgl. BT-Drs. 17/5712, S. 39; *Kammel/Staps*, NZI 2010, S. 794.

359 Vgl. nur *Ehricke*, ZIP 2002, S. 784.

360 *Kammel/Staps*, NZI 2010, S. 795.

Zustimmung des vorläufigen Insolvenzverwalters wirksam sind[361]. Indes hat der Gesetzgeber diesbezüglich kein generelles Verbot für das Gericht normiert. Vielmehr hat er den § 270a Abs. 1 S. 1 InsO als Soll-Vorschrift ausgestaltet, so dass für das Gericht die Anordnung von Verfügungsbeschränkungen und die Bestellung eines vorläufigen Insolvenzverwalters weiterhin möglich ist[362].

Unabhängig davon, ob der Schuldner mit seinem Eröffnungsantrag einen Antrag auf Anordnung der Eigenverwaltung verbindet, besteht im Falle eines prepackaged plan nicht die Erforderlichkeit für das Gericht, den Schuldner in seiner Verfügungsbefugnis beschränkende Sicherungsmaßnahmen anzuordnen. Mit der Vorlage seines Eröffnungsantrags inklusive vorverhandeltem Insolvenzplan dokumentiert der Schuldner, dass er im Zuge der Planerstellung ein umfangreiches Maß an Kooperationsbereitschaft an den Tag gelegt hat. Er hat die von seiner Insolvenz betroffenen Gruppen in den Erarbeitungsprozess einbezogen und darauf aufbauend nicht nur Fragen des künftigen Insolvenzverfahrens, sondern zeitlich darüber hinaus bereits geklärt. Zugleich dokumentiert das gemeinschaftliche Wirken die Ernsthaftigkeit des Antrags und den Willen des Schuldners, zu einer bestmöglichen Befriedigung seiner Gläubiger auf Basis des vorgelegten Plans beizutragen. Ein Interesse seinerseits an der Minderung und Manipulation der Insolvenzmasse ist dementsprechend nicht existent.

Vielmehr ist er selbst auf die Erhaltung seines Vermögens als Einheit angewiesen. Sie stellt im Falle eines Fortführungsplans die Grundlage der Fortsetzung seiner Geschäftstätigkeit dar. Das Risiko einer absichtlichen Schädigung der Masse durch den Schuldner besteht im Falle eines prepackaged plan daher nicht[363]. Selbiges gilt hinsichtlich der Nichtakzeptanz des Schuldners seitens der ständigen Geschäftspartner. Dies kann ob ihrer Integration in den von ihnen vollumfänglich mitgetragenen Gestaltungsprozess ausgeschlossen werden. Ihr Interesse an einer zügigen Umsetzung des Plans durch den planvorlegenden Schuldner überwiegt ihr Bedürfnis nach einer Entmachtung desselben durch die Bestellung eines vorläufigen Insolvenzverwalters oder sonstiger Sicherungsmaßnahmen.

Die Bestellung eines vorläufigen Insolvenzverwalters, gegebenenfalls verbunden mit Eingriffen in die Verfügungsbefugnis des Schuldners, ist ohnehin nur dann zweckmäßig, wenn die drohenden Gefährdungen aus der Sphäre des

---

361 BT-Drs. 17/5712, S. 19.

362 So *Brinkmann/Zipperer*, ZIP 2011, S. 1342; *Desch*, BB 2011, S. 842; *a. A. Kammel/Staps*, NZI 2010, S. 795, die allerdings in diesem Zusammenhang darauf hinweisen, dass mit der Bejahung der Nichtaussichtlosigkeit des Eigenverwaltungsantrags ohnehin einhergehe, die Erforderlichkeit eines allgemeinen Verfügungsverbot im Sinne des § 21 Abs. 1 InsO zu verneinen.

363 Vgl. *Häsemeyer*, Insolvenzrecht, Rn. 7.35.

Schuldners stammen[364]. So ist die alleinige Fortführung des Unternehmens durch den Schuldner ausgeschlossen, wenn seine Seriosität und Glaubwürdigkeit in Frage steht und die Gefahr besteht, dass sich Geschäftspartner einer weiteren Zusammenarbeit entziehen[365]. Selbiges gilt für den Fall, dass Arbeitnehmer aufgrund eines Vertrauens- und Motivationsverlustes ihre Arbeitstätigkeit einstellen und alternative Arbeitsverhältnisse eingehen[366]. In diesen Fällen wird eine Fortsetzung des Geschäftsbetriebs von Anfang an unmöglich. Einzig und allein ein vorläufiger Insolvenzverwalter garantiert dann die Perspektive der Fortführung des schuldnerischen Unternehmens und einer hieraus resultierenden Optimierung der Befriedigungsaussichten der Gläubiger.

Die positive Einstellung sowohl des Schuldners als auch der Gläubiger gegenüber dem Gang ins Insolvenzverfahren – verbunden mit einer konkreten Sanierungs- und Befriedigungsperspektive – steht der Annahme einer solchen Gefahr aber bereits entgegen. Zu beachten ist in diesem Zusammenhang insbesondere die positive Einstellung der Gläubigerschaft gegenüber der Person des Schuldners. Gerade aus der schuldnerischen Initiative, seinem Konzept, seinen Fähigkeiten und seinem Engagement zur Überwindung der wirtschaftlichen Schieflage vermag der Optimismus der Gläubiger gegenüber einem Insolvenzverfahren zu resultieren. Das Bedürfnis nach einer Kurskorrektur durch einen vorläufigen Insolvenzverwalter ist bei ihnen gerade nicht gegeben[367].

Die unterschiedlichen Zielrichtungen der nach §§ 21 ff. InsO möglichen Sicherungsmaßnahmen haben ihren Ursprung nicht in den divergierenden Interessen von Gläubigern und Schuldner. Gerade im Fall des prepackaged plan ergeben sich erhebliche Überschneidungen in den Interessenlagen. Der Schuldner ist wie die Gläubiger darauf angewiesen, sein Vermögen als Einheit zu erhalten und das Risiko einer Minderung von Vornherein auszuschließen. Folglich ist es, um den Gläubigern Schutz vor masseschädigender Handlungen seitens des Schuldners zu gewährleisten, in der Regel nicht erforderlich, durch Sicherungsmaßnahmen, die in die Verfügungsfreiheit des Schuldners eingreifen, den Gläubigerinteressen Rechnung zu tragen. Diese vom Gesetz anvisierte Schutzrichtung wird durch den bestehenden Konsens von selbst verwirklicht.

---

364 Vgl. *H/W/F*, Handbuch, Kap. 3, Rn. 244.

365 Vgl. *Ernestus* in: Mohrbutter/Ringstmeier, § 4, Rn. 18.

366 *Brockdorff* in: Huntemann/Brockdorff, Kap. 3, Rn. 8.

367 Dies stellt aber ein entscheidendes Erforderlichkeitskriterium für die Bestellung eines vorläufigen Insolvenzverwalters dar, vgl. *Bork* in: Bork/Koschmieder, Teil 2, Rn. 2.2.

(b) Bestellung eines vorläufigen Sachwalters

Die obligatorische Verknüpfung der Belassung der Verwaltungs- und Verfügungsbefugnis beim Schuldner mit der Bestellung eines Sachwalters besteht erst mit der gerichtlichen Anordnung der Eigenverwaltung. Diese nimmt das Gericht entweder im Eröffnungsbeschluss oder aber aufgrund eines Beschlusses der Gläubigerversammlung nach § 271 S. 1 InsO vor. Zeitlich vorher, insbesondere im Eröffnungsverfahren, besteht diese Verknüpfung nicht. Der Schuldner bleibt trotz der Stellung des Eröffnungsantrags Inhaber der Verwaltungs- und Verfügungsbefugnis über sein Vermögen[368]. Etwas anderes gilt nur im Falle der Anordnung von beschränkenden Sicherungsmaßnahmen durch das Gericht. Diese müssen den Grundsätzen der Erforderlichkeit und Verhältnismäßigkeit genügen, da sie den Schuldner in grundrechtlich geschützten Positionen einschränken[369].

In diese Grundsätze fügt sich die gerichtliche Entscheidung über die Bestellung eines vorläufigen Sachwalters ein[370]. Insoweit wirkt sich aus, dass im Falle des prepackaged plan eine Gefahr für die möglicherweise künftige Insolvenzmasse nicht besteht. Es existiert nicht das Risiko einer Verschleuderung von

---

368 Aus dieser Feststellung folgt, dass es sich bei der für den Schuldner neu geschaffenen Vorbereitung einer Sanierung nach § 270b InsO nicht um ein „eigenständiges Sanierungsverfahren" (so aber BT-Drs. 17/5712, S. 40) handelt, sondern um eine besondere Form des Eröffnungsverfahrens, vgl. *Desch*, BB 2011, S. 841. Im Widerspruch zur Systematik des regulären Insolvenzverfahrens sieht § 270b Abs. 1 InsO explizit eine Anordnung der Eigenverwaltung bereits zeitlich vor dem Eröffnungsbeschluss vor. Dies folgt aus § 270b Abs. 4 InsO, der bestimmt, unter welchen Voraussetzungen das Gericht die Anordnung aufheben muss. Dabei begründet der Verweis des § 270b Abs. 2 S. 1 auf die Vorschrift des § 270a Abs. 1 InsO auch hier die Notwendigkeit, die Bestellung eines vorläufigen Sachwalters im Einzelfall an den Grundsätzen der Erforderlichkeit und Verhältnismäßigkeit zu messen. Die Bestellung eines vorläufigen Sachwalters wird im Falle des § 270b InsO stets erforderlich sein, da die hiermit verbundene exklusive Befugnis zur jetzt erst beginnenden Planausarbeitung die Unterstützung und Überwachung durch einen vorläufigen Sachwalter im Interesse der Gläubiger erforderlich macht.

369 *Gerhardt* in: KS, S. 205.

370 *Kammel/Staps*, NZI 2010, S. 795; vgl. insoweit auch die Begründung zum RegE ESUG, BT-Drs. 17/5712, S. 39: „Um eine Vorentscheidung gegen die Eigenverwaltung zu vermeiden, soll allenfalls ein vorläufiger Sachwalter (...) bestellt werden.". Würde man im Falle der Beantragung der Eigenverwaltung stets die Erforderlichkeit der Bestellung eines vorläufigen Sachwalters bejahen, wären die mit dem ESUG geschaffenen Anforderungen höher als vor seiner Geltung, da nach der alten Rechtslage im Falle der Eigenverwaltungsbeantragung auf die Bestellung eines externen Dritten verzichtet werden konnte. Mit der Änderung der InsO hat der Gesetzgeber aber gerade das Ziel verfolgt, den Schuldner in seiner Position zu stärken. Dem steht die obligatorische Bestellung eines vorläufigen Sachwalters entgegen. Im Übrigen findet sich in § 270a InsO keine § 270b Abs. 2 S. 3 HS. 1 InsO entsprechende Vorschrift, die die Anordnungsmöglichkeiten des Gerichts auf einzelne Sicherungsmaßnahmen nach § 21 InsO beschränkt.

Vermögen durch den Schuldner, da dieser im Falle des prepackaged plan wie die Gläubiger an der Erhaltung des Haftungsvermögens interessiert ist. Ein Überwachungsbedürfnis der Gläubiger ist daher ebenfalls nicht begründet[371].

Der Grundsatz der Erforderlichkeit und der durch ihn konkretisierte Grundsatz der Verhältnismäßigkeit gebietet es für das Gericht bei der Anordnung von Sicherungsmaßnahmen, den Umständen des Einzelfalls Rechnung zu tragen. Dem widerspricht die pauschale Bestellung eines vorläufigen Sachwalters. Das Merkmal der Erforderlichkeit einer Maßnahme wird anhand vielfältiger Faktoren bestimmt. Auch wenn dem Gericht hinsichtlich der Erforderlichkeitsentscheidung kein Ermessen zukommt, hat es auf der Tatbestandsseite doch einen Beurteilungsspielraum[372]. Maßstäbe hierbei bilden die Wahrscheinlichkeit der drohenden Massegefährdung oder die betrieblichen Besonderheiten des schuldnerischen Unternehmens. Wesentlich ist jedoch die strikte Bindung an den Grundsatz der Verhältnismäßigkeit[373].

Aus der Möglichkeit des Schuldners aus § 218 Abs. 1 S. 2 InsO ergibt sich, dass zum Zeitpunkt der Notwendigkeit einer Entscheidung des Gerichts hinsichtlich der Anordnung von Sicherungsmaßnahmen bereits ein Insolvenzplan vorliegen kann. In der Literatur werden die Auswirkungen seines Vorliegens auf die Entscheidung des Gerichts diskutiert. *Uhlenbruck* verweist darauf, dass im Einzelfall eine Abwägung der verschiedenen Faktoren unter Berücksichtigung der Schuldner- und Gläubigerinteressen dazu führen könne, dass durch das Gericht keine oder nur eingriffsschwache Sicherungsmaßnahmen anzuordnen seien. Dabei führt er die Konstellation an, dass der Schuldner den Eröffnungsantrag wegen drohender Zahlungsunfähigkeit mit der zeitgleichen Vorlage eines Insolvenzplans verbindet[374]. Identisch argumentieren *Thiemann* und *Wehdeking* für den Fall des Insolvenzantrags wegen drohender Zahlungsunfähigkeit, beantragter Eigenverwaltung, Vorlage eines Insolvenzplans und zeitgleicher Leistung eines ausreichenden Massekostenvorschusses. Ihnen zufolge lasse der Schuldner hierdurch erkennen, dass er zur Durchführung der erforderlichen Sanierungsmaßnahmen qualifiziert sei, so dass ein Verzicht des Gerichts auf weitreichende Sicherungsmaßnahmen denkbar erscheine[375].

Ohnehin gebietet es der Grundsatz der Erforderlichkeit sowie der durch ihn konkretisierte Grundsatz der Verhältnismäßigkeit für das Gericht, Zurückhaltung

371 Vgl. *Hofmann*, NZI 2010, S. 800.

372 *Bork* in: Bork/Koschmieder, Teil 2, Rn. 2.8.

373 HK-*Kirchhof*, § 21, Rn. 10; Uhlenbruck-*Uhlenbruck*, § 21, Rn. 3.

374 Uhlenbruck-*Uhlenbruck*, § 21, Rn. 1.

375 So LSZ-*Thiemann*, § 21, Rn. 21; *Wehdeking* in: Flöther/Smid/Wehdeking, Kap. 2, Rn. 44; im Ergebnis ebenso *Skauradszun*, DZWir 2010, S. 368; *Westrick*, NZI 2003, S. 71.

bei der Anordnung von Sicherungsmaßnahmen zu üben[376]. Dies gilt umso mehr, wenn keine konkreten Anhaltspunkte für eine Massegefährdung erkennbar sind[377]. Zwar verbietet sich auch im Falle des Vorliegens eines prepackaged plan eine pauschale Verneinung der Erforderlichkeit von Sicherungsmaßnahmen. Durch die Vorlage eines vorverhandelten, eine positive Zustimmungsprognose verkörpernden Insolvenzplans stellt die Erforderlichkeit der Anordnung von eingriffsstarken Sicherungsmaßnahmen aber grundsätzlich die Ausnahme dar.

b) Einsetzung eines vorläufigen Gläubigerausschusses

(1) Rechtliche Grundlagen

Bei den Vorschriften über die Sicherungsmaßnahmen ist in § 21 Abs. 2 S. 1 Nr. 1a InsO die Möglichkeit für das Gericht geregelt, einen vorläufigen Gläubigerausschuss einzusetzen. Dessen Bestellung wird für das Gericht ausnahmsweise zur Pflicht. Voraussetzung hierfür ist, dass der Schuldner im vorangegangenen Geschäftsjahr mindestens zwei der in § 22a Abs. 1 InsO aufgezählten Kriterien erfüllt hat. Gemäß § 22a Abs. 3 InsO gilt die Anordnungspflicht nach Abs. 1 InsO nicht, wenn der Geschäftsbetrieb des Schuldners eingestellt ist, die Einsetzung des vorläufigen Gläubigerausschusses im Hinblick auf die zu erwartende Insolvenzmasse unverhältnismäßig ist oder zu einer nachteiligen Veränderung der Vermögenslage des Schuldners führt. Das Gericht soll nach § 22a Abs. 2 InsO auf Antrag des Schuldners, des vorläufigen Insolvenzverwalters oder eines Gläubigers einen vorläufigen Gläubigerausschuss nach § 21 Absatz 2 Nr. 1a InsO einsetzen, wenn Personen benannt werden, die als Mitglieder des vorläufigen Gläubigerausschusses in Betracht kommen und dem Antrag Einverständniserklärungen der benannten Personen beigefügt werden.

(2) Der prepackaged plan im Kontext der gerichtlichen Entscheidungen über den vorläufigen Gläubigerausschuss

Die Basis eines prepackaged plan basierten Verwertungsprozesses bildet der von dem Schuldner und seinen Gläubigern im Vorfeld des Verfahrens initiierte Dialog. Zwar ist der materiell-rechtlich gestalterische Prozess mit der Einreichung des Insolvenzplans bei Gericht abgeschlossen, da bereits zu diesem Zeitpunkt alle wesentlichen Entscheidungen im Hinblick auf den Inhalt des Plans sowie dessen Umsetzung von den Beteiligten geklärt worden sind. Es existiert jedoch weiterhin ein umfassendes Kommunikationsbedürfnis in der Zeit zwischen der

376 *Ernestus* in: Mohrbutter/Ringstmeier, § 4, Rn. 17.

377 *H/W/F*, Handbuch, Kap. 3, Rn. 241; *Koch*, Eigenverwaltung, S. 65 f.

Vorlage des Eröffnungsantrags und der Eröffnung des Insolvenzverfahrens. Dieses korrespondiert zum einen mit dem Informations- und Überwachungsinteresse der Gläubiger und zum anderem mit dem Koordinations- und Rechtfertigungsinteresse des bereits maßnahmenumsetzenden Schuldners. Der prepackaged plan ist das Produkt eines gemeinschaftlichen Wirkens von Schuldner und Gläubigern, das sich bis zur Stellung des Eröffnungsantrags vollzogen hat und auch zeitlich danach fortsetzen soll. Zuletzt bedingt auch in einem beherrschten Prozess die Sensibilität des Konzepts für unvorhergesehene Entwicklungen die Erhaltung von Reaktionsmöglichkeiten, deren Ausschöpfung – entsprechend der Grundintention des prepackaged plan – an die Durchführung von Verhandlungsprozessen gebunden ist[378].

Sowohl der Schuldner als auch die Gläubiger haben demgemäß ein Interesse daran, ein flexibles Gremium zu schaffen, das ihrem Kommunikationsbedürfnis in der Phase zwischen der Stellung des Eröffnungsantrags und der Eröffnung des Insolvenzverfahrens Rechnung trägt. Wie der Schuldner wollen die Gläubiger weiterhin Bestandteil des gemeinsamen Wirkungsprozesses bleiben, der sich nunmehr bereits in der teilweisen Umsetzung der vereinbarten Maßnahmen fortsetzt. Mit dem vorläufigen Gläubigerausschuss begegnet dem Schuldner ein Gremium, mit dem er den im Vorfeld initiierten Dialog aufrechterhalten und kurzfristig auf handlungserfordernde Entwicklungen reagieren kann[379]. Das Gesetz beinhaltet – bis auf § 72 InsO – keine Regelungen hinsichtlich der inneren Organisation des Gläubigerausschusses und dessen Verfahren[380]. Der Ausschuss bestimmt demgemäß selbständig, ob, in welcher Form und zu welchem Zeitpunkt er tätig wird[381]. Ihm wird insoweit ein Höchstmaß an Selbstverantwortung eingeräumt. Dies beinhaltet, Kommunikations- und Entscheidungsprozesse sowohl mit dem Schuldner als auch einem bestellten vorläufigen Insolvenzverwalter oder vorläufigen Sachwalter kurzfristig durchführen zu können und auf diese Weise die erforderliche Effizienz des gemeinsamen Vorgehens zu sichern[382].

Der Grundsatz der Gläubigerautonomie wird in dem auf einem prepackaged plan basierenden Insolvenzverfahren nicht nur durch die Teilnahme an einem Gestaltungsprozess gewährleistet, sondern auch durch die Überwachung eines Konzepts, das seinerseits das Resultat eines vor dem Verfahren abgeschlossenen Gestaltungsprozesses darstellt. Die Einsetzung eines vorläufigen Gläubigerausschusses ist demgemäß nicht auf den Fall der Herstellung des Dialoges und damit der Handlungsfähigkeit beschränkt, sondern dient auch ihrer Erhaltung, wurden sie

378 Vgl. *Rattunde*, ZIP 2003, S. 599.

379 *Smid*, Praxishandbuch, § 13, Rn. 43.

380 *Vallender*, WM 2002, S. 2044.

381 *Klopp/Kluth* in: Gottwald, § 21, Rn. 13.

382 *Zimmer* in: Bork/Koschmieder, Rn. 4.115.

bereits durch Aktivitäten vor dem Verfahren begründet[383]. Mit dem vorliegenden Insolvenzplan und den verabredeten Maßnahmen besteht eine Grundlage, an der das Verhalten des Schuldners konkret kontrolliert werden kann. Der vorläufige Gläubigerausschuss trägt insoweit dafür Sorge, dass eine absprachegemäße und zügige Umsetzung der vereinbarten Maßnahmen in der Phase zwischen Eröffnungsantrag und Verfahrenseröffnung erfolgt und die Gläubiger in der ersten Gläubigerversammlung nicht vor veränderte Tatsachen gestellt werden[384].

(3) Intention der Beteiligten

Mit der Information seiner Gläubiger über seine wirtschaftliche Schieflage sowie der Präsentation eines Weges zur Überwindung derselben initiiert der Schuldner einen von sämtlichen Beteiligten fortan beherrschten Gestaltungsprozess. Die Gläubiger sind zwecks Erzielung einer interessengerechten und nachhaltigen Lösung im Hinblick auf das formelle Insolvenzverfahren unverzichtbarer Teil desselben. Mit der Stellung des Insolvenzantrags und der gleichzeitigen Vorlage des Insolvenzplans ist das gemeinsame Wirken nicht abgeschlossen, sondern in eine nächste Ebene, die zur Herbeiführung einer rechtlichen Verbindlichkeit der im Plan vorgesehenen Maßnahmen unverzichtbar ist, geführt worden.

Mit dem Betreten dieser Ebene wollen die Gläubiger ihre mitbeherrschende Stellung innerhalb des Wirkungsprozesses nicht verlieren. Vielmehr haben sie wie auch der Schuldner ein Interesse daran, den Prozess weiterhin mitzubestimmen. Mittel hierzu ist die Einsetzung eines vorläufigen Gläubigerausschusses, der zwar ihr übergeordnetes Ziel, die zügige Herbeiführung der Bestätigung des Plans, unberührt lässt. Allerdings sichert seine Existenz die Fortsetzung des im Vorfeld initiierten Kommunikationsprozesses im Verfahren. So ist gewährleistet, dass alle Voraussetzungen zur optimalen Verwirklichung des ausgearbeiteten Insolvenzplans bereitet sind und dessen Bestätigung im eröffneten Verfahren so zügig wie möglich erfolgen kann.

Im Hinblick auf das formelle Verfahren ist zu berücksichtigen, dass das Gesetz dem vorläufigen Gläubigerausschuss im Zusammenhang mit den grundlegenden Entscheidungen Beteiligungsrechte einräumt, die mitunter eine das Gericht bindende Wirkung entfalten. So kann der vorläufige Gläubigerausschuss im Falle einer vom Schuldner beantragten Eigenverwaltung durch einen einstimmigen Beschluss das Gericht nach § 270 Abs. 3 S. 2 InsO zur Anordnung derselben verpflichten. Von einem einstimmigen Vorschlag zur Person des Insolvenzverwalters bzw. Sachwalters darf das Gericht nach § 56a Abs. 2 S. 1 InsO nur im

383 Vgl. *Schreiber/Herbst*, ZInsO 2008, S. 436; Uhlenbruck-*Uhlenbruck*, § 67, Rn. 10.
384 Vgl. *Pape*, Gläubigerbeteiligung, Rn. 293.

Falle ihrer Ungeeignetheit abweichen, was gemäß § 27 Abs. 2 Nr. 5 InsO im Eröffnungsbeschluss zu begründen ist. Der vorläufige Gläubigerausschuss dient dem Gericht vielfach als wichtige Informationsquelle, was insoweit für die Beteiligten eines prepackaged plan Verfahrens die erstrebenswerten Optionen der Einflussnahme und Steuerung begründet[385].

(4) Entscheidung des Gerichts

(a) Entscheidung über die Einsetzung

Die Bestellung eines vorläufigen Gläubigerausschusses kann in der Phase zwischen der Stellung des Eröffnungsantrags und der Eröffnung des Verfahrens ausschließlich durch das Insolvenzgericht erfolgen. Bis zur Änderung der Vorschriften der Insolvenzordnung durch das ESUG war die Frage, ob bereits im Eröffnungsverfahren ein vorläufiger Gläubigerausschuss vom Gericht bestellt werden kann, umstritten[386]. Die Fürsprecher in Literatur und Rechtsprechung leiteten die Zulässigkeit aus dem Bedürfnis her, den erst mit Verfahrenseröffnung Geltung erlangenden Grundsatz der Gläubigerautonomie bereits im Eröffnungsverfahren zu gewährleisten. Sie argumentierten, in dieser Verfahrensphase würden mitunter wesentliche, irreversible Entscheidungen für das eröffneten Verfahren getroffen, weshalb es geboten sei, bereits zu diesem Zeitpunkt die Gläubigerinteressen zur Geltung zu bringen[387].

Beweggrund des Gesetzgebers zur Schaffung eines vorläufigen Gläubigerausschusses war die Stärkung der Gläubigerautonomie im Eröffnungsverfahren[388]. Verwirklicht werden soll diese gesetzgeberische Intention allen voran durch die Einbeziehung der Gläubiger bei der Auswahl des (vorläufigen) Insolvenzverwalters, der Anordnung der Eigenverwaltung und der Bestellung des (vorläufigen) Sachwalters[389]. Die Befriedigung eines Beteiligungsbedürfnisses im Hinblick auf bereits im Verfahren anstehende grundlegende Entscheidungen erwähnte der Gesetzgeber nur beiläufig, in dem er grundsätzlich auf die Bedeutung einzelner Entscheidungen für das eröffnete Verfahren hinwies[390].

385 Vgl. *Kammel/Staps*, NZI 2010, S. 797.

386 Vgl. hierzu *Frege/Keller/Riedel*, Insolvenzrecht, Rn. 1196 ff.; *H/W/F*, Handbuch, Kap. 6, Rn. 6 ff.; *Marotzke*, Unternehmen, Rn. 105 ff.; *Pape*, Gläubigerbeteiligung, Rn. 229 f.; *Pohlmann*, Befugnisse, Rn. 300 ff.; *Vallender*, WM 2002, S. 2042 f.

387 Vgl. AG Köln, Beschl. v. 29.06.2000 – 72 IN 178/00, NZI 2000, 443; *H/W/F*, Handbuch, Kap. 6, Rn. 6; MüKo-*Gößmann*, § 67, Rn. 2.

388 BT-Drs. 17/5712, S. 17 f.

389 BT-Drs. 17/5712, S. 24; *Frind*, ZInsO 2011, S. 376.

390 Vgl. BT-Drs. 17/5712, S. 24.

Für die Umsetzung der gesetzgeberischen Intention erweist sich die Kodifizierung der Möglichkeit zur Bestellung eines vorläufigen Gläubigerausschusses im Bereich der Sicherungsmaßnahmen nach §§ 21 ff. InsO als systemwidrig. Der vorläufige Gläubigerausschuss ist keine zur Sicherung der Masse notwendige Institution[391]. Die Sicherungsmaßnahmen bezwecken den Schutz der möglicherweise künftigen Insolvenzmasse, in dem sie das Gericht zur Vornahme geeigneter und erforderlicher Maßnahmen ermächtigt. Die Legitimation zur Anordnung derartiger Maßnahmen folgt aus einem konkreten Verhalten des Schuldners oder Gläubigers, aus dem die Gefahr der Masseminderung oder -manipulation resultiert. Die Maßnahme ist gerichtet auf die Unterbindung bzw. Verhinderung der gefährdenden Schuldner- oder Gläubigeraktivität. Eine Gefahr kann jedoch nicht daraus hergeleitet werden, dass möglicherweise bereits verfahrensrelevante Entscheidungen im Eröffnungsverfahren zu treffen sind[392]. Das Insolvenzeröffnungsverfahren hat im Grundsatz eine vorbereitende Funktion. Das bedeutet, dass in diesem Verfahrensabschnitt ohnehin keine Abwicklung stattfindet. Bis zur Eröffnung des Verfahrens steht die Vermögenserhaltung und -sicherung im Vordergrund, die durch die Sicherungsmaßnahmen verwirklicht wird. Ausnahmen von dem Grundsatz sind nach wie vor gemäß § 22 Abs. 1 S. 2 Nr. 2 InsO exklusiv an die Zustimmung des Insolvenzgerichts gebunden[393].

Die frühzeitige Beteiligung der Gläubiger lässt sich nicht mit einem für die Anordnung einer Sicherungsmaßnahme nach § 21 Abs. 1 S. 1 InsO erforderlichen Sicherungsbedürfnis rechtfertigen. Daraus folgt indes nicht, dass das Gericht an der Bestellung eines vorläufigen Gläubigerausschusses endgültig gehindert ist. Bei der Frage über das Ob seiner Bestellung ist auf die Regelung des § 67 Abs. 1 InsO zurückzugreifen, auch wenn weder § 21 Abs. 2 S. 1 Nr. 1a noch § 22a InsO auf diesen verweisen. Gemäß § 67 Abs. 1 InsO kann das Gericht im Zeitraum zwischen der Verfahrenseröffnung und der ersten Gläubigerversammlung einen Gläubigerausschuss einsetzen. Die Einsetzung hat – anders als die Anordnung einer Sicherungsmaßnahme – nicht das Bestehen einer konkreten Massegefährdung als Voraussetzung. Vielmehr liegt die Entscheidung einzig und allein im Ermessen des Gerichts[394]. In diesem Zusammenhang hat das Gericht Zweckmäßigkeitserwägungen anzustellen[395]. Maßstab bildet die Gewährleistung einer optimalen Haftungsverwirklichung des Schuldners. Die Befriedigungsaussichten der Gläubiger stellen insoweit das entscheidende Kriterium dar. Abzustellen hat

---

391 *Frind*, ZInsO 2011, S. 375 f.; *Schmittmann/Dannemann*, VR 2012, S. 75; *Willemsen/Rechel*, BB 2011, S. 835; wohl auch *Pape*, ZInsO 2010, S. 1588.

392 Vgl. *Frege/Keller/Riedel*, Insolvenzrecht, Rn. 1197 ff.

393 *Pape*, Gläubigerbeteiligung, Rn. 299; *Vallender*, WM 2002, S. 2042.

394 *Obermüller*, ZInsO 2012, S. 19.

395 Vgl. nur *Pape*, Gläubigerbeteiligung, Rn. 298.

das Gericht bei seiner Entscheidung jeweils auf den Einzelfall und die ihm zugrunde liegenden Umstände[396]. Zu berücksichtigen hat das Gericht nach § 22a Abs. 2 InsO einen entsprechenden Antrag des Schuldners, des vorläufigen Insolvenzverwalters oder eines Gläubigers. In diesem Fall soll das Gericht einen Gläubigerausschusses einsetzen, wenn Personen benannt werden, die als Mitglieder des vorläufigen Gläubigerausschusses in Betracht kommen und dem Antrag Einverständniserklärungen der benannten Personen beigefügt werden. Das Gericht ist zwar nicht gezwungen, dem Antrag zu entsprechen. Die Formulierung des § 22a Abs. 2 InsO als Soll-Vorschrift gibt jedoch vor, dass das Gericht von dem Antrag nur aus wichtigen Gründen abweichen darf[397].

In einem Verfahren, dem ein prepackaged plan zugrundeliegt, folgt bereits aus der Notwendigkeit, die effektiven Strukturen zu erhalten, die sich im Wege der außergerichtlichen Verhandlungen gebildet haben, für das Gericht die Einsetzung des vorläufigen Gläubigerausschusses vorzunehmen. Die Beteiligte haben im Vorfeld durch ihr gemeinschaftliches Wirken die Voraussetzungen einer optimalen Umsetzung des ausgearbeiteten Plans geschaffen. Nur die Einsetzung des vorläufigen Gläubigerausschusses sichert eine ununterbrochenen Fortsetzung des im Vorfeld initiierten Dialogs. Mit seiner Fortsetzung einher geht die Aufrechterhaltung der gemeinschaftlichen Handlungsfähigkeit, die die Grundlage für eine absprachegemäße und optimale Umsetzung des ausgearbeiteten Insolvenzplans darstellt. Ein auf Dialog basierender prepackaged plan lässt es nicht zu, das Eröffnungsverfahren unkommuniziert zu absolvieren[398].

Gründe gegen eine Bestellung sind im Falle eines prepackaged plan in aller Regel nicht ersichtlich. Insbesondere besteht nicht die Gefahr einer Verfahrensverzögerung. Der Schuldner hat seine Gläubiger in den vor dem Verfahren einsetzenden Gestaltungsprozess involviert, so dass sie diesen von Anfang an vollends mitbeherrschen und zu jederzeit über sämtliche Entwicklungen im Bilde sind. Ein Aufwand von Zeit, die der anvisierten zügigen Verfahrenseröffnung entgegensteht, ist für sie insofern mit Berufung in den Ausschuss nicht verbunden[399].

(b) Entscheidung über die personelle Zusammensetzung

Mit der Einsetzung eines vorläufigen Gläubigerausschusses ist für das Gericht zugleich die Entscheidung über dessen personelle Zusammensetzung verbunden. Gemäß § 67 Abs. 2 InsO, auf den § 21 Abs. 2 S. 1 Nr. 1a InsO verweist, sollen im Gläubigerausschuss die absonderungsberechtigten Gläubiger, die Insolvenz-

396 *H/W/F*, Handbuch, Kap. 6, Rn. 7; *Heidland* in: KS, S. 716.
397 *Obermüller*, ZInsO 2012, S. 20.
398 *Smid*, WPg. 2011, Sonderheft, S. 11.
399 Vgl. *Pape*, ZInsO 2010, S. 1588.

gläubiger mit den höchsten Forderungen, die Kleingläubiger und die Arbeitnehmer vertreten sein. Das Gesetz knüpft diese Entscheidung an eine Ermessensausübung durch das Gericht[400]. Zwar erstreckt sich die Soll-Vorschrift des § 22a Abs. 2 InsO lediglich auf die Frage der Einsetzung eines Gläubigerausschusses. Den Zweck gesteigerter Schuldner- bzw. Gläubigerbeteiligung zu verwirklichen entspricht es jedoch, vornehmlich die Geeignetheit der im Antrag als Ausschussmitglieder benannten Personen zu prüfen[401].

Die in § 67 Abs. 2 InsO Aufgeführten sind die typischerweise in einem Insolvenzverfahren beteiligten Gläubigergruppen. Dem Gesetzgeber kam es mit der Formulierung der Soll-Vorschrift darauf an zu verhindern, dass ausschließlich Großgläubiger zu Mitgliedern bestellt werden und diese sowohl den Gläubigerausschuss als auch letztlich das Verfahren dominieren[402]. Aus diesem Grund sollen grundsätzlich unabhängig von ihrem Stimmrechtsanteil auch die sonstigen in der Regel am Verfahren beteiligten Interessengruppen wie die Kleingläubiger und Arbeitnehmer vertreten sein[403]. Um den Grundsatz universeller Interessenrepräsentation jederzeit zu wahren, gilt die in § 67 Abs. 2 InsO vorgesehene personelle Zusammensetzung auch für den endgültigen Gläubigerausschuss[404].

Auch die im Rahmen eines prepackaged plan stattfindenden Verhandlungen vor dem gerichtlichen Insolvenzverfahren zeichnen sich dadurch aus, dass den divergierenden Interessen der unterschiedlichen Gruppen Rechnung getragen wird. Da eine Beteiligung sämtlicher Gläubiger angesichts ihrer hohen Anzahl regelmäßig nicht praktikabel ist, ist in den meisten Fällen eine Beschränkung der Planverhandlungen auf einzelne Interessenvertreter geboten, die über die gebotene rechtliche wie wirtschaftliche Sachkunde verfügen müssen. Zu diesem Zweck werden für die vorhandenen Interessengruppen kompetente Vertreter bestimmt, die die Positionen ihrer Gruppe in den Verhandlungen repräsentieren[405].

Entsprechend der Intention des prepackaged plan sind die Verhandlungen auf Interessenvielfalt ausgerichtet. Dies beinhaltet die Einbeziehung sämtlicher Gruppen, die für das Zustandekommen und die Aufrechterhaltung eines Plankon-

---

400 MüKo-*Schmid-Burgk*, § 67, Rn. 10; *Vallender*, WM 2002, S. 2041 f.

401 Vgl. *Obermüller*, ZInsO 2012, S. 20.

402 Dass § 67 Abs. 2 InsO lediglich als Soll-Vorschrift normiert ist, ist der Tatsache geschuldet, dass im Einzelfall eine Abweichung von dem Grundsatz der umfassenden Interessenrepräsentation geboten sein kann. Die Normierung einer Muss-Vorschrift würde dem Gericht die Möglichkeit nehmen, im Interesse einer Optimierung der Verwertungs- und Befriedigungsaussichten zugunsten aller Gläubiger eine Beschränkung der Vertretung auf einzelne Interessengruppen vorzunehmen.

403 Braun-*Kind*, § 67, Rn. 6; *Gundlach/Frenzel/Schmidt*, NZI 2005, S. 304; *Heidland* in: KS, S. 716; MüKo-*Schmid-Burgk*, § 67, Rn. 10; Uhlenbruck-*Uhlenbruck*, § 67, Rn. 9.

404 Vgl. *Oelrichs*, Gläubigermitwirkung, S. 37.

405 Siehe dazu unten, S. 187 ff.

senses erforderlich sind. Hierzu gehören die Kreditversicherer und/oder Lieferanten, die Banken, der Pensions-Sicherungs-Verein auf Gegenseitigkeit, gegebenenfalls ein Poolvertreter, die Kleingläubiger und der Betriebsrat. Die Beteiligung der Gruppen ist für die Erzielung eines Konsenses im Wege des Insolvenzplans unumgänglich, da deren Beiträge im Insolvenzverfahren und darüber hinaus von grundlegender Bedeutung für das Gelingen des Sanierungsprozesses sind. Unter Berücksichtigung ihrer regelmäßigen Betroffenheit und Bedeutung qualifizieren sie sich insoweit nach Maßgabe des § 67 Abs. 2 InsO auch für eine Vertretung im Gläubigerausschuss[406].

Die Beteiligten des künftigen Insolvenzverfahrens haben in den Kommunikationsprozessen vor der Stellung des Eröffnungsantrags die vorhandenen Interessenpositionen herausgearbeitet und so ihre Repräsentation in den Planverhandlungen sichergestellt. Durch die Schaffung eines solchen gläubigerausschussähnlichen Verhandlungsgremiums haben sie die gemeinschaftliche Handlungsfähigkeit erst begründet. Die Einsetzung des Gläubigerausschusses im Verfahren sichert die Aufrechterhaltung der Handlungsfähigkeit, die Beibehaltung der personellen Zusammensetzung dessen Kontinuität und Effektivität. Auch bei der Entscheidung über die personelle Zusammensetzung des Gläubigerausschusses hat sich das Gericht an der Effizienz des Verfahrens zu orientieren. Wird dieser Grundsatz durch die Ausschussmitgliedschaft der bereits im Vorfeld beteiligten Interessenvertreter gewährleistet, so hat deren Bestellung zu erfolgen[407]. Aufgrund der zwischen den Beteiligten bestehenden Einigkeit sind Bedenken hinsichtlich einer Verzögerung des Eröffnungsverfahrens nicht angezeigt[408].

(c) Entscheidung über die Anzahl der Mitglieder

Die Bestellung der im Vorfeld des Verfahrens tätigen Interessenvertreter zu Mitgliedern des vorläufigen Gläubigerausschuss beinhaltet eine Entscheidung des Gerichts über deren Anzahl. Auch diese Entscheidung ist grundsätzlich in das Ermessen des Gerichts gestellt[409]. Die interessen- und verfahrensorientierte

---

406 Vgl. *Mönning*, Betriebsfortführung, Rn. 812; Uhlenbruck-*Uhlenbruck*, § 67, Rn. 9; *Vallender*, WM 2002, S. 2041.

407 Die einzelnen Interessenvertreter verkörpern das absolute Einverständnis mit dem erarbeiteten Konzept. Sie repräsentieren mit der Eröffnung des Verfahrens nicht mehr primär die Interessenposition der Gläubigergruppe, der sie zugeordnet sind. Vielmehr stehen sie für den erarbeiten Konsens ein, der für sie die optimale Haftungsverwirklichung des Schuldners bereithält. Demgemäß ist auch ihnen daran gelegen, entsprechend der gebotenen Orientierung an den Gemeininteressen der Gläubiger zu einem zügigen und effizienten Verfahren beizutragen. Plantaktische Störmanöver sind von ihnen jedenfalls nicht zu erwarten.

408 Vgl. insoweit *Pape*, ZInsO 2010, S. 1588.

409 *Voigt-Salus/Pape* in: Mohrbutter/Ringstmeier, § 21, Rn. 285.

Beteiligung im Vorfeld des Verfahrens kann im Einzelfall eine Erweiterung der Anzahl der Ausschussmitglieder über die in § 67 Abs. 2 InsO vorgesehenen Gruppen hinaus bedingen, etwa im Hinblick auf die aussonderungsberechtigten Gläubiger und den Sprecherausschusses der leitenden Angestellten. Das Scheitern eines Plans auszuschließen bedingt die Berücksichtigung sämtlicher Gruppen, die für sein Zustandekommen unabdingbare Voraussetzung sind. Dies vermag zu einer Erweiterung des Beteiligungskreises und damit vermeintlich zu einer Erschwerung der Entscheidungsfindung zu führen[410]. Die einhergehenden Bedenken einer Minderung der Effizienz des Gläubigerausschusses sind allerdings lediglich in solchen Fällen berechtigt, in denen der Schwerpunkt der Ausschusstätigkeit im gestalterischen Bereich liegt. Dies gilt allen voran im Hinblick auf solche Maßnahmen im Sinne der §§ 158 ff. InsO[411]. Die Durchführung derartiger Gestaltungsprozesse entfällt jedoch im Falle eines prepackaged plan. Hier steht die Überwachung im Fokus, die regelmäßig keiner Beschlussfassung bedarf. Die durch umfassende Beteiligung gesicherte Interessenvielfalt rechtfertigt im Interesse eines gemeinschaftlichen Handelns eine erhöhte Zahl an Ausschussmitgliedern und wiegt insoweit das Risiko einer erschwerten Beschlussfassung auf.

(5) Handlungsmöglichkeiten der Beteiligten

Die Einsetzung eines vorläufigen Gläubigerausschusses in der von ihnen gewünschten personellen Zusammensetzung zu erreichen bedingt für die Beteiligten, bereits mit der Vorlage von Insolvenzantrag und -plan entsprechend § 218 Abs. 1 S. 2 InsO tätig zu werden. Mit der Einreichung des Antragspakets kann die Einsetzung eines vorläufigen Gläubigerausschusses sowohl vom Schuldner als auch von der Gläubigerschaft entsprechend § 22a Abs. 2 InsO beantragt werden. Mit der Beantragung werden Personen als Ausschussmitglieder benannt, über die sich die Beteiligten im Vorfeld verständigt haben. Diese Personen fügen dem Antrag Einverständniserklärungen im Sinne des § 22a Abs. 2 InsO bei[412]. Hierdurch wird gegenüber dem Gericht zugleich deutlich gemacht, dass der Konsens von sämtlichen Gläubigern getragen wird und nicht zum Nachteil einzelner Gruppen erfolgt[413]. Auch wenn das Gericht aufgrund der vorangegangenen Kommunikationsprozesse bereits über die Ziele und Pläne der Beteiligten informiert ist, sind im Zusammenhang mit der Vorlage die Beweggründe für das

410 *Pape*, Gläubigerbeteiligung, Rn. 307.
411 *Heidland* in: KS, S. 718.
412 So bereits *Mönning*, Betriebsfortführung, Rn. 808.
413 Vgl. *Brinkmann/Zipperer*, ZIP 2011, S. 1341 f.

Bedürfnis einer Einsetzung unter Bestellung der genannten Mitglieder zu erläutern und in den Kontext des Sanierungsfalls einzuordnen[414].

Dabei befinden sich der Schuldner und die Gläubiger in einer wirkungsvollen Position. Die beiden Gruppen bilden die einzige dem Gericht zur Verfügung stehende Informationsquelle. Das Gericht hat sich mit den gemachten Empfehlungen auseinanderzusetzen und kann – im Hinblick auf den Sollcharakter des § 22a Abs. 2 InsO – nur im Ausnahmefall von den Vorschlägen der Beteiligten abweichen. Es hat anhand der Umstände des konkreten Falls zu prüfen, inwieweit die Einsetzung zu einer Optimierung des Verfahrens und damit auch der Befriedigungsaussichten zu führen vermag. Die Beteiligten dokumentieren, dass sich im Zuge der dem Verfahren zeitlich vorgelagerten Verhandlungen effektive Organisationsstrukturen gebildet haben, deren Beibehaltung mit weniger Zeit- und Ressourcenaufwand verbunden ist als eine Neugestaltung.

Die Beteiligten haben die Möglichkeit, bereits im Zuge der Verhandlungen die innere Organisation des vorläufigen und endgültigen Gläubigerausschusses zu regeln. Das Gesetz sieht davon ab, die Organisation des Gläubigerausschusses abschließend festzulegen. Ein effektives Verfahren zu gewährleisten bedingt, auf die Umstände des konkreten Falls angemessen reagieren zu können. Aus diesem Grund kann sich der vorläufige Gläubigerausschuss eine Geschäftsordnung geben und seine Organisation selbständig gestalten[415].

Das Gesetz bestimmt lediglich in § 72 InsO, dass ein Beschluss des Gläubigerausschusses nur dann gültig ist, wenn die Mehrheit der Mitglieder an der Beschlussfassung teilgenommen hat und der Beschluss mit der Mehrheit der abgegebenen Stimmen gefasst worden ist. Die Vorschrift ist zwingend und kann in einer Satzung nicht modifiziert werden[416]. Regelbar sind jedoch u. a. die Wahl des Vorsitzenden bzw. seiner Stellvertreter, die Protokollführung sowie die Form der

---

414 In der Literatur wurde vor der Geltung des ESUG im Zusammenhang mit der Bestellung des Gläubigerausschusses gemäß § 67 Abs. 1 InsO darauf hingewiesen, der vorläufige Insolvenzverwalter könne, da ihm die Zusammensetzung der Gläubigerschaft zum Zeitpunkt der Verfahrenseröffnung regelmäßig am besten bekannt sei, geeignete Personen vorschlagen, die sich nach seiner Ansicht für ein Amt des Gläubigerausschusses eignen, vgl. Braun-*Kind*, § 67, Rn. 13; HK-*Eickmann*, § 67, Rn. 10; *Mönning* in: Bork/Koschmieder, Rn. 4.172; MüKo-*Schmidt/Burgk*, § 67, Rn. 12. Diese Rolle nehmen im prepackaged plan Verfahren die Gläubiger und der Schuldner ein. In diesem Fall ist nicht der vorläufige Insolvenzverwalter ob seiner Tätigkeiten im Eröffnungsverfahren über die Vorgänge am besten im Bilde, vielmehr haben der Schuldner und die Gläubiger durch ihre Verhandlungen vor dem Verfahren einen Informationsvorsprung begründet, der nunmehr im Interesse der Effektivierung des Verfahrens nutzbar zu machen ist.

415 *H/W/F*, Handbuch, Kap. 6, Rn. 26; *Oelrichs*, Gläubigermitwirkung, S. 45 f.; *Pape*, Gläubigerbeteiligung, Rn. 328

416 *Gundlach/Frenzel/Schmidt*, NZI 2005, S. 305; *Vallender*, WM 2002, S. 2044.

Beschlussfassung[417]. Von besonderer Bedeutung in einem prepackaged plan basierten Verfahren ist der Zeitaspekt, da die Fokussierung auf eine zügige Herbeiführung der Bestätigung des Plans keine zeitaufwendigen Zwischenschritte zulässt. Ergibt sich für die Beteiligten doch einmal das Bedürfnis, aufgrund unvorhergesehener Entwicklungen das künftige Verhalten mit dem eigenverwaltenden Schuldner und dem Sachwalter abzustimmen, muss die Satzung kurzfristig terminierte Sitzungen zulassen und dementsprechend das Ladungsverfahren in zeitlich engem Rahmen regeln[418]. Die Satzung kann vorsehen, dass neben einzelnen Mitgliedern auch der Schuldner und der Sachwalter zur Einberufung einer Sitzung befugt sind[419]. Auch wenn die Satzung im Vorfeld erarbeitet wurde, muss sie nach seiner Einsetzung von den Mitgliedern des vorläufigen Gläubigerausschusses in der ersten Sitzung mit der gemäß § 72 InsO erforderlichen Mehrheit beschlossen werden[420].

c) Sicherungsmaßnahmen im Interesse der Beteiligten?

Angesichts der erzielten positiven Zustimmungsprognose ist im Falle eines prepackaged plan die Gefahr einer Masseschädigung, die ihren Ursprung in einem individuellen Verhalten des Schuldners hat, nicht existent. Gefährdungen vermögen insoweit ausschließlich aus einem Gläubigerhandeln zu resultieren. Als Verursacher kommen solche Gläubiger in Betracht, die dem eine optimierte Befriedigungsaussicht verkörpernden und daher von der Mehrheit getragenen Plan aus persönlichen, nicht wirtschaftlich orientierten Gründen ablehnend gegenüberstehen. Anders als der Schuldner sind einzelne Gläubiger für die Durchführung des Reorganisationsprozesses im Wege eines Insolvenzverfahrens jedoch verzichtbar. Bei den Betroffenen Gläubigern droht indes die Gefahr, dass sie die Verfolgung ihrer individuellen Rechte voranstellen und damit die vom Kollektiv getragene Art und Weise der schuldnerischen Haftungsverwirklichung gefährden[421]. In diesem Zusammenhang vermag das Gericht die erhöhte Wahrscheinlichkeit einer Gefahr für die Masse zu erblicken und sich daher zur Anordnung von Sicherungsmaßnahmen veranlasst zu sehen. Die Wirkung der Maß-

---

417 Vgl. Nerlich/Römermann-*Delhaes*, § 72, Rn. 7; *Vallender*, WM 2002, S. 2044.

418 Vgl. *Frege/Keller/Riedel*, Insolvenzrecht, Rn. 1242 f.; *Gundlach/Frenzel/Schmidt*, NZI 2005, S. 306 f.; die ohnehin erforderliche sachgerechte und vertrauensvolle Zusammenarbeit zwischen Gläubigerausschuss, Schuldner und Sachwalter muss sich in der Geschäftsordnung widerspiegeln, da sich nur so unnötiger Zeit- und Ressourcenaufwand vermeiden lässt, vgl. *Klopp/Kluth* in: Gottwald, § 21, Rn. 17.

419 Kübler/Prütting-*Kübler*, § 72, Rn. 2.

420 Vgl. Nerlich/Römermann-*Delhaes*, § 72, Rn. 6.

421 Vgl. *Brinkmann/Zipperer*, ZIP 2011, S. 1345.

nahmen zielt in diesem Fall aber nicht auf die Handlungsfähigkeit des Schuldners. Vielmehr erfolgen sie in seinem Interesse.

Die Anordnung von Sicherungsmaßnahmen steht der Durchführung einer Sanierung auf Basis des prepackaged plan nicht grundsätzlich entgegen. Vielmehr kann die Anordnung bestimmter Sicherungsmaßnahmen gerade im Interesse der Beteiligten geschehen. Anders als im Falle eines Schutzschirmverfahrens nach § 270b InsO kann der Schuldner das Gericht nicht durch einen Antrag zu einer Anordnung des Zwangsvollstreckungsverbots entsprechend § 270b Abs. 2 S. 3 InsO verpflichten. Ein entsprechendes Recht ist ebenso wenig für den vorläufigen Gläubigerausschuss vorgesehen. Bestehen jedoch infolge der bereits durchgeführten Verhandlungen Erkenntnisse darüber, dass Zwangsvollstreckungen durch einzelne Gläubiger drohen, kann das Gericht zumindest auf den zugrunde liegenden Sachverhalt hingewiesen und ihm zur Abwehr erforderliche Sicherungsmaßnahmen vorgeschlagen werden[422]. Zu diesen Maßnahmen zählen insoweit die Untersagung bzw. einstweilige Einstellung der Zwangsvollstreckungsmaßnahmen gemäß § 21 Abs. 2 S. 1 Nr. 3 InsO. Darüber kann sich die Anregung von Verwertungs- und Einziehungsverboten nach § 21 Abs. 2 S. 1 Nr. 5 InsO anbieten, gegebenenfalls beschränkt auf einzelne Vermögensgegenstände[423].

Ein Vorschlag der Beteiligten bindet das Gericht nicht und führt dementsprechend nicht zu der Pflicht, die konkrete Sicherungsmaßnahme anzuordnen[424]. Er ist jedoch als Anregung zu verstehen, den dem Vorschlag zugrunde liegenden Sachverhalt zu würdigen und die Voraussetzungen einer Anordnung der vorgeschlagenen Sicherungsmaßnahme zu prüfen[425]. Legen die Beteiligten das Bestehen einer konkreten Gefahr hinreichend dar und muss das Gericht diese erkennen, so gebietet es der Grundsatz der Erforderlichkeit, die zu ihrer Abwehr notwendigen Maßnahmen zu treffen[426].

3. Die Bedeutung des Zeitfaktors im Insolvenzeröffnungsverfahren

a) Ermittlung der Eröffnungsvoraussetzungen durch das Gericht

Allein die Aussicht auf erheblich zu leistende Prüfungsaufgaben begründet nicht das Vorliegen einer konkreten Gefahr für die Masse und die damit verbundene Erforderlichkeit für das Gericht, Maßnahmen zugunsten der Massesicherung anzuordnen. Hierfür ist ein Mehr erforderlich. Zwar beinhaltet der durch den

422 Vgl. LSZ-*Thiemann*, § 21, Rn. 4.

423 Vgl. *Haarmeyer*, ZInsO 2001, S. 207; *Marotzke*, Unternehmen, Rn. 4.

424 Vgl. nur Kübler/Prütting-*Otte*, § 21, Rn. 19.

425 *Gerhardt* in: KS, S. 205

426 Vgl. *Desch*, BB 2011, S. 843.

Eröffnungsantrag ausgelöste Schwebezustand ein erhöhtes Risiko, dass der Masse Vermögensgegenstände entzogen werden. Dies rechtfertigt jedoch nicht die pauschale Anordnung von Sicherungsmaßnahmen[427].

Die unmittelbare Vermögensgefährdung hat ihren Ursprung in einem konkreten Verhalten des Schuldners oder eines Gläubigers. Dieses Risiko ist durch das Vorliegen eines prepackaged plan mit seiner innewohnenden Zustimmungs- und Umsetzungsperspektive minimiert. Mittelbar besteht jedoch ein Zusammenhang mit dem durch den Insolvenzantrag ausgelösten Schwebezustand. Dieser bedingt ein erhebliches Maß an Unsicherheit für die einzelnen Beteiligten etwa im Hinblick auf die Fortführung des Unternehmens und bildet insofern den Auslöser für die vermögensgefährdenden Handlungen. Eine Verkürzung des gerichtlichen Prüfungszeitraums hinsichtlich der Eröffnungsvoraussetzungen führt daher zugleich zu einer Minimierung der Risiken für die Masse.

Das Gericht hat im Insolvenzeröffnungsverfahren alle relevanten Tatsachen zu ermitteln, die für die Entscheidung über den Antrag notwendig sind[428]. Dazu zählt neben der Ermittlung der Deckung der Verfahrenskosten allen voran die Frage, ob ein zulässiger Insolvenzgrund im Sinne der §§ 17 ff. InsO gegeben ist. Die Prüfung dieser Frage stellt das Gericht vor eine anspruchsvolle Aufgabe. Die Ermittlung eines Insolvenzgrundes erfordert die Anwendung betriebswirtschaftlicher Methoden und Erkenntnisse[429].

Unabhängig davon, dass diese Prüfung erhebliche Anforderungen an das Insolvenzgericht stellt, ist das Insolvenzeröffnungsverfahren als Eilverfahren ausgestaltet[430]. Es gilt der Beschleunigungsgrundsatz[431]. Dieser gebietet es für das Gericht, unverzüglich sämtliche Tatsachen zu ermitteln, die für die Entscheidung über die Begründetheit des Insolvenzantrags und die Verfahrenskostendeckung relevant sind[432].

Die Entscheidung darüber, ob er auf Grundlage der vorliegenden Informationen über den Eröffnungsantrag entscheiden kann, liegt grundsätzlich beim Richter[433]. Er entscheidet nach pflichtgemäßem Ermessen, ob und inwieweit es Ermittlungen wegen des Vorliegens der Voraussetzungen für die Eröffnung des Insolvenzverfahrens bedarf[434]. Auch wenn das Gericht von Sicherungsmaßnahmen zulasten des Schuldners absieht, enthebt es dies nicht von der amtswegigen Ermittlung

427 HambKom-*Schröder*, § 21, Rn. 16 ff.
428 *H/W/F*, Handbuch, Kap. 3, Rn. 113.
429 Nerlich/Römermann-*Mönning*, § 16, Rn. 9; Uhlenbruck-*Uhlenbruck*, § 16, Rn. 8.
430 *Ley* in: Beck/Depré, § 4, Rn. 9; *Pohlmann*, Befugnisse, Rn. 34; *Prütting* in: KS, S. 225.
431 Vgl. nur *Ley* in: Beck/Depré, § 4, Rn. 9.
432 *H/W/F*, Handbuch, Kap. 3, Rn. 131.
433 *Ley* in: Beck/Depré, § 4, Rn. 182.
434 *Wehdeking* in: Flöther/Smid/Wehdeking, Kap. 2, Rn. 44.

der Insolvenzeröffnungsgründe entsprechend § 5 Abs. 1 InsO[435]. Die Bestellung eines Sachverständigen als Instrument der Amtsermittlung kommt regelmäßig dann in Betracht, wenn das Insolvenzgericht aufgrund der vorgelegten Unterlagen nicht zweifelsfrei vom Vorliegen eines Insolvenzgrundes ausgehen kann bzw. davon überzeugt ist[436].

Der vorläufige Insolvenzverwalter mit Verfügungsbefugnis hat bereits von Gesetzes wegen nach § 22 Abs. 1 S. 1 Nr. 3 HS. 1 InsO zu prüfen, ob die Kosten zur Deckung der Verfahrenskosten ausreichen. Nach HS. 2 kann ihn das Gericht zudem damit beauftragen, als Sachverständiger das Vorliegen eines Eröffnungsgrundes sowie die Aussichten für eine Fortführung des schuldnerischen Unternehmens zu prüfen. Im Falle der Nichtbestellung eines vorläufigen Insolvenzverwalters steht die Ausformung des Gutachtenauftrags im Ermessen des Gerichts. Sie entspricht regelmäßig dem in § 22 Abs. 1 S. 2 Nr. 3 InsO festgelegten Prüfungsumfang. Ergänzt wird er zumeist um die Frage, ob vorläufige Maßnahmen zur Sicherung der Masse erforderlich erscheinen[437].

b) Handlungsmöglichkeiten der Beteiligten

Die Ermittlungstätigkeit des Gerichts ist mit einem zeitlichen Aufwand verbunden. Ein bestellter Sachverständiger muss sich in das schuldnerische Unternehmen einarbeiten und die zur Erledigung des Gutachterauftrags notwendigen Informationen einholen und aufbereiten. Gerade in diesen zeitlichen Aufwendungen liegt jedoch eben jenes Gefährdungspotential, das die Beteiligten minimieren wollen.

Die mit dem prepackaged plan verbundene Intention der Beteiligten, eine zügige, sich idealerweise unmittelbar an die Antrags- und Planvorlage anschließende Entscheidung des Gerichts für die Verfahrenseröffnung herbeizuführen, wird verwirklicht durch die vollständige Bereitstellung sämtlicher zur Entscheidung notwendigen Informationen mit dem Eröffnungsantrag. Ergibt sich auf Basis der vorliegenden Unterlagen, dass eine endgültige Entscheidung getroffen werden kann, so hat das Gericht dies zu tun und weitere zeitliche Aufwendungen zu unterlassen[438]. Aus § 21 Abs. 1 S. 1 InsO ergibt sich ein grundsätzliches Stufenverhältnis. Primäre Aufgabe des Gerichts im Rahmen der Vorlage eines Insolvenzantrags ist nicht die Anordnung von Sicherungsmaßnahmen zur Erhaltung der Masse. Vielmehr gebietet der Beschleunigungsgrundsatz, eine zügige

435 *Wehdeking* in: Flöther/Smid/Wehdeking, Kap. 2, Rn. 54.

436 *Ernestus* in: Mohrbutter/Ringstmeier, § 4, Rn. 10.

437 *Ernestus* in: Mohrbutter/Ringstmeier, § 4, Rn. 3 f.

438 *Maier* in: WDWW, Kap. 3, Rn. 9.

Entscheidung über den Eröffnungsantrag herbeizuführen[439]. Die Entscheidung ist nicht an die Anordnung von Sicherungsmaßnahmen gebunden[440]. Demgemäß hat die Anordnung zu unterbleiben, wenn sich an die Antragsvorlage eine unmittelbare Entscheidung über den Eröffnungsantrag anschließen kann[441]. Es gilt den durch die Eröffnung des Antragsverfahrens ausgelösten Schwebezustand aufgrund seiner Risiken für die Masse so schnell wie möglich zu überbrücken. Kann das Gericht demgemäß auf Grundlage der mit dem Insolvenzantrag vorgelegten Unterlagen eine Prüfung des Eröffnungsgrundes selbständig absolvieren und zweifelsfrei feststellen, dass ein Insolvenzgrund vorliegt, so hat es auch auf die Bestellung eines Sachverständigen zu verzichten[442].

Die Entscheidung über die Verfahrenseröffnung erfordert vom Gericht die Leistung einer Ermittlungs- und Prüfungstätigkeit. Die Ermittlung, die aus der Beschaffung derjenigen Informationen besteht, die zur Feststellung eines Insolvenzgrundes notwendig sind, geht der Prüfung zwingend voraus. In diesem Zusammenhang bietet sich für das Gericht grundsätzlich die Beauftragung eines Sachverständigen an, der diese Unterlagen beschafft und aufbereitet. Dieses Angebot entfällt jedoch, wenn die Beteiligten dafür Sorge tragen, dass das Gericht auf Basis der vorgelegten Unterlagen die Prüfung unmittelbar durchführen und abschließen kann. Das Informationsbedürfnis des Gerichts, das mit der Notwendigkeit einer Entscheidung über den Eröffnungsantrag einhergeht, ist so bereits zum Zeitpunkt der Antragsvorlage vollständig befriedigt[443]. Die Ermittlungstätigkeit entfällt, das Gericht hat lediglich die ohnehin selbständig zu leistende Prüfungsaufgabe zu absolvieren[444].

Die Vorbereitung durch die Beteiligten beschränkt sich dabei nicht auf die bloße Bereitstellung von Informationen und Unterlagen. Diese werden im Interesse einer zügigen Entscheidung bereits so weit wie möglich aufbereitet. Je nach Insolvenzgrund bedeutet dies die Aufstellung einer Liquiditätsbilanz, eines Li-

---

439 Eine Ausnahme zu diesem Grundsatz stellt das in § 270b InsO selbständig geregelte Sanierungsvorbereitungsverfahren dar. Das Gericht eröffnet hier das vorläufige Insolvenzverfahren trotz Vorliegens des Insolvenzgrunds der drohenden Zahlungsunfähigkeit oder Überschuldung erst nach Ablauf der nach § 270b Abs. 1 InsO zur Planausarbeitung gesetzten Frist.

440 Vgl. hierzu den Wortlaut von § 21 Abs. 1 S. 1 InsO, wonach das Gericht Entscheidungen anzuordnen hat „bis zur Entscheidung über den Antrag".

441 Vgl. *Haarmeyer*, ZInsO 2001, S. 203; *Ley* in: Beck/Depré, § 4, Rn. 197.

442 So *Frege/Keller/Riedel*, Insolvenzrecht, Rn. 556; *H/W/F*, Handbuch, Kap. 3, Rn. 202; MüKo-*Haarmeyer*, § 22, Rn. 153; *Smid/Rattunde*, Insolvenzplan, Rn. 11.18; *Wehdeking* in: Flöther/Smid/Wehdeking, Kap. 2, Rn. 33.

443 Vgl. *Ziechmann* in: v. Leoprechting/Ziechmann, S. 181.

444 *Wehdeking* in: Flöther/Smid/Wehdeking, Kap. 2, Rn. 55.

quiditätsplans oder einer Überschuldungsbilanz[445]. Die Vorlage wird mit dem Paket aus Eröffnungsantrag und vorbereitetem Insolvenzplan verbunden. Zugleich sind insolvenzrechtliche Besonderheiten, etwa mit Verfahrenseröffnung entstehende Ansprüche aus Insolvenzanfechtung, zu berücksichtigen und zu dokumentieren[446].

Sicherzustellen haben die Beteiligten in diesem Zusammenhang den Grundsatz der Seriosität hinsichtlich der von ihnen bereitgestellten Unterlagen und Daten[447]. Der Schuldner muss im Falle eines Informationsbedürfnisses seitens des Gerichts jederzeit für die erforderlichen Auskünfte bereitstehen und kann so seinerseits zu einer zügigen Entscheidung über die Verfahrenseröffnung beitragen[448]. Durch die Leistung eines hinreichenden Massekostenvorschusses können die Beteiligten den Ermittlungs- und Prüfungsumfang des Gerichts weiter reduzieren[449]. Zur Vermeidung des Risikos, dass der Vorschuss die wahrscheinlichen Kosten nicht deckt, sollte dieser großzügig bemessen werden. Als Finanzierer kommen insbesondere die Gesellschafter des schuldnerischen Unternehmens in Betracht[450]. Die transparente und übersichtlich aufgearbeitete Darstellung seiner wirtschaftlichen Situation unter Berücksichtigung der (verfahrens-) rechtlichen Anforderungen und Besonderheiten ist indes wiederum Indiz für die Vertrauenswürdigkeit des Schuldners und Ausdruck dessen, dass von ihm keine Gefährdungen der möglicherweise künftigen Insolvenzmasse ausgehen[451].

II. Die Behandlung des Insolvenzplans im Insolvenzeröffnungsverfahren

1. Literatur

Nach Ansicht von *Haarmeyer/Wutzke/Förster* beschränken sich die in den §§ 217 ff. InsO festgelegten Regelungen über Verfahren, Inhalt und Ablauf des Insolvenzplans auf den „Normalfall", nämlich die Einreichung eines verfahrenserarbeiteten Plans[452]. Der demnach atypische Fall, nämlich die Vorlage eines

445 Vgl. FK-*Schmerbach*, § 18, Rn. 16; HK-*Kirchhof*, § 17, Rn. 24; *Uhlenbruck/Gundlach* in: Gottwald, § 6, Rn. 44 ff.

446 Vgl. MüKo-*Ganter*, § 5, Rn. 35.

447 LSZ-*Thiemann*, § 21, Rn. 21.

448 Vgl. *Gerster*, ZInsO 2008, S. 442.

449 *Ehlers*, NZI 2010, S. 259; LSZ-*Thiemann*, § 21, Rn. 21; *Maus*, DStR 2002, S. 1105; *Smid/Rattunde*, Insolvenzplan, Rn. 11.18; *Westrick*, NZI 2003, S. 71.

450 Vgl. *Hess/Weis*, WM 1998, S. 2355; *Steffan*, WPg. 2003, Sonderheft, S. 159.

451 Vgl. HambKom-*Schröder*, § 21, Rn. 34; *Pohlmann*, Befugnisse, Rn. 34.

452 *H/W/F*, Handbuch, Kap. 9, Rn. 9.

Insolvenzplans bereits mit dem Eröffnungsantrag, erfordere insoweit einen modifizierten Umgang mit den gesetzlichen Regelungen.

Daran anknüpfend räumen *Haarmeyer/Wutzke/Förster* sowie *Hess* dem Gericht bereits im Antragsverfahren eine Vorprüfungskompetenz hinsichtlich eines zeitgleich mit Eröffnungsantrag eingereichten Plans ein. Dabei legen sie dem Gericht einen weiten und intensiven Prüfungsmaßstab auf. Die Prüfung solle über die pauschale Vorprüfung des Plans nach § 231 InsO, die das Gesetz im eröffneten Insolvenzverfahren vorsieht, hinausgehen[453]. Sie sei im Zusammenhang mit der Prüfung der Erforderlichkeit von Sicherungsmaßnahmen im Sinne der §§ 21 ff. InsO zu sehen. Demnach werde im Falle des Vorliegens eines Plans zum Zeitpunkt des Eröffnungsantrags die Entscheidung über die Erforderlichkeit und Verhältnismäßigkeit vorläufiger Sicherungsmaßnahmen wesentlich durch die Vorprüfung des Plans beeinflusst. Sofern der Plan plausibel sei und Aussicht auf Erfolg biete, habe das Gericht die Anordnung von Sicherungsmaßnahmen auf die Inhalte und Erfordernisse für eine optimale Umsetzung des Plans auszurichten[454]. Beispielhaft führt *Hess* an, dass im Falle einer geplanten teilweisen Stilllegung des schuldnerischen Unternehmens die Verwaltungs- und Verfügungsbefugnis über den fortzuführenden Betriebsteil beim Schuldner zu belassen und diejenige über den zu liquidierenden Teil auf einen vorläufigen Insolvenzverwalter zu übertragen sei[455]. Nur auf diese Weise könne vermieden werden, dass durch Maßnahmen im Eröffnungsverfahren die spätere Umsetzung der im Plan vorgesehenen Änderungen unmöglich werde[456].

Smid/Rattunde stellen auf das Interesse des Schuldners ab, im Falle der Vorlage eines Insolvenzplans zeitgleich mit dem Antrag bereits im Eröffnungsverfahren auf etwaige Mängel seines Plans und damit die voraussichtliche Entscheidung nach § 231 InsO im eröffneten Verfahren durch das Gericht hingewiesen zu werden. Dies folge aus der Hinweispflicht nach § 139 ZPO, die über die Verweisungsnorm des § 4 InsO auch im Insolvenzverfahren Anwendung finde. Dies schließe das Eröffnungsverfahren ein[457]. Zum Kern der Hinweispflicht zähle es, den Antragsteller zu Anträgen in sachdienlicher Form zu bewegen, was auch in Bezug auf die Vorlage eines Insolvenzplans gelte[458]. *Smid/Rattunde* schließen

---

453 *H/W/F*, Handbuch, Kap. 9, Rn. 11; Hess-*Hess*, § 218, Rn. 32 ff.; *Hess* in: Hess/Obermüller, Rn. 38.

454 *H/W/F*, Handbuch, Kap. 9, Rn. 11; Hess-*Hess*, § 218, Rn. 32 ff.; ebenso *Götker*, Geschäftsführer, Rn. 539.

455 Hess-*Hess*, § 218, Rn. 30; *Hess* in: Hess/Obermüller, Rn. 30 ff.

456 Hess-*Hess*, § 218, Rn. 32 ff.; *Hess* in: Hess/Obermüller, Rn. 36.; *H/W/F*, Handbuch, Kap. 9, Rn. 11.

457 Vgl. hierzu auch LSZ-*Rattunde*, § 231, Rn. 33.

458 Vgl. insoweit auch LSZ-*Thiemann*, § 231, Rn. 33 f.

daraus, dass das Gericht den planvorlegenden Schuldner bereits im Antragsverfahren auf die im eröffneten Verfahren nach § 231 InsO zu erwartende Entscheidung hinweisen müsse. Ausschließlich in diesem Fall habe der Schuldner die Möglichkeit, eine zügige Abstimmung und Entscheidung über den Plan herbeizuführen[459]. Dabei legen sie dem Gericht nicht explizit eine Vorprüfung des Plans auf. Die Erteilung von Hinweisen im Hinblick auf die zu erwartende Entscheidung nach § 231 InsO setzt aber eine eben solche anhand des dort normierten Prüfungsmaßstabs voraus.

2. Stellungnahme

a) Der Beschleunigungsgrundsatz als Grenze der Planprüfung?

Das Gesetz beschränkt sich darauf, dem Gericht im Insolvenzantragsverfahren eine Entscheidung über Sicherungsmaßnahmen nach §§ 21 ff. InsO aufzuerlegen. Der, wie aus der schuldnerischen Befugnis aus § 218 Abs. 1 S. 2 InsO folgt, möglichen Konstellation, dass bereits zu diesem Zeitpunkt ein Insolvenzplan vorliegt, hat der Gesetzgeber nicht durch die Normierung besonderer Regelungen Rechnung getragen. Mithin hat das Gericht seine Aufgaben im Eröffnungsverfahren am Auftrag des § 21 InsO auszurichten, nämlich durch eine Anordnung etwaiger Sicherungsmaßnahmen eine nachteilige Veränderung in der Vermögenslage des Schuldners zulasten der Gläubiger zu verhindern.

Die Entscheidung des Gerichts wird dabei durch die Umstände des konkreten Falls bestimmt. Das Vorliegen eines Insolvenzplans bereits zu diesem Zeitpunkt wirkt sich auf die Entscheidung des Gerichts aus. Wesentlich im Insolvenzeröffnungsverfahren ist nach § 21 Abs. 1 S. 1 InsO die Sicherung der möglicherweise künftigen Insolvenzmasse. Zwar beschränkt sich diese nicht auf die statische Erhaltung der Masse in ihrem derzeitigen Bestand, sondern ist als dynamischer Prozess ausgestattet. Diese Dynamik ist jedoch das Resultat der Aufrechterhaltung des Geschäftsbetriebs im Eröffnungsverfahren, wie es in der Regel mit einem Sanierungssachverhalt einhergeht. Die Fortführung bedingt das Wirtschaften mit den vorhandenen Gütern und damit Veränderungen in der Masse[460]. Zugleich beschränkt sich der dynamische Prozess auf solche Veränderungen, die ihren Ursprung in der wirtschaftlichen Fortführung des Geschäftsbetriebs haben. Sinn und Zweck der Anordnung der Sicherungsmaßnahmen bleibt die Erhaltung eines Status quo als Ausgangspunkt der Durchführung des Insolvenzverfahrens mit seinen Sanierungs-, aber auch Liquidationsoptionen. Aufgabe des Gerichts ist es

---

459 *Smid/Rattunde*, Insolvenzplan, Rn. 9.4 ff.

460 Vgl. *Haarmeyer*, ZInsO 2001, S. 203.

nicht, ein zu diesem Zeitpunkt vorliegendes Verwertungskonzept bereits im Zuge der Anordnung der Sicherungsmaßnahmen umzusetzen, sondern allenfalls die Voraussetzungen hierfür offenzuhalten. Grundlage der letztlichen Verwertung des schuldnerischen Vermögens ist die Entscheidung der Gläubiger. Die Gläubigerautonomie stellt das dominierende Prinzip dar. Sie würde gefährdet, obläge es dem Gericht, bereits zum Zeitpunkt der Vorlage des Antrags ein Sanierungskonzept umzusetzen[461].

Die Ansätze von *Haarmeyer/Wutzke/Förster* und *Hess* sind erkennbar darauf ausgerichtet, die Anordnung solcher Sicherungsmaßnahmen durch das Gericht zu verhindern, die konträr zu den im Plan vorgesehenen Maßnahmen sind. Durch eine frühzeitige Prüfung des Plans wollen sie dieses Risiko minimieren. Konsequenz dieses Ansatzes ist jedoch die Umkehrung des vom Gesetzgeber geschaffenen Stufenverhältnisses, nach dem die Prüfung der Eröffnungsvoraussetzungen der Prüfung nach Sicherungsmaßnahmen vorgeht.

Der Beschleunigungsgrundsatz gebietet es für das Gericht, zügig eine Entscheidung über den eingereichten Insolvenzantrag herbeizuführen. Die Erforderlichkeit von Sicherungsmaßnahmen erstreckt sich gemäß § 21 Abs. 1 S. 1 InsO auf den Zeitraum, der für die Entscheidung über den Antrag notwendig ist. Das Gesetz verlangt insoweit vom Gericht, vorrangig eben diese Entscheidung herbeizuführen. Dies erfordert, die vorhandenen Kapazitäten hierauf auszurichten und nicht auf die Prüfung eines vorgelegten Insolvenzplans. Das Risiko für die Masse ist gerade das Resultat der zeitlichen Aufwendungen, die das Gericht im Rahmen der Prüfung des Eröffnungsantrags zu leisten hat. Dieses soll durch die Anordnung von Sicherungsmaßnahmen minimiert werden, insoweit widerspricht es der gesetzlichen Wertung, diesen risikobehafteten Zeitraum zugunsten einer Entscheidung über die Maßnahmen zu verlängern[462].

Auch der von *Smid/Rattunde* entwickelte Ansatz beruht erkennbar auf der Intention, eine Beschleunigung des gesamten Prozesses und damit eine Optimierung der Sanierungsaussichten herbeizuführen[463]. Auf dieser Grundlage legen sie dem Gericht auf, frühzeitig den Plan einer Prüfung zu unterziehen und verpflichten

---

461 Zu Recht auf das Risiko einer Präjudizierung hinweisend *Haarmeyer*, ZInsO 2001, S. 206; *H/W/F*, Handbuch, Kap. 3, Rn. 241.

462 Vgl. *Koch*, Eigenverwaltung, S. 66. Zu diesem Ergebnis kommen indes auch *Haarmeyer/Wutzke/Förster*. Zwar müsse sich nach ihnen das Gericht im Zuge der Frage nach Sicherungsmaßnahmen im Sinne des § 21 InsO mit dem bereits vorliegenden Insolvenzplan auseinandersetzen. Dies sei jedoch auf den Fall beschränkt, dass sich das Gericht nicht in der Lage sehe, auf Grundlage des Insolvenzantrags und des Plans über Antrag zu entscheiden, vgl. *H/W/F*, Handbuch, Kap. 9, Rn. 11. Ist demgemäß eine Entscheidung auf dieser Grundlage möglich, muss Gegenteiliges gelten und eine unverzügliche Entscheidung über den Antrag erfolgen.

463 Vgl. *Smid/Rattunde*, Insolvenzplan, Rn. 9.4.

es über § 4 InsO in Verbindung mit § 139 ZPO zu Hinweisen an den Schuldner im Hinblick auf die nach § 231 InsO zu erwartende Entscheidung. Aufgabe des Gerichts im Rahmen des Eröffnungsverfahrens ist jedoch primär die Prüfung der Eröffnungsvoraussetzungen sowie der Massekostendeckung und erst sekundär die Frage der Erforderlichkeit und Angemessenheit von Sicherungsmaßnahmen. Die Prüfung des Plans nach § 231 InsO findet zu diesem Zeitpunkt – wie *Smid/ Rattunde* selbst zu Recht ausführen – noch nicht statt[464]. Durch die richterliche Hinweispflicht gemäß § 139 ZPO wird das im Eröffnungsverfahren geltende Erfordernis, eine zügige Entscheidung über den Eröffnungsantrag herbeizuführen, nicht überlagert. Vielmehr entfaltet der mit § 139 ZPO verfolgte Zweck, ein effizientes Verfahren zu ermöglichen, auch im Hinblick auf die Ermittlung der Eröffnungsvoraussetzungen Wirkung und verpflichtet das Gericht auch hier, auf eine schnellstmögliche Herbeiführung der Entscheidungsreife hinzuwirken[465]. Sie kann dementsprechend nicht dazu führen, dass die Entscheidung über den Eröffnungsantrag verzögert wird. Eine Verfahrensförderung erfolgt nicht auf Kosten einer Verfahrensverzögerung. Aus § 139 ZPO resultiert keine generelle Pflicht des Gerichts, bereits im Eröffnungsverfahren den Plan einer eingehenden Prüfung im Hinblick auf § 231 InsO zu unterziehen. Dies schließt indes nicht aus, im Falle offensichtlicher, auch ohne detaillierte Prüfung erkennbarer Mängel, etwa bei Fehlen der nach §§ 229, 230 InsO erforderlichen Plananlagen, eine Pflicht für das Gericht zu Hinweisen an den planverfassenden Schuldner anzunehmen[466].

b) Ausnahmsweise Einschränkung des Beschleunigungsgrundsatzes durch § 22 Abs. 1 S. 2 Nr. 3, HS. 2. InsO?

Der auch in § 21 InsO zum Ausdruck gebrachte Beschleunigungsgedanke erfährt insoweit eine Einschränkung, als der Gesetzgeber klargestellt hat, dass das Gericht trotz Eröffnungsreife die Entscheidung über den Eröffnungsantrag ausnahmsweise hinausschieben kann[467].

Eingebettet ist diese Option in § 22 Abs. 1 S. 2 Nr. 3, HS 2. InsO, wonach das Gericht dem vorläufigen Insolvenzverwalter mit Verwaltungs- und Verfügungsbefugnis – über § 22 Abs. 2 InsO indes auch dem vorläufigen Verwalter ohne Verfügungsbefugnis sowie grundsätzlich dem Gutachter – aufzugeben kann, als Sachverständiger zu prüfen, welche Aussichten für eine Fortführung des

464 Vgl. *Smid/Rattunde*, Insolvenzplan, Rn. 9.4 f.

465 Vgl. Prütting/Gehrlein-*Prütting*, § 139, Rn. 1; Zöller-*Greger*, § 139, Rn. 1.

466 Im Rahmen eines umfassend vorbereiteten Plans unter Beteiligung sachkundiger Hilfe ist hiervon jedoch kaum auszugehen.

467 Vgl. BT-Drs. 12/7302, S. 158.

schuldnerischen Unternehmens bestehen[468]. Der Gesetzgeber ging davon aus, dass diese anspruchsvolle Prüfung zum Zeitpunkt der Entscheidungsreife über den Antrag regelmäßig nicht abgeschlossen sein wird[469]. Jedoch will er dem vorläufigen Insolvenzverwalter bzw. Gutachter ermöglichen, seine Haltung im eröffneten Verfahren von dem Ausgang der Fortführungsprognose abhängig zu machen. Dies hat er für die Ausübung seines Wahlrechts hinsichtlich gegenseitiger Verträge im Sinne der §§ 103 ff. InsO ausdrücklich klargestellt[470].

Dem vorläufigen Insolvenzverwalter sämtliche Optionen für das Verfahren offenzuhalten schließt die Möglichkeit ein, ein Verwertungskonzept bereits im Eröffnungsverfahren vorzubereiten[471]. Der Verwalter soll zügig mit der Erarbeitung eines Konzepts beginnen und in der Gläubigerversammlung nicht nur die Krisenursachen, sondern idealerweise bereits konkrete Vorstellungen zur Überwindung derselben im Interesse der Realisierung einer optimalen Haftungsverwirklichung – insbesondere in Form eines Sanierungsplans – darlegen[472]. Die Möglichkeit trägt dem Grundsatz Rechnung, dass Sanierungen rechtzeitig vorbereitet und umgesetzt werden müssen[473]. Zugleich ist sie wesentlich mit der Option für den Insolvenzverwalter verbunden, zusätzliche Liquidität für das schuldnerische Unternehmen zu beschaffen, indem er vor der Eröffnung des Verfahrens den Zeitraum von drei Monaten für die Zahlung des von der Bundesagentur für Arbeit bereitgestellten Insolvenzgeldes ausschöpft[474].

Einem Sachverständigen die Prüfung der Fortführungsaussichten des schuldnerischen Unternehmens im Sinne des § 22 Abs. 1 S. 2 Nr. 3, HS 2. InsO aufzuerlegen und damit die Option wahrzunehmen, die Entscheidung über die Eröffnung hinauszuschieben, ist jedoch auf die Konstellation beschränkt, dass zum Zeitpunkt der Vorlage des Eröffnungsantrags kein Verwertungskonzept vorliegt. Liegt zum Zeitpunkt der Antragstellung und damit der Formulierung eines Sachverständigenauftrags ein vom Schuldner ausgearbeiteter Insolvenzplan vor, scheidet die Option der Nichtentscheidung bei Entscheidungsreife für das Gericht aus. Das vom Gesetzgeber verfolgte Ziel dafür Sorge zu tragen, dass den Gläubigern im Berichtstermin ein Verwertungskonzept präsentiert wird, ist in diesen Fall bereits verwirklicht.

---

468 Vgl. Vgl. BT-Drs. 12/7302, S. 158; *Uhlenbruck* in: KS, S. 360.

469 MüKo-*Haarmeyer*, § 22, Rn. 164.

470 Vgl. BT-Drs. 12/7302, S. 158; *Pape/Uhlenbruck*, Insolvenzrecht, Rn. 414.

471 *Ernestus* in: Mohrbutter/Ringstmeier, § 4, Rn. 13; *H/W/F*, Handbuch, Kap. 3, Rn. 207 f.

472 Vgl. *Pape/Uhlenbruck*, Insolvenzrecht, Rn. 791.

473 *Ernestus* in: Mohrbutter/Ringstmeier, § 4, Rn. 13; *H/W/F*, Handbuch, Kap. 3, Rn. 206; *Uhlenbruck/Vuia* in: Gottwald, § 14, Rn. 79.

474 Vgl. FK-*Schmerbach*, § 22, Rn. 83, 89 ff.

Der Gesetzgeber konzentriert die Erarbeitung eines Verwertungskonzepts nach der Vorlage des Eröffnungsantrags auf den vorläufigen Verwalter bzw. Gutachter[475]. Für den Schuldner bleibt, wie sich aus § 218 Abs. 1 S. 1 InsO ergibt, die Vorlage eines Insolvenzplans zwar weiterhin möglich. Allerdings will es das Gesetz nicht hinnehmen, sich auf die bloße Erwartung zu beschränken. Immerhin hat der Schuldner die ihm gemäß § 218 Abs. 1 S. 2 InsO obliegende Option, einen Insolvenzplan zeitgleich mit dem Eröffnungsantrag vorzulegen, bereits ungenutzt gelassen. Der Gesetzgeber will nunmehr dafür Sorge tragen, dass den Gläubigern frühzeitig, idealerweise schon im Berichtstermin eine Verwertungsperspektive geboten wird. Ein vorläufiger Verwalter soll sich nicht darauf verlassen und beschränken, dass ihn die Gläubigerversammlung im Berichtstermin mit der Ausarbeitung eines Insolvenzplans gemäß § 157 S. 2 InsO beauftragt[476]. Aus diesem Grund wird der vorläufige Verwalter bzw. Gutachter bereits frühzeitig in eine aktive, gestalterische Position versetzt, dessen Wirkungsresultat idealerweise das Verwertungskonzept darstellt. Für die Erarbeitung nimmt das Gesetz zeitliche Aufwendungen hin[477].

Sinn und Zweck des Sachverständigenauftrags im Sinne des § 22 Abs. 1 S. 2 Nr. 3, HS 2. InsO ist die Initiierung einer agierenden und gestalterischen Tätigkeit. Ein dahingehendes Bedürfnis besteht jedoch im Falle des Vorliegens eines Insolvenzplans bereits bei Antragsvorlage nicht. Agierende und gestaltende Beiträge durch einen – sofern überhaupt bestellten – vorläufigen Insolvenzverwalter entfallen in dieser Konstellation nicht nur, sie sind vielmehr von den Beteiligten nicht gewollt. Das mit dem Prüfungsauftrag hinsichtlich der Fortführungsaussichten gemäß § 22 Abs. 1 S. 2 Nr. 3, HS 2. InsO verknüpfte Ziel, die frühzeitige Präsentation eines Verwertungskonzepts zu ermöglichen, ist bereits verwirklicht. Die Vorfinanzierung des Insolvenzgeldes zur Gewinnung von Liquidität stellt lediglich eine Option, jedoch keine Pflicht dar[478]. Zugleich ist sie auf solche Fälle beschränkt, in denen der vorläufige Insolvenzverwalter tatsächlich einen Zeitraum von drei Monaten für die Erstellung eines Verwertungskonzepts benötigt[479]. Im Falle des Vorliegens eines prepackaged plan ist eine Verkürzung dieses Zeitraums ob der Einschränkung des vom Gericht zu leistenden Ermittlungsum-

475 Wenn zum Zeitpunkt der Einreichung des Eröffnungsantrags keine Verwertungsperspektive gegeben ist, bestellt das Gericht regelmäßig einen vorläufigen Insolvenzverwalter bzw. Gutachter. Letzterer wird, sofern er Sanierungsperspektiven erkennt und hierfür eine Fortführung oder Wiederaufnahme des Geschäftsbetriebs notwendig ist, unverzüglich die Anordnung der vorläufigen Insolvenzverwaltung gegenüber dem Gericht als Sicherungsmaßnahme anregen.

476 Vgl. *Uhlenbruck* in: KS, S. 361.

477 FK-*Schmerbach*, § 22, Rn. 75 f.

478 Vgl. *Kußmaul/Steffan*, DB 2000, S. 1850 f.; *Rattunde*, ZIP 2003, S. 598

479 HK-*Kirchhof*, § 27, Rn. 16; Uhlenbruck-*Uhlenbruck*, § 27, Rn. 10.

fangs gewährleistet. Zudem ergibt sich idealerweise – gerade in Fällen frühzeitiger Antragstellung – das Bedürfnis, Liquidität zur Überbrückung des vorläufigen Finanzierungsbedarfs zu decken, nicht.

Diese Wertung kommt auch beim Schutzschirmverfahren nach § 270b InsO zum Ausdruck. Im Falle seiner Anordnung ist den Gläubigern die Vorlage eines Sanierungsplans garantiert. Der Gesetzgeber hat hierzu klargestellt, dass im Schutzschirmverfahren die Beauftragung eines Sachverständigen nicht erfolgen darf[480]. Da der Schuldner mit der Bescheinigung bereits das Vorliegen eines Eröffnungsrundes nachgewiesen hat, besteht die Notwendigkeit einer dahingehenden Feststellung zwar ohnehin nicht. Allerdings beinhaltet das Verbot auch einen Verzicht darauf, alternative Verwertungsvorschläge – auch im Hinblick auf ein mögliches Scheitern der schuldnerischen Plangestaltung im Sinne des § 270b Abs. 4 InsO – erarbeiten zu lassen.

Die Berechtigung des Gerichts, die Entscheidung über einen entscheidungsreifen Eröffnungsantrag hinauszuschieben, ist insofern auf das Erfordernis dieser gestalterischen Tätigkeit beschränkt. Liegt ein Insolvenzplan bereits zur Entscheidung über den Sachverständigenauftrag vor, wandelt sich die vom Sachverständigen zu leistende Tätigkeit nicht etwa in die Pflicht, das vom Schuldner vorgelegte Verwertungskonzept zu prüfen[481]. Der Gesetzgeber wollte mit der Option aus § 22 Abs. 1 S. 2 Nr. 3, HS 2. InsO lediglich eine gestalterische Komponente ermöglichen, jedoch keine zusätzliche Prüfungsinstanz schaffen. Zwar vermag ein vom Schuldner erarbeiteter Plan nicht die Seriosität eines Verwalterplans zu verkörpern. Dennoch rechtfertig dies nicht, durch eine zeitaufwendige Prüfung die Entscheidung über ihn hinauszuschieben und dadurch seine zügige, erfolgversprechende Umsetzung zu gefährden[482]. Ohnehin ist es in einem durch die Gläubigerautonomie geprägten Verfahren die Aufgabe und das Recht der zur Abstimmung exklusiv berufenen Gläubiger, über die ihnen präsentierte Verwertungsgrundlage zu entscheiden. Mithin besteht im Falle eines prepackaged plan keine Berechtigung für das Gericht, von dem grundsätzlich vorgesehenen Erfordernis, bei Entscheidungsreife unverzüglich über den Eröffnungsantrag zu entscheiden, abzuweichen.

Die nach dem Insolvenzplanverfahren vorgesehenen Prüfungen des Plans durch das Gericht werden durch eine Prüfung des Plans durch den Sachverständigen im Eröffnungsverfahren nicht obsolet. Vielmehr müssen sie im eröffneten Verfahren noch erbracht werden. Die Prüfungen werden insoweit zwar vorbereitet,

---

480 BT-Drs. 17/5712, S. 41.

481 So aber ohne nähere Begründung *Uhlenbruck* in: KS, S. 361; wohl auch *Hess* in: Hess/Obermüller, Rn. 30 ff.

482 Vgl. *Uhlenbruck*-Uhlenbruck, § 22, Rn. 207.

durch die Möglichkeit der Planänderung gemäß § 240 InsO kann sich der Prüfungsgegenstand jedoch – zumindest für die Prüfung nach § 250 InsO – noch ändern. Eine tatsächliche, sowohl vom Gesetzgeber als auch den o. g. Literaturvertretern gewollte Beschleunigung der Herbeiführung einer Entscheidung über ein aussichtsreiches Sanierungskonzept kann demgemäß ausschließlich dadurch herbeigeführt werden, dass die bereits absolvierbaren Etappen schnellstmöglich absolviert und damit die sich anschließenden Etappen absolvierbar werden.

B. Die Eröffnung des Insolvenzverfahrens

I. Wirkungen der Verfahrenseröffnung

Der neben Massekostenvorschuss und Insolvenzplan gemäß § 218 Abs. 1 S. 2 InsO vorgelegte zulässige und begründete Eröffnungsantrag führt zur Eröffnung des Insolvenzverfahrens durch das Insolvenzgericht. Die Entscheidung ergeht im Wege des Beschlusses[483].

Das Gesetz knüpft eine Vielzahl von Rechtsfolgen an die Eröffnung des Insolvenzverfahrens. Dem Insolvenzgericht kommt im Zusammenhang mit dem Erlass des Eröffnungsbeschlusses nur vereinzelt ein Handlungs- und Entscheidungsspielraum zu. Wichtigste Entscheidung des Gerichts ist grundsätzlich die Auswahl des Insolvenzverwalters, die es gemäß §§ 27 Abs. 1 S. 1, 56 InsO nach Ausübung eines pflichtgemäßen Ermessens trifft[484]. Weitere Ermessensspielräume stehen dem Insolvenzgericht im Zusammenhang mit den Entscheidungen betreffend die Eigenverwaltung, die Einsetzung eines Gläubigerausschusses, die Festsetzung der Frist zur Forderungsanmeldung sowie der Terminierung des Berichtstermins, gegebenenfalls verbunden mit der Zusammenlegung mit dem Prüfungstermin, zu[485].

II. Die Anordnung der Eigenverwaltung

1. Rechtliche Grundlagen

Das Gesetz sieht mit der Eröffnung des Insolvenzverfahrens massesichernde Maßnahmen vor. Hierzu zählt allen voran die Regelung des § 80 Abs. 1 InsO,

---

483 *Uhlenbruck/Gundlach* in: Gottwald, § 16, Rn. 22.

484 Vgl. *Bruder* in: WDWW, Kap. 2, Rn. 15 ff.; *Mohrbutter* in: Mohrbutter/Ringstmeier, § 6, Rn. 16 ff.

485 *Maier* in: WDWW, Kap. 3, Rn. 38.

wonach mit der Eröffnung das Recht des Schuldners, das zur Insolvenzmasse gehörenden Vermögen zu verwalten und über es zu verfügen, auf den Insolvenzverwalter übergeht. Der Hintergrund dieser Regelung besteht darin, die Gläubiger vor Maßnahmen, die dem Zweck der gleichmäßigen Gläubigerbefriedigung zuwiderlaufen, zu schützen[486].

Ausnahme zu diesem Regelfall stellt die Eigenverwaltung im Sinne der §§ 270 ff. InsO dar. Im Falle ihrer Anordnung bleibt der Schuldner im Besitz seines Unternehmens und darf unter Aufsicht eines Sachwalters die Insolvenzmasse verwalten und über sie verfügen[487]. Sie trägt dem Grundsatz Rechnung, dass es unter bestimmten Voraussetzungen nicht nur im Interesse des Schuldners, sondern auch der Gläubiger sein kann, die Verwaltungs- und Verfügungsbefugnis beim Schuldner zu belassen[488]. Gründe hierfür sind allen voran die Nutzung der Erfahrungen und Beziehungen der bisherigen Geschäftsführung sowie die Ersparnis eines Kosten- und Zeitaufwands, die ein bestellter Insolvenzverwalter für die Einarbeitung in das ihm unbekannte Unternehmen benötigen würde[489].

Für die Eigenverwaltung gelten nach § 270 Abs. 1 S. 2 InsO im Grundsatz die gleichen Regeln wie für das Regelinsolvenzverfahren. Die Kompetenzverteilung zwischen dem Schuldner und dem ihm zur Seite gestellten Sachwalters regeln die §§ 274-285 InsO. Demnach verbleiben die typischerweise mit der Geschäftsführung des Unternehmens zusammenhängenden Aufgaben und Befugnisse beim Schuldner[490]. Der Sachwalter prüft nach § 274 Abs. 2 S. 1 InsO die wirtschaftliche Lage des Schuldners und überwacht dessen Geschäftsführung. Darüber hinaus kommen ihm die insolvenztypischen Aufgaben zu, d. h. solche, die im Falle eines Regelinsolvenzverfahrens dem Insolvenzverwalter obliegen. Hierzu zählt nach § 270c S. 2 InsO die Entgegennahme von Forderungsanmeldungen, die Geltendmachung von Insolvenzanfechtungen gemäß § 280 InsO sowie nach § 285 InsO die Anzeige von Masseunzulänglichkeit[491].

---

486 *Haas/Kahlert* in: Gottwald, § 86, Rn. 1.

487 *Huntemann* in: Huntemann/Brockdorff, Kap. 14, Rn. 2.

488 *Westrick*, NZI 2003, S. 69.

489 Vgl. nur *Bales*, NZI 2008, S. 220; *Hofmann*, ZIP 2007, S. 261; *Landry* in: Mohrbutter/Ringstmeier, § 15, Rn. 2; *Westrick*, NZI 2003, S. 69.

490 *Frege/Keller/Riedel*, Insolvenzrecht, Rn. 2040; *Haas/Kahlert* in: Gottwald, § 86, Rn. 1.

491 *Haas/Kahlert* in: Gottwald, § 86, Rn. 3; *Skauradszun*, DZWir 2010, S. 367.

2. Der prepackaged plan im Kontext der gerichtlichen Entscheidungen über die Eigenverwaltung

a) Bedeutung der Eigenverwaltung für den prepackaged plan

(1) US-amerikanisches Vorbild

Vorbild des deutschen Gesetzgebers bei der Schaffung der Eigenverwaltung war das US-amerikanische Insolvenzrecht. Im Reorganisationsverfahren nach Chapter 11 BC bleibt der Schuldner nach 11 USC § 1107 (1) als „debtor in possession“ nach der Eröffnung des Insolvenzverfahrens Inhaber der Verwaltungs- und Verfügungsbefugnis über sein Vermögen. Er hat die Geschäftsführung und Verwaltung seines haftenden Vermögens als Treuhänder für seine Gläubiger wahrzunehmen[492].

Die dominante Rolle des Schuldners ist insbesondere im Falle einer prepackaged plan basierten Reorganisation nach US-amerikanischen Recht wesentlicher Bestandteil der Beherrsch- und Planbarmachung des gesetzlichen Insolvenzverfahrens. Die Beteiligten wissen bereits im Zuge ihrer dem Verfahren zeitlich vorgelagerten Verhandlungen um die einflussreiche Position des Schuldners im künftigen Insolvenzverfahren. Im Falle eines ausgehandelten prepackaged plan beutetet dies für den Schuldner die Möglichkeit, im Verfahren die im Vorfeld ausgehandelten und von der Mehrheit getragenen Sanierungsmaßnahmen in eigener Regie weitestgehend vorzubereiten und bereits umzusetzen. Da das Gesetz keine Voraussetzungen an die Belassung der Verwaltungs- und Verfügungsbefugnis beim Schuldner knüpft, brauchen die Beteiligten im Zuge der Planerstellung keine Kapazitäten für eine Sicherstellung derselben auszuwenden.

Die Bestellung eines unternehmensexternen Verwalters (trustee) ist im US-amerikanischen Recht lediglich als Ausnahme vorgesehen. Grundsätzlich bleibt der Schuldner zur Weiterführung seines Unternehmens im eröffneten Insolvenzverfahren berechtigt. Dies umfasst neben der Fortsetzung seines Betriebs inklusive aller damit zusammenhängen Geschäfte die Führung von Aktiv- und Passivprozessen gegen die Masse und auch die Geltendmachung von Ansprüchen aus Insolvenzanfechtung[493]. Zwar obliegen dem Schuldner im Zuge seiner Unternehmensfortführung bestimmte Berichtspflichten, diese lassen jedoch die Tatsache unberührt, dass er den Reorganisationsprozess wesentlich in seinen Händen hält[494].

---

492 NR-*Riggert*, Vor. §§ 270-285, Rn. 3.

493 *Fassbach*, Cram down, S. 15 f.

494 *Fassbach*, Cram down, S. 16 f.

Mit den Ansichten eines unternehmensfremden Dritten muss sich der Schuldner in diesem Prozess nicht auseinandersetzen und arrangieren. Einen Sachwalter als Aufsichtsperson, wie ihn das deutsche Recht für den eigenverwaltenden Schuldner vorsieht, kennt das US-amerikanische Reorganisationsrecht nicht[495]. Zwar sieht auch das US-Recht eine Überwachung des Schuldners im gerichtlichen Sanierungsverfahren vor. Diese erfolgt aber nicht durch eine externe vom Gericht bestellte Person, sondern durch Gläubigerausschüsse (creditors' committees)[496]. Anders als der trustee tragen die Verwaltungsorgane der Gläubiger aufgrund der dem Verfahren vorausgegangenen Verhandlungen das erarbeitete Plankonzept vollumfänglich mit. Sie sind Bestandteil der Einheit, die sich zwischen dem Schuldner und seinen Gläubigern im Zuge der Verhandlungen geformt hat. Die Gläubigerausschüsse verkörpern – anders als ein externer Dritter – nicht das Risiko einer Verzögerung und Gefährdung der Planumsetzung. Vielmehr haben sie ihrerseits ein erhebliches Interesse an der zügigen Herbeiführung der Rechtsverbindlichkeit der im Reorganisationsplan vereinbarten Maßnahmen. Insoweit besteht für sie kein Anlass, diesen Prozess durch die Vornahme gegenläufiger Handlungen zu gefährden[497].

(2) Die Bedeutung der Anordnung der Eigenverwaltung für den prepackaged plan

Während der Beginn des gerichtlichen Verfahrens für den Schuldner eines US-amerikanischen Sanierungssachverhalts einen von ihm so gut wie vollumfänglich beherrschten Prozess einleitet, ist der sanierungswillige deutsche Schuldner grundsätzlich der Gefahr ausgesetzt, sein im Vorfeld mit den Gläubigern erarbeitetes Plankonzept gegenüber einem Insolvenzverwalter behaupten zu müssen. Im deutschen Insolvenzrecht macht die Bestellung eines externen, mit umfangreichen Kompetenzen ausgestatteten Insolvenzverwalters den Regelfall aus. Seine Bestellung beinhaltet das Risiko, dass er das ihm präsentierte Konzept unberücksichtigt lässt und durch faktisches wie rechtliches Handeln bzw. Nichthandeln die Umsetzung des Konzepts unmöglich werden lässt[498].

Der nach § 218 Abs. 1 S. 2 InsO möglichen Konstellation, dass der Schuldner bereits mit der Stellung des Eröffnungsantrags einen Insolvenzplan verbindet,

495 FK-*Jaffé*, § 217, Rn. 120.

496 *Haas/Kahlert* in: Gottwald, § 86, Rn. 11; NR-*Riggert*, Vor. §§ 270-285, Rn. 3.

497 Dies gilt etwa im Hinblick auf ihre Berechtigung, die Bestellung eines examiners zu beantragen, der gemäß 11 USC § 1104 (c) im Falle der Nichtbestellung eines trustees bestellt werden kann und die finanzielle Lage des Unternehmens sowie Vorwürfe aus Misswirtschaft gegen die Unternehmensleitung prüft, vgl. *Fassbach*, Cram down, S. 18.

498 *Braun* in: Braun/Uhlenbruck, S. 687 ff.; Nerlich/Römermann-*Braun*, Vor. § 217, Rn. 220; *Smid*, Praxishandbuch, § 33, Rn. 1; *Steffan*, WPg. 2003, Sonderheft, S. 157 f.

hat der Gesetzgeber weder im Insolvenzantrags- noch im eröffneten Verfahren mit der Normierung besonderer Regelungen Rechnung getragen. Dies gilt mithin auch im Hinblick auf den zu bestellenden Insolvenzverwalter und sein Verhältnis zu dem vorgelegten Plan. Das Risiko der Nichtumsetzung seines Sanierungskonzepts ist damit für denjenigen Schuldner, der dieses im Vorfeld des Verfahrens entworfen und sodann in Form des Insolvenzplans einbringt, stets existent. Mit diesem Risiko korrespondiert das Bedürfnis frühzeitiger Behauptung gegenüber dem Insolvenzverwalter[499]. Das entworfene Konzept zu verteidigen und damit dessen zügige Umsetzung zu sichern stellt erhebliche Ansprüche an den planverfassenden Schuldner. Er muss den Verwalter von seinem Sanierungskonzept und dessen Erfolgsaussichten restlos überzeugen. Dies bindet Kapazitäten und hindert ihn an einer fokussierten Vorbereitung der Planumsetzung. Lehnt der Insolvenzverwalter das Konzept ab, scheidet eine Umsetzung des Schuldnerplans aufgrund des immensen Einflusses des Verwalters sowohl auf die Fortführung des Geschäftsbetriebs als auch auf die Gläubiger faktisch aus[500].

Die Aussicht auf eine zügige Bestätigung des Plans unter Bereitung aller Voraussetzungen, die für eine optimale Umsetzung der Planmaßnahmen erforderlich sind, besteht demgemäß idealerweise dann, wenn der Schuldner gar nicht erst in diese Behauptungssituation gegenüber einem Insolvenzverwalter gelangt. Schlüssel hierfür ist die Anordnung der Eigenverwaltung im Eröffnungsbeschluss, die die Herbeiführung seiner Haftungsverwirklichung dem Schuldner überlässt anstatt sie auf einen externen Insolvenzverwalter zu übertragen[501]. In diesem Fall muss sich der Schuldner statt mit einem einflussreichen Verwalter lediglich mit einem mit weniger Kompetenzen ausgestatteten Sachwalter auseinandersetzen. Die Verteidigungskomponente entfällt, die dadurch nicht gebundenen Kapazitäten können in einem aktiven Prozess zur Vorbereitung der Umsetzung des Konzepts verwendet werden[502].

Die Möglichkeit der Eigenverwaltung ist insoweit insbesondere für denjenigen Schuldner von Bedeutung, der den Eintritt in ein Insolvenzverfahren mit der

---

499 *Smid*, Praxishandbuch, § 33, Rn. 1; *Spies*, ZInsO 2005, S. 1255 f.; *Westrick*, NZI 2003, S. 69.

500 Vgl. *Braun* in: Braun/Uhlenbruck, S. 686; *Steffan*, WPg. 2003, Sonderheft, S. 157; *Uhlenbruck*, BB 1998, S. 2014; *Westrick*, NZI 2003, S. 69.

501 Die Gläubiger können zwar in der ersten Gläubigerversammlung gemäß § 271 InsO das Gericht zur Anordnung der Eigenverwaltung verpflichten. Im Falle einer zunächst erfolgten Ablehnung des Antrags hat das Gericht jedoch einen Insolvenzverwalter zu bestellen, der durch seine Wirkungsmöglichkeiten in der Zwischenzeit zu einer erheblichen Gefährdung der Planumsetzung sorgen kann. Eine Anordnung in der ersten Gläubigerversammlung erfolgt daher regelmäßig zu spät, vgl. MüKo-*Wittig*, § 270, Rn. 38; *Spies*, ZInsO 2005, S. 1256.

502 Vgl. *Maus*, DStR 2002, S. 1108.

Perspektive der Sanierung verbindet[503]. Bevor die in einem Insolvenzplan festgelegten Sanierungsmaßnahmen in verbindliches Recht transformiert werden, ist ein zum Großteil festgelegter und damit determinierter Verfahrensweg zu absolvieren. Die zügige Absolvierung dieses Weges ist das mit einem prepackaged plan verfolgte Ziel der Beteiligten. Wesentlich hierfür ist es im Grundsatz nicht, die Verwaltungs- und Verfügungsbefugnis beim Schuldner zu belassen. Denn auch ein Insolvenzverwalter kann an sich dafür Sorge tragen, dass die Voraussetzungen für eine optimale Umsetzung des erarbeiteten Konzepts bestehen. Allerdings ist es unerlässlich, dem Risiko zuwiderlaufender Entwicklungen von vornherein entgegenzutreten. Diese wurzeln allen voran in der Person des Insolvenzverwalters mit seinen zeitintensiven Einarbeitungs-, Prüfungs- und Kommunikationsbedürfnissen sowie seinen wirkungsvollen rechtlichen wie tatsächlichen Handlungsmöglichkeiten.

(3) Intention der Beteiligten

Das Interesse des Schuldners, den von ihm vorgelegten Plan in eigener Regie umzusetzen, tragen die Gläubiger ob ihrer Beteiligung an dem planerischen Gestaltungsprozess vollumfänglich mit. Ihre Interessenlage ist insoweit mit der des Schuldners identisch. Auch sie begehren eine zügige Herbeiführung der Bestätigung des Insolvenzplans, um ihre Rechte entsprechend der im Plan getroffenen Vereinbarungen verwirklichen zu können. Damit einher geht das Bedürfnis, eine Behauptungssituation des Konzepts gegenüber einem Insolvenzverwalter und das Risiko zeitlicher Verzögerung zu vermeiden. Für sie kommt es demgemäß wie für den Schuldner darauf an, die Anordnung der Eigenverwaltung zu erreichen[504].

Hiermit verbunden ist der Verzicht auf die Bestellung eines mit umfassender Sanierungskompetenz und -erfahrung ausgestatteten Insolvenzverwalters, der ihnen alternative Gestaltungsmöglichkeiten präsentieren könnte. Der prepackaged plan und die Umstände seiner Erarbeitung haben bei den Gläubigern einen hinreichenden Optimismus entfacht. Sie sind von dem erarbeiteten Konzept im Hinblick auf dessen Inhalt und Umsetzung durch den Schuldner überzeugt. Die Gläubiger vertrauen auf eine zügige und ordnungsgemäße Durchführung durch den Schuldner. Sie verzichten auf den Insolvenzverwalter als Zwangsinstrumentarium zur Durchsetzung der schuldnerischen Haftung[505]. Dies ist Ausdruck des Vertrauens in die Fähigkeiten des Schuldners, den Plan entsprechend der im

503 Vgl. *Spies*, ZInsO 2005, S. 1257; *Westrick*, NZI 2003, S. 69; wobei auch die Liquidation des Schuldners im Wege der Eigenverwaltung zulässig ist, vgl. nur *Huhn*, Eigenverwaltung, Rn. 166 ff.

504 *Madaus*, Insolvenzplan, S. 581.

505 Vgl. *Smid*, WM 1998, S. 2505.

Vorfeld getroffenen Absprachen umzusetzen und sich im Hinblick auf die Unterstützung und Überwachung des Schuldners auf einen mit weniger Kompetenzen ausgestatteten Sachwalter zu beschränken. Der eingesparte Zeitaufwand überwiegt das vermeintliche in einer Eigenverwaltung für die Gläubiger wurzelnde Risiko eines Missbrauchs durch den Schuldner.

Die Intention der Gläubiger wie des Schuldners, auf eine zügige Absolvierung des Insolvenzverfahrens hinzuwirken und dabei Risiken, die ein handlungsbefugter Insolvenzverwalter mit sich bringt, zu vermeiden, ist auf eine frühestmögliche Anordnung der Eigenverwaltung ausgerichtet. Diesen Zeitpunkt markiert gemäß §§ 270 Abs. 1 S. 1, 27 Abs. 1 S. 2 InsO der Eröffnungsbeschluss, in dem jedoch ausschließlich das Insolvenzgericht die Eigenverwaltung anordnen kann. Eine Verpflichtung des Insolvenzgerichts zur Anordnung durch die erste Gläubigerversammlung ist nach § 271 S. 1 InsO zwar möglich, kommt für die Beteiligten im Hinblick auf die Sensibilität des prepackaged plan für jedwede Unregelmäßigkeiten jedoch zu spät[506].

b) *Entscheidung des Gerichts*

Einzig das Insolvenzgericht kann die Eigenverwaltung im Eröffnungsbeschluss anordnen. Die Ermittlung der Anordnungsvoraussetzungen muss demgemäß zwingend vor der Eröffnung des Insolvenzverfahrens, mithin im Eröffnungsverfahren, erfolgen. Das Gericht kann sich dieser Ermittlung und Entscheidung im Falle der Beantragung nicht entziehen[507].

Die vom Gericht im Eröffnungsverfahren zu leistenden Ermittlungs- und Prüfungsaufgaben werden durch den Antrag des Schuldners auf Anordnung der Eigenverwaltung erweitert[508]. Nach der Vorschrift des § 270a Abs. 1 S. 1 InsO soll das Gericht im Eröffnungsverfahren davon absehen, dem Schuldner ein allgemeines Verfügungsverbot aufzuerlegen oder anzuordnen, dass alle Verfügungen des Schuldners nur mit Zustimmung des vorläufigen Insolvenzverwalters wirksam sind. Voraussetzung hierfür ist jedoch, dass der Anordnungsantrag nicht offensichtlich aussichtlos ist. Das Gericht hat hierbei eine Plausibilitätskontrolle bezüglich der materiellen Voraussetzungen vorzunehmen[509].

Diese Plausibilitätsprüfung fügt sich ohne Weiteres in Systematik des Eröffnungsverfahrens ein. Das bedeutet, dass das Gericht primär die Prüfung der Eröffnungsvoraussetzungen sowie der Massekostendeckung vorzunehmen hat. Lediglich, wenn konkrete Anhaltspunkte für eine Massegefährdung vorliegen,

---

506 Vgl. nur *Huhn*, Eigenverwaltung, Rn. 305 ff.

507 *Nerlich* in: Nerlich/Kreplin, § 21, Rn. 173.

508 *Buchalik*, NZI 2000, S. 297.

509 Vgl. *Desch*, BB 2011, S. 841.

hat es überhaupt Erwägungen zur Erforderlichkeit und Verhältnismäßigkeit von Sicherungsmaßnahmen und damit zu den Erfolgsaussichten des Antrags auf Anordnung der Eigenverwaltung anzustellen[510]. Die Bejahung einer Sicherungsmaßnahmen erfordernden Massegefährdung geht der Prüfung der Erfolgsaussichten des Eigenverwaltungsantrags nach § 270a Abs. 1 InsO zwingend voraus. Die Vorschrift lässt das in § 21 Abs. 1 InsO normierte Stufenverhältnis unberührt[511].

Auch im Zuge der Prüfung der Anordnungsvoraussetzungen gelten die im Eröffnungsverfahren einschlägigen Grundsätze der Amtsermittlung und Beschleunigung. Es handelt sich bei ihr um eine Eilentscheidung. Dies ergibt sich aus dem Bezug zu dem als Eilentscheidung zu qualifizierenden Eröffnungsbeschluss[512]. Würde man mit *Wittig*[513] annehmen, dem Gericht stünden zeitintensive Ermittlungstätigkeiten zu, läge man ihm die Möglichkeit auf, das Eröffnungsverfahren in die Länge zu ziehen und das Risiko einer Verwirklichung der einer Verfahrensverzögerung innewohnenden Gefahren für die Masse zu erhöhen. Dieses Risiko soll im Eröffnungsverfahren jedoch immer vermieden werden. Das Gericht hat mithin auf eine unverzügliche Entscheidung auch über den Antrag auf Anordnung der Eigenverwaltung hinzuwirken und den risikobehafteten Zeitraum des Eröffnungsverfahrens so schnell wie möglich zu überbrücken.

Gemäß § 270 Abs. 3 S. 2 InsO muss das Gericht die Eigenverwaltung anordnen, wenn der vorläufige Gläubigerausschuss dies einstimmig beschließt. Diesem ist nach § 270 Abs. 3 S. 1 InsO allerdings nur dann Gelegenheit zur Äußerung zu geben, wenn dies nicht offensichtlich zu einer nachteiligen Veränderung in der Vermögenslage des Schuldners führt. Die Eilbedürftigkeit ändert insoweit nichts daran, dass das Gericht seine Entscheidung sorgfältig zu treffen hat[514]. Entscheidendes Kriterium bei der Anordnung der Eigenverwaltung ist – im Falle des Nichtvorliegens eines einstimmigen Beschlusses des vorläufigen Gläubigerausschusses – die in § 270 Abs. 2 Nr. 2 InsO festgelegte Voraussetzung, wonach keine Umstände bekannt sein dürfen, die erwarten lassen, dass die Anordnung zu

---

510 Vgl. insoweit des Wortlaut des § 270a Abs. 1 S. 2: „Anstelle des vorläufigen Insolvenzverwalters wird in diesem Fall ein vorläufiger Sachwalter bestellt (...).“ Auch die Bestellung eines vorläufigen Sachwalters ist demnach an das Vorliegen der Voraussetzungen geknüpft, die für die Bejahung der Erforderlichkeit der Bestellung eines vorläufigen Insolvenzverwalters gegeben sein müssen.

511 Siehe insoweit oben, S. 87 ff.

512 So zu Recht *Bichlmeier*, DZWir 2000, S. 63; *Huhn*, Eigenverwaltung, Rn. 369; *Wehdeking* in: Flöther/Smid/Wehdeking, Kap. 2, Rn. 60.

513 MüKo-*Wittig*, § 270, Rn. 33.

514 *Wehdeking* in: Flöther/Smid/Wehdeking, Kap. 2, Rn. 85.

Nachteilen für die Gläubiger führen wird. Das Gericht hat dies im Interesse der Gläubiger mit größter Sorgfalt zu prüfen[515].

Bis zur Änderung der InsO durch das ESUG war das Verhältnis der vom Schuldner zu tragenden Darlegungslast zur Nachforschungspflicht des Gerichts umstritten. Einige Gerichte und Stimmen in der Literatur vertraten die Ansicht, der Grundsatz der Amtsermittlung habe im Hinblick auf die nach § 270 Abs. 2 Nr. 3 InsO a. F. anzustellende Prognoseentscheidung keine Geltung entfaltet. Demgemäß habe es dem Schuldner oblegen, anstatt des Gerichts die erforderlichen Ermittlungen anzustellen und in seinem Antrag die Umstände mitzuteilen, die die Erwartung rechtfertigen, dass die Anordnung der Eigenverwaltung ausnahmsweise nicht zu Nachteilen für die Gläubiger führen werde[516]. Gegen diese Ansicht wurde eingewandt, dass der Wortlaut des § 270 Abs. 2 Nr. 3 InsO a. F. dem Schuldner eine solche Darlegungslast nicht auferlegt habe[517]. Vielmehr sei das Gesetz von einer einschränkungslosen Eigenverwaltungseignung des Schuldners ausgegangen[518].

Die Entscheidung über den Anordnungsantrag setzt die Absolvierung zweier aufeinanderfolgender Tätigkeiten voraus, nämlich die Ermittlung einer Entscheidungsgrundlage und die Subsumtion dieser Grundlage unter die Vorschrift des § 270 Abs. 2 Nr. 2 InsO. Diese beiden Vorgänge sind im Grundsatz getrennt voneinander zu betrachten. Die Änderung der in § 270 Abs. 2 Nr. 3 InsO a. F. normierten Anordnungsvoraussetzungen durch das ESUG betrifft den zweiten Schritt, nämlich die vom Gericht zu leistende Subsumtionstätigkeit. Der Gesetzgeber wollte mit der gesetzlichen Modifikation eine Umkehr des Regel-Ausnahme-Verhältnisses dahingehend bezwecken, dass im Zweifel eine Entscheidung zugunsten der Eigenverwaltung ergehen soll[519]. Hierzu führte der Gesetzgeber aus, der Antrag des Schuldners könne nur dann abgelehnt werden, wenn tatsächlich konkrete Umstände bekannt seien, die eine Gläubigerbenachteiligung erwarten lassen[520]. Diese Umstände müssen positiv festgestellt werden, bloße Bedenken

515 FK-*Foltis*, § 270, Rn. 51; *H/W/F*, Handbuch, Kap. 10, Rn. 8; *Haas/Kahlert* in: Gottwald, § 87, Rn. 27; HK-*Landfermann*, § 270, Rn. 13 f.; *Schlegel*, Eigenverwaltung, S. 72 f.; Uhlenbruck-*Uhlenbruck*, § 270, Rn. 13.

516 Vgl. AG Potsdam, Beschl. v. 07.06.2000 – 35 IN 224/00, DZWir 2000, 343 (343); AG Duisburg, Beschl. v. 01.09.2002 – 62 IN 167/02, ZIP 2002, 1636 (1639); Braun-*Riggert*, § 270, Rn. 8; *Pape* in: KS, S. 903; *Schmudde/Vorwerk*, ZInsO 2006, S. 352; *Vallender*, WM 1998, S. 2133.

517 So *Bähr/Landry* in: Mohrbutter/Ringstmeier, § 15, Rn. 20; HK-*Landfermann*, § 270, Rn. 13; *Huntemann/Dietrich*, ZInsO 2001, S. 15 f.; *Maus* in: Schmidt/Uhlenbruck, Rn. 9.12; *Rotstegge*, Konzerninsolvenz, S. 277 f.; differenzierend Uhlenbruck-*Uhlenbruck*, § 270, Rn. 13.

518 Vgl. FK-*Foltis*, § 270, Rn. 52.

519 *Hölzle*, NZI 2011, S. 130; *Hofmann*, NZI 2010, S. 798.

520 BT-Drs. 17/5712, S. 38; *Kammel/Staps*, NZI 2010, S.794.

gegen die Anordnung reichen nicht aus[521]. Das Gesetz normiert damit im Grundsatz einen Anspruch des Schuldners auf die Anordnung der Eigenverwaltung[522].

Hinsichtlich der der Subsumtion vorausgehenden Tätigkeit, nämlich der Ermittlung der Entscheidungsgrundlage, hat der Gesetzgeber keine Erwägungen angestellt. Allerdings ergibt sich ein Zusammenspiel der vom Gericht zu leistenden Ermittlungs- und Subsumtionstätigkeit. Die vom Gesetzgeber auf der Subsumtionsebene getroffene Entscheidung zugunsten einer Erleichterung der Eigenverwaltungsanordnung impliziert zugleich eine Reduzierung der Ermittlungstätigkeit des Gerichts[523]. Ausschließlich auf diese Weise lässt sich die gesetzgeberische Intention, die Gerichte an einer Zurückweisung des Antrags aufgrund rein hypothetischer Erwägungen zu hindern, verwirklichen. Die Ermittlungstätigkeit beschränkt sich mithin auf tatsächlich bekannt gewordene Umstände. Allein auf dieser Grundlage soll die Entscheidung getroffen werden, bislang unbekannt gebliebene bleiben außen vor und sind nicht mehr auszuermitteln, liegen nicht tatsächliche, auf eine konkrete Gefährdung hindeutende Anknüpfungspunkte vor[524]. Gelangt das Gericht im Rahmen der Prüfung zu dem Ergebnis, dass die Voraussetzungen des § 270 InsO vorliegen, so bleibt ihm nur eine Option, nämlich die Eigenverwaltung im Eröffnungsbeschluss anzuordnen. Ein Ermessensspielraum steht ihm nicht zu[525].

c) Bedeutung des prepackaged plan für die Entscheidung des Gerichts

(1) Struktur der gerichtlichen Prüfung nach § 270 Abs. 2 Nr. 2 InsO

Das Gesetz lässt hinsichtlich der Entscheidung über den Antrag auf Anordnung der Eigenverwaltung zwei Möglichkeiten zu. Entspricht das Gericht dem Antrag des Schuldners, so bleibt dieser Inhaber der Verwaltungs- und Verfügungsbefugnis über sein Vermögen. Die Ablehnung des Antrags zieht die Bestellung eines Insolvenzverwalters nach sich.

Durch die Modifikation der nunmehr in § 270 Abs. 2 Nr. 2 InsO geregelten Voraussetzungen wollte der Gesetzgeber der restriktiven Praxis der Anordnung der Eigenverwaltung durch die Gerichte entgegenwirken, in dem das Gesetz nunmehr im Zweifel eine positive Entscheidung vorgibt[526]. Dem entspricht es, bereits den vom Gericht zu leistenden Ermittlungsumfang einzuschränken. Die

---

521 *Pape*, ZInsO 2010, S. 1593.
522 Vgl. nur *Hofmann*, NZI 2010, S. 791.
523 *Brinkmann/Zipperer*, ZIP 2011, S. 1341.
524 *Brinkmann/Zipperer*, ZIP 2011, S. 1341.
525 Vgl. nur *Wehdeking*, Masseverwaltung, S. 115.
526 Vgl. BT/Drs. 17/5712, S. 1, 38 f.

vom Gericht im Anschluss hieran zu erbringende Subsumtionstätigkeit wird in § 270 Abs. 2 Nr. 2 InsO durch unbestimmte Rechtsbegriffe näher festgelegt. Das Gesetz bestimmt nicht anhand eines konkret ausgestalteten Beispielskataloges, wann eine Anordnung der Eigenverwaltung zu erfolgen hat, sondern beschränkt jene auf den Fall, dass keine Umstände bekannt sind, die erwarten lassen, dass die Anordnung zu Nachteilen für die Gläubiger führen wird[527].

Der gesetzgeberischen Intention gerecht zu werden entspricht es, an das Vorliegen solcher Umstände, die zu einer Ablehnung des Eigenverwaltungsantrags führen, hohe Anforderungen zu stellen. Das Gericht hat zur Bestimmung der in § 270 Abs. 2 Nr. 2 InsO normierten Voraussetzungen eine zweistufige Prüfung vorzunehmen. Zunächst hat es festzustellen, ob konkret Umstände bekannt sind, die auf eine Gläubigergefährdung schließen lassen. Auch wenn durch die beschränkten Ermittlungsbefugnisse der Kreis etwaiger Anknüpfungspunkte reduziert ist, wird das Gericht die Feststellung nicht vor Schwierigkeiten stellen. Daher ist in einem zweiten Schritt durch das Gericht zu prüfen, inwieweit diese Umstände in der Zukunft tatsächlich eine Gläubigerbenachteiligung erwarten lassen. Die Entscheidung beinhaltet insoweit ein Element der Prognose[528]. Die mit der Modifikation der Voraussetzungen verknüpfte Intention des Gesetzgebers, eine Anordnung der Eigenverwaltung im Zweifel zuzulassen, reduziert den der Prognose innewohnenden Spielraum des Gerichts. Es berechtigt dieses ausschließlich in dem Fall zur Ablehnung, dass Anhaltspunkte bekannt sind, aus deren Vorliegen konkret auf eine Gläubigergefährdung geschlossen werden kann[529].

(2) Bedeutung des prepackaged plan für die Anordnungsvoraussetzungen

(a) Der prepackaged plan als Grundlage für die Entscheidung?

Das prepackaged plan basierte Verfahren zeichnet sich dadurch aus, dass dem Gericht zum Zeitpunkt der Entscheidung über den Eigenverwaltungsantrag ein komplett ausgearbeiteter, von der Mehrheit getragener Insolvenzplan zur Verfügung steht. Es stellt sich die Frage, ob der Plan für die Beurteilung der Voraussetzung nach § 270 Abs. 2 Nr. 2 InsO zu berücksichtigen ist.

---

527 *Wehdeking/Smid*, ZInsO 2010, S. 1716 wiesen bereits zur Vorgängervorschrift des § 270 Abs. 2 Nr. 3 a. F. InsO darauf hin, dass dem Insolvenzgericht keine Maßstäbe vorgegeben würden, anhand derer es die Nachteiligkeit der Anordnung feststellen könne. Es habe insoweit an Entscheidungskriterien gemangelt, die dem Gericht eine hinreichende Orientierung geboten hätten.

528 Vgl. insoweit den Wortlaut des § 270 Abs. 2 Nr. 2 InsO, der wie § 270 Abs. 2 Nr. 3 InsO a. F. zukunftsgerichtete Tatbestandsvoraussetzungen enthält: „dass keine Umstände bekannt sind, die erwarten lassen, dass die Anordnung zu Nachteilen für die Gläubiger führen wird."

529 *Wuschek*, ZInsO 2012, S. 113.

Mit dem Plan findet das Gericht eine Beurteilungsgrundlage vor, der nicht nur in seinem darstellenden und gestaltenden Teil die noch vorzunehmenden Sanierungsmaßnahmen ausweist, sondern deren Auswirkungen anhand der Plananlagen mit konkreten Zahlen aufzeigt[530]. Aus diesem Grund wurde bereits vor der Modifikation der gesetzlichen Voraussetzungen darauf verwiesen, das Gericht habe einen mit Antrag auf Anordnung der Eigenverwaltung präsentierten Insolvenzplan einer inhaltlichen Überprüfung zu unterziehen[531]. Maßstab sollte die vom Gericht im Verfahren vorzunehmende Prüfung nach § 231 Abs. 1 InsO bilden[532]. Im Falle der Zurückweisung des vom Schuldner beabsichtigten Maßnahmenplans sei nicht zu erkennen gewesen, welchen Sinn die Anordnung der Eigenverwaltung habe.

Eine solche Schlussfolgerung geht jedoch von der Prämisse aus, dass das Vorliegen gläubigerbenachteiligender Umstände und damit die Befähigung des Schuldners zur Verfahrensabsolvierung in Eigenverwaltung mit der Bestätigungsfähigkeit des Plans steht und fällt. Letztlich entscheidend für die Gläubiger ist jedoch nicht der Plan-, sondern der Verwertungserfolg. Eine Zurückweisung des Plans durch das Insolvenzgericht im Sinne des § 231 InsO oder die Nichtannahme des Plans durch die Gläubiger lässt die grundsätzliche Befähigung des Schuldners zur Herbeiführung eines Verwertungserfolg unberührt. Unabhängig davon, dass ihm das Gesetz Korrekturmöglichkeiten im Hinblick auf den Plan einräumt, bestehen derartige Optionen auch im Verhältnis zu seinen Gläubigern. Durch ein Scheitern bzw. eine Nichtannahme des Plans bleibt die Möglichkeit existent, im Verfahren ein alternatives Konzept unter Nutzung der Vorteile der Eigenverwaltung zu erarbeiten und umzusetzen. Zwar wird insbesondere eine Sanierung durch die eingetretenen Zeitverluste erschwert. Sie bleibt jedoch möglich und möglicherweise ausschließlich unter Nutzung der im Zuge des Planscheiterns gewonnenen Erkenntnisse realisierbar. Die mit einer Sanierung korrespondierenden Interessen des Schuldners zur Erhaltung seiner Position und der Gläubiger zur Optimierung ihrer Befriedigungsperspektiven existieren jedenfalls parallel fort[533].

Zwar liegt es nahe, gerade in einem prepackaged plan basierten Verfahren, in dem das gesamte Wirken auf den vorgelegten Plan ausgerichtet ist, eine untrennbare Verbindung der Bestätigungsfähigkeit des Plans zu der Anordnung der

---

530 Vgl. *Wehdeking* in: Flöther/Smid/Wehdeking, Kap. 2, Rn. 103.

531 *Hofmann*, Eigenverwaltung, S. 282; *Schlegel*, Eigenverwaltung, S. 79; wohl auch *Smid/Nellessen*, InVo 1998, S. 114. Nach *Wehdeking/Smid*, ZInsO 2010, S. 1716 konnte dem Insolvenzgericht ausschließlich auf diese Weise ein konkretes Kriterium für die Entscheidung nach § 270 Abs. 2 Nr. 3 InsO a. F. präsentiert werden. Daraus folgerten sie, die Vorlage eines Insolvenzplans sei für die Anordnung der Eigenverwaltung bereits zwingende Voraussetzung.

532 So ausdrücklich *Hofmann*, Eigenverwaltung, S. 282; *Wehdeking/Smid*, ZInsO 2010, S. 1717 f.

533 Vgl. *Schlegel*, Eigenverwaltung, S. 78.

Eigenverwaltung zu unterstellen. Eine absolute Untauglichkeit des Schuldners kann aber auch hier im Falle des Planscheiterns nicht angenommen werden. Insbesondere bleibt für die Gläubiger die Option erhalten, die Defizite des Plans zu beheben bzw. über die Verpflichtung aus § 284 InsO die Erstellung eines neuen Plans – gegebenenfalls unter Berücksichtigung der nunmehr erlangten Erkenntnisse – zu initiieren.

Auf den Inhalt bzw. die Bestätigungsfähigkeit des vorgelegten Insolvenzplans kommt es demgemäß nicht an[534]. Zu folgern ist daher, dass bereits die Präsentation eines Insolvenzplans keine Voraussetzung dafür darstellt, den Schuldner zu einer Absolvierung des Verfahrens in Eigenverwaltung zu berechtigen. Ein solches Erfordernis würde darüber hinaus im Widerspruch zur Intention des Gesetzgebers stehen, im Grundsatz einen Anspruch des Schuldners auf die Eigenverwaltung zu formulieren[535]. Wäre dies an die Vorlage eines bestätigungsfähigen Insolvenzplans geknüpft, bestünden entgegen dem Wortlaut des Gesetzes erhebliche Anforderungen. Hätte es dem Gesetzgeber indes an der Vorlage eines Insolvenzplans oder Sanierungskonzepts gelegen, hätte er dies ohne weiteres bei der Neuordnung der Anordnungsvoraussetzungen in § 270 Abs. 2 InsO gesetzlich verankern können. Das zwingende Erfordernis eines Nachweises der Sanierungsfähigkeit des Unternehmens durch Vorlage eines des Entwurfs eines Sanierungsgutachtens beschränkt sich jedoch auf die Fälle, in denen der Schuldner ein Schutzschirmverfahren nach § 270b InsO anstrebt[536].

(b) Der prepackaged plan als Indiz für die Entscheidung?

Auch wenn im Falle des Vorliegens eines Insolvenzplans zum Zeitpunkt des Eröffnungsantrags keine inhaltliche Prüfung desselben erfolgt, prägt sein Vorliegen den Sachverhalt entscheidend mit. Es entsprach bereits der überwiegenden Meinung in der Rechtswissenschaft zu § 270 Abs. 2 Nr. 3 InsO a. F., dass das Gericht bei der Beurteilung der dort normierten Voraussetzung Indizien heranzuziehen habe. Dem Gericht hätten nämlich für die anzustellende Prognose im Hinblick auf die Gläubigerbenachteiligungsumstände regelmäßig keine Anknüpfungspunkte zur Verfügung gestanden, die Schlüsse auf ein konkretes künftiges Verhalten des Schuldners und damit eine Verwirklichung der auszuschließenden Massegefährdung zugelassen hätten[537].

---

534 Dies sollte indes nicht zu der Annahme veranlassen, dass der Schuldner, der einen den Interessen der Gläubiger zuwiderlaufenden Insolvenzplan präsentiert, ohne weiteres die Eigenverwaltung für sich beanspruchen kann., vgl. dazu sogleich unter (b).

535 So auch *Brinkmann/Zipperer*, ZIP 2011, S. 1341.

536 Eine dahingehende Forderung stellt jedoch *Hölzle*, NZI 2011, S. 130.

537 Vgl. nur *Bähr/Landry* in: Mohrbutter/Ringstmeier, § 15, Rn. 23.

Aus dem Vorliegen bestimmter Tatsachen habe positiv oder negativ auf das künftige Verhalten des Schuldners geschlossen werden können. So sei es etwa als positives Indiz zu werten gewesen, dass der Schuldner frühzeitig den Eröffnungsantrag gestellt habe. Hierdurch habe er seinen Willen zum Ausdruck gebracht, in einem transparenten Verfahren zu einer effizienten Haftungsverwirklichung und so zu einer Maximierung der Befriedigungsaussichten seiner Gläubiger beizutragen[538]. Negativ zu berücksichtigen gewesen seien masseschädigende Handlungen des Schuldners in der Krise, etwa durch das Beiseiteschaffen von Vermögensgegenständen[539]. In einem solchen Fall habe die Befürchtung nahegelegen, dass die verantwortliche Geschäftsleitung ihr Handeln nicht primär auf die Maximierung der Haftungsmasse, sondern die Verheimlichung und Verhinderung einer persönlichen Inanspruchnahme ausgerichtet hätte[540].

Die Modifikation der nunmehr in § 270 Abs. 2 Nr. 2 InsO geregelten Anordnungsvoraussetzungen ändert nichts daran, dass dem Gericht zum Zeitpunkt der Entscheidung regelmäßig keine konkreten Informationen darüber zur Verfügung stehen, ob in der Zukunft Massegefährdungen drohen. Insoweit wird sich das Gericht auch weiterhin auf Indizien stützen müssen, wobei es hierbei dem Grundsatz Rechnung zu tragen hat, dass im Zweifel das Vorliegen gläubigergefährdender Umstände abzulehnen und die Eigenverwaltung anzuordnen ist. Anders als bei der Vorgängerschrift muss dabei bereits in der Gegenwart eine hinreichende Tatsachengrundlage bestehen, auf Basis derer die Umstände der Nachteilzufügung zu Lasten der Gläubiger konkret festgestellt werden können. Es obliegt dem Gericht somit nicht, mit Blick auf rein hypothetische Gefährdungen eine Anordnung der Eigenverwaltung abzulehnen.

Die vom Gericht primär zu berücksichtigenden Indizien müssen negativer Natur sein. Das Bedürfnis zur Berücksichtigung positiver Indizien besteht im Grundsatz nicht mehr, da der Schuldner seine Befähigung zur Eigenverwaltung nach der Modifikation der InsO nicht mehr darlegen muss. Allerdings können unter Berücksichtigung der positiven Indizien negative von Vornherein widerlegt und damit etwaige Risiken einer Gläubigergefährdung ausgeschlossen werden. Diese Option realisiert sich im Falle eines prepackaged plan.

Der Umstand, dass der Schuldner mit der Vorlage seines Antrags auf Anordnung der Eigenverwaltung einen Insolvenzplan verbindet, prägt den Sachverhalt entscheidend mit. Nach einhelliger Ansicht hat das Gericht die Tatsache, dass der Schuldner frühzeitig ein Verwertungskonzept präsentiert, als positives Indiz

538 Andres/Leithaus-*Andres*, § 270, Rn. 8.

539 Vgl. nur Andres/Leithaus-*Andres*, § 270, Rn. 7.

540 Vgl. Andres/Leithaus-*Andres*, § 270, Rn. 8; *Frege/Keller/Riedel*, Insolvenzrecht, Rn. 2030a.

zu werten[541]. Die Vorlage eines Plans ist Ausdruck gläubigerorientierten Handelns und beinhaltet die Kundgabe des Schuldners, statt masseschädigender Handlungen die Sanierung seines Unternehmens im Interesse einer Optimierung der Befriedigungsaussichten zugunsten seiner Gläubiger voranzutreiben[542]. Bei einem Schuldner, der den zu einer Planerstellung notwendigen Anforderungen der Einsatzbereitschaft, Ernsthaftigkeit sowie des Verantwortungsbewusstseins genügt, kann die Planvorlage zum Zwecke der Manipulation und des Missbrauchs kaum angenommen werden[543].

Den Boden für ein derartiges Verständnis bereiten die mit einem prepackaged plan verknüpften Vorverhandlungen, die der Antrags- und Planeinreichung bei Gericht vorausgehen[544]. Nur im Falle ihrer Durchführung kann das Gericht aus der Art und Weise der Planerarbeitung die entscheidenden Erkenntnisse über den Schuldner und damit die nach § 270 Abs. 2 Nr. 2 InsO vorzunehmende Prognose ziehen. Der Erstellung des Sanierungskonzepts sind umfangreiche Kommunikations- und Gestaltungsprozesse vorausgegangen. Der Schuldner hat den von seiner künftigen Insolvenz Betroffenen bereits im Vorfeld des Insolvenzverfahrens – u. U. sogar seiner materiellen Insolvenz – seine wirtschaftliche Schieflage offenbart und eine Perspektive zur interessengerechten Überwindung derselben präsentiert. Der prepackaged plan ist das Resultat eines im gemeinsamen Interesse absolvierten Gestaltungs- und Kooperationsprozesses. Es symbolisiert damit die Grundvoraussetzung für die Anordnung der Eigenverwaltung, nämlich das Vertrauen der Gläubiger in die Kompetenz, Zuverlässigkeit und Vertrauenswürdigkeit des Schuldners[545].

Der Schuldner hat – als bislang allein Handlungsbefugter – mit seinem Handeln dafür Sorge getragen, dass die zu der Sanierung und Befriedigungsoptimierung notwendigen Maßnahmen, die erst durch die Bestätigung des Insolvenzplans verbindliches Recht werden, zügig und bestmöglich ihre Wirkung entfalten können. Insofern besteht kein Bedürfnis für ihn, im Rahmen eines Insolvenzverfahrens von diesem allgemeininteressenorientierten Verhalten Abstand zu nehmen und

---

541 Vgl. *Bähr/Landry* in: Mohrbutter/Ringstmeier, § 15, Rn. 23; *Huhn*, Eigenverwaltung, Rn. 280; MüKo-*Wittig*, § 270, Rn. 47; *Spies*, ZInsO 2005, S. 1256; *Steffan* in: Oppenländer/Trölitzsch, § 37, Rn. 146; *Viniol* in: Beck/Depré, § 44, Rn. 67; kritisch *Schmudde/Vorwerk*, ZInsO 2006, S. 351 f.

542 *Foerste*, Insolvenzrecht, Rn. 594.

543 *Huhn*, Eigenverwaltung, Rn. 281.

544 *Madaus*, Insolvenzplan, S. 581 ff.

545 HK-*Landfermann*, Vor. §§ 270, Rn. 7; *Hofmann*, Eigenverwaltung, S. 266 f.; *Huhn*, Eigenverwaltung, Rn. 283; *Nachmann/Fridgens* in: Kindler/Nachmann, 2. Teil, Rn. 446; *Uhlenbruck* in: FS Metzeler, S. 92; *Vallender* in: Schmidt/Uhlenbruck, S. 9.5; wohl auch *Liebig/Witt*, DB 2011, S. 1932.

den gemeinsamen Kurs zu ändern. Das Risiko, dass er mit der angeordneten Eigenverwaltung sein befriedigungsorientiertes und gläubigerinteressenförderndes Handeln in ein gläubigerschädigendes umwandelt, ist wegen seines eigenen Interesses an dem Gelingen des Sanierungsprozesses nicht existent. Die Ernsthaftigkeit seines Handelns lässt den Schluss, dass er den Insolvenzplan und die angeordnete Eigenverwaltung gegen seine Gläubiger zu nutzen versucht, nicht zu[546].

Die vereinzelt geäußerte Kritik, ein prepackaged plan werde als Produkt der Geschäftsleitung, die die Insolvenz nicht verhindern konnte, mehr zu einem Misstrauen als zu einem Vertrauen bei den Gläubigern führen, beruht auf einer ungenügenden Differenzierung[547]. Der prepackaged plan ist nicht das Ergebnis des unter Ausschluss seiner Gläubiger wirkenden Schuldners, sondern das Resultat gemeinsamer Gestaltung[548]. Die Initiative vermag dabei aus der Sphäre des Schuldners zu stammen. Entscheidend für die Bildung von Vertrauen ist jedoch der gestalterische Prozess, in den die schuldnerische Geschäftsleitung die von der Insolvenz betroffenen Gruppen integriert. Nicht die Planvorlage markiert den Beginn der Vertrauensbildung, sondern die gemeinsame, interessenorientierte Absolvierung des Gestaltungsprozesses im Vorfeld des Verfahrens. Eine Beteiligung der Gläubiger an der Gestaltung des Insolvenzplans geht demgemäß einem Vertrauensbildungsprozess zwingend voraus.

Das Bestehen einer Vielzahl positiver Indizien engt die Möglichkeiten für das Gericht, die Anordnung der Eigenverwaltung abzulehnen, erheblich ein. Es entspricht der vom Gesetzgeber intendierten Stärkung der Eigenverwaltung, die Anforderungen an die Annahme gläubigerbenachteiligender Umstände im Falle einer umfassend dokumentierten Zuverlässigkeit, Vertrauenswürdigkeit und Kompetenz des Schuldner sehr hoch anzusetzen.

(3) Personelle Änderungen in der Geschäftsführung als Anordnungsvoraussetzung?

In der Literatur wurde und wird auch nach der Änderung der Anordnungsvoraussetzungen durch das ESUG die Auffassung vertreten, die Anordnung der Eigenverwaltung sei zu knüpfen an personelle Änderungen in der schuldnerischen Unternehmensleitung im Vorfeld des Insolvenzverfahrens. Die Forderung konkretisiert sich allen voran in der Berufung eines Sanierungsfachmanns in die

546 *Hofmann*, Eigenverwaltung, S. 282; *Huhn*, Eigenverwaltung, Rn. 280 f.
547 So aber *Uhlenbruck* in: FS Metzeler, S. 92 f.
548 *Madaus*, Insolvenzplan, S. 582.

Geschäftsführung[549]. Auf diese Weise erhöhe der Schuldner das Vertrauen in seine Fähigkeiten, so dass kaum mehr angenommen werden könne, er werde die angeordnete Eigenverwaltung zum Nachteil seiner Gläubiger nutzen[550].

Abgesehen davon, dass ein solches Erfordernis der intendierten Stärkung der Eigenverwaltung zuwiderläuft, ist der für die Anordnung erforderliche Prozess der Vertrauensschaffung nicht auf die Vertrauensneubildung durch die Einwechslung einer bisher unbeteiligten Person beschränkt. Diese Perspektive muss auch der bisherigen Geschäftsführung geboten werden, indem man ihr die Möglichkeit einräumt, verloren gegangenes Vertrauen zurückzugewinnen. Knüpft man die Erwartung eines Wechsels in der Geschäftsführung an die Anordnung der Eigenverwaltung, wird dies die bisherige Unternehmensleitung nicht dazu ermutigen, entsprechend der Zielsetzung des Gesetzgebers auf eine frühzeitige Verfahrenseröffnung hinzuwirken.

Zeitpunkt und Mittel für die bisherige Unternehmensleitung markiert die Vorbereitung des Insolvenzverfahrens unter Erarbeitung des prepackaged plan. In diesem Prozess überzeugt die Geschäftsführung mit ihren Kooperations- und Gestaltungsfähigkeiten und trägt so zu einer Wiedergewinnung verloren gegangenen Vertrauens bei[551]. Das Produkt stellt der ausgearbeitete Insolvenzplan dar, der nunmehr ausschließlich durch die in die Planverhandlungen involvierte schuldnerische Geschäftsführung effektiv umgesetzt werden kann[552].

Auf die durch einen Sanierer verkörperte externe Kompetenz muss dabei nicht verzichtet werden. Vielmehr kann Bestandteil der Vertrauenswiedergewinnung die Einschaltung von Beratern sein, die zu einer rechtlichen wie wirtschaftlichen Optimierung des Sanierungskonzepts beitragen[553]. Ihre Hinzuziehung ist Ausdruck der Einsicht, Kompetenzerweiterung und Kursänderung durch den Schuldner. Die Berater verkörpern den neutralen, kompetenten Ansprechpartner für die Gläubiger, den im Regelinsolvenzverfahren der Insolvenzverwalter darstellt[554].

Dem Gesetzgeber der Insolvenzordnung ging es bei der Schaffung der Regelungen zur Eigenverwaltung insbesondere darum, die Erfahrungen und Kenntnisse der bisherigen Geschäftsführung zu nutzen und damit die Kontinuität innerhalb der Unternehmensleitung sicherzustellen. Eine solche würde durch die Einwechs-

549 So etwa *Brinkmann/Zipperer*, ZIP 2011, S. 1339; *Buchalik*, NZI 2000, S. 296 f.; HK-*Landfermann*, § 270, Rn. 14; *Steffan* in: Oppenländer/Trölitzsch, § 37, Rn. 145; *Uhlenbruck* in: FS Metzeler, S. 92; zur Zulässigkeit *Kessler*, Aktiengesellschaft, S. 165 ff.; *Schmittmann*, VR 2009, S. 292.

550 Vgl. *Buchalik*, NZI 2000, S. 296 f.

551 Vgl. *Hofmann*, ZIP 2007, S. 263.

552 *Fröhlich/Bächstädt*, ZInsO 2011, S. 987; *Madaus*, Insolvenzplan, S. 581.

553 Vgl. *Bähr/Landry* in: Mohrbutter/Ringstmeier, § 15, Rn. 23; *Hofmann*, ZIP 2007, S. 263 f.

554 *Braun* in: Braun/Uhlenbruck, S. 670; *Brockdorff* in: FS Heumann, S. 69; *Buchalik*, NZI 2000, S. 296; *Steffan*, WPg. 2003, Sonderheft, S. 154.

lung externer Sanierer in die Geschäftsleitung durchbrochen[555]. Gerade im Falle spezieller Branchenkenntnisse des bisherigen Geschäftsleitung oder persönlich geprägter Beziehungen zu betriebsnotwendigen Geschäftspartnern vermag eine solche Durchbrechung den gesamten Sanierungsprozess zu gefährden[556]. Auch der weitere vom Gesetzgeber aufgezeigte Vorteil, die Ersparnis einer für den Sanierungsprozess notwendigen Zeit zur Einarbeitung, wird auf diese Weise konterkariert. Denn wie der Insolvenzverwalter kennt der in die Geschäftsleitung berufene Sanierer das Unternehmen bislang allenfalls bruchstückhaft. Auch er muss sich in das Unternehmen einfinden, was insbesondere dann zu einer Erschwerung der Sanierung führt, wenn sein Eintritt erst zum Zeitpunkt der Antragstellung erfolgt[557].

Grundvoraussetzung für die Anordnung der Eigenverwaltung ist das Vertrauen der Gläubiger in die Unternehmensleitung. Den Prozess der Vertrauensbildung zwangsläufig an die Einsetzung sanierungserfahrener Geschäftsleute zu knüpfen, engt den Handlungsspielraum der bisherigen Geschäftsleitung zu sehr ein. Zu Bedenken ist ohnehin, dass auch ein Wechsel in der Unternehmensleitung mit den Gläubigern kommuniziert werden muss[558]. Sie schließt insoweit selbst an einen Kommunikations- und Vertrauensbildungsprozess an. Die nicht kommunizierte Präsentation einer neuen Unternehmensleitung vermag zu einer notwendigen Vertrauensbildung nicht beizutragen, womöglich sogar gegenteiligen Effekt zu erreichen. Jede Betrachtung hat ausgerichtet auf den Einzelfall zu erfolgen, orientiert an der vom Gesetzgeber gewollten Sicherung der Unternehmenskontinuität[559].

d) Handlungsmöglichkeiten der Beteiligten

(1) Ausgangspunkt

Bis zur Änderung der Anordnungsvoraussetzungen durch das ESUG waren die Handlungsmöglichkeiten des Schuldners und seiner Gläubiger beschränkt. Einzig die Voraussetzung des § 270 Abs. 2 Nr. 3 InsO a. F. hielt für die Beteiligten die

555 Vgl. *Haas/Kahlert* in: Gottwald, § 87, Rn. 23; *Hofmann*, ZIP 2007, S. 262, *Viniol* in: Beck/ Depré, § 44, Rn. 14.

556 *Hofmann*, ZIP 2007, S. 261.

557 Dies dennoch als ausreichend ansehend *Buchalik*, NZI 2000, S. 295 f.; MüKo-*Wittig*, § 270, Rn. 47; *Spies*, ZInsO 2005, S. 1257.

558 Vgl. *Bales*, NZI 2008, S. 221; *Buchalik*, NZI 2000, S. 296.

559 Vgl. *Hofmann*, ZIP 2007, S. 262. Ein Wechsel in der Geschäftsführung ist unstreitig immer dann vorzunehmen, wenn die bisherige Geschäftsleitung haftungs- und strafrechtlich verantwortlich ist, vgl. Kübler/Prütting-*Pape*, § 270, Rn. 101; LSZ-*Wehdeking*, § 270, Rn. 27. In derartigen Fällen vermag ob der absoluten Durchbrechung der Unternehmenskontinuität die Anordnung der Eigenverwaltung jedoch generell hinterfragt zu werden.

Option der Einflussnahme bereit[560]. Der Schuldner stand vor der fast unlösbaren Aufgabe, seine Vertrauenswürdigkeit, Kompetenz und Zuverlässigkeit zu beweisen[561]. Die Gläubiger konnten lediglich in positiven Stellungnahmen gegenüber dem Gericht zum Ausdruck zu bringen, dass ihrerseits das zur Anordnung der Eigenverwaltung notwendige Vertrauen zum Schuldner besteht und eine Gefährdungslage nicht gesehen wird. Hinter diesem Vorgehen steckte das Bestreben, das Gericht vom Nichtvorliegen gläubigerbenachteiligender Umstände zu überzeugen[562].

(2) Handlungsmöglichkeiten der Gläubiger

Von besonderer Bedeutung in einem prepackaged basierten Verfahren ist für die Beteiligten die Möglichkeit aus § 270 Abs. 3 S. 2 InsO. Demnach gilt im Falle eines einstimmigen Beschluss des vorläufigen Gläubigerausschusses die Anordnung der Eigenverwaltung als nicht nachteilig für die Gläubiger. Die Gläubiger werden sich kaum für die Anordnung der Eigenverwaltung aussprechen, wenn dadurch eine Gefährdung ihrer Interessen zu erwarten ist[563]. Aus diesem Grund verhindert die Regelung, dass das Gericht den Eigenverwaltungsantrag ablehnt, obwohl der vorläufige Gläubigerausschuss als Organ der Gläubigerselbstverwaltung unisono mit ihr einverstanden ist[564].

Die Möglichkeit aus § 270 Abs. 3 S. 2 InsO ist Ausdruck der mit dem ESUG intendierten Stärkung der Gläubigerautonomie. Für die Beteiligten eines prepackaged plan basierten Verfahrens setzt sich die im Vorfeld begründete Perspektive der Steuerung, die sich bereits in der Einflussnahme auf die Einsetzung und Zusammensetzung des vorläufigen Gläubigerausschusses verwirklicht hat, fort. Praktisch äußert sich dies für die Beteiligten darin, dass sie unmittelbar in der ersten Sitzung nach der Einsetzung durch das Insolvenzgericht den einstimmigen Beschluss des vorläufigen Gläubigerausschusses zugunsten der Anordnung der Eigenverwaltung herbeiführen. Dem Gericht ist hiermit die Möglichkeit genommen, die Anordnung unter Bezugnahme auf § 270 Abs. 2 Nr. 2 InsO abzulehnen[565].

Nach § 270 Abs. 3 S. 1 InsO ist dem vorläufigen Gläubigerausschuss jedoch nur dann die Gelegenheit zur Äußerung und damit die Option gegeben, durch

---

560 Vgl. *Schlegel*, ZIP 1999, S. 955.

561 Vgl. hierzu *Bähr/Landry* in: Mohrbutter/Ringstmeier, § 15, Rn. 20; *Braun* in: Braun/Uhlenbruck, S. 686; HK-*Landfermann*, § 270, Rn. 13, *Hofmann*, Eigenverwaltung, S. 264.

562 Vgl. *Graf/Wunsch*, ZIP 2001, S. 1037; *Huntemann/Dietrich*, ZInsO 2001, S. 16; LSZ-*Wehdeking*, § 270, Rn. 37; MüKo-*Wittig*, § 270, Rn. 36; *Spies*, ZInsO 2005, S. 1256; Uhlenbruck-*Uhlenbruck*, § 270, Rn. 23 ff.

563 Vgl. *Kammel/Staps*, NZI 2010, S. 794.

564 Vgl. *Pape*, ZInsO 2010, S. 1593.

565 *Brinkmann/Zipperer*, ZIP 2011, S. 1342.

einen einstimmigen Beschluss die Anordnung herbeizuführen, wenn dies nicht offensichtlich zu einer nachteiligen Veränderung in der Vermögenslage des Schuldners führt. In diesem Zusammenhang wird die Befürchtung geäußert, die Gerichte würden durch eine weite Auslegung dieser Ausnahmevorschrift den in S. 2 statuierten Anordnungszwang zu umgehen versuchen[566]. Es entspricht jedoch der vom Gesetzgeber intendierten Stärkung der Gläubigerautonomie, an das Vorliegen solcher Umstände, die einen Verzicht auf die Anhörung des vorläufigen Gläubigerausschusses stellen, hohe Anforderungen zu stellen. Weder für das Gericht noch für den Ausschuss bedeutet die Konsultation einen besonderen Aufwand[567]. Dies gilt umso mehr im Falle eines prepackaged plan. Die im Vorfeld begründete Organisation der Gläubiger setzt sich im Eröffnungsverfahren in Gestalt des vorläufigen Gläubigerausschusses fort. Seine Konsultation und Zustimmung zum Eigenverwaltungsantrag kann sich insoweit unmittelbar an seine Einsetzung anschließen. Die Option, den Ausschuss erst kurz vor Verfahrenseröffnung zu konsultieren, erweist sich in dem auf einem prepackaged plan basierten Verfahren als nicht wirkungsvoll. Nach dem Gesetzgeber könne dies zweckmäßig sein, um in die Entscheidung die Erfahrungen mit dem Schuldner im Eröffnungsverfahren mit einzubeziehen[568]. Einem prepackaged plan zugrunde liegt aber das absolute Vertrauen in den Schuldner bereits zum Zeitpunkt der Stellung des Eröffnungsantrags. Ein Bewährungsbedürfnis seitens der Gläubiger besteht insoweit nicht, so dass alsbald nach Antragsstellung die Zustimmung erteilt werden kann.

(3) Handlungsmöglichkeiten des Schuldners

Eine Darlegungslast hinsichtlich des Vorliegens der Voraussetzungen des § 270 Abs. 2 Nr. 2 InsO trägt der Schuldner nicht. Allerdings steht ihm nach wie vor in dem Fall, dass kein Beschluss des vorläufigen Gläubigerausschusses im Sinne des § 270 Abs. 2 S. 3 InsO vorliegt, die Option offen, sämtliche Umstände vorzutragen, die für eine Anordnung der Eigenverwaltung sprechen. Nicht nur werden hiermit die Anforderungen an das Gericht erhöht, gläubigerbenachteiligende Umstände zu bejahen. Vielmehr verhindert er durch die Widerlegung etwaiger Risiken von Vornherein zeitintensive Ermittlungen, die einer von den Beteiligten angestrebten zügigen Eröffnung des Insolvenzverfahrens entgegenstehen[569]. Daher bietet es sich für den Schuldner an, freiwillig sämtliche Gesichtspunkte, die für die von ihm

566 Vgl. *Brinkmann/Zipperer*, ZIP 2011, S. 1342.

567 Dies stellt der Gesetzgeber für die so gut wie wortgleiche Vorschrift des § 56a Abs. 1, letzter HS. InsO selbst klar, vgl. BT-Drs. 17/5712, S. 26.

568 BT-Drs. 17/5712, S. 39.

569 *Hofmann*, Eigenverwaltung, S. 264.

beantragte Eigenverwaltung sprechen, in seinem Antrag ausführlich darzulegen[570]. Hierdurch wird die mit einem prepackaged plan verknüpfte Option, Einfluss auf die Ermittlung und Entscheidung des Gerichts zu nehmen, verwirklicht.

Durch die Dokumentation seiner Vertrauenswürdigkeit, Kompetenz und Zuverlässigkeit erstickt der Schuldner Anknüpfungspunkte für die Annahme eines gläubigergefährdenden Handelns durch das Gericht bereits im Keim[571]. Zwar kann es, auch wenn seitens der Gläubiger das Vertrauen in die Person des Schuldners besteht, Indizien geben, die der Annahme einer Zuverlässigkeit des Schuldner und damit der Anordnung der Eigenverwaltung entgegenstehen. Gründe hierfür sind etwa ein nicht aktuelles und unübersichtliches Rechnungswesen, da in diesem Fall erhebliche Zweifel daran bestehen, dass der Schuldner zukünftig einen funktionsfähigen Geschäftsbetrieb auch im Interesse seiner Gläubiger zu führen in der Lage ist[572]. Dass dies bei dem Schuldner nicht der Fall ist, dokumentiert er jedoch mittels der seinem Antragspaket beigefügten Unterlagen. Fügt er aktuell und sorgfältig aufbereitet diejenigen Unterlagen bei, aus denen sich nachweislich der Insolvenzgrund ergibt, verbunden mit kompletter Gläubigerliste und Masseverzeichnis, gegebenenfalls ergänzt durch eingeholte Gutachten, legt er hinreichend dar, dass er seine Vermögensverhältnisse im Zuge der Vorbereitung des Sanierungsprozesses geordnet hat und unter diesem Gesichtspunkt keine Nachteile für die Gläubiger zu erwarten sind[573].

Wesentlich für die Beurteilung der künftigen Entwicklung ist weiterhin das Verhalten des Schuldners im Eröffnungsverfahren[574]. Dies gilt hinsichtlich der Bereitschaft des Schuldners, mit dem Gericht aktiv zu kommunizieren und bei der Ermittlung sowohl der Verfahrenseröffnungs- als auch Anordnungsvoraussetzungen zu unterstützen[575]. In einem prepackaged plan basierten Sanierungssachverhalt entfaltet dieses Verhalten eine besondere Aussagekraft. Zwar ist in diesem Fall das Eröffnungsverfahren ob der erfolgten Vorbereitungen und damit minimierten Ermittlungstätigkeiten des Gerichts zeitlich verkürzt. Allerdings muss sich der Schuldner umso mehr an der Art und Weise messen lassen, wie er zu der Vorbereitung einer optimalen Umsetzung der im Vorfeld vereinbarten Maßnahmen beiträgt. Seine Position, die hier mangels Erforderlichkeit nicht durch Sicherungsmaßnahmen betreffend seine Verwaltungs- und Verfügungsfähigkeit eingeschränkt ist, entspricht insoweit seiner Stellung im Eigenverwal-

---

570 *Bähr/Landry* in: Mohrbutter/Ringstmeier, § 15, Rn. 20; *Braun* in: Braun/Uhlenbruck, S. 686; HK-*Landfermann*, § 270, Rn. 13.

571 Vgl. *Wehdeking* in: Flöther/Smid/Wehdeking, Kap. 2, Rn. 36.

572 Vgl. Kübler/Prütting-*Pape*, § 270, Rn. 99; *Wuschek*, ZInsO 2012, S. 113.

573 *Westrick*, NZI 2003, S. 67.

574 HK-*Landfermann*, § 270, Rn. 14; *Schmudde/Vorwerk*, ZInsO 2006, S. 352.

575 *Bichlmeier*, DZWir 2000, S. 64; *H/W/F*, Handbuch, Kap. 10, Rn. 9; *Westrick*, NZI 2003, S. 67.

tungsverfahren. Sein Verhalten im Eröffnungsverfahren stellt eine Bewährungsprobe sowohl gegenüber dem Gericht als auch seinen Gläubigern im Hinblick auf das eröffnete Verfahren dar. Trägt er in diesem Zusammenhang dafür Sorge, dass durch sein Handeln die Voraussetzungen einer optimalen Haftungsrealisierung gewahrt werden, kann das Gericht nicht davon ausgehen, dass er dieses Verhalten im Falle einer angeordneten Eigenverwaltung im eröffneten Verfahren ändern wird und damit den Gläubigern Nachteile im Hinblick auf ihre Befriedigungsaussichten drohen. Positiv wirkt sich im Falle eines prepackaged plan die Fortsetzung einer intensiven Kommunikation sowohl mit den Gläubigern auch mit dem Gericht aus. Bei einem kooperativen und auskunftserteilenden Schuldner sind masseschädigende Handlungen nicht zu erwarten[576].

(4) Bedeutung für die Entscheidung des Gerichts

Im Falle eines einstimmigen Beschlusses des vorläufigen Gläubigerausschusses entsprechend § 270 Abs. 2 Nr. 2 InsO reduzieren sich die Handlungsmöglichkeiten des Gerichts auf die Anordnung der Eigenverwaltung. Sofern ein solcher Beschluss nicht gegeben ist, beschränkt sich die vom Gericht zu leistende Tätigkeit auf die Prüfung der vom Schuldner vorgelegten Unterlagen. Sind diese vollständig aufbereitet und dokumentieren sie die Eignung des Schuldners hinreichend, kann das Gericht zügig die Entscheidung über den Eigenverwaltungsantrag treffen[577].

Die Entscheidung über die Anordnung der Eigenverwaltung muss mit der Eröffnung des Insolvenzverfahrens erfolgen. Die vom Gericht anzustellende Ermittlungs- und Prüfungstätigkeit fügt sich in das Eröffnungsverfahren ein. Es gilt der Beschleunigungsgrundsatz[578]. Dies erfordert vom Gericht, die Entscheidung über die Eigenverwaltung herbeizuführen, sobald es vom Bestehen bzw. Nichtbestehen der Voraussetzungen überzeugt ist. Wie im Falle der Entscheidung über den Eröffnungsantrag schließt dies ein, zeitintensive Ermittlungen zu unterlassen, wenn eine Entscheidung auf Grundlage der vorliegenden Informationen getroffen werden kann[579]. Durch die mit der Neufassung des § 270 Abs. 2 Nr. 2 InsO bezweckte Pflicht zur Anordnung zugunsten der Eigenverwaltung im Zweifelsfalle besteht weder ein Bedürfnis noch eine Rechtfertigung dafür, jedweden der ohnehin unzähligen Anknüpfungspunkte für eine negative Prognoseentscheidung auszu-

---

576 *Spies*, ZInsO 2005, S. 1257.

577 *Frege/Keller/Riedel*, Insolvenzrecht, Rn. 2030; *Kranzusch*, ZInsO 2008, S. 1353 f.

578 *Bichlmeier*, DZWir 2000, S. 63; *Wehdeking* in: Flöther/Smid/Wehdeking, Kap. 2, Rn. 60, 85.

579 So ausdrücklich für die Eigenverwaltung *Bichlmeier*, DZWir 2000, S. 63, vgl. des Weiteren auch die Ausführungen zur Ermittlung der Voraussetzungen für die Eröffnung des Insolvenzverfahrens, S. 104 ff.

räumen[580]. Durch eine unnötige Verzögerung der Entscheidung können Liquidität, Zeit und damit aussichtsreiche Sanierungschancen verloren gehen[581].

Die Beteiligten haben im Zusammenhang mit der zügigen Herbeiführung einer Entscheidung über den Eröffnungs- und Eigenverwaltungsantrag dafür Sorge zu tragen, dass alle relevanten Informationen zum Zeitpunkt der Vorlage bei Gericht bereitstehen und sorgfältig aufbereitet sind. Im Falle eines Klärungsbedürfnisses seitens des Gerichts muss der Schuldner unverzüglich für die Erteilung der erforderlichen Auskünfte bereitstehen[582].

e) Anforderungen an Sachwalter und Schuldner

(1) Auswahl des Sachwalters

(a) Rechtliche Grundlagen

Das Gericht hat im Falle der Anordnung der Eigenverwaltung gemäß § 270c InsO einen Sachwalter zu bestellen, hinsichtlich dessen Auswahl § 274 Abs. 1 auf § 56 InsO verweist. Demgemäß bestellt das Gericht einen für den jeweiligen Einzelfall geeignete, insbesondere geschäftskundige und von den Gläubigern und dem Schuldner unabhängige natürliche Person. Hinsichtlich der Unabhängigkeit stellt § 56 Abs. 1 S. 3 InsO klar, dass diese nicht schon dadurch ausgeschlossen wird, dass die Person vom Schuldner oder einem Gläubiger vorgeschlagen worden ist oder den Schuldner vor dem Eröffnungsantrag in allgmeiner Form über den Ablauf des Insolvenzverfahrens und dessen Folgen beraten hat. Die Auswahl liegt im Ermessen des Gerichts[583].

Das Gericht hat vor der Bestellung gemäß § 56a Abs. 1 InsO dem vorläufigen Gläubigerausschuss Gelegenheit zu geben ist, sich zu den Anforderungen, die an den Verwalter zu stellen sind, und zur Person des Verwalters zu äußern, sofern dies nicht offensichtlich zu einer nachteiligen Veränderung der Vermögenslage des Schuldners führt. Der gerichtliche Entscheidungsspielraum wird durch § 56a Abs. 2 InsO eingeschränkt. Nach Satz 1 darf das Gericht von einem einstimmigen Vorschlag des vorläufigen Gläubigerausschusses zur Person des Sachwalters nur abweichen, wenn die vorgeschlagene Person für die Übernahme des Amtes nicht geeignet ist. Die Ablehnung ist gemäß § 27 Abs. 2 Nr. 5 InsO im Eröffnungsbeschluss zu begründen. Das Gericht hat nach § 56a Abs. 2 S. 2 InsO die vom vorläu-

---

580 Vgl. *Brinkmann/Zipperer*, ZIP 2011, S. 1341; *Koch*, Eigenverwaltung, S. 100.

581 *H/W/F*, Handbuch, Kap. 10, Rn. 8.

582 *Bichlmeier*, DZWir 2000, S. 64; *Wehdeking* in: Flöther/Smid/Wehdeking, Kap. 2, Rn. 23.

583 Vgl. nur Andres/Leithaus-*Andres*, § 270, Rn. 9; *Kammel/Staps*, NZI 2010, S. 791.

figen Gläubigerausschuss beschlossenen Anforderungen an die Person zugrunde zu legen.

(b) Der prepackaged plan im Kontext der Entscheidung über die Auswahl des Sachwalters

Eine schuldnerische Sanierungsinitiative auf Grundlage insolvenzrechtlicher Gestaltungsinstrumente setzt voraus, dass der Schuldner zunächst auf diese Option aufmerksam wird und sodann in einen Maßnahmenplan umsetzt. Beides bedingt für den Schuldner in der Regel die Inanspruchnahme fachkundiger Hilfe[584]. Die infolge der Erarbeitung des Insolvenzplans geschaffene Sanierungsperspektive ohne Reibungsverluste in das formelle Insolvenzverfahren überzuleiten entspricht es im Grundsatz, die vom Schuldner hinzugezogene externe Beratungskompetenz im Amt des Sachwalters fortbestehen zu lassen[585].

Dem entgegen stand die vor der Geltung des ESUG weit verbreitete Ansicht, die Bestellung einer Person zum Sachwalter, die den Schuldner im Vorfeld des Eröffnungsantrags rechtlich und wirtschaftlich beraten habe, scheide mangels Unabhängigkeit im Sinne von §§ 274 Abs. 1, 56 Abs. 1 InsO aus[586]. Dies galt insbesondere für den Fall einer erfolgten Erstellung eines Insolvenzplans[587].

Im Interesse der Steigerung der Vorhersehbarkeit und Effizienz sah der Gesetzesentwurf zunächst in § 56 Abs. 1 S. 3 Nr. 3 RefE ESUG vor, dass auch die Erstellung eines Insolvenzplans unter Einbindung des Schuldners und der Gläubiger der Annahme der Unabhängigkeit nicht entgegensteht. Somit sollte die Tätigkeit des sanierungserfahrenen Planarchitekten nicht mehr zwangsläufig mit der Stellung des Eröffnungsantrags durch den Schuldner enden, sondern sich im eröffneten Verfahren fortsetzen. Dieser gesetzgeberischen Konzeption sind jedoch bereits im Laufe des Gesetzgebungsverfahrens erhebliche Bedenken entgegengeschlagen[588]. Der Gesetzgeber sah sich letztlich dazu veranlasst, die Regelung des

584 *Smid*, DZWir 2010, S.401.

585 So bereits *Braun* in: Braun/Uhlenbruck, S. 686; *Paulus*, ZGR 2005, S. 322 f.

586 *Haas/Kahlert* in: Gottwald, § 87, Rn. 34; HK-*Landfermann*, § 274, Rn. 3; *Wehdeking* in: Fltöher/Smid/Wehdeking, Kap, 2, Rn. 150; differenzierend MüKo-*Wittig*, § 274, Rn. 10; Nerlich/Römermann-*Riggert*, § 274, Rn. 13.

587 So ausdrücklich *Bähr/Landry* in: Mohrbutter/Ringstmeier, § 15, Rn. 35; FK-*Foltis*, § 274, Rn. 8; *Hofmann*, Eigenverwaltung, S. 116; Kübler/Prütting-*Pape*, § 274, Rn. 9; *Vallender*, WM 1998, S. 2133 f.; *Westrick*, NZI 2003, S. 70; offenlassend MüKo-*Wittig*, § 274, Rn. 9.

588 Schon im DiskE ESUG war gemäß § 56 Abs. 1 S. 3 Nr. 2 die Unabhängigkeit einer Person nicht dadurch ausgeschlossen, dass sie vor dem Eröffnungsantrag für den Schuldner tätig geworden ist, ohne dabei auf die Geschäftsführung Einfluss genommen zu haben. Nach dem ausdrücklich geäußerten Willen des Gesetzgebers stand der Unabhängigkeit insoweit nicht entgegen, dass die Person an einem außergerichtlichen Sanierungsversuch beteiligt war oder vom

§ 56 Abs. 1 S. 3 Nr. 3 DiskE ESUG zu streichen. Beweggrund hierfür war die Befürchtung, dass ein vorbefasster Sachwalter Fehler, die er im Rahmen der Insolvenzplanerstellung gemacht hat, nicht korrigieren wird und Ansprüche aus Insolvenzanfechtung, die sich wegen an ihn geleisteter Honorare ergeben, unterlässt geltend zu machen[589].

Unabhängig davon, auf welche Grundlage man etwaige Bedenken stellt, ist zu konstatieren, dass schon mit der Amtsübernahme des vom Schuldner beauftragten Planarchitekten Reibungspunkte im Hinblick auf die häufig gegensätzlichen Schuldner- und Gläubigerinteressen nicht ausgeschlossen werden können[590]. Die Äußerung der Bedenken rechtfertigt sich durch die überragende Bedeutung, die das Gesetz der Unabhängigkeit des Insolvenzverwalters bzw. Sachwalters einräumt. Das Gesetz normiert weder einen Anspruch des Schuldners noch der Gläubigerschaft auf die Bestellung einer vom ihm bestimmten Person zum Sachwalter[591]. Anders als bei der Eigenverwaltung nach § 270 Abs. 3 S. 2 InsO ist auch der vorläufige Gläubigerausschuss nicht in der Lage, dem Gericht durch einen einstimmigen Beschluss die Bestellung einer bestimmten Person zum Sachwalter aufzugeben. Es hat stets eine Prüfung der Geeignetheit der Person im Sinne von § 56 Abs. 1 S. 1 InsO vorzunehmen[592].

Die Unabhängigkeit des Sachwalters wertet der Gesetzgeber höher als Schutz vor der mit § 270 Abs. 3 S. 2 InsO einhergehenden Möglichkeit der Gläubiger, trotz Vorliegens auf eine Gläubigerbenachteiligung schließender Umstände die Eigenverwaltung durch den Schuldner herbeizuführen. Dieser überragenden Bedeutung der Unabhängigkeit gerecht zu werden entspricht es indes, dem Gericht eine gewissenhafte Prüfung aufzuerlegen. In dem Fall, dass eine im Vorfeld für die Beteiligten tätige Person für das Amt des Sachwalters vorgeschlagen wird, konkretisiert sich dies in einem erheblichen Ermittlungs-, Prüfungs- und damit Zeitaufwand.

Im Hinblick auf den Maßstab der Prüfung nennt das Gesetz lediglich Konstellationen, in denen eine Unabhängigkeit der Person nicht ausgeschlossen ist. Es bestimmt jedoch nicht positiv, wann selbige nicht mehr als gegeben anzusehen ist[593]. Konkrete Kriterien gibt es dem Gericht nicht an die Hand, so dass die

---

Schuldner den Auftrag erhielt, einen Insolvenzplan zu erstellen, vgl. DiskE ESUG, S. 26; kritisch hierzu *Hofmann*, NZI 2010, S. 802 f.; *Smid*, DZWir 2010, S. 401.

589 Vgl. BT-Drs. 17/7511, S. 34.

590 Vgl. hierzu *Braun/Heinrich*, NZI 2011, S. 514; *Frind*, ZInsO 2011, S. 380; *Hölzle*, NZI 2011, S. 126 f.; *Hölzle/Pink*, ZIP 2011, S. 365; *Hofmann*, NZI 2010, S. 803.

591 *Brinkmann/Zipperer*, ZIP 2011, S. 1342.

592 BT-Drs. 17/5712, S. 25; *Brinkmann/Zipperer*, ZIP 2011, S. 1342; *Hölzle*, NZI 2011, S. 125; *Vallender*, MDR 2012,S. 64.

593 Vgl. *Hölzle/Pink*, ZIP 2011, S. 364.

Entscheidung einzig und allein an der Auslegung des in § 56 Abs. 1 S. 1 InsO statuierten Merkmals der Unabhängigkeit festzumachen ist. Auch wenn der Regelung des § 56 Abs. 1 InsO zu entnehmen ist, dass die Anforderungen an die Ablehnung der Unabhängigkeit im Hinblick auf die vom Gesetzgeber mit dem ESUG anvisierte Vorhersehbarkeit und Planbarkeit nunmehr erhöht ist, bieten sich dem Gericht doch eine Vielzahl an Anknüpfungspunkte dafür, eine solche zu verneinen. Der vom Gericht zu leistende Prüfungsumfang ist aufgrund der grundsätzlichen Bedeutung der Bestellung eines unabhängigen Sachwalters nicht zu unterschätzen, auch wenn insoweit Friktionen mit dem Eilcharakter des Eröffnungsverfahrens bestehen[594].

(c) Intention der Beteiligten

Das von den Beteiligten eines prepackaged plan Verfahren angestrebte Maximum an Beherrsch- und Planbarkeit wird wesentlich durch den Faktor Zeit bestimmt. Das formelle Insolvenzverfahren ist ab dem Zeitpunkt der Vorlage des Insolvenzplans auf die schnellstmögliche Herbeiführung der Planbestätigung und damit die Umsetzung der in ihm festgelegten Sanierungsmaßnahmen ausgerichtet. Dieses Beschleunigungsbedürfnis ist im Falle des Vorschlages einer konkreten Person für das Amt des Sachwalters tangiert, da das Gericht Ermittlungen anzustellen hat, ob die vorgeschlagene Person im Vorfeld in einer die in § 56 Abs. 1 InsO normierten Grenzen übersteigenden Art und Weise tätig geworden ist[595]. Dies macht eine Auseinandersetzung mit den der Planvorlage vorausgegangenen Tätigkeiten erforderlich. In diesem Zusammenhang können zwar sowohl der Schuldner als auch die Gläubiger durch die Erteilung von Auskünften beitragen. Einflussnahmemöglichkeiten bestehen insoweit aber nicht, da die Beurteilung des Vorliegens der Unabhängigkeit einzig durch das Gericht erfolgt. Äußerungen seitens des Schuldners und der Gläubiger binden das Gericht nicht. Selbiges gilt für eine Erklärung der vorgeschlagenen Person. Diese hat vielmehr sämtliche relevanten Umstände ihrer dem Verfahren vorausgegangenen Tätigkeit offenzulegen[596]. Daran knüpft sich jedoch eine sorgfältige Prüfung durch das Gericht. Hiermit sind erhebliche zeitliche Aufwendungen verbunden, die das Insolvenzeröffnungsverfahren verzögern können und damit der von den Beteiligten gewollten zügigen Umsetzung des Sanierungskonzepts entgegenstehen[597].

---

594 Vgl. *Smid*, WPg. 2011, Sonderheft, S. 10.

595 Vgl. Kübler/Prütting-*Pape*, § 274, Rn. 9.

596 *Kammel/Staps*, NZI 2010, S. 792.

597 Dies verkennt *Paulus*, ZGR 2005, S. 324 f., der in diesem Zusammenhang auf die US-amerikanische und englische Rechtspraxis verweist. In den USA und England hat ein im Zuge einer außergerichtlichen Sanierung beteiligter Berater die Möglichkeit, durch die Offenlegung seiner

Der prepackaged plan zeichnet sich durch eine umfassende Vorbereitung aus. Dies beinhaltet, durch den vorläufigen Gläubigerausschuss die Anordnung der Eigenverwaltung herbeizuführen, stößt aber bei der Bestellung einer bestimmten Person zum Sachwalter an ihre Grenzen. Dies führt jedoch nicht zu der Feststellung, dass somit das Scheitern des bislang so gut wie vollbeherrschten Prozesses einhergeht.

Das Wesen des prepackaged plan in Verbindung mit der Eigenverwaltung besteht darin, dass der vereinbarte Maßnahmenplan auf einem Konsens des Schuldners und seiner Gläubiger besteht und diese Parteien sämtliche die Umsetzung betreffende Umstände im Vorfeld einvernehmlich geklärt haben. Da die Mitwirkungsbefugnisse eines Sachwalters im Falle schuldnerischer Eigenverwaltung insoweit reduziert sind, ist für die Beteiligten hinnehmbar, wenn hier eine bislang außen vor gebliebene Person bestellt wird. Der von diesen angestrebte Sanierungsprozess würde durch eine langandauernde Geeignetheitsprüfung weitaus mehr gefährdet.

Die Negierung der Option, durch einen Vorschlag die Bestellung einer bestimmten Person zum Sachwalter herbeizuführen, bedeutet ohnehin nicht zugleich die Nichtexistenz der Möglichkeit, Einfluss auf die Entscheidung des Gericht zu nehmen. Was den Beteiligten bleibt ist die Möglichkeit, generelle Anforderungen an den zu bestellenden Sachwalter gegenüber dem Gericht zu formulieren[598]. Anders als der Vorschlag einer konkreten Person führen diese gemäß § 56 Abs. 3 S. 2 InsO zu einer Bindung des Gerichts[599]. Eine Prüfung des Kriteriums der Unabhängigkeit im Sinne des § 56 Abs. 1 S. 1 InsO hat zwar auch hier zu erfolgen, jedoch nicht im Hinblick auf die mit Prüfungsaufwand verbundenen Umstände des § 56 Abs. 1 S. 3 Nr. 2 und 3 InsO. Die Beteiligten führen somit eine Reduzierung der vom Gerichtt zu erbringenden Ermittlungs- und Prüfungstätigkeit herbei.

Hinsichtlich der an den Sachwalter zu stellenden Anforderungen ist zu beachten, dass für diesen wie für das Gericht auch das Vorliegen eines ausgearbeiteten

vorausgegangenen Tätigkeit seine Tauglichkeit als Sachwalter darzulegen. Erforderlich ist hierfür eine detaillierte und lückenlose Aufklärung über seine bisherige Beschäftigung durch den Schuldner sowie sein in diesem Zusammenhang erzieltes Einkommen. Eine derartige Erweiterung der ohnehin zu leistenden Prüfungstätigkeit ist jedoch wiederum mit erheblichen zeitlichen Aufwendungen verbunden. Dies gilt sowohl für den Berater, der die erforderlichen Unterlagen zusammenstellen muss als auch die beteiligten Prüfungsorgane, die eine Überprüfung derselben durchzuführen haben.

598 HambKom-*Frind*, § 56, Rn. 38; *Obermüller*, ZInsO 2012, S. 23.

599 Lediglich im Falle der Formulierung von gesetzeswidrigen, von der Rechtsprechung als unzulässig verworfenen Anforderungen kann ein Abweichen hiervon zulässig sein, vgl. *Brinkmann/Zipperer*, ZIP 2011, S. 1343.

Insolvenzplans mit engem Zeitplan zum Zeitpunkt der Verfahrenseröffnung eine besondere Situation darstellt[600]. Der Sachwalter muss sich zügig in das von den Beteiligten entworfene Sanierungskonzept einarbeiten und alles unterlassen, was einer zügigen Umsetzung desselben entgegensteht. Dies erfordert insbesondere die Bereitschaft und Fähigkeit, jederzeit den Dialog mit den Beteiligten zu suchen und durchzuführen[601]. Sie kann sich aus der Erfahrung mit der Abwicklung ähnlich strukturierter Sanierungsfälle ergeben[602]. Neben diese grundsätzlichen können im Einzelfall weitere Anforderungen treten wie etwa spezielle Branchenkenntnisse[603].

(d) Entscheidung des Gerichts

Dem Insolvenzgericht wird vom vorläufigen Gläubigerausschuss unmittelbar im Anschluss an dessen Einsetzung ein Katalog mit den Anforderungen im Sinne des § 56a Abs. 2 InsO S. 2 übergeben. Die Fallgestaltung, dass die Anhörung zu einer offensichtlichen nachteiligen Veränderung der Vermögenslage des Schuldners führt, die das Gericht zu einem Verzicht auf die Anhörung berechtigt, ist in dem sich durch eine effiziente Organisation auszeichnenden prepackaged plan Verfahren nicht existent.

In besonderer Weise kommt nunmehr zur Geltung, dass in einem umfassend vorbereiteten prepackaged plan Verfahren regelmäßig nicht die Erforderlichkeit besteht, einen vorläufigen Sachwalter zu bestellen. In diesen Fällen hat das Gericht unmittelbar mit der Stellung des Eröffnungsantrags die Prüfung der Geeignetheit der ggf. zum vorläufigen Sachwalter vorgeschlagenen Person vorzunehmen. Insoweit steht das Gericht vor einem Problem. Einen effektiven Schutz der Gläubiger vor masseschädigenden Maßnahmen zu gewährleisten bedingt, erforderliche Sicherungsmaßnahmen unverzüglich anzuordnen. Allerdings verfügt das Gericht regelmäßig nicht über die erforderlichen Erkenntnisse des Sanierungssachverhalts, sodass eine Beurteilung der Unabhängigkeit unmittelbar nach Stellung des Eröffnungsantrags kaum möglich ist[604].

Für das Gericht besteht somit die Möglichkeit, auf Grundlage der vom vorläufigen Gläubigerausschuss entsprechend § 56a Abs. 2 S. 2 InsO formulierten Anforderungen eine geeignete Person auszuwählen. Dabei besteht zwar parallel die Pflicht zur Prüfung der Massekostendeckung sowie der Eröffnungs- und Eigenverwaltungsvoraussetzungen fort. Die Bestimmung des Kreises der poten-

600 Vgl. *Braun* in: Braun/Uhlenbruck, S. 686 ff.
601 *Spies*, ZInsO 2005, S. 1259.
602 *Gerster*, ZInsO 2008, S. 442; *Kammel/Staps*, NZI 2010, S. 793.
603 HambKom-*Frind*, § 56, Rn. 38; *Kammel/Staps*, NZI 2010, S. 793.
604 Vgl. *Hofmann*, NZI 2010, S. 803; *Kammel/Staps*, NZI 2010, S. 793.

tiellen Sachwalterkandidaten gestaltet sich für das Gericht im Zuge des Eröffnungsverfahrens jedoch weniger intensiv als wenn diese unmittelbar mit Stellung des Eröffnungsantrags erfolgen muss.

Der vom Gesetzgeber intendierten Stärkung der Gläubigerautonomie entspricht es dabei, die in Frage kommenden Kandidaten mit dem vorläufigen Gläubigerausschuss zu kommunizieren. Dies gestaltet sich praktisch so, dass der Richter zu den Sitzungen des vorläufigen Gläubigerausschusses geladen wird und hieran teilnimmt[605]. Das Risiko, dass die erste Gläubigerversammlung von ihrem Recht Gebrauch macht, entsprechend §§ 274 Abs. 1, 57 InsO einen neuen Sachwalter zu wählen, wird hierdurch so gut wie ausgeschlossen.

(2) Zusammenwirken von Schuldner und Sachwalter

Die Aufgaben des bestellten Sachwalters beschränken sich zunächst auf einzelne Aufsichts-, Überwachungs- und Prüfungspflichten. Mitwirkungsbeiträge des Sachwalters, wie sie § 277 InsO im Falle einer angeordneten Zustimmungsbedürftigkeit für Rechtsgeschäfte vorsieht, sind grundsätzlich an die Beantragung und damit den Zeitpunkt der ersten Gläubigerversammlung gebunden. Der Aufgabenkreis des Sachwalters ist somit erheblich geringer als der eines Insolvenzverwalters und beschränkt sich zwar nicht ausschließlich, aber doch wesentlich auf die Überwachung des Schuldners[606].

Die entscheidende Tätigkeit im Hinblick auf die Herbeiführung der Rechtsverbindlichkeit der im Insolvenzplan festgelegten Maßnahmen liegt demgemäß beim Schuldner[607]. Er handelt fast unabhängig vom Sachwalter, da ihm so gut wie alle Kompetenzen zufallen, die im Falle des Regelinsolvenzverfahrens der Insolvenzverwalter innehat[608]. Die Anordnung der Eigenverwaltung und die damit verbundene starke Position des Schuldners ist für die Beteiligten eines prepackaged plan basierten Sanierungssachverhalts ausreichend zur Sicherung einer von ihnen kontrollierten Umsetzung des Planvorhabens.

Nichtsdestotrotz handelt es sich bei Vorhandensein eines prepackaged plan um eine besondere Situation, die auch an den bestellten Sachwalter gezielte Anforderungen stellt. Die Überwachung des Schuldners, die Ausübung der exklusiven Handlungsbefugnisse sowie die nach § 281 Abs. 2 InsO vorgesehene Stellungnahme zum Bericht des Schuldners im Berichtsermin erfordern vom

605 *Brinkmann/Zipperer*, ZIP 2011, S. 1343.

606 *Häsemeyer*, Insolvenzrecht, Rn. 8.01.

607 Vgl. *Bales*, NZI 2008, S. 221; *Gulde*, Anordnung, S. 55 f.; *Huntemann/Dietrich*, ZInsO 2001, S. 15; *Pape* in: KS, S. 907.

608 *Götker*, Geschäftsführer, Rn. 1002; *Maus*, DStR 2002, S. 1108; *Pape* in: KS, S. 917; *Smid*, Praxishandbuch, § 30, Rn. 43.

Sachwalter, sich mit dem ihm bisher unbekannten Insolvenzplan, der die Grundlage jeglichen Handelns des Schuldners darstellt, intensiv auseinanderzusetzen und jederzeit mit dem Schuldner den Dialog aufrechtzuerhalten[609]. Mit den schuldnerischen Beratern, die auch den gerichtlichen Sanierungsprozess begleiten, findet der Sachwalter indes kompetente Ansprechpartner vor, mit denen er auch kurzfristig kommunizieren kann[610].

Durch die vom Schuldner und seinen Gläubigern im Vorfeld geleistete Planausarbeitung entfällt die gestalterische Wirkungskomponente des Sachwalters[611]. Zwar bleibt seine Beauftragung durch die Gläubigerversammlung zur Ausarbeitung eines Insolvenzplans auch im angeordneten Eigenverwaltungsverfahren möglich. Im Falle eines von den Gläubigern mehrheitlich getragenen Plankonzepts spielt diese Möglichkeit jedoch keine Rolle mehr[612]. Nichtsdestotrotz wird der Sachwalter nicht zu einer Randfigur degradiert, die sich einer totalen Entmachtung durch den Schuldner ausgesetzt sieht[613]. Vielmehr erfordert die Umsetzung des prepackaged plan auch von ihm, durch eine aktive Kommunikation und Mitwirkung zu einer optimalen Umsetzung des Konzepts beizutragen. Die Absolvierung des angestrebten Sanierungsprozesses wird für die Beteiligten immer aussichtsreicher sein, wenn der Sachwalter in diesen voll integriert sowie dazu bereit ist, ihn vollumfänglich mitzutragen. Dies beinhaltet auch die Kundgabe dieser Bereitschaft nach außen[614].

Insoweit haben Schuldner und Gläubiger alles dazu zu unternehmen, dass ein Konsens mit dem Sachwalter frühzeitig entsteht und dauerhaft aufrechterhalten wird. Dies erfordert seine Einbindung in den Gesamtprozess und die jederzeitige Versorgung mit den aktuellen Entwicklungen und Informationen. Die Einarbeitung in die Unternehmenssituation sowie das Sanierungskonzept muss sich aus zeitlicher Sicht unverzüglich an die Eröffnung des Insolvenzverfahrens anschließen. Da dem Sachwalter aufgrund seines im Vergleich zum Insolvenzverwalter eingeschränkten Aufgabenkreises jedoch ein Mehr an Zeit und Kapazitäten zur Verfügung steht, ist ihm die beschleunigte Durchführung möglich und zumutbar.

609 Vgl. *Gerster*, ZInsO 2008, S. 444; *Smid/Rattunde*, Insolvenzplan, 4.2; *Steffan* in: Oppenländer/Trölitzsch, § 37, Rn. 132.

610 *Kußmaul/Steffan*, DB 2000, S. 1853.

611 Vgl. *Uhlenbruck*, BB 1998, S. 2014.

612 Vgl. Nerlich/Römermann-*Braun*, Vor. § 217, Rn. 221 f.

613 So aber *Huntemann/Dietrich*, ZInsO 2001, S. 15.

614 Vgl. *Brockdorff* in: FS Heumann, S. 68.

III. Die Einsetzung eines Gläubigerausschusses

Das Amt des vorläufigen Gläubigerausschusses endet mit der Eröffnung des Insolvenzverfahrens. Demgemäß hat das Insolvenzgericht im Eröffnungsbeschluss darüber zu entscheiden, ob der vorläufige Gläubigerausschuss in seiner personellen Zusammensetzung beibehalten wird[615]. Die Entscheidung trifft das Gericht nach Ausübung eines pflichtgemäßen Ermessens, bei der es im Interesse einer optimalen Verwirklichung der schuldnerischen Haftung die Befriedigungsaussichten der Gläubiger zugrunde zu legen hat[616].

Das Kommunikationsbedürfnis der Beteiligten setzt sich im eröffneten Verfahren unverändert fort. Es entspricht somit der Intention aller Beteiligten, den bereits im Insolvenzeröffnungsverfahren eingesetzten Gläubigerausschuss in seiner personellen Zusammensetzung beizubehalten. Zwar entfällt in dem auf einem prepackaged plan basierten Insolvenzverfahren die gestalterische Komponente und damit auch die Notwendigkeit, etwa Entscheidungen über bedeutsame Rechtshandlungen im Sinne der §§ 158 ff. InsO zu treffen[617]. Allein die Erhaltung der effektiven Strukturen, die sich im außergerichtlichen Bereich gebildet und sodann in der Phase zwischen der Stellung des Eröffnungsantrags und der Verfahrenseröffnung durch den vorläufigen Gläubigerausschuss fortgesetzt haben, bedingen für das Gericht die Einsetzung des Gläubigerausschusses unter Beibehaltung der personellen Zusammensetzung[618].

Spätestens mit der Eröffnung des Insolvenzverfahrens bestellt das Insolvenzgericht einen Sachwalter. Wesentliche Aufgabe des Gläubigerausschusses ist gemäß § 69 InsO die Unterstützung desselben. Die Besonderheit eines prepackaged plan Verfahrens liegt nunmehr darin, dass zum Zeitpunkt der Verfahrenseröffnung sowohl der Schuldner als auch der vom Gericht mit Antragstellung eingesetzte vorläufige Gläubigerausschuss einen Wissensvorsprung gegenüber dem erst jetzt bestellten Sachwalter haben. Der Sachwalter wird Teil eines von den Beteiligten bereits ausgelösten und gemeinsam getragenen Gestaltungsprozesses. Um auch ihm die erforderliche zügige Einarbeitung in diesen Prozess zu ermöglichen, haben ihn der Gläubigerausschuss und der Schuldner mit sämtlichen notwenigen Informationen zu versorgen. Dabei stellt der Gläubigerausschuss das Korrektiv zu einer möglicherweise einseitigen Informationsweitergabe und Beeinflussung durch den Schuldner sowie dessen Berater dar.

---

615 *Obermüller*, ZInsO 2012, S. 21.

616 Vgl. nur *Pape*, Gläubigerbeteiligung, Rn. 298.

617 Zu der Notwendigkeit der Einsetzung des vorläufigen Gläubigerausschusses im Falle der erforderlichen Durchführung solcher Rechtshandlungen zeitlich vor dem Berichtstermin vgl. nur *Bruder* in: WDWW, Kap. 2, Rn. 292; *Klopp/Kluth* in: Gottwald, § 21, Rn. 5.

618 *Obermüller*, ZInsO 2012, S. 21.

Neben der Unterstützung sieht die Vorschrift des § 69 InsO auch eine Überwachung sowohl des Schuldners auch als auch des Sachwalters durch den Gläubigerausschuss vor. Zwar gibt das mit dem prepackaged plan verknüpfte rechtlich wie wirtschaftlich optimale Verwertungskonzept grundsätzlich keinen Anlass für absprachewidriges Verhalten. Jedoch bedeutet allein die Existenz des Gläubigerausschusses einen Druck für den eigenverwaltenden Schuldner wie den Sachwalter, sich an die im Vorfeld vereinbarten Abläufe zu halten. Das Gesetz räumt dem Gläubigerausschuss umfangreiche Rechte ein, die ihm die Möglichkeit geben, auf plangefährdende Verhaltensweisen des Schuldners oder des Sachwalters unverzüglich zu reagieren. Zu den Handlungsmöglichkeiten zählen insbesondere das Recht zur Abgabe einer Stellungnahme zum Plan nach § 232 Abs. 1 Nr. 1 InsO sowie zum Bericht des eigenverwaltenden Schuldners im Berichtstermin entsprechend § 156 Abs. 2 S. 1 InsO. Zugleich kann der Gläubigerausschuss über die Möglichkeit aus § 75 Abs. 1 Nr. 2 InsO zur Einberufung der Gläubigerversammlung entsprechend § 272 Abs. 1 Nr. 1 InsO auf eine Aufhebung der Eigenverwaltung bzw. eine Abwahl des Sachwalters gemäß §§ 274 Abs. 1, 57 InsO hinzuwirken[619].

Ohnehin besteht gerade im Falle einer angeordneten Eigenverwaltung ein verstärktes Interesse der Gläubigerschaft an einer Kontrolle des mit viel Rechtsmacht ausgestatteten Schuldners[620]. Mit der Anordnung der Eigenverwaltung im Verfahren, zu der die Beteiligten mit ihren positiven Stellungnahmen erheblich beigetragen haben, wollen die Gläubiger ihre mitbeherrschende Stellung innerhalb des Wirkungsprozesses nicht verlieren. Der im Vorfeld des Verfahrens ausgelöste Vertrauensbildungsprozess ist mit der Eröffnung des Insolvenzverfahrens nicht abgeschlossen. Vielmehr besteht auch auf Seiten des Schuldners das Bedürfnis, diesen Prozess durch die Dokumentation seines absprachegemäßen Verhaltens fortzusetzen. Die Einsetzung des Gläubigerausschusses erfolgt damit auch in seinem Interesse.

Wie die Entscheidung über die Anordnung der Eigenverwaltung nach §§ 271, 272 Abs. 1 Nr. 1 InsO obliegt die Entscheidung über die Einsetzung eines Gläubigerausschusses letztlich der Gläubigerversammlung. Sie beschließt nach § 68 Abs. 1 InsO, ob ein Gläubigerausschuss endgültig eingesetzt werden soll. Im Falle der Einsetzung bereits durch das Gericht kann sie gemäß § 68 Abs. 1 S. 2 InsO dessen Beibehaltung beschließen. Zugleich kann sie nach Abs. 2 Änderungen in der personellen Zusammensetzung vornehmen.

---

619 *Vallender*, WM 2002, S. 2048; zu den sonstigen Kompetenzen des Gläubigerausschusses vgl. die Darstellung bei *Klopp/Kluth* in: Gottwald, § 21, Rn. 19 ff.

620 FK-*Schmitt*, § 67, Rn. 5; *Graeber* in: Beck/Depré, § 10, Rn. 7; *H/W/F*, Handbuch, Kap. 6, Rn.7; *Vallender*, WM 2002, S. 2048.

Die Gläubiger, die in der Gläubigersammlung zur Abstimmung berechtigt sind, können mit der Einreichung des Eröffnungsantrags mitsamt Insolvenzplan Stellungnahmen beibringen. In den Stellungnahmen dokumentieren sie, dass sie in der ersten Gläubigerversammlung nicht nur für die generelle Einsetzung eines Gläubigerausschusses, sondern auch der vorgeschlagenen personellen Zusammensetzung zustimmen werden. Gelingt es nunmehr den Beteiligten, eine solche Anzahl an positiven Stellungnahmen beizubringen, die eine Mehrheit in der Gläubigerversammlung repräsentieren, hat das Gericht dies bei seiner Entscheidung zu berücksichtigen. Kommt es hierbei zu der Erkenntnis, dass die erste Gläubigerversammlung die Einsetzung vornehmen wird und kann dabei nicht ausgeschlossen werden, dass ein Abwarten zu einer Gefährdung der Planumsetzung führt, so hat das Gericht im Interesse einer optimalen Haftungsverwirklichung die Einsetzung unter Beibehaltung der personellen Zusammensetzung bereits im Eröffnungsbeschluss vorzunehmen[621].

IV. Die Frist- und Terminbestimmung

1. Die Frist- und Terminbestimmung für das allgemeine Insolvenzverfahren

a) Der prepackaged plan im Kontext der gerichtlichen Entscheidungen über die Fristen und Termine des allgemeinen Insolvenzverfahrens

Einfluss auf Entscheidungen des Insolvenzgerichts zu nehmen setzt das Bestehen gerichtlicher Entscheidungsprozesse voraus. An die Eröffnung des Insolvenzverfahrens ist für das Gericht die Fristsetzung und Terminfestlegung im Sinne der §§ 28, 29 InsO geknüpft. Nach § 28 Abs. 1 InsO hat das Gericht die Gläubiger aufzufordern, ihre Forderung innerhalb einer von ihm zu bestimmenden Frist unter Beachtung des § 174 InsO beim Insolvenzverwalter bzw. im Falle angeordneter Eigenverwaltung nach § 270c S. 2 InsO beim Sachwalter anzumelden. Gemäß § 29 InsO muss das Gericht im Eröffnungsbeschluss neben dem Anmeldezeitraum auch einen Berichts- (Nr. 1) sowie einen Prüfungstermin (Nr. 2) festlegen. Das Gericht kann gemäß § 29 Abs. 2 InsO die beiden Termine verbinden.

621 *Frege*, ZGR 1999, S. 480; *Graeber* in: Beck/Depré, § 10, Rn. 5; *Pape*, Gläubigerbeteiligung, Rn. 298.

Die Frist- bzw. Terminfestlegung ist zwingend im Eröffnungsbeschluss auszuweisen[622]. Durch sie wird das weitere Verfahren in Umrissen planbar[623]. Mit der Kompetenz zur Festlegung der Fristen und Termine stellt das Gesetz Entscheidungen in das Ermessen des Gerichts, die für den Verlauf des Insolvenzverfahrens von grundlegender Bedeutung sind[624]. Gerade in der Zeit bis zum Berichtstermin werden in der Regel die entscheidenden Weichen für den Verwertungserfolg gestellt[625].

In einem prepackaged plan basierten Verfahren sind bereits zum Zeitpunkt der Vorlage des Eröffnungsantrags wesentliche Fragen endgültig geklärt. Dennoch spielt auch in diesem Fall die Entscheidung des Gerichts eine erhebliche Rolle für den Verwertungserfolg. Mit der Vorwegnahme gestalterischer Prozesse korrespondiert das Bedürfnis der Beteiligten, dass die im Vorfeld zur Sanierung festgelegten und von einer Zustimmungsmehrheit getragenen Maßnahmen unverzüglich in verbindliches Recht transformiert werden.

Rechtliche Verbindlichkeit entfalten die im Plan vorgesehenen Maßnahmen mit der Rechtskraft des bestätigten Plans. Davor steht ein Verfahrensweg, den es so zügig wie möglich zu passieren gilt. Mittel hierzu ist die Absolvierung des Insolvenzverfahrens innerhalb der gesetzlich vorgegebenen Mindestfristen[626]. Deren Geltung ist an die Entscheidung des Gerichts gebunden. Grundsätzlich erschwert das Bestehen richterlicher Entscheidungsräume die Einschätzung des Verfahrensablaufs[627]. Nur durch eine Absolvierung innerhalb der gesetzlichen Mindestfristen erzielen die Beteiligten daher den Effekt der Beherrsch- und Planbarkeit.

---

622 So *H/W/F*, Handbuch, Kap. 4, Rn. 7; Nerlich/Römermann-*Mönning*, § 27, Rn. 9; *Uhlenbruck/Gundlach* in: Gottwald, § 16, Rn. 25; *a. A.* HK-*Kirchhof*, § 27, Rn. 24 f.; *Mohrbutter* in: Mohrbutter/Ringstmeier, § 6, Rn. 63, 100, nach denen das Fehlen der Fristbestimmung nach § 28 InsO sowie der Terminfestlegung im Sinne des § 29 InsO nicht zur Unwirksamkeit des Eröffnungsbeschlusses führt. Die Vertreter dieser Ansicht folgern freilich nicht, dass dem Gericht im Zusammenhang mit diesen Entscheidungen ein Entschließungsermessen zukommt. Das Gericht hat die Frist- und die Terminbestimmung in jedem Fall vorzunehmen. Im Falle ihrer Nichtausweisung im Eröffnungsbeschluss ist die Entscheidung nachzuholen. Das Gesetz räumt dem Gericht nicht die Möglichkeit ein, auf die Frist- und Terminfestlegung zu verzichten.

623 *Becker*, Insolvenzrecht, Rn. 791.

624 Vgl. *Götker*, Geschäftsführer, Rn. 541; *Mohrbutter* in: Mohrbutter/Ringstmeier, § 6, Rn. 65, 82 ff.

625 *Gerloff*, Funktionen, S. 101.

626 Vgl. *Huntemann/Dietrich*, ZInsO 2001, S. 17; *Maus*, DStR 2002, S. 1105; *Rattunde*, ZIP 2003, S. 598.

627 Vgl. *Rattunde*, ZIP 2003, S. 596.

b) Bedeutung des prepackaged plan für die Entscheidungen des Gerichts nach §§ 28 f. InsO

(1) Bestimmung der Frist zur Forderungsanmeldung gemäß § 28 Abs. 1 S. 2 InsO

Im Eröffnungsbeschluss sind die Gläubiger gemäß § 28 Abs. 1 S. 1 bzw. § 270c S. 2 InsO aufzufordern, ihre Forderungen beim Insolvenzverwalter bzw. Sachwalter anzumelden. Nach § 28 Abs. 1 S. 2 ist die Anmeldefrist auf einen Zeitraum von mindestens zwei Wochen festzusetzen. Die Ausnutzung dieser Mindestfrist kommt insbesondere in Insolvenzsachverhalten mit überschaubarer Vermögens- und Gläubigerstruktur in Betracht. Für umfangreiche Insolvenzsachverhalte beschränkt sich die Diskussion in der Literatur auf die Möglichkeit der Überschreitung der in § 28 Abs. 1 S. 2 InsO genannten Höchstgrenze von drei Monaten für[628]. Dennoch ist auch in derartigen Fällen eine Beschränkung auf die Mindestfrist zulässig.

Die zur Befriedigung der Gläubiger dienende Insolvenzmasse soll im Interesse der Verfahrensbeschleunigung unverzüglich ermittelt werden[629]. Diesem Interesse dient die Flexibilität, die das Gesetz durch die Normierung einer Ermessensentscheidung des Gerichts ermöglicht. Zeitsensible Sanierungsprozesse, die eine Aussicht auf eine optimale schuldnerische Haftungsverwirklichung im Interesse der Gläubiger bieten, soll durch starre Fristen nicht der Boden entzogen werden. Insoweit erfordert die Wahrung dieser sanierungsfördernden Flexibilität vom Gericht, den Gegebenheiten und Perspektiven des Einzelfalls Rechnung zu tragen.

Die Beteiligten können durch eine umfangreiche Vorbereitung, wie sie zentraler Bestandteil eines prepackaged plan basierten Verfahrens ist, Einfluss auf die Entscheidung des Gerichts nehmen. Der Schuldner hat seine Beteiligten bereits im Zuge der im Vorfeld des Verfahrens stattfindenden Verhandlungen darauf hinzuweisen, dass diese nach Eröffnung des Insolvenzverfahrens unverzüglich ihre Forderungen beim bestellten Sachwalter anzumelden haben. Auf diese Weise tragen sie zu einer Effektivierung des Verfahrens bei. Die Gläubiger können ihre Bereitschaft hierzu in Stellungnahmen, die dem Antragspaket beigefügt werden, dokumentieren. Wesentlich im Hinblick auf die Entscheidung des Gerichts ist die Verbindung des Antragspakets mit der Vorlage eines aktuellen und vollständigen Gläubigerverzeichnisses bei Gericht. Dem Verzeichnis kann das Gericht unmittelbar entnehmen, wem es den Eröffnungsbeschluss im Sinne des § 30 Abs. 2 InsO zuzustellen hat. Die Durchführung der Zustellungen hat dann unver-

628 Vgl. FK-*Jaffé*, § 28, Rn. 6.

629 FK-*Jaffé*, § 28, Rn. 2; Nerlich/Römermann-*Mönning*, § 28, Rn. 20.

züglich zu erfolgen. Ob das Gericht die Zustellung des Eröffnungsbeschlusses entsprechend § 8 Abs. 3 InsO auf den Sachwalter überträgt, entscheidet es nach Ausübung eines pflichtgemäßen Ermessens[630]. Ein Kriterium der Ermessensentscheidung bildet das Bedürfnis für das Gericht, eine Entlastung zu erfahren[631]. Ergibt sich jedoch, dass eine Delegierung der Beauftragung zu einer zeitlichen Verzögerung führt oder den Sachwalter darin einschränkt, gemeinsam mit dem eigenverwaltenden Schuldner zu einer effizienten Vorbereitung der Umsetzung des Sanierungskonzepts beizutragen, hat es diese zu unterlassen[632].

Für eine Effektivierung des Verfahrens bereitet der Schuldner mit der Präsentation des Gläubigerverzeichnisses die Voraussetzung. In diesem Zusammenhang hat er dafür Sorge zu tragen und zu dokumentieren, dass seine Buchhaltung den Grundsätzen der Aktualität und Vollständigkeit entspricht. Bei dem zuverlässigen, kompetenten und vertrauenswürdigen Schuldner, der mit dem Insolvenzantrag ein mit seinen Gläubigern vorverhandeltes Sanierungskonzept vorlegt und daher mit der Eigenverwaltung zu betrauen ist, ist jedoch davon auszugehen, dass er zu einer zügigen Absolvierung des Verfahrens beitragen will und kann. Insofern kann das Gericht davon ausgehen, dass sich dem zum Zeitpunkt der Entscheidung über die nach § 28 InsO zu bestimmende Anmeldefrist vorliegenden Gläubigerverzeichnis sämtliche Informationen zur unverzüglichen Durchführung der Zustellungen entnehmen lassen. Aufgrund der Vollständigkeit kann das Gericht demgemäß auch im Rahmen eines Insolvenzverfahrens mit umfangreicher Gläubigerbeteiligung die Mindestfrist von zwei Wochen anordnen. Durch eine umfassende Vorbereitung im Rahmen der vor dem Verfahren stattfindenden Aktivitäten eines prepackaged plan wird dies möglich[633].

(2) Bestimmung des Berichts- und Prüfungstermins nach § 29 Abs. 1 InsO

Neben der Festlegung der Frist für die Forderungsanmeldung hat das Gericht im Eröffnungsbeschluss nach § 29 InsO sowohl den Berichts- als auch den Prüfungstermin zu bestimmen. Eine Frist für den Berichtstermin sieht das Gesetz nicht vor. Zwischen dem Prüfungstermin und dem Ende der Anmeldefrist soll jedoch nach § 29 Abs. 1 Nr. 2 InsO mindestens eine Woche liegen.

Durch die vom Gericht bestimmte Frist von mindestens zwei Wochen, die den Gläubigern nach § 28 Abs. 1 InsO zur Anmeldung ihrer Forderung zu ge-

---

630 Vgl. nur Uhlenbruck-*Uhlenbruck*, § 8, Rn. 8 f.; zur Zulässigkeit der Beauftragung des Sachwalters mit der Durchführung der Zustellungen vgl. Kübler/Prütting-*Prütting*, § 8, Rn. 11a.

631 Vgl. nur HK-*Kirchhof*, § 8, Rn. 10.

632 Vgl. Kübler/Prütting-*Prütting*, § 8, Rn. 9.

633 Vgl. *Huntemann/Dietrich*, ZInsO 2001, S. 17.

währen ist, wird erneut ein Schwebezustand ausgelöst[634]. Dieser hindert die Beteiligten daran, unmittelbar eine Entscheidung über die Art und Weise der schuldnerischen Haftungsverwirklichung herbeizuführen[635]. Dies ist umso mehr in einem prepackaged plan basierten Sachverhalts von Bedeutung, da die Beteiligten hier ein besonderes Bedürfnis haben, dem von der Mehrheit getragenen Insolvenzplan so zügig wie möglich die Zustimmung zu erteilen[636]. Angesichts der gesetzlichen Notwendigkeit, dass die Gläubiger ihre Forderungen anzumelden haben, ist diese Verzögerung von den Beteiligten jedoch hinzunehmen.

Zu beachten ist allerdings auch hier, dass das Gesetz dem Gericht einen Ermessensspielraum bereitgestellt hat, um den Bedürfnissen des Einzelfalls gerecht werden zu können. Abzuwägen sind dabei der Wille des Gesetzgebers zur Verfahrensbeschleunigung und die Gewährleistung einer ausreichenden Vorbereitungszeit für die Beteiligten[637]. Das Vorbereitungsbedürfnis der Gläubiger ist im Rahmen eines prepackaged plan auf ein Minimum reduziert. Berücksichtigen wollte der Gesetzgeber jedoch insbesondere die Position des Insolvenzverwalters, der als Externer in das ihm unbekannte schuldnerische Unternehmen eintritt und sich insoweit zunächst in dieses einarbeiten muss[638]. Ausschließlich auf der Grundlage ausgiebiger Vorbereitung kann er den ihm obliegenden Pflichten nachkommen. So muss er, um den Prüfungstermin durchführen zu können, alle Forderungen geprüft haben. Dabei gilt im Allgemeinen der Grundsatz, dass je umfangreicher und komplexer das Verfahren ist, desto mehr Einarbeitungs- und Vorbereitungszeit wird der Insolvenzverwalter benötigen[639].

Bereits durch die Anordnung der Eigenverwaltung nach §§ 27 Abs. 1 S. 2, 270 InsO wird eine Verkürzung des erforderlichen Zeitraums erreicht. Statt eines externen Verwalters werden wesentliche Handlungen durch den Schuldner, der das Unternehmen kennt und dementsprechend keine Einarbeitungszeit benötigt, durchgeführt. Im Falle eines prepackaged plan kommt hinzu, dass der Schuldner nicht nur über sein Unternehmen, sondern auch über das bereits im Vorfeld verabredete Verfahrensziel inklusive des hierfür zu absolvierenden Verfahrensweges absolut im Bilde ist. Den ihm obliegenden Pflichten wie der Erläuterung seiner wirtschaftlichen Lage und des ausgearbeiteten Insolvenzplans im Berichtstermin gemäß §§ 281 Abs. 2 S. 1, 156 Abs. 1 InsO kann er ohne umfangreiche Vorbereitung nachkommen. Allein aus der Vertrautheit des Schuldners mit seinem Unternehmen ergibt sich jedoch nicht zwangsläufig eine Beschleunigung. Eine

634 Nerlich/Römermann-*Mönning*, § 29, Rn. 2.
635 Vgl. Nerlich/Römermann-*Mönning*, § 29, Rn. 1.
636 *Braun* in: Braun/Uhlenbruck, S. 639.
637 *H/W/F*, Handbuch, Kap. 4, Rn. 15; MüKo-*Schmahl*, §§ 27-29, Rn. 80.
638 Vgl. MüKo-*Schmahl*, §§ 27-29, Rn. 80.
639 *H/W/F*, Handbuch, Kap. 4, Rn. 15

solche kann nur in dem Fall erreicht werden, dass der Schuldner umfassende Vorbereitungen leistet. Basis ist die frühzeitige Erarbeitung des Insolvenzplans, mit der die Zusammenstellung und Aufarbeitung aller im Laufe des Verfahrens erforderlichen Informationen, Unterlagen, Stellungnahmen etc. verbunden wird. Insbesondere zählt hierzu ein vollständiges Verzeichnis der Massegegenstände, ein Gläubigerverzeichnis sowie eine Vermögensübersicht im Sinne der §§ 151-153 InsO, die gemäß § 154 InsO spätestens eine Woche vor dem Berichtstermin in der Geschäftsstelle niederzulegen sind[640].

Nicht alle vom Insolvenzverwalter zu leistenden Tätigkeiten gehen im Falle der Anordnung der Eigenverwaltung auf den umfassend vorbereiteten Schuldner über. Das Gericht bestellt einen Sachwalter, dem das Gesetz eigene Pflichten auferlegt und der weder das schuldnerische Unternehmen noch das im Vorfeld erarbeitete Sanierungskonzept kennt. Zwar muss er – anders als der Insolvenzverwalter – nicht nach § 157 Abs. 1 InsO im Berichtstermin einen Bericht über die wirtschaftliche Lage des Unternehmens, dessen Fortführungsmöglichkeiten sowie der Aussichten bzgl. eines Insolvenzplans und der Befriedigung der Gläubiger präsentieren. Allerdings hat er zum Bericht des Schuldners nach § 281 Abs. 2 S. 2 InsO Stellung zu nehmen. Dies bedingt, dass er sich zunächst selbst in das Sanierungskonzept einarbeitet. Zu berücksichtigen ist in diesem Zusammenhang jedoch, dass sich seine sonstigen Tätigkeiten im Wesentlichen auf die Kontrolle und Überwachung des Schuldners beschränken[641]. Im Vergleich zu einem bestellten Insolvenzverwalter stehen dem Sachwalter damit mehr Kapazitäten zur Verfügung, die er zur Prüfung des Konzepts und der Vorbereitung des Berichtstermins verwenden kann. Die Beteiligten haben dafür Sorge zu tragen, dass sich der Sachwalter auf Basis des Insolvenzplans und der sonstigen von ihnen bereitzustellenden Unterlagen zügig in den Sachverhalt einarbeiten kann[642].

(3) Zusammenlegung von Berichts- und Prüfungstermin, § 29 Abs. 2 InsO

Entscheidendes Kriterium für die Frage, ob das Gericht eine Zusammenlegung von Berichts- und Prüfungstermin gemäß § 29 Abs. 2 InsO anordnen kann, ist der bestehende Kommunikationsbedarf, der zu diesem Zeitpunkt zur Realisierung der im Verfahren dominierenden Gläubigerautonomie notwendig ist. Die Literatur nimmt auch hier überwiegend an, die Wahrnehmung der Option der Terminverbindung beschränke sich auf kleine Insolvenzverfahren mit übersichtlicher Gläubigerstruktur[643]. Dieser Sichtweise vermag die Annahme zugrunde zu lie-

640 Vgl. *Häsemeyer*, Insolvenzrecht, Rn. 7.58a.

641 Siehe oben, S. 141 ff.

642 Vgl. *Steffan* in: Oppenländer/Trölitzsch, § 37, Rn. 132.

643 Vgl. nur FK-*Schmerbach*, § 29, Rn. 5; *Pape/Uhlenbruck*, Insolvenzrecht, Rn. 473.

gen, dass grundsätzlich in jedem Insolvenzverfahren sowohl hinsichtlich der berichts- als auch der prüfungsterminspezifischen Angelegenheiten ein zeitintensives Kommunikationserfordernis sämtlicher Beteiligten besteht und diesem nur in kleinen Insolvenzsachverhalten in einem zusammengelegten Termin zeitlich Rechnung getragen werden kann. Demgemäß wird in beteiligungsreichen Sachverhalten eine Zusammenlegung im Sinne des § 29 Abs. 2 InsO mit dem Verweis darauf ausgeschlossen, dass in diesem Falle Vertagungen drohten[644].

Grundsätzlich erschwert eine Vielzahl an Gläubigern den Kommunikationsprozess. Im Zusammenhang mit einem prepackaged plan Verfahren ist jedoch zu berücksichtigen, dass dieser Prozess bereits vor dem Verfahren stattgefunden hat. Das Bedürfnis umfassender Kommunikation als Grundlage der Entscheidungsfindung über die schuldnerische Haftungsverwirklichung besteht im Verfahren nicht. Die im Berichts- bzw. Prüfungstermin zu leistenden Tätigkeiten beschränken sich auf den gesetzlichen Mindestgehalt. Das durch den prepackaged plan gewährleistete Höchstmaß an Vorbereitung spiegelt sich in dem minimierten Klärungsbedürfnis in den Terminen wieder. Dies gilt unabhängig davon, wie groß die Zahl der beteiligten Gläubiger ist[645]. Durch eine umfangreiche Vorbereitung unter Einbindung und Berücksichtigung aller Interessen wird dem Kommunikationsbedürfnis aller Gläubiger im Vorfeld des Verfahrens Rechnung getragen. Für sie ist sowohl der Berichts- als auch der Prüfungstermin mit sicherer Kenntnis im Hinblick auf das ihm vorausgegangene sowie das auf ihn nachfolgende Prozedere verbunden. Auf den Umfang der beteiligten Gläubiger kommt es insoweit nicht an. Wird dem Gericht diese umfassende Vorbereitung sowie das Bedürfnis zügiger Absolvierung des Verfahrens hinreichend dokumentiert, so hat das Gericht eine Zusammenlegung der Termine im Sinne des § 29 Abs. 2 InsO vorzunehmen, zumal auch die Wahrnehmung dieser Option an dem Interesse der Beteiligten an einem zügigen Ablauf des Verfahrens auszurichten ist[646].

2. Die Frist- und Terminbestimmung für das Insolvenzplanverfahren

a) Der prepackaged plan im Kontext der gerichtlichen Entscheidungen über die Fristen und Termine des Insolvenzplanverfahrens

Entscheidend für die Beteiligten eines prepackaged plan basierten Sachverhalts ist weder der Berichts- noch der Prüfungstermin. Ihre Durchführung sind lediglich von Gesetzes wegen zu absolvierende Zwischenschritte bis zur Durchführbarkeit des

---

644 So Kübler/Prütting-*Pape*, § 29, Rn. 9; *Mohrbutter* in: Mohrbutter/Ringstmeier, § 6, Rn. 84.

645 Vgl. MüKo-*Schmahl*, §§ 27-29, Rn. 85; im Ergebnis ebenso *Maus*, DStR 2002, S. 1105.

646 Nerlich/Römermann-*Mönning*, § 29, Rn. 22.

Erörterungs- und Abstimmungstermins. Dieser Termin ist für das Schicksal des Plans von entscheidender Bedeutung, da hier die Abstimmung über den Plan erfolgt[647]. Er markiert den aus Gläubigersicht entscheidenden Zeitpunkt, da sie hier ihren unverzichtbaren Beitrag zur Herbeiführung der Planbestätigung erbringen. Die Verwirklichung des Ziels der an einem prepackaged plan Beteiligten, auf eine zügige Transformation des Plans in verbindliches Recht hinzuwirken, korrespondiert mit der Notwendigkeit, die Festlegung des Erörterungs- und Abstimmungstermins so früh wie möglich durch das Gericht zu erreichen[648].

Das Gesetz bestimmt in § 235 Abs. 1 S. 2 InsO eine Höchstfrist von einem Monat, über die hinaus der Termin nicht angesetzt werden soll. Aus § 236 S. 1 InsO ergibt sich, dass der Erörterungs- und Abstimmungstermin nicht vor dem Prüfungstermin stattfinden darf. Aus Gründen der Verfahrensbeschleunigung können diese beiden Termine nach S. 2 und damit über die Möglichkeit aus § 29 Abs. 2 InsO auch mit dem Berichtstermin verbunden werden[649]. Daraus folgt, dass der gemeinsame Termin und damit die Abstimmung über den Plan frühestens drei Wochen nach Eröffnung des Verfahrens stattfinden können[650]. Der Gesetzgeber hat darauf verwiesen, dass die Zusammenlegung insbesondere dann in Betracht kommt, wenn der Schuldner seine Möglichkeit aus § 218 Abs. 1 S. 2 InsO wahrnimmt[651].

Im Falle eines umfassend vorbereiteten prepackaged plan wird ausschließlich die Verbindung der drei Termine den Bedürfnissen der Beteiligten gerecht. Durch die umfangreichen Aktivitäten im Vorfeld des Verfahrens ist den Beteiligten der Inhalt des Plans bekannt. Sie benötigen keine Einarbeitungszeit und können den ihnen im Verfahren obliegenden Rechten und Pflichten unmittelbar nachkommen. Es droht nicht die Gefahr, dass die Gläubiger durch eine kurzfristige Terminierung und Ladung überrumpelt werden[652]. Sie beherrschen den gesamten Prozess vollumfänglich mit. Ihr Bedürfnis, eine zügige Entscheidung über den Plan herbeizuführen, überwiegt ihr Bedürfnis nach Vorbereitungszeit. Die dem Gericht bis zur Durchführung des Termins obliegenden Entscheidungsprozesse können durch die Bereitstellung aller hierzu erforderlichen Informationen durch die Beteiligten zügig durchgeführt werden. Die Optimierung der schuldnerischen Haftungsverwirklichung durch das Ausschöpfen der Mindestfristen bedingen daher in einem prepackaged plan basierten Sachverhalt regelmäßig die Verbin-

647 *Riggert*, WM 1998, S. 1523.

648 *Braun* in: Braun/Uhlenbruck, S. 639; *Buchalik*, NZI 2000, S. 300.

649 *Graf/Wunsch*, ZIP 2001, S. 1035; *H/W/F*, Handbuch, Kap. 9, Rn. 10, 69.

650 Vgl. nur *Smid*, Praxishandbuch, § 30, Rn. 43.

651 Vgl. BT-Drs. 12/2443, S. 206.

652 Vgl. *Smid/Rattunde*, Insolvenzplan, Rn. 11.5 f.

dung der drei Termine durch das Gericht[653]. Ihr Interesse können die Beteiligten in Stellungnahmen dokumentieren, in denen sie kundtun, dass sie an einer kurzfristigen Terminierung interessiert und dazu bereit sind. Zugleich versichern sie, dass sie mit dem ausgearbeiteten Planinhalt in der jetzigen Form einverstanden sind[654]. In diesen Fällen kann das Gericht nicht annehmen, dass seitens der Beteiligten ein die kurzfristige Terminierung überwiegendes Kommunikationsbedürfnis besteht[655]. Die praktischen Fälle zeigen jedenfalls, dass auch in beteiligungsreichen Sachverhalten durch die erfolgte Planvorbereitung der Gang durch das formelle Verfahren erheblich beschleunigt werden kann[656].

b) Zeitpunkt der Bestimmung des Erörterungs- und Abstimmungstermins

Anders als für den Berichts- und Prüfungstermin bestimmt das Gesetz nicht, dass auch der Erörterungs- und Abstimmungstermin im Eröffnungsbeschluss festzulegen ist. Dies erscheint insoweit wenig überraschend, als nicht in jedem Verfahren die schuldnerische Haftungsverwirklichung im Wege des Insolvenzplans erfolgt bzw. zum Zeitpunkt der Verfügung des Eröffnungsbeschlusses ein ausgearbeiteter Plan vorliegt. Der Gesetzgeber hat es jedoch auch unterlassen, für die Konstellation, dass der Schuldner seine Möglichkeit aus § 218 Abs. 1 S. 2 InsO wahrnimmt, dem Gericht bereits im Eröffnungsbeschluss eine entsprechende Entscheidung über den Erörterungs- und Abstimmungstermin aufzuerlegen.

In Anknüpfung hieran wurde vereinzelt vertreten, eine Festlegung des Erörterungs- und Abstimmungstermins sei bereits im Eröffnungsbeschluss zulässig[657]. Sofern der festgesetzte Termin doch nicht stattfinden könne, da etwa der Plan nach § 231 InsO zurückgewiesen wurde, behalf sich die Ansicht mit der Zulassung kurzfristiger Terminsaufhebungen[658]. Der Gesetzgeber hat nunmehr in § 235 Abs. 1 S. 3 InsO festgelegt, dass der Erörterungs- und Abstimmungstermin gleichzeitig mit der Einholung der Stellungnahmen nach § 232 InsO anberaumt werden kann.

Auch wenn sich aus dem Wortlaut des § 235 Abs. 1 S. 3 InsO nicht ausdrücklich ein Verbot einer vorherigen Anberaumung des Erörterungs- und Ab-

---

653 Vgl. *Hess* in: Hess/Obermüller, Rn. 123b; *Klaas* in: Bork/Koschmieder, Rn. 12.94; MüKo-*Schmahl*, §§ 27-29, Rn. 85; *Steffan* in: Oppenländer/Trölitzsch, § 37, Rn. 137.

654 Vgl. *Smid/Rattunde*, Insolvenzplan, Rn. 11.50.

655 MüKo-*Görg*, § 156, Rn. 31; *Smid/Rattunde*, Insolvenzplan, Rn. 11.50.

656 Vgl. *Grub*, AnwBl 2000, S. 583; *Kußmaul/Steffan*, DB 2000, S. 1850; *Rattunde*, ZIP 2003, S. 597 f.

657 Braun-*Braun/Frank*, § 235, Rn. 2; *Hess* in: Hess/Obermüller, Rn. 123b ; Kübler/Prütting-*Otte*, § 235, Rn. 4; Nerlich/Römermann-*Braun*, § 235, Rn. 4a.

658 So Kübler/Prütting-*Otte*, § 235, Rn. 4; Nerlich/Römermann-*Braun*, § 235, Rn. 4a.

stimmungstermins ergibt, widerspricht der mit Terminsaufhebungen und -neuansetzungen verbundene Verwaltungsaufwand einer solchen. Die Durchführung des Erörterungs- und Abstimmungstermins ist zwingend an die erfolgreiche Vorprüfung des Plans, die Weiterleitung an die in § 232 InsO genannten Gruppen sowie die Niederlegung des Plans mitsamt den eingegangenen Stellungnahmen gebunden[659]. Anders als für die Frist zur Abgabe der Stellungnahmen nach § 232 Abs. 3 InsO und die Niederlegung des Plans mitsamt der Stellungnahmen nach §§ 234, 235 Abs. 1 S. 2 InsO ist die Dauer der Vorprüfung im Sinne des § 231 InsO nicht an eine Ermessensausübung des Gerichts geknüpft.

Die Vorprüfung des Plans nach § 231 InsO ist von erheblicher Bedeutung für die Effektivität des Verfahrens, die die Beschränkung auf eine konkrete Frist für ihre Durchführung nicht zulässt. Das Gericht hat zwar aufgrund des im Insolvenzrecht umfassend geltenden Beschleunigungsgrundsatzes eine zügige, jedoch auch ordnungsgemäße Prüfung durchzuführen[660]. Ihr Umfang und ihre Dauer bestimmen sich ausschließlich nach den Umständen des konkreten Falls. Die Dauer der Prüfung kann demgemäß nie – auch nicht im Falle eines umfassend vorbereiteten Insolvenzplans – vorherbestimmt werden[661].

Der Nichtprognostizierbarkeit der Prüfungsdauer widerspricht es, eine nicht aufschiebbare Grenze durch die kurzfristige Terminierung des ladungserfordernden Erörterungs- und Abstimmungstermins zu setzen. Bestimmt das Gericht jedoch bereits im Eröffnungsbeschluss einen entsprechenden Termin und gelangt dann zu der Erkenntnis, dass es diesen nicht einhalten kann, würde dies ein erneutes gerichtliches Handeln erforderlich machen. Die An- und Absetzung des Termins würde aber neben einem erheblichen Verwaltungsaufwand für das Gericht auch zu Unsicherheit und einem Vertrauensverlust bei den Beteiligten führen. Aus diesem Grund sollte zum Zeitpunkt der Festlegung des Erörterungs- und Abstimmungstermins die Prüfung des Plans nach § 231 InsO abgeschlossen sein.

Weiterhin stellt die Prüfung sicher, dass nicht ein Erörterungs- und Abstimmungstermin für einen eingereichten Plan festgesetzt wird, der mangelhaft (§ 231 Abs. 1 S. 1 Nr. 1 InsO), offensichtlich aussichtslos (Nr. 2) oder offensichtlich nicht erfüllbar (Nr. 3) ist. Damit trägt sie zu einem effizienten Verfahren bei. Hat das Gericht bereits einen Termin angesetzt und stellt es sodann bei der Durchführung der Prüfung einen Mangel fest, so hätte es den bereits angesetzten Termin

659 Vgl. nur Kübler/Prütting-*Pape*, § 235, Rn. 7; MüKo-*Hintzen*, § 235, Rn. 6.

660 Vgl. *Maus* in: KS, S. 951.

661 Nichts anderes ergibt sich aus der Soll-Vorschrift des § 231 Abs. 1 S. 2 InsO, wonach die Entscheidung des Gerichts innerhalb von zwei Wochen nach der Vorlage des Plans erfolgen soll. Der Gesetzgeber stellte hierzu fest, dass nicht auszuschließen ist, dass Besonderheiten des Einzelfalls eine längere Vorprüfung erfordern, vgl. BT-Drs. 17/5712, S. 33. Insoweit dürfte von der Regelung lediglich ein psychologischer Effekt ausgehen, vgl. *Braun/Heinrich*, NZI 2011, S. 513.

wieder aufzuheben. Insoweit ergäbe sich dieselbe Unsicherheit wie im Falle der zeitlichen Verzögerung der Prüfung, zumal das Gericht dem Planverfasser im Falle des § 231 Abs. 1 Nr. 1 InsO die mit erneutem Zeitaufwand verbundene Möglichkeit der Mangelbeseitigung einzuräumen hätte.

Zwar können im Falle einer Festlegung des Erörterungs- und Abstimmungstermins zeitgleich mit dem Abschluss der Prüfung nach § 231 InsO die Beteiligten noch nicht unmittelbar ihr Informationsbedürfnis befriedigen. Denn die Option der Einsichtnahme in sämtliche gemäß § 234 InsO niederzulegende Unterlagen, die die Möglichkeit der physischen Auseinandersetzung mit dem Plan einschließlich sämtlicher Anlagen sowie eingegangenen Stellungnahmen bieten soll, besteht zu diesem Zeitpunkt noch nicht[662]. Allerdings führt ein solches Vorgehen weder zu ihrem Entfallen noch zur ihrer zeitlichen Verzögerung. Der einzige Unterschied besteht darin, dass die Beteiligten bereits frühzeitig erfahren, wann sie sämtliche Unterlagen einsehen können. Denn mit dem Abschluss der Vorprüfung nach § 231 InsO ist der gerichtliche, im Vorfeld zeitlich nicht determinierbare Prozess abgeschlossen. Die Dauer der sich hieran anschließenden Verfahrensschritte, nämlich die Zuleitung zur Stellungnahme nach § 232 InsO sowie die Niederlegung derselben mitsamt Plan und Anlagen im Sinne des § 234 InsO, sind dem Ermessen des Gerichts unterstellt und damit im Falle einer mit einem prepackaged plan einhergehenden Ermessensreduzierung zeitlich prognostizierbar[663]. Das Gericht bestimmt nach Abschluss der Vorprüfung sowohl den Zeitraum für die Abgabe der Stellungnahmen nach § 232 Abs. 3 InsO als auch den Zeitraum für die Auslage des Plans nach § 235 Abs. 1 S. 2 InsO. Dem Gericht sind nach der Auseinandersetzung mit dem Plan sämtliche Informationen bekannt, die es für die Bestimmung der Fristen benötigt. Der Beginn der späteren Frist schließt dabei ohne Weiteres an den Ablauf der früheren an. Eine Verschiebung kann sich nicht ergeben. In der Bekanntmachung kann demgemäß auf Grundlage der vom Gericht bestimmten Fristen der Erörterungs- und Abstimmungstermin festgelegt werden. In dem Beschluss und in der Ladung kann auf den Zeitpunkt hingewiesen werden, ab dem alle Unterlagen entsprechend § 234 InsO zur Einsicht bereitliegen[664].

Die Möglichkeit der durch § 234 InsO gewährleisteten Vorbereitung wird hierdurch für die Beteiligten nicht eingeschränkt. Vielmehr ergibt sich eine Optimierung des Vorbereitungsaspekts. Der nicht zurückgewiesene Plan kann un-

---

662 Vgl. *Schiessler*, Insolvenzplan, S. 142; zu der Frage, inwieweit die Stellungnahmen im Sinne des § 232 InsO bereits vor Abschluss der Prüfung nach § 231 InsO eingeholt werden können, siehe unten, S. 164 ff.

663 Vgl. HK-*Flessner*, § 235, Rn. 5.

664 *Herzig*, Insolvenzplanverfahren, S. 49; HK-*Flessner*, § 235, Rn. 5.

mittelbar im Anschluss an die Prüfung – zunächst ohne die noch einzuholenden Stellungnahmen – zur Einsicht der Beteiligten niedergelegt und vollständig bzw. zusammengefasst entsprechend § 235 Abs. 3 InsO an die dort Genannten mit der Ladung versandt werden. Die Prüfung des Plans durch die Beteiligten einerseits und die in § 232 InsO genannten, nicht zur Abstimmung berechtigten Gremien andererseits erfolgt demgemäß parallel. Einem derartigen Vorgehen begegnen keine Bedenken. Denn wie sich aus § 235 Abs. 3 S. 2 InsO ergibt, ist der Ladung lediglich der Plan, nicht jedoch die eingegangenen Stellungnahmen beizufügen[665]. Ihr Vorliegen ist nicht Voraussetzung für die Ladung, so dass auch diese im Interesse einer frühzeitigen Terminierung nach der gerichtlichen Vorprüfung, jedoch vor dem Eingang der Stellungnahmen, durchgeführt werden kann[666]. Zugleich ist zu bedenken, dass der Eingang der Stellungnahmen nicht unabdingbare Voraussetzung für die Fortsetzung des Verfahrens ist. Vielmehr begründen sie ein fakultatives Recht der in § 232 InsO genannten Gruppen, sich zu dem Plan zu äußern. Nach Ablauf der vom Gericht nach § 232 Abs. 3 InsO bestimmten Frist hat das Gericht, unbeschadet davon, ob und welche Gruppen von ihrem Recht zur Stellungnahme Gebrauch gemacht haben, den Plan sowie die eingegangenen Stellungnahmen entsprechend § 234 InsO in der Geschäftsstelle auszulegen[667].

665 *Herzig*, Insolvenzplanverfahren, S. 51.

666 Die Durchführbarkeit der Ladung mitsamt Planübersendung ist indes ebenso wenig an den Ablauf der vom Gericht im Eröffnungsbeschluss bestimmten Frist zur Forderungsanmeldung gemäß § 28 Abs. 1 S. 2 InsO gebunden. Der Wortlaut des § 235 Abs. 3 S. 1 InsO, wonach solche Insolvenzgläubigern besonders zu laden sind, die ihre Forderungen angemeldet haben, vermag einen solchen Schluss nahezulegen. Zunächst folgt aus § 236 S. 2 InsO, der eine Verbindung des Erörterungs- und Abstimmungs- mit dem Prüfungstermin gestattet, dass der Prüfungstermin zum Zeitpunkt der Terminierung des Erörterungs- und Abstimmungstermins noch nicht stattgefunden haben muss. Auch ein Ablauf der Anmeldefrist für die Forderungen ist jedoch nicht erforderlich. Durch die ausschließliche Ladung solcher Gläubiger, die ihre Forderungen angemeldet haben, soll der Kreis auf die nichtnachrangigen beschränkt werden, die vom Gericht tatsächlich zur Forderungsanmeldung aufgefordert wurden. Die Regelung ist im Zusammenhang mit § 174 Abs. 3 InsO zu sehen, wonach nachrangige Gläubiger ihre Forderungen nur dann anzumelden haben, wenn das Gericht besonders hierzu auffordert, vgl. Nerlich/Römermann-*Braun*, § 235, Rn. 7. Das Gericht hat alle ihm bekannt gewordenen Gläubiger zu laden, vgl. Kübler/Prütting-*Pape*, § 235, Rn. 11.

667 *Gietl/Langheinrich* in: WDWW, Kap. 12, Rn. 96; *Schiessler*, Insolvenzplan, S. 135.

C. Die Behandlung des Insolvenzplans im eröffneten Insolvenzverfahren

I. Die Prüfung des Plans durch Insolvenzgericht und Sachwalter

Das Gericht hat gemäß § 231 InsO eine Prüfung des vorgelegten Insolvenzplans durchzuführen. Die Prüfung muss sich im Falle der Planeinreichung im eröffneten Verfahren unmittelbar an die Planvorlage anschließen[668]. Macht der Schuldner von seiner Möglichkeit aus § 218 Abs. 1 S. 2 InsO Gebrauch und legt seinen Plan gleichzeitig mit dem Eröffnungsantrag vor, hat das Gericht die Prüfung unverzüglich nach Eröffnung des Insolvenzverfahrens durchzuführen[669].

Die Einflussnahmemöglichkeiten der Beteiligten auf diese Entscheidung sind beschränkt. In ihrem Interesse liegt, dass die Vorprüfung nach § 231 Abs. 1 S. 1 Nr. 2 und Nr. 3 InsO nur eine Evidenzkontrolle erfordert und das Gericht nur in eindeutigen Fällen zu einer Zurückweisung ermächtigt[670]. Prüfungsgegenstand in § 231 Abs. 1 S. 1 Nr. 1 InsO bildet jedoch das Verfahren sowie der Inhalt des Plans, dessen Beurteilung einzig und allein von Gesetzes wegen vorgegebenen formellen Kriterien erfolgt[671]. Das Bedürfnis nach Verfahrensbeschleunigung, das die Beteiligten eines prepackaged plan basierten Sachverhalts haben und gegenüber dem Gericht dokumentieren können, bleibt für die Entscheidung außer Betracht. Anders als bei der Frist- und Terminbestimmung stellt es kein Entscheidungskriterium für das Gericht dar. Die Perspektive einer Beherrsch- und Planbarkeit bietet sich für die Beteiligten im Hinblick auf die Entscheidung des Gerichts nach § 231 InsO nicht.

Ihre Handlungsmöglichkeiten sind darauf beschränkt, im Zuge der Erstellung dafür Sorge zu tragen, dass der Plan den vom Gesetz gestellten Anforderungen entspricht[672]. Dem Beschleunigungsinteresse der Beteiligten hat das Gericht, stellt es einen Mangel fest, insoweit Rechnung zu tragen, als es den Schuldner unverzüglich auf diesen aufmerksam zu machen hat[673]. So hat der Schuldner die Möglichkeit, gemeinsam mit den Gläubigern auf dessen Behebung hinzuwirken. Ausschließlich auf diese Weise kann dem Bedürfnis der Beteiligten nach einem beschleunigten Ablauf des Verfahrens Rechnung getragen werden. Für die Betei-

---

668 *H/W/F*, Handbuch, Kap. 9, Rn. 36; HK-*Flessner*, § 231, Rn. 11; MüKo-*Breuer*, § 231, Rn. 1.

669 *H/W/F*, Handbuch, Kap. 9, Rn. 36.

670 Vgl. *Burger/Schellberg*, DB 1994, S. 1835; *H/W/F*, Handbuch, Kap. 9, Rn. 57 f.

671 Vgl. *Bähr/Landry* in: Mohrbutter/Ringstmeier, § 14, Rn. 98 f.; *Gietl/Langheinrich* in: WDWW, Kap. 12, Rn. 80; Nerlich/Römermann-*Braun*, § 231, Rn. 4.

672 Vgl. *Götker*, Geschäftsführer, Rn. 546.

673 Diese Pflicht folgt aus dem auch in diesem Zusammenhang geltenden § 139 ZPO, vgl. *Smid/Rattunde*, Insolvenzplan, Rn. 9.41 ff.

ligten bedingt ein solches Vorgehen, nicht nur den Dialog untereinander, sondern auch mit dem Gericht fortzusetzen[674].

Wie dem Gericht muss der mit Verfahrenseröffnung bestellte Sachwalter den Insolvenzplan umfassend geprüft haben, um zu einer Umsetzung desselben beitragen zu können. Die Durchführung der Prüfung ist zudem unabdingbare Voraussetzung dafür, dass er das ihm obliegende Recht zur Stellungnahme zum Plan nach § 232 Abs. 1 Nr. 3 InsO wahrnehmen sowie seiner Pflicht zur Stellungnahme zum Bericht des Schuldners im Berichtstermin gemäß § 281 InsO nachkommen kann[675]. Wie für das Gericht schließt sich für ihn im Falle eines nach § 218 Abs. 1 S. 2 InsO eingereichten Plans die Prüfung unmittelbar an die Eröffnung des Verfahrens an. Der Sachwalter verfügt über die erforderlichen Kenntnisse rechtlicher und betriebswirtschaftlicher Art. Aufgrund seiner Kompetenzen sind an ihn im Hinblick auf seine Einarbeitungszeit keine zu hohen Anforderungen zu stellen. Ein prepackaged plan verlangt dennoch die Bereitschaft von ihm, sich schnell in den vorliegenden Plan einzuarbeiten und ihn gewissenhaft zu prüfen[676]. Dem Bedürfnis der Beteiligten, eine zügige Umsetzung des Konzepts herbeizuführen, hat der Sachwalter im Interesse einer Optimierung der schuldnerischen Haftungsverwirklichung Rechnung zu tragen.

II. Die Einholung der Stellungnahmen zum Plan

1. Ausgangspunkt

Das Gericht hat den nicht zurückgewiesenen Plan nach Abschluss der Prüfung unverzüglich den in § 232 Abs. 1 InsO genannten Gruppen zur Stellungnahme zuzuleiten. Hierzu zählen nach § 232 Abs. 1 Nr. 1 InsO der bestellte Gläubigerausschuss, der Betriebsrat, der Sprecherausschuss der leitenden Angestellten sowie gemäß Nr. 3 im Falle des Schuldnerplans und angeordneter Eigenverwaltung der Sachwalter.

Die Weiterleitung des Plans an die in § 232 Abs. 1 InsO genannten Gruppen zwecks Abgabe der Stellungnahme ist für die Beteiligten erneut mit der Aufwendung von Zeit verbunden, die sie an der Durchführung der Abstimmung über den Plan hindert[677]. Zwar bestimmt das Gericht im Interesse einer Beschleunigung

---

674 *Brockdorff* in: FS Heumann, S. 68 ff.; *Gerster*, ZInsO 2008, S. 442.

675 Im Falle einer angeordneten Eigenverwaltung tritt der Sachwalter an die Stelle des Insolvenzverwalters im Sinne des § 232 Abs. 1 Nr. 3 InsO, so dass diesem der Plan zwecks Abgabe einer Stellungnahme zuzuleiten ist, vgl. nur LSZ-*Rattunde*, § 232, Rn. 2.

676 Vgl. *Kußmaul/Steffan*, DB 2000, S. 1853; *Spies*, ZInsO 2005, S. 1255.

677 Vgl. *Smid/Rattunde*, Insolvenzplan, Rn. 10.7.

des Verfahrens gemäß § 232 Abs. 3 InsO eine Frist, innerhalb derer die Stellungnahmen abzugeben sind. Die Frage über das Ob der Weiterleitung ist hingegen nicht einer Entscheidung des Gerichts unterstellt. Die Weiterleitung ist zwingend durchzuführen. Ihr Unterlassen führt zu einem Verfahrensverstoß, dessen Vorliegen eine Versagung der Bestätigung des Plans gemäß § 250 Nr. 1 InsO nach sich zieht[678].

Für die Beteiligten eines Verfahrens, dem ein prepackaged plan zugrunde liegt, stellt sich die Frage, wie sie dennoch zu einer beschleunigten Durchführung des Verfahrens beitragen können. Von Bedeutung ist in diesem Zusammenhang die Option, Stellungnahmen so frühzeitig einzuholen, dass für deren Behandlung im Verfahren idealerweise kein oder nur ein geringer Zeitaufwand erforderlich wird[679]. Den Zeitpunkt, zu dem die Stellungnahmen im Verfahren spätestens vorliegen müssen, markiert insoweit der Abschluss der gerichtlichen Vorprüfung des Plans nach § 231 InsO. Hieran schließt sich die unverzügliche Weiterleitung des Plans an die in § 232 Abs. 1 InsO genannten Gruppen sowie die Bestimmung einer Abgabefrist durch das Gericht an.

2. Zulässigkeit der vorzeitigen Einholung der Stellungnahmen

Ein Mehr als die Vorbereitung und Einflussnahme auf von Gesetzes wegen zu absolvierende Verfahrensschritte stellt deren Vorwegnahme dar. Ihre Durchführung entfällt dann im Verfahren und mit ihr die Aufwendung von Kapazitäten und Zeit. Voraussetzung hierfür ist die Zulässigkeit ihrer Vorwegnahme.

Auch wenn die Vorschrift des § 232 InsO in die Regelungen des Insolvenzplanverfahrens eingebettet ist, handelt es sich bei der Einholung bzw. Abgabe der Stellungnahmen nicht um einen fest mit dem formellen Verfahren verknüpften Vorgang. Durch die Einbindung der in § 232 InsO genannten Gruppen soll der Kreis der Perspektiven auf den Plan erweitert und damit idealerwiese bisher verborgen gebliebene Aspekte, die zu einer Optimierung des Plans beitragen, zutage gefördert werden[680]. Zugleich sollen Zustimmungshindernisse so früh wie möglich entdeckt und durch entsprechende Reaktion die Zustimmungschancen des Plans erhöht werden[681]. Die Vorschrift des § 232 InsO fügt sich insoweit in das vom Gesetzgeber mit dem Insolvenzplan verfolgte Ziel ein, die Beteiligten die ihrer Ansicht nach optimale Art und Weise der schuldnerischen Haftungsverwirklichung im Wege gläubigerautonomer Austauschprozesse entdecken zu lassen. Sie sichert den in Abs. 1 genannten Gremien, denen als Institution kein

678 Vgl. nur *Gietl/Langheinrich* in: WDWW, Kap. 12, Rn. 97.

679 Vgl. *Gerster*, ZInsO 2008, S. 443.

680 FK-*Jaffé*, § 232, Rn. 1.

681 Vgl. Uhlenbruck-*Lüer*, § 232, Rn. 1.

Recht zur Abstimmung über den Plan zusteht, die Beteiligung an diesen Prozessen. Auch wenn die Teilnahme gesetzlich garantiert ist, handelt es sich bei ihrer Durchführung um von dem Verfahren losgelöste Vorgänge, die außerhalb desselben stattfinden.

Die Weiterleitung des Plans an die in § 232 Abs. 1 InsO genannten Gruppen ist zwingend durch das Gericht durchzuführen, nachdem es die Prüfung des Plans nach § 231 InsO abgeschlossen hat. Hieraus folgt indes nicht, dass lediglich ein solcher Plan stellungnahmefähig ist, der vom Gericht geprüft worden ist. Durch die erste Prüfung des Plans im Sinne des § 231 InsO soll lediglich sichergestellt werden, dass kein Erörterungs- und Abstimmungstermin festgesetzt, bekanntgemacht sowie durchgeführt und damit ein Aufwand ausgelöst wird für einen Plan, der mangelhaft, aussichtlos oder/und unerfüllbar ist. Allen an der Abstimmung Beteiligten sowie sonstigen am Planschicksal Interessierten, mithin auch den in § 232 Abs. 1 InsO genannten Gruppen, bleibt so die Beschäftigung mit einem solchen Plan erspart. Die Vorschrift dient – ausschließlich im Interesse der Beteiligten – der Effizienz des Verfahrens und der Verhinderung unnötiger Ressourcenaufwendung[682]. Entscheidend in einem austauschbasierten Prozess, in den die in § 232 Abs. 1 InsO genannten Gruppen integriert sind, bleibt jedoch der Wille der Beteiligten. Dieser kann nunmehr darin liegen, sich bereits frühzeitig mit einem Plan zu beschäftigen und insofern das Risiko einer späteren Zurückweisung desselben in Kauf zu nehmen, um auf diese Weise zu einer noch größeren Effizienz des Verfahrens beizutragen. Der Grundsatz des effektiven Verfahrens gestattet es insoweit für die Beteiligten, auf den ihnen eingeräumten Schutz, die Auseinandersetzung und damit den Aufwand für einen Plan zu betreiben, der womöglich vom Gericht später nach § 231 InsO zurückgewiesen wird, zu verzichten.

Nach dem Willen des Gesetzgebers sollen die Stellungnahmen die Entscheidung der Beteiligten über den Plan vorbereiten[683]. Allen voran gilt dies für solche Beteiligte, die aus Kosten-, Zeit- oder sonstigen Gründen nicht zu einer individuellen Prüfung des Plans und seiner Konsequenzen in der Lage sind[684]. Demgemäß ist der Plan nach § 234 InsO vor dem Abstimmungs- und Erörterungstermin gemeinsam mit den Stellungnahmen zur Einsicht der Beteiligten niederzulegen. Die der Möglichkeit zur Abgabe einer Stellungnahme nach § 232 InsO innewohnende Option, Einfluss auf den Meinungsbildungsprozess der Beteiligten nehmen zu können, wird durch eine Durchführung dieses Prozesses vor dem Verfahren

---

682 *Nerlich* in: Nerlich/Kreplin, § 21, Rn. 126; *Steffan* in: Oppenländer/Trölitzsch, § 37, Rn. 110; *Vallender* in: Schmidt/Uhlenbruck, Rn. 8.33.

683 BT-Drs. 12/2443, S. 204.

684 *Hess* in: Hess/Obermüller, Rn. 117a.

nicht beschnitten[685]. Die Niederlegung bleibt unabdingbare Voraussetzung für die Durchführbarkeit der Abstimmung über den Plan, unabhängig davon, ob die Stellungnahmen bereits frühzeitig abgegeben werden oder erst innerhalb der vom Gericht nach § 232 Abs. 3 InsO bestimmten Frist.

Die durch § 232 InsO eröffnete Möglichkeit zur Meinungsbeeinflussung kann ausschließlich auf die in § 234 InsO festgelegte Art und Weise erfolgen. Die Abgabe der Stellungnahme vor dem Verfahren hat hierauf keinen Einfluss. Allerdings ist in diesem Zusammenhang zu gewährleisten, dass sich der Inhalt des Plans mit dem deckt, auf den sich die vor dem Verfahren abgegebenen Stellungnahmen beziehen. Aus der systematischen Stellung des § 232 InsO folgt, dass sich die Stellungnahme auf den Plan beziehen muss, der inhaltsgleich mit dem Plan ist, den der Planverfasser eingereicht und der vom Gericht entsprechend § 231 InsO geprüft worden ist. An die Abgabe der Stellungnahmen können sich keine inhaltlichen Änderungen mehr anschließen. Hat der Schuldner Planänderungen durchgeführt, ohne diese mit den zur Stellungnahme berechtigten Gruppen zu kommunizieren, hat er ihnen erneut Gelegenheit zur Stellungnahme einzuräumen[686]. Dies gilt auch dann, wenn der Effekt durch die Umsetzung lediglich einzelner Stellungnahmen eintritt. In diesem Fall beziehen sich die übrigen abgegebenen Stellungnahmen nicht mehr auf den aktuellen Inhalt des Plans[687].

Tragen die Beteiligten diesen Grundsätzen Rechnung und dokumentieren dies ausreichend, so entfällt die Notwendigkeit, die Stellungnahmen erneut im Verfahren einzuholen[688]. Änderungen in der personellen Zusammensetzung des zur Stellungnahme Berechtigten lassen die Zulässigkeit der Abgabe vor dem Verfahren unberührt, da die durch den Berechtigten vertretenden Interessen unabhängig von dessen personeller Besetzung sind[689].

3. Vorzeitige Einholung der Stellungnahmen von Betriebsrat und Sprecherausschuss der leitenden Angestellten

In Betracht kommt die Einholung der Stellungnahmen bereits im Vorfeld des Verfahrens, mithin auch vor Einreichung des Eröffnungsantrags. Dies gilt für die in § 232 InsO benannten Gruppierungen, deren Existenz nicht an die Eröffnung des Insolvenzverfahrens gebunden ist[690]. Hierzu zählen der in Abs. 1 Nr. 1 InsO

---

685 Vgl. *Kersting*, Rechtsstellung, S. 124; Kübler/Prütting-*Otte*, § 232, Rn. 7; *Schiessler*, Insolvenzplan, S. 134.
686 FK-*Jaffé*, § 232, Rn. 8.
687 Missverständlich insoweit Nerlich/Römermann-*Braun*, § 232, Rn. 5.
688 Braun-*Braun/Frank*, § 232, Rn. 4; FK-*Jaffé*, § 232, Rn. 8.
689 HambKom-*Thies*, § 232, Rn. 1.
690 *Smid/Rattunde*, Insolvenzplan, Rn. 10.10.

genannte Betriebsrat sowie der Sprecherausschusses der leitenden Angestellten. Da die Stellungnahme als Teil gläubigerautonomer Austauschprozesse kein mit dem formellen Verfahren verknüpfter Vorgang ist, kann ihre Abgabe ohne Aufwand in den Prozess der vor dem Verfahren stattfindenden Planverhandlungen integriert werden.

Indes resultiert ein Kommunikations- und Handlungsbedürfnis in diesem Fall nicht – entsprechend der gesetzgeberischen Intention – aus den formell gemäß § 232 InsO nach Abschluss der Planverhandlungen abgegebenen Stellungnahmen[691]. Denn sowohl der Betriebsrat als auch der Sprecherausschuss der leitenden Angestellten sind vom Schuldner aufgrund ihrer Bedeutung für das sich an die Planerstellung anschließende Insolvenzverfahren bereits an den Planverhandlungen zu beteiligen[692]. Der Prozess der Planerstellung ist jedoch erst dann abgeschlossen, wenn ein den Interessen aller hieran Beteiligten, mithin auch denen des Betriebsrats und des Sprecherausschusses der leitenden Angestellten, entsprechender Konsens erzielt worden und damit ein weiteres Bedürfnis nach Kommunikation und Reaktion nicht mehr gegeben ist. Jegliche Modifikationsbedürfnisse werden und sind bis zur Fertigung des sodann bei Gericht einzureichenden Insolvenzplans ausgeräumt. Dementsprechend sind erst zu diesem Zeitpunkt die formellen Stellungnahmen zu dem einzureichenden Plan einzuholen. Aufgrund der bereits bestehenden Einigkeit geht mit ihrem Vorliegen kein Diskussions- und Änderungsbedarf mehr einher. Die Stellungnahmen schließen den gestalterischen Prozess ab und dokumentieren ein absolutes Einverständnis mit dem hierdurch entstandenen Produkt.

4. Vorzeitige Einholung der Stellungnahmen von Gläubigerausschuss und Sachwalter

Anders als für den Betriebsrat und den Sprecherausschuss der leitenden Angestellten scheidet eine Beteiligung sowohl des Gläubigerausschusses als auch des Sachwalters im Vorfeld des Verfahrens aus[693].

Der vorläufige Gläubigerausschuss wird in einem Verfahren, das auf einem prepackaged plan basiert, bereits im Eröffnungsverfahren eingesetzt[694]. In diesem Zusammenhang steht ihm hinreichend Zeit zur Verfügung, sein Recht zur Stellungnahme wahrzunehmen. Zwar obliegt dem Ausschuss die Überwachung des nunmehr bereits maßnahmenvorbereitenden und -umsetzenden Schuldners. Dieser trägt im Falle eines prepackaged plan den erarbeiteten Konsens jedoch vollum-

691 Vgl. insoweit FK-*Jaffé*, § 232, Rn. 10.

692 Siehe hierzu unten, S. 208 ff., 211.

693 Vgl. *Smid/Rattunde*, Insolvenzplan, Rn. 10.11.

694 Siehe oben, S. 89 ff.

fänglich mit. Er verkörpert demgemäß nicht das Risiko einer Masse- oder Plangefährdung mit dem einhergehenden Bedürfnis intensiver Überwachung. Das Erfordernis der Durchführung aufwendiger Kommunikations- oder Gestaltungsprozesse ist auf den unwahrscheinlichen Fall beschränkt, dass in dem ohnehin zeitlich verkürzten Eröffnungsverfahren Entwicklungen eintreten, die von den Beteiligten im Vorfeld nicht vorhergesehen und mit entsprechender Reaktion versehen werden konnten.

Im Übrigen kann sich die Abgabe der Stellungnahme unmittelbar an die Eröffnung des Insolvenzverfahrens anschließen. Die Aufgaben des mit Verfahrenseröffnung eingesetzten Gläubigerausschusses erweitern sich nur unwesentlich auf die Information des bis dato nicht in den Wirkungsprozess integrierten Sachwalters. Die Möglichkeit einer zügigen Abgabe einer Stellungnahme besteht umso mehr in dem Fall, dass das Gericht solche Ausschussmitglieder bestellt, die bereits im Zuge der vor dem Verfahren stattgefundenen Verhandlungen integriert waren. Diesen ist das Plankonzept im Detail bekannt. Die Notwendigkeit einer erneuten Prüfung besteht für sie nicht. Folglich stellt es sie vor keinen großen Aufwand, die positive Stellungnahme unmittelbar nach der Einsetzung abzugeben.

Der Sachwalter ist aufgrund der umfangreichen Aktivitäten, die der Eröffnung des Insolvenzverfahrens vorausgegangen sind, zunächst auf die Unterstützung durch den Gläubigerausschuss und den Schuldner angewiesen. Im Zuge seiner Planprüfung gewinnt der Sachwalter jedoch alle notwendigen Erkenntnisse, die er zur Abgabe seiner Stellungnahme entsprechend § 232 Abs. 1 Nr. 3 InsO benötigt. Mithin kann sie sich an den Abschluss seines Prüfungsprozesses anschließen. Mit dem Schuldner und dem Gläubigerausschuss stehen dem Sachwalter wichtige Informationsquellen zur Seite, derer er sich im Falle auftretender Fragen unverzüglich bedienen kann.

5. Bedeutung für das Verfahren

Entscheidend für die Frage, wann das Gericht den Plan zwecks Abgabe der Stellungnahmen an die in § 232 Abs. 1 InsO genannten Gruppen weiterleitet, ist der Zeitpunkt des Abschlusses der gerichtlichen Prüfung nach § 231 InsO. Aufgrund der Vorbereitungsoptionen, die mit einem prepackaged plan verbunden sind, kann sich die Konstellation ergeben, dass mit Abschluss der Prüfung bereits sämtliche Stellungnahmen vorliegen. Deren Einholung entfällt dann ebenso im Verfahren wie die Bestimmung einer Frist zu ihrer Abgabe. Das Gericht kann sich in diesem Fall darauf beschränken, unmittelbar eine Frist zur Einsichtnahme des Plans sowie der Stellungnahmen festzusetzen und daran anknüpfend den Abstimmungs- und Erörterungstermin, verbunden mit dem Berichts- und Prüfungstermin, zu bestimmen. Den Beteiligten kann die Ladung mitsamt Abdruck des Plans bzw. einer Zusammenfassung seines wesentlichen Inhalts entsprechend § 235 InsO zugestellt werden.

Zum Zeitpunkt des Abschlusses der gerichtlichen Prüfung nach § 231 InsO können, müssen hingegen noch nicht alle Stellungnahmen dem Gericht vorliegen. Insbesondere beim Gläubigerausschuss sowie dem Sachwalter, deren Auseinandersetzung erst im eröffneten Verfahren mit dem Plan erfolgen kann, ist denkbar, dass sie aufgrund der weiteren ihnen obliegenden Rechte und Pflichten die Abgabe der Stellungnahme nicht so zügig durchführen können wie das Gericht seine Prüfung nach § 231 InsO. Liegen demnach zum Zeitpunkt der gerichtlichen Vorprüfung des Plans noch nicht sämtliche Stellungnahmen vor, so leitet das Gericht den Plan an die betroffenen Gruppen weiter und bestimmt gemäß § 232 Abs. 3 S. 1 InsO eine Frist zur Abgabe. Die Bestimmung der Frist liegt dabei im Ermessen des Gerichts, soll jedoch nach § 232 Abs. 3 S. 2 InsO zwei Wochen nicht überschreiten. Das Gericht hat den Interessen der Beteiligten an einer zügigen Umsetzung und einer hinreichenden Möglichkeit zur Prüfung Rechnung zu tragen[695]. In dem auf einem prepackaged plan basierenden Verfahren besteht ein erhebliches Beschleunigungsbedürfnis seitens der Beteiligten. Das Gericht hat insoweit zu berücksichtigen, dass sowohl vor als auch im Verfahren umfangreiche Konfrontations- und Kommunikationsprozesse stattgefunden haben. Den zur Stellungnahme berechtigten Gruppen kann demgemäß eine zügige Abgabe einerseits ermöglicht, andererseits aber auch zugemutet werden. Sind bereits im Vorfeld Stellungnahmen eingeholt worden bzw. ist dem Gericht bekannt, dass sich noch fehlende, bereits in der Bearbeitung befinden, hat es dies bei der Fristbestimmung zu berücksichtigen[696]. Die Frist kann unter diesen Voraussetzung auf ein Minimum reduziert werden. Eine Frist von einer Woche erscheint ausreichend[697].

III. Das weitere Verfahren bis zur Abstimmung über den Plan

1. Fristen- und Terminbestimmungen

Das Gericht bestimmt in einem prepackaged plan basierten Verfahren bereits im Eröffnungsbeschluss einen gemeinsamen Berichts- und Prüfungstermin. An den in diesem Fall zeitnahen Abschluss der Prüfung nach § 231 InsO schließt sich die Bestimmung des Erörterungs- und Abstimmungstermins an. Für das Gericht ist im Verlauf des Verfahrens ohne weiteres erkennbar, dass das Vorgehen der Beteiligten auf einem koordinierten, von einem Beschleunigungsbedürfnis getragenen Wirken

695 Andres/Leithaus-*Andres*, § 232, Rn. 5.

696 *Braun/Heinrich*, NZI 2011, S. 513; Uhlenbruck-*Lüer*, § 232, Rn. 3.

697 So auch Braun-*Braun/Frank*, § 232, Rn. 4; *Smid/Rattunde*, Insolvenzplan, Rn. 10.6.

beruht. Insofern hat es im Falle eines prepackaged plan im Interesse einer zügigen Durchführung und Beendigung des Verfahrens den Erörterungs- und Abstimmungstermin mit dem gemeinsamen Berichts- und Prüfungstermin zu verbinden. Das Gericht macht den verbundenen Berichts-, Prüfungs-, Erörterungs- und Abstimmungstermin öffentlich bekannt und lädt die in § 235 Abs. 3 InsO Genannten. Mit der Ladung ist ihnen ein Abdruck des Plans bzw. eine Zusammenfassung seines wesentlichen Inhalts bereitzustellen. Das Gericht muss nach Abschluss der Prüfung nach § 231 InsO neben der gegebenenfalls erforderlichen Frist für die Abgabe der Stellungnahmen einen Zeitraum festlegen, in dem der Plan mitsamt den eingegangenen Stellungnahmen in der Geschäftsstelle zur Einsicht der Beteiligten entsprechend § 234 InsO ausgelegt wird.

Das Gesetz bestimmt nicht unmittelbar, wie lange der Plan mitsamt Stellungnahmen zur Einsicht der Beteiligten auszulegen ist. Nach § 235 Abs. 1 S. 2 InsO soll jedoch der Erörterungs- und Abstimmungstermin nicht über einen Monat hinaus angesetzt werden. Die Monatsfrist beginnt im Falle seiner Terminierung und Bekanntmachung im Anschluss an die Prüfung nach § 231 InsO zu dem Zeitpunkt, mit dem die nach § 232 Abs. 3 InsO bestimmte Frist zur Abgabe der Stellungnahmen endet[698]. Liegen bereits bei der gerichtlichen Prüfung sämtliche Stellungnahmen vor, beginnt die Frist unmittelbar mit deren Abschluss. Die Niederlegung erfolgt bis zur Durchführung des Erörterungs- und Abstimmungstermins[699]. Das Gesetz legt lediglich eine Höchstfrist von einem Monat fest. Ein Unterschreiten der Frist ist angesichts des „Soll“- Charakters der Vorschrift möglich.

Die Bestimmung des Mindestzeitraums für die Niederlegung des Plans mitsamt Stellungnahmen nach § 234 InsO obliegt dem Gericht[700]. Dabei hat es wiederum das Interesse der Beteiligten an einer zügigen Absolvierung des Verfahrens einerseits und ihr Interesse an einer ausreichenden Vorbereitungszeit andererseits zu berücksichtigen[701]. Ein prepackaged plan basiertes Verfahren mit seinen vorausgegangenen umfangreichen Beteiligungs- und Kommunikationsprozessen bietet hierbei wiederum die Voraussetzungen dafür, die Zeit auf ein Minimum zu beschränken. Beteiligte, die ihre Option zur Einsichtnahme entsprechend § 234 InsO wahrnehmen wollen, kann dies binnen kürzester Zeit zugemutet werden. Die Bestimmung einer Höchstfrist von einer Woche erscheint ausreichend[702].

Vom Gericht wird in diesem Zusammenhang ein nicht unerhebliches Maß an Flexibilität verlangt. Die Fristen und Termine müssen zum Zeitpunkt ihrer Be-

698 Kübler/Prütting-Otte, § 235, Rn. 4; LSZ-*Rattunde*, § 235, Rn. 5.

699 Kübler/Prütting-Otte, § 234, Rn. 4; Uhlenbruck-*Lüer*, § 234, Rn. 3.

700 Vgl. MüKo-*Hintzen*, § 235, Rn. 6.

701 Vgl. *Schiessler*, Insolvenzplan, S. 142.

702 Im Ergebnis ebenso *Weisemann/Holz* in: Weisemann/Smid, Kap. 15, Rn. 89.

stimmung an dem bereits mit dem Eröffnungsbeschluss feststehenden Berichts- und Prüfungstermin ausgerichtet werden. Im Zuge eines umfassend vorbereiteten Verfahrens schaffen die Beteiligten aber die Grundlage dafür, dass ihrem Interesse an einem zeitnahen gemeinsamen Bericht, Prüfungs-, Erörterungs- und Abstimmungstermin Rechnung getragen werden kann.

Der gemeinsame Termin schließt sich unmittelbar an den Ablauf der – gegebenenfalls entbehrlichen – Frist zur Abgabe der Stellungnahme sowie der Frist zur Niederlegung des Plans an. Er kann frühestens drei Wochen nach Verfahrenseröffnung stattfinden. Ein gegebenenfalls – aufgrund der zügigen Durchführung der Prüfung nach § 231 InsO – gewonnener Zeitpuffer kann für die Niederlegung der nach § 234 InsO erforderlichen Unterlagen in der Geschäftsstelle des Gerichts verwendet werden. Das Gericht, der Schuldner, der Sachwalter und die sonstigen Beteiligten nutzen ihn zur Vorbereitung des gemeinsamen Termins.

2. Die Niederlegung des Plans nach § 234 InsO

Das Unterlagenpaket, bestehend aus Insolvenzplan, Plan- sowie sonstigen Anlagen und Stellungnahmen, wird im Falle des Vorliegens der Stellungnahmen bereits zum Zeitpunkt des Abschlusses der Prüfung nach § 231 InsO unverzüglich in der Geschäftsstelle des Gerichts niedergelegt[703]. Hierauf weist das Gericht in der öffentlichen Bekanntmachung entsprechend § 235 Abs. 2 S. 2 InsO hin. Hat das Gericht zunächst lediglich eine Frist zur Abgabe der Stellungnahmen im Sinne des § 232 Abs. 3 InsO, jedoch noch keinen Erörterungs- und Abstimmungstermin bestimmt, so erfolgt die Niederlegung erst mit dem Ablauf dieser Frist[704]. Fraglich ist indes, ob dies auch für den Fall gilt, dass das Gericht zwar ebenfalls eine Frist zur Stellungnahme setzt, zugleich jedoch bereits einen Erörterungs- und Abstimmungstermin bestimmt und öffentlich bekanntmacht. In diesem Fall kann sich zumindest die Niederlegung des vorgeprüften Plans und seiner Anlagen – ohne die Stellungnahmen – an den Abschluss der Prüfung nach § 231 InsO anschließen.

Ein solches Vorgehen führt zu einer zeitlichen Trennung der Niederlegung von Plan und Stellungnahmen. Der Meinungsbildungsprozess der Beteiligten im Hinblick auf die Abstimmung über den Plan beruht vornehmlich auf dem Inhalt des Insolvenzplans. Allerdings können sich auch aus den eingereichten Stellungnahmen Aspekte ergeben, die das Stimmverhalten der Beteiligten zu beeinflussen geeignet sind. Die Ausübung dieser Vorbereitungsoption bleibt durch die frühzeitige Niederlegung des Plans jedoch unberührt. Zwar kann zunächst ausschließlich der Plan eingesehen werden. Unmittelbar mit dem Eingang von Stellungnahmen

---

703 *Smid*, Praxishandbuch, § 30, Rn. 43.

704 Nerlich/Römermann-*Braun*, § 234, Rn. 17.

werden jedoch auch diese ausgelegt. Spätestens nach Ablauf der Frist nach § 232 Abs. 3 InsO sind sodann sämtliche eingegangenen Stellungnahmen für die Beteiligten einsehbar. Dieser Termin wird durch den Ablauf der Frist bestimmt und den Beteiligten durch die Ladung bekannt[705]. Weiterhin wird der Zeitraum, in dem sämtliche Unterlagen zur Einsicht niederlegen, durch eine frühzeitige Niederlegung des Plans nicht verkürzt. Die Frist, die das Gericht bereits im Vorfeld für die Dauer der Einsichtnahme bestimmt, bleibt hierdurch unberührt. Die frühzeitige Niederlegung führt demgemäß zu einer Verlängerung des Zeitraums für die Einsichtnahme des Plans sowie sämtlicher sonstiger Unterlagen.

Weiterhin dient die Möglichkeit zur Stellungnahme primär den in § 232 Abs. 1 InsO genannten Gruppen zwecks Meinungsbildung und -kundgabe. Dabei steht es diesen frei, auf die ihnen eingeräumte Möglichkeit zu verzichten. Demgemäß führt die Nichtabgabe der Stellungnahme nicht zu einem Verfahrensverstoß und einer Versagung der Planbestätigung nach § 250 Nr. 1 InsO. Das Gesetz normiert keinen Anspruch der Gläubiger darauf, dass die in § 232 Abs. 1 InsO Genannten eine Stellungnahme tatsächlich abgeben und diese von ihnen eingesehen werden kann. Primäre Informationsquelle im Hinblick auf die Abstimmung ist der Insolvenzplan. Dies folgt auch aus § 235 Abs. 3 InsO. Demnach ist den dort genannten Gruppen, von denen die nichtnachrangigen Gläubiger, die Absonderungsgläubiger und der Schuldner abstimmungsberechtigt sind, lediglich ein Abdruck des Plans oder eine Zusammenfassung seines wesentlichen Inhalts zur Verfügung zu stellen. Auf eine Bereitstellung auch der eingegangenen Stellungnahmen an jeden Gläubiger verzichtet das Gesetz. Ein über die Beschäftigung mit dem Plan hinausgehendes Informationsbedürfnis können die Gläubiger ausschließlich durch die Einsichtnahme in der Geschäftsstelle befriedigen. Eine frühzeitige Niederlegung des Plans lässt diese Möglichkeit unberührt.

Der nicht zurückgewiesene Plan, für den bereits im Anschluss an die Prüfung im Sinne des § 231 InsO ein Abstimmungs- und Erörterungstermin entsprechend § 235 InsO öffentlich bekannt gemacht wird, ist daher mitsamt seinen Anlagen unverzüglich in der Geschäftsstelle des Gerichts niederzulegen[706]. Findet der Erörterungs- und Abstimmungstermin zeitgleich mit dem verbundenen Berichts- und Prüfungstermin statt, sind gemäß § 154 InsO ebenfalls das Verzeichnis der Massegegenstände, das Gläubigerverzeichnis und die Vermögensübersicht in der Geschäftsstelle niederzulegen. Weiterhin hat das Gericht an die Prüfung des Plans die vom Schuldner zeitgleich mit Vorlage seines Plans beantragte Aussetzung der Verwertung und Verteilung im Sinne des § 233 InsO anzuordnen. Das

705 Vgl. HK-*Flessner*, § 235, Rn. 5.
706 Vgl. HK-*Flessner*, § 234, Rn. 4; Kübler/Prütting-*Otte*, § 234, Rn. 2; Uhlenbruck-*Lüer*, § 234, Rn. 3.

Gericht kann in diesem Zusammenhang darüber informiert werden, welche Gläubiger an dem Termin teilnehmen und welche Gläubiger sich vertreten lassen. Auf diese Weise wird auch dem Gericht die Vorbereitung des Termins erleichtert, insbesondere im Hinblick auf die nach § 239 InsO zu erstellende Stimmliste[707].

D. Der verbundene Berichts-, Prüfungs-, Erörterungs- und Abstimmungstermin

I. Ausgangspunkt

Die Durchführung der einzelnen Termine sichert den Gläubigern im Verfahren die das Prinzip der Gläubigerautonomie verwirklichenden Grundsätze der Teilnahme und Transparenz. Trotz allem Vertrauen, das der Schuldner durch die Aktivitäten im Vorfeld bei seinen Gläubigern hervorgerufen hat, wird so eine Kontrolle seines Handelns im Verfahren gewährleistet[708]. Bei dem vom Gericht verbundenen Berichts-, Prüfungs-, Erörterungs- und Abstimmungstermine handelt es sich rechtstechnisch um eine Gläubigerversammlung und damit um einen Termin, der sich in vier Teile aufgliedert. Trotz der Zusammenlegung der Termine bleibt die von Gesetzes wegen vorgegebene Reihenfolge der einzelnen Teile im Interesse einer klaren Strukturierung einzuhalten[709].

II. Der Berichtsteil

Im Berichtstermin werden die für das Verfahren grundlegenden Entscheidungen durch die Gläubiger getroffen und damit der im Verfahren dominierende Grundsatz der Gläubigerautonomie verwirklicht. Das Gesetz hält den Beteiligten bis zu seiner Durchführung sämtliche Optionen hinsichtlich der Bestimmung von Ziel und Gang des Verfahrens offen. Im Berichtstermin müssen sie sich jedoch diesen existentiellen Fragen stellen[710].

Die Entscheidungen der Gläubigerversammlung werden durch den eigenverwaltenden Schuldner, der gemäß §§ 281 Abs. 2 S. 1, 156 Abs. 1 S. 1 InsO über seine wirtschaftliche Lage und ihre Ursachen zu berichten, die Aussichten für

707 *Brockdorff* in: FS Heumann, S. 70.
708 Vgl. *Steffan* in: Oppenländer/Trölitzsch, § 37, Rn. 133.
709 Vgl. *Braun* in: Gottwald, § 68, Rn. 28 f.; *Rattunde*, ZIP 2003, S. 598.
710 *Mönning*, Betriebsfortführung, Rn. 8.38.

einen Erhalt seines Unternehmens und einen Insolvenzplan sowie dessen Einfluss auf die Befriedigung der Gläubiger darzulegen hat, vorbereitet. Ergänzend nimmt der Sachwalter nach § 281 Abs. 2 S. 2 InsO hierzu Stellung. Auf diese Weise wird dem einem Entscheidungserfordernis vorausgehenden Informationsbedürfnis der Beteiligten Rechnung getragen[711].

In einem prepackaged plan basierten Insolvenzverfahren sind wesentliche Entscheidungen bereits vor der Stellung des Eröffnungsantrags getroffen worden. Dass sich bereits an den Berichtstermin die Herbeiführung einer Gläubigerentscheidung über den Insolvenzplan und damit über die endgültige Verwertung des schuldnerischen Vermögens anschließt, lässt den Ablauf des Berichtstermins sowie die Verwirklichung seines Sinn und Zwecks nicht unberührt. Er dient in diesem Fall nicht der erstmaligen Information der Gläubigerschaft sowie der Weichenstellung hinsichtlich eines bisher offen ausgestalteten Verfahrens. Vielmehr ist der Berichtstermin Zwischenschritt in einem nicht nur bereits ausgelösten, sondern so gut wie abgeschlossenen Prozess, der von sämtlichen Beteiligten vollumfänglich beherrscht wird. In einem prepackaged plan basierten Verfahren entfällt aufgrund der sich unmittelbar anschließenden Abstimmung über den bereits vorliegenden Plan die Bestimmung abstrakter Ziele. Mit dem Plan sind diese Ziele und die Art und Weise seiner Verwirklichung bereits konkret formuliert. Die Auseinandersetzung mit der Zukunft des schuldnerischen Unternehmens und damit der schuldnerischen Haftungsverwirklichung erfolgt im Wege der Auseinandersetzung mit dem vorgelegten Plan[712].

Der Schuldner hat im Berichtstermin darzulegen, dass er sein gesamtes Handeln auf die von den Beteiligten verabredete zügige Planrealisierung ausgerichtet und die angeordnete Eigenverwaltung nicht für den Interessen der Gläubiger zuwiderlaufende Zwecke missbraucht hat[713]. Der zu gewährleistende Grundsatz der Transparenz gebietet es für den Schuldner, offenzulegen, welche Aktivitäten dem Verfahren vorausgingen. Er hat den Beteiligten die Organisation und den Ablauf der vor dem Verfahren stattgefundenen Planverhandlungen darzustellen. In diesem Zusammenhang sind die Beweggründe für dieses Vorgehen, insbesondere die Gestaltung im Wege eines Insolvenzplans zu erläutern, was jedenfalls

---

711 Vgl. Nerlich/Römermann-*Balthasar*, § 156, Rn. 7 ff.

712 *Madaus*, Insolvenzplan, S. 589 schlägt aus diesem Grund vor, im Falle des Vorliegens eines prepackaged plan den Berichtstermin entfallen zu lassen. Das Nichterläutern des bisher absolvierten Gestaltungs- und Verhandlungsprozesses würde jedoch den von sämtlichen Beteiligten angestrebten Grundsätzen vollumfänglicher Information und Transparenz nicht gerecht.

713 Vgl. *Graf/Wunsch*, ZIP 2001, S. 1037. Die Gläubigerversammlung hat nunmehr gemäß § 272 Abs. 1 Nr. 1 InsO die Möglichkeit, auf eine Aufhebung der Eigenverwaltung hinzuwirken. Hat sich der Schuldner jedoch absprachegemäß und kooperativ verhalten, gibt es für die Gläubigerversammlung keinen Anlass hierfür.

eine Auseinandersetzung mit der wirtschaftlichen Lage des Schuldners und deren Ursachen bedingt. Die weitere Auseinandersetzung mit dem Plan beschränkt sich auf die Darstellung des aktuellen Standes der Planumsetzung sowie dessen abstrakte Bedeutung für die Befriedigungsaussichten der Beteiligten[714]. Zu bedenken bleibt, dass die verfahrensgemäße Legitimation des Plans durch eine Abstimmung der Gläubiger bisher nicht erfolgt ist. Diese vollzieht sich erst im Abstimmungsteil, dem der Erörterungsteil vorausgeht, der der Diskussion über den Planinhalt dient. Eine Erläuterung und Auseinandersetzung über die inhaltlichen Regelungen des Plans sollte demgemäß erst zu diesem vom Gesetz vorgesehenen Zeitpunkt erfolgen, zumal die Option der Planänderung nach § 240 InsO an die Durchführung des Erörterungsteils gebunden ist.

Zu dem Bericht des eigenverwaltenden Schuldners nimmt der Sachwalter Stellung. Seine Äußerungen zu dem Plan sind von grundsätzlicher Bedeutung für das Gelingen des Verfahrens[715]. Seine Bestätigung der Ordnungsgemäßheit des Plans und des bisherigen Schuldnerverhaltens ist von besonderer Aussagekraft. Anders als der Schuldner verkörpert der Sachwalter ein Höchstmaß an Seriosität und Kompetenz, dem die Gläubiger absolutes Vertrauen entgegenbringen[716]. Er prüft das von den Beteiligten im Vorfeld erarbeitete Konzept als Unabhängiger und prägt demgemäß mit seinem Urteil das Abstimmungsverhalten der Beteiligten entscheidend mit. Seine positive Stellungnahme ist unabdingbare Voraussetzung für die Umsetzbarkeit des Plans[717].

Aus den dem Sachwalter obliegenden Überwachungs- und Prüfungspflichten im Hinblick auf die Person des Schuldners folgt die Notwendigkeit, dazu Stellung zu nehmen, ob beim Schuldner die persönlichen wie fachlichen Voraussetzungen für die Abwicklung des Verfahrens als Eigenverwalter vorliegen[718]. In diesem Zusammenhang hat er sich auch zu der bisherigen Umsetzung des Plans und den damit einhergehenden Aussichten für die Befriedigung der Gläubiger zu äußern. Der Sachwalter hat den Planprozess während des eröffneten Verfahrens begleitet und verfügt daher über die Möglichkeit, gegenüber den Beteiligten darzulegen, inwieweit sich der Schuldner an die im Vorfeld getroffenen Absprachen gehalten hat.

Eine Stellungnahme des Sachwalters zu den konkreten inhaltlichen Regelungen des Plans erscheint angesichts des sich zeitlich unmittelbar anschließenden Erörterungsteils wenig sinnvoll. Zwar bestimmt das Gesetz in § 282 Abs. 2 S. 2 InsO

---

714 Vgl. *Exner/Beck* in: Beck/Depré, § 43, Rn. 76; *Gietl/Langheinrich* in: WDWW, Kap. 12, Rn. 119.

715 Vgl. *Uhlenbruck*, BB 1998, S. 2014.

716 Vgl. *Brockdorff* in: FS Heumann, S. 68.

717 Vgl. nur *Kußmaul/Steffan*, DB 2000, S. 1853; *Uhlenbruck*, BB 1998, S. 2014.

718 Vgl. FK-*Foltis*, § 281, Rn. 25.

lediglich eine Pflicht zur Stellungnahme des Sachwalters im Berichtstermin. Im Erörterungstermin nach § 235 Abs. 1 InsO besteht jedoch eine generelle Möglichkeit zur Stellungnahme, was für sämtliche Beteiligte, mithin auch für den Sachwalter, gilt[719].

Zwar steht die frühzeitige Vorlage eines Plans nicht der Möglichkeit der Gläubigerversammlung entgegen, im Berichtstermin den Plan zu verwerfen, dem eigenverwaltenden Schuldner oder dem Sachwalter entsprechend § 284 Abs. 1 InsO die Erarbeitung eines alternativen Plans aufzugeben oder gar eine Zerschlagung des Unternehmens zu beschließen[720]. Ein derartiges mehrheitserforderndes Bedürfnis ist im Falle einer prepackaged plan, der die Interessen der Beteiligten hinreichend berücksichtigt, jedoch nicht existent[721].

III. Der Prüfungsteil

Durch einen Insolvenzplan werden die Prüfung und die Feststellung der Forderungen nicht entbehrlich. An den Berichtsteil schließt sich daher der Prüfungsteil an, in dem gemäß § 176 InsO die angemeldeten Forderungen ihrem Betrag und ihrem Rang nach geprüft sowie die bestrittenen Forderungen erörtert werden[722].

IV. Der Erörterungsteil

Während im Berichtstermin die Auseinandersetzung mit den inhaltlichen Regelungen des Plans außen vor bleibt, dient der Erörterungstermin einer Darstellung und Diskussion der mit dem Plan vorgesehenen Umgestaltung der rechtlichen Verhältnisse. Der Schuldner hat den Plan eingehend zu erläutern und die rechtlichen wie wirtschaftlichen Beweggründe, die zu der Gestaltung in der konkreten Form geführt haben, offenzulegen. Hierbei obliegt ihm die Möglichkeit sich von den Beratern, die die Gestaltung des Konzepts vor dem Verfahren und dessen Umsetzung im Verfahren begleitet haben, unterstützen zu lassen[723].

Der planverfassende Schuldner kann anhand des Plans die konkreten Auswirkungen auf die Befriedigungsaussichten der einzelnen Gläubigergruppen aufzeigen. Er hat hervorzuheben, dass die Verwirklichung der schuldnerischen Haftung im Wege des vorliegenden Insolvenzplans sich als optimale Verwertung

719 Vgl. MüKo-*Hintzen*, § 235, Rn. 26.

720 FK-*Jaffé*, § 218, Rn. 8.

721 *Spies*, ZInsO 2005, S. 1257.

722 Vgl. *Smid/Rattunde*, Insolvenzplan, Rn. 11.49.

723 *Pape/Uhlenbruck*, Insolvenzrecht, Rn. 798.

erweist und die Nichtzustimmung, verbunden mit ihren zeitlichen Verzögerungen, zu einer Verschlechterung der Befriedigungsaussichten führen wird[724].

Der vom Gesetzgeber gewollte Kommunikationsprozess zwischen den Beteiligten im Hinblick auf das dem Plan zugrundeliegende materielle Verwertungskonzept ist mit der Vorlage des Plans beim Insolvenzgericht abgeschlossen. Das Bedürfnis einzelner Beteiligter, in den Diskurs mit dem Schuldner zu treten, besteht daher im Falle eines im Vorfeld umfassend erörterten und dementsprechend umgesetzten Plans nicht[725]. Die Notwendigkeit, auf mit Aufwand verbundene Planänderungen im Sinne des § 240 InsO hinzuwirken, ist ebenfalls nicht existent. Gegenebenfalls sind sie auf minimale, nach kurzer Beratung unmittelbar durchführbare Modifikationen des Plans beschränkt[726]. Ein etwaiges Erfordernis ergibt sich ebenso wenig aus den entsprechend § 232 InsO eingeholten Stellungnahmen[727]. Vielmehr korrespondiert eine zügige Durchführung des Erörterungstermins mit dem Bedürfnis der Beteiligten, dem Plan so schnell wie möglich die Zustimmung zu erteilen und auf dessen Bestätigung hinzuwirken.

Die im Erörterungsteil vorzunehmende Festsetzung der Stimmrechte der Gläubiger wird durch die geleisteten Vorarbeiten erheblich erleichtert. Mit der Einreichung des Eröffnungsantrags kann der Planverfasser auf Basis seiner Buchhaltung bereits eine vorläufige Stimmliste erstellen und dem Gericht präsentieren[728]. Im Zuge der Durchführung des vorausgehenden Prüfungstermin ergeben sich idealerweise lediglich minimale Korrekturerfordernisse, so dass eine Einteilung der Stimmrechte zügig erfolgen und vom Urkundsbeamten der Geschäftsstelle entsprechend §§ 237 ff. InsO in der anzufertigenden Stimmliste festgehalten werden kann[729].

V. Der Abstimmungsteil

Die Abstimmung über den Plan erfolgt in den vom Planverfasser erstellten Gläubigergruppen. Durch die Integration der Gläubiger in den Gestaltungsprozess vor dem Verfahren weiß der planverfassende Schuldner, welche Gläubiger dem Plan die Zustimmung erteilen werden und welche nicht[730]. Idealerweise bringt der

724 Vgl. *Graf/Wunsch*, ZIP 2001, S. 1037.

725 Vgl. *Flöther* in: Flöther/Smid/Wehdeking, Kap. 8, Rn. 20; *Gietl/Langheinrich* in: WDWW, Kap. 12, Rn. 119; *Schiessler*, Insolvenzplan, S. 145.

726 *Eidenmüller*, BB 1998, Beilage 10, S. 25; *Kassing* in: Haft/v. Schlieffen, § 25, Rn. 37; *Smid/Rattunde*, Insolvenzplan, Rn. 11.24.

727 Siehe oben, S. 167 ff.

728 *Smid/Rattunde*, Insolvenzplan, Rn. 11.23.

729 *Braun* in: Gottwald, § 68, Rn. 28 f.; *Flöther* in: Flöther/Smid/Wehdeking, Kap. 8, Rn. 19.

730 *Graf/Wunsch*, ZIP 2001, S. 1037.

vorgelegte Plan sämtliche vorhandenen Interessen in einen allgemein akzeptierten Ausgleich und erspart dem Planverfasser das Erfordernis strategischer Gruppengestaltungen. Einem Plan, der ihre Interessen erkennbar in optimaler Art und Weise verwirklicht, werden sich die Gläubiger nicht verschließen[731]. Dennoch lassen auch die frühzeitige Offenheit und Verhandlungsbereitschaft des Schuldners, die absprachegemäße Umsetzung der vereinbarten Maßnahmen sowie die Durch- und Fortführung umfangreicher Kommunikationsprozesse die Möglichkeit der Gläubiger unberührt, dem Plan die Zustimmung zu verweigern[732]. Das Risiko, dass einzelne Gläubiger seinem Plan nicht zustimmen, kann der Schuldner niemals ausschließen[733].

Auch im Falle eines prepackaged plan ist es daher für den Schuldner erforderlich, die zur Abstimmung berechtigten Gläubiger zur Teilnahme an der Abstimmung zu bewegen[734]. Die bei einzelnen zustimmungssicheren Gläubigern möglicherweise aufkommende Erwägung, der Plan werde auch ohne die eigene Teilnahme die Zustimmung erfahren, beinhaltet die Gefahr, opponierenden, sich in der Minderheit befindlichen Gläubigern eine Ablehnung des Plans zu ermöglichen.

Der Schuldner sollte sich demgemäß bei den – zustimmungssicheren – Gläubigern frühzeitig vergewissern, ob sie an der Abstimmung teilnehmen werden und gegebenenfalls auf ihr Erscheinen im Termin hinwirken[735]. Beabsichtigen Gläubiger, nicht teilzunehmen, ist ihre Stimmabgabe im Wege der Vertretung sicherzustellen[736]. Dabei hat der vertretene Gläubiger neben der Bevollmächtigung zu erklären, dass er sämtliche notwendigen Informationen, insbesondere nach § 235 Abs. 3 S. 2 InsO, erhalten hat. Auf diese Weise schließen die Beteiligten eine Versagung der Bestätigung des Plans nach § 250 InsO aus[737]. Als Bevollmächtigte in Betracht kommen andere Gläubiger oder von diesen zur Durchführung der Abstimmung eingeschaltete Rechtsanwälte[738].

Die Zustimmung zu einem Plan, der das Produkt eines von den Beteiligten gemeinsam gestaltenden und beherrschten Prozesses ist und dabei sämtliche rechtliche wie wirtschaftliche Interessen in einen gerechten Ausgleich bringt, entspricht einer Selbstverständlichkeit. Ein prepackaged plan basiertes Verfahren mit seiner breiten Kommunikations- und Vertrauensbasis erweitert dieses grund-

---

731 Vgl. *Hölzle/Pink*, ZIP 2011, S. 364.

732 Vgl. *Rotstegge*, Konzerninsolvenz, S. 361.

733 Kübler/Prütting-*Pape*, § 235, Rn. 8.

734 Vgl. *Braun* in: Braun/Uhlenbruck, S. 628; *Graf/Wunsch*, ZIP 2001, S. 1037; Kübler/Prütting-*Pape*, § 235, Rn. 8.

735 *Brockdorff* in: FS Heumann, S. 70.

736 Vgl. *Braun* in: Braun/Uhlenbruck, S. 628; *Hess/Weis*, WM 1998, S. 2358.

737 Vgl. *Frind*, NZI 2007, S. 376.

738 Vgl. *Brockdorff* in: FS Heumann, S. 70; *Graf/Wunsch*, ZIP 2001, S. 1037.

sätzliche Verständnis. Diese Basis trägt wesentlich zu einer Entlastung des gemeinsamen Berichts-, Prüfungs-, Erörterungs-und Abstimmungstermins bei[739].

E. Das Verfahren bis zur Bestätigung des Plans

Zwar haben Gläubiger und Schuldner mit der Stimmabgabe im Abstimmungstermin ihren letzten zur Umsetzung des Plans zwingend erforderlichen Beitrag erbracht. Allerdings bleibt für eine rechtswirksame Geltung der im Plan vorgesehen Rechtsänderungen die Bestätigung durch das Gericht nach § 248 Abs. 1 InsO maßgeblich. Von wesentlicher Bedeutung ist in diesem Zusammenhang die Vorschrift des § 250 InsO, wonach das Gericht insbesondere prüft, ob der Plan entsprechend den §§ 244-247 InsO zustande gekommen ist.

Das Gericht ermittelt den Sachverhalt für seine Entscheidung von Amts wegen. Waren die Entscheidungen im Zusammenhang mit der Planvorlage bzw. der Eröffnung des Planverfahrens wesentlich auf die von den Beteiligten bereitgestellten Unterlagen beschränkt, gewinnt das Insolvenzgericht im Verlauf des Verfahrens, etwa im Zusammenhang mit der Prüfung des Plans nach § 231 oder der Abstimmung über den Plan, selbständig Erkenntnisse[740]. Die Entscheidungsgrundlagen des Gerichts, die in einem prepackaged plan basierten Verfahren bis hierher so gut wie ausschließlich durch die Beteiligten festgesetzt wurde und demgemäß an ihren Interessen ausgerichtet war, ist damit nicht mehr uneingeschränkt für diese steuerbar. Erlangt das Gericht im Zuge des Verfahrens Kenntnisse über Tatsachen, die einer Bestätigung des Plans entgegenstehen könnten, so hat es weitere Ermittlungen anzustellen[741]. Die damit zwangsläufig verbundene Aufwendung von Zeit gilt es für die Beteiligten eines prepackaged plan basierten Verfahrens in jedem Fall zu verhindern. Entscheidend ist es insoweit dessen Gang transparent zu gestalten, das Gericht jederzeit über die aktuellen Geschehnisse im Bilde zu lassen und jegliche aufkommenden Zweifel und Fragen unverzüglich auszuräumen[742]. Durch eine intensive Kommunikation mit dem Gericht kann insoweit weiterhin eine Informationssteuerung erfolgen. Sieht sich das Gericht jedoch gezwungen, Ermittlungen anzustellen, droht die bisher verwirklichte Herbeiführung einer schnellstmöglichen Bestätigung des Plans zu scheitern. Sofern kleinere Fragen seitens Gerichts auftreten, gilt es wiederum für den planverfassenden Schuldner, jederzeit mit erforderlichen Auskünften bereitzus-

739 Kübler/Prütting-*Pape*, § 235, Rn. 8.
740 Vgl. LSZ-*Rattunde*, § 248, Rn. 6 f.
741 Vgl. *Braun* in: Gottwald, § 68, Rn. 100.
742 *Steffan*, WPg. 2003, Sonderheft, S. 154.

tehen und so zu einem zeitnahen Abschluss der Prüfung und damit auch des Verfahrens beizutragen[743].

Das Risiko, dass einzelne Gläubiger nach der Regelung des Minderheitenschutzes gemäß § 251 InsO eine Versagung der Planbestätigung beantragen, kann auch in einem prepackaged plan Verfahren nicht vollends ausgeschlossen werden. Allerdings ist eine zügige Planbestätigung nicht gefährdet, sofern nach § 251 Abs. 3 InsO im gestaltenden Teil Mittel bereitgestellt werden. Diese werden idealerweise durch dritte Kapitalgeber zur Verfügung gestellt[744]. In diesem Fall ist der einen Ausgleich begehrende Gläubiger darauf angewiesen, seinen Anspruch außerhalb des Insolvenzverfahrens zu klären. Im Übrigen wird einem Antrag nach § 251 InsO durch die umfassende Dokumentation der Besserstellung im Falle einer Abwicklung mit Plan anhand des im Vorfeld vollständig aufbereiteten Zahlenmaterials ohnehin frühzeitig der Boden entzogen[745]. In diesem Zusammenhang erschwert dem betroffenen Gläubiger die Tatsache, dass er gemäß § 251 Abs. 2 InsO seine voraussichtliche Schlechterstellung durch den Plan glaubhaft zu machen hat, ein Vorgehen gegen den Plan erheblich[746]. Das Insolvenzgericht hat erst dann von Amts wegen zu ermitteln, wenn nach dem Vortrag des minderheitenschutzbegehrenden Gläubigers aufgrund konkreter Anhaltspunkte eine voraussichtliche Schlechterstellung überwiegend wahrscheinlich ist[747].

F. Die Bestätigung des Plans

Eine Bekanntgabe der Bestätigung des Plans erfolgt im Falle eines prepackaged plan mangels aufwendiger Prüfungserfordernisse noch im Abstimmungstermin entsprechend § 248 Abs. 1 InsO[748]. Andernfalls hat das Gericht dafür Sorge zu tragen, dass die Verkündung angesichts des Beschleunigungsbedürfnisses der Beteiligten so schnell wie möglich in einem zeitnah zu bestimmenden Sondertermin erfolgt[749].

---

743 *Brockdorff* in: FS Heumann, S. 68 ff.; *Gerster*, ZInsO 2008, S. 442.

744 *Braun/Heinrich*, NZI 2011, S. 509.

745 *Graf/Wunsch*, ZIP 2001, S. 1037; *H/W/F*, Handbuch, Kap. 9, Rn. 93, 95.

746 *Braun* in: Gottwald, § 68, Rn. 108; *Pape/Uhlenbruck*, Insolvenzrecht, Rn. 810.

747 Vgl. LG Berlin, Beschl. vom 29.10.2002 – 86 T 534/02, ZInsO 2002, 1191 (1192); Andres/Leithaus-*Andres*, § 251, Rn. 4. Erschwerend kommt für den für den Gläubiger hinzu, dass er seine voraussichtliche Schlechterstellung hierbei nicht auf eine nur potentielle zukünftige Entwicklung stützen darf, so BGH, Beschl. v. 19.03.2007 – IX ZB 204/05, NZI 2007, 409 (410).

748 *Hess/Weis*, WM 1998, S. 2362; vgl. insoweit auch die praktischen Fallbeispiele bei *Grub*, AnwBl. 2000, S. 583; *Kußmaul/Steffan*, DB 2000, S. 1850.

749 Uhlenbruck-*Lüer*, § 252, Rn. 1.

Rechtskraft erlangt die Bestätigung mit der Unanfechtbarkeit des Bestätigungsbeschlusses, die nach Ablauf der zweiwöchigen Rechtsmittelfrist oder der Beendigung des Beschwerdeverfahrens eintritt[750]. Von Bedeutung ist in diesem Zusammenhang die Möglichkeit für jeden Beteiligten, das Rechtsmittel der sofortigen Beschwerde gemäß § 253 InsO einzulegen. Grundsätzlich bietet ein Verfahren, das den Beteiligten ihre Rechte garantiert und den gesetzlichen Vorgaben entsprechend abgelaufen ist, keinerlei Anlass, hiervon Gebrauch zu machen. Jedoch lässt auch die befriedigungsoptimierende und gesetzesgemäße Durchführung des Verfahrens das Recht jedes einzelnen Beteiligten unberührt, gegen die Bestätigung des Plans zu opponieren und hierdurch einen zusätzlichen Prüfungsaufwand für das Insolvenzgericht herbeizuführen[751].

In dieser zwangsläufigen Verfahrensverzögerung lag vor der Änderung der InsO durch das ESUG die Gefahr für den Sanierungs- und damit auch für den bis dato von den Beteiligten gewährleisteten Befriedigungserfolg[752]. Dies galt selbst für den Fall, dass sich die Einlegung des Rechtsmittels für den Beteiligten als erfolglos erweisen hat[753].

Nunmehr stellt das Gesetz in § 253 Abs. 2 InsO klar, dass die sofortige Beschwerde gegen die Planbestätigung nur dann zulässig ist, wenn der Beschwerdeführer dem Plan spätestens im Abstimmungstermin widersprochen und gegen den Plan gestimmt. Zudem muss er glaubhaft machen, dass er durch den Plan wesentlich schlechter gestellt wird als er ohne Plan stünde, und dass dieser Nachteil nicht durch eine Zahlung aus den in § 251 Abs. 3 InsO bereitgestellten Mitteln ausgeglichen werden kann. Auf Antrag des Insolvenzverwalters weist das Landgericht gemäß § 253 Abs. 4 S. 1 InsO die Beschwerde unverzüglich zurück, wenn das alsbaldige Wirksamwerden des Insolvenzplans vorrangig erscheint, weil die Nachteile einer Verzögerung des Planvollzugs nach freier Überzeugung des Gerichts die Nachteile für den Beschwerdeführer überwiegen. Der Beschwerdeführer ist in diesem Fall auf einen Schadensersatzanspruch beschränkt, kann insbesondere nicht Rückgängigmachung des Plans verlangen[754].

---

750 Vgl. nur *Frege/Keller/Riedel*, Insolvenzrecht, Rn. 2003.

751 Zu der Problematik der Anfälligkeit eines Insolvenzplanverfahrens durch die Möglichkeiten einzelner Gläubiger, die sofortige Beschwerde nach § 253 InsO einzulegen und auch einen Antrag auf Minderheitenschutz gemäß § 251 InsO zu stellen vgl. *Gerster*, ZInsO 2008, S. 441 f.; *Kaltmeyer*, ZInsO 1999, S. 319 ff.; MüKo-*Eidenmüller*, Vor §§ 217-269, Rn. 60; *Rattunde*, ZIP 2003, S. 596; *Undritz*, ZGR 2010, S. 210; *Wellensiek*, BB 2000, S. 6; *Westpfahl/Janjuah*, ZIP 2008, Beilage Heft 3, S. 21.

752 *Frege/Keller/Riedel*, Insolvenzrecht, Rn. 2003; *Kußmaul/Steffan*, DB 2000, S. 1849.

753 *Flöther* in: Flöther/Smid/Wehdeking, Kap. 8, Rn. 38.

754 *Schmittmann/Dannemann*, VR 2012, S. 77.

Das Ziel der Beteiligten eines Plansachverhalts muss es auch weiterhin sein, die Notwendigkeit eines solchen Rechtsmittels von vornherein auszuschließen[755]. Dies geschieht zum einen durch die Absolvierung des Verfahrens entsprechend den von der Insolvenzordnung festgelegten Vorschriften und dessen lückenloser Dokumentation gegenüber allen Beteiligten und dem Gericht. Zum anderen trägt die lückenlose Darlegung einer Besserstellung durch den Plan gegenüber einer alternativen Abwicklung dazu bei, dass einzig und allein die Entscheidung für den Plan die wirtschaftlich wie rechtlich optimale Lösung bereithält.

Andere Gründe als die rechtliche Fehlerhaftigkeit des Plans begründen das Rechtsmittel nicht. Allerdings ist die Einlegung aufgrund anderer Motive tatsächlich nicht ausgeschlossen. Diese vermögen vornehmlich darin zu liegen, eine Unzufriedenheit mit der Art und Weise des absolvierten Prozesses zum Ausdruck zu bringen. So etwa, wenn der Planverfasser gegenüber den Beteiligten Auskünfte verweigert oder den Gestaltungsprozess exklusiv auf einzelne Gläubiger und deren Individualinteressen beschränkt[756]. Obstruktion ist insoweit das Resultat eines Informations- und Diskussionsdefizits, auf das einzelne Gläubiger hinweisen wollen[757].

Der prepackaged plan trägt erheblich zu einer Minimierung des Risikos bei, dass Rechtsmittel aus derartigen Motiven eingelegt werden. Die Beteiligten sind vollumfänglich in den gestalterischen und planerischen Handlungs- und Entscheidungsprozess integriert. Die Durchführung umfangreicher Kommunikationsakte sowohl vor als auch im gerichtlichen Verfahren gewährleistet diese Integration. Durch die frühzeitige Beteiligung seiner Gläubiger stellt der Schuldner sicher, dass bereits vor dem Verfahren eine grundsätzliche Einigkeit erzielt und sodann im Verfahren erhalten wird. Der prepackaged plan erweist sich insoweit als ideales Mittel, Streitpunkte frühzeitig auszuräumen und in der Folge plangefährdende Handlungen einzelner Beteiligter, wie insbesondere durch die Einlegung von Rechtsmitteln, zu verhindern[758].

Im Unterschied zu solchen Verfahren, in denen die Gläubigerschaft durch den Insolvenzantrag des Schuldners überrascht und ein Insolvenzplan – wenn überhaupt – durch den Insolvenzverwalter im eröffneten Verfahren erarbeitet wird, begleiten die Beteiligten eines prepackaged plan basierten Sachverhalts den gesamten Planprozess von Beginn an. Durch die gemeinsamen Gestaltungs- und Kommunikationsakte vermag eine besondere Bindung zu dem Sanierungspro-

---

755 Vgl. *Braun/Heinrich*, NZI 2011, S. 509 f.; *Vallender*, MDR 2012, S. 126 f.

756 *Gerster*, ZInsO 2008, S. 441 f.

757 Vgl. *Rattunde*, ZIP 2003, S. 599.

758 *Flöther* in: Flöther/Smid/Wehdeking, Kap. 8, Rn. 38; im Ergebnis wohl auch *Buchalik*, NZI 2000, S. 300.

zess und den hieran Beteiligten zu entstehen. Immerhin sind sie an der Vorbereitung und Erstellung des Plans beteiligt und bekommen so die hiermit verbundenen Vorteile zu jeder Zeit vor Augen geführt. Dies beinhaltet dessen absprachegemäße Behandlung im Verfahren, ausgerichtet auf die frühestmögliche Umsetzung, vollumfänglich zu begleiten. Die hierdurch entstehende Bindung vermag sie im Besonderen davon Abstand nehmen zu lassen, diesen Prozess zugunsten der Verwirklichung individueller Interessen zu gefährden. Dies gilt umso mehr im Falle eines Drucks von außen, wenn etwa ein erhebliches Interesse der Öffentlichkeit an dem Sanierungsprozess besteht[759].

Sofern es doch zu einer Rechtsmitteleinlegung kommt, ist es erforderlich, dem Beteiligten unverzüglich die Aussichtslosigkeit seines Vorgehens vor Augen zu führen und ihn so zu einer unmittelbaren Rücknahme des Rechtsmittels zu veranlassen[760]. Idealerweise kann das Gericht in diesen Prozess integriert und zu einem zügigen Tätigwerden bewegt werden[761].

G. Der Abschluss des Verfahrens und die Wirkungen des bestätigten Plans

Nach der Bestätigung obliegt dem Schuldner die Erfüllung des Plans. Um das Risiko einzuschränken, dass er mit der Planerfüllung erheblich in Rückstand gerät, somit Erlasse wie Stundungen entsprechend § 255 InsO hinfällig werden und einzelne Gläubiger aus dem Plan gemäß § 257 InsO vollstrecken, kann im gestaltenden Teil des Plans eine Planüberwachung im Sinne der §§ 260 ff. InsO geregelt werden[762].

Gegenstand einer Planüberwachung ist die Gewährleistung einer professionellen und rechtmäßigen Umsetzung des Plans entsprechend der im gestaltenden Teil getroffenen Vereinbarungen[763]. Sie erfolgt im Falle der angeordneten Eigenverwaltung gemäß § 284 Abs. 2 InsO durch den Sachwalter. Die Regelung des § 261 Abs. 1 InsO bestimmt, dass neben dem Amt des Sachwalters auch das der Mitglieder des Gläubigerausschusses sowie die Aufsicht des Gerichts bestehen bleiben. Seine Auskunftspflicht gegenüber dem planüberwachenden Sachwalter entspricht nach §§ 261 Abs. 1 S. 3, 22 Abs. 3 InsO der Auskunftspflicht des Schuldners im vorläufigen Insolvenzverfahren gegenüber dem vorläufigen Insol-

759 Siehe hierzu später unten, S. 225 ff.

760 *Gerster*, ZInsO 2008, S. 441 f.; *Kußmaul/Steffan*, DB 2000, S. 1853.

761 *Kußmaul/Steffan*, DB 2000, S. 1853.

762 *Bork*, ZZP 1996, S. 479

763 *Braun* in: Gottwald, § 70, Rn. 3.

venzverwalter. Der Sachwalter ist seinerseits gegenüber dem Insolvenzgericht und dem Gläubigerausschuss berichtspflichtig, deren kontrollierende und überwachende Aufgaben insoweit fortbestehen[764].

Anstatt der in den §§ 260 ff. InsO geregelten gesetzlichen Planüberwachung können die Beteiligten auch eine individuelle Überwachung der Planerfüllung durch den Schuldner beschließen und so den Besonderheiten des Einzelfalls Rechnung tragen. In diesem Fall obliegt ihnen die inhaltliche Ausgestaltung der Planüberwachung, losgelöst von den inhaltlichen Vorgaben der §§ 261 ff. InsO. Der Grundsatz der Vertragsfreiheit eröffnet den Beteiligten vielfältige Gestaltungsmöglichkeiten[765]. So kann die Überwachung der Forderungserfüllung insbesondere erweitert werden auf die Überwachung der Geschäftsführung und des schuldnerischen Rechnungswesens[766]. Der Schuldner dokumentiert durch die Akzeptanz, sich einer über das Insolvenzverfahren hinausgehenden, gegebenenfalls gegenüber den §§ 260 ff. InsO erweiterten Kontrolle zu unterziehen, wiederum seine Absicht, in einem transparenten Prozess zur bestmöglichen Befriedigung seiner Gläubiger beizutragen[767].

Im Falle eines prepackaged plan erfolgt die Ausgestaltung der Planüberwachung durch die Beteiligten bereits vor der Eröffnung des Verfahrens. Die Überwachung der Planerfüllung durch den Schuldner kann einem Sachwalter übertragen werden, dessen Auswahl einzig und allein den Beteiligten obliegt und dabei nicht am Kriterium der Unabhängigkeit entsprechend § 56 Abs. 1 InsO zu messen ist. Seine Kompetenzen werden in diesem Fall im gestaltenden Teil des Plans geregelt[768]. Kriterien für dessen Auswahl bilden die Grundsätze der Kompetenz, Zuverlässigkeit und Vertrauenswürdigkeit. Als ideale Personen zur Überwachung des Schuldners stellen sich dessen Berater dar. Sie haben sich im bisherigen Verfahren als kompetente und kooperative Bezugspersonen erwiesen und werden den Schuldner bei der Fortführung seines Unternehmens auch fortan begleiten. Insoweit haben sie jederzeit Einblick in dessen Geschäftsführung. Auf dieser Basis können sie eine Überprüfung durchführen, ohne dass es zu einer Beeinträchtigung des schuldnerischen Geschäftsbetriebs kommt. Zwar können grundsätzlich auch mehrere Sachwalter bestellt werden[769]. Eine effektive Überwachung

764 *Hess/Weis*, WM 1998, S. 2362.

765 Vgl. nur Kübler/Prütting-*Otte*, § 260, Rn. 5 ff.; Uhlenbruck-*Lüer*, § 260, Rn. 18 ff.

766 Uhlenbruck-*Lüer*, § 260, Rn. 19.

767 *Graf/Wunsch*, ZIP 2001, S. 1036 f.; *Schmittmann*, VR 2009, S. 292.

768 Der in diesem Zusammenhang bestellte Sachwalter wird kraft privatautonomer Übereinkunft tätig und unterscheidet sich insoweit von dem Sachwalter im Sinne des Eigenverwaltungsverfahrens, dessen Tätigkeit kraft Gesetzes ausgelöst wird, vgl. *Braun* in: Gottwald, § 70, Rn. 10; MüKo-*Stephan*, § 260, Rn. 13.

769 MüKo-*Stephan*, § 260, Rn. 13.

wird aber allem voran durch denjenigen Berater gewährleistet, dem die Kontrolle der konkreten Geschäftsführung und des Rechnungswesens des Schuldners obliegt[770]. Zugleich wird auf diese Weise die Zufriedenheit mit dem bisher absolvierten Prozess sowie das Vertrauen in die künftige Umsetzung des Plans zum Ausdruck gebracht. Dies äußert sich gegenüber dem Schuldner darin, dass es sich bei dem festgelegten Sachwalter zwar nicht um ihn persönlich, jedoch mit dem Berater um eine Person aus der dem Schuldner zugehörigen Sphäre handelt[771].

Die Dokumentation dessen, dass der Schuldner seinen durch den Plan begründeten Pflichten nachkommt, erfolgt gegenüber einem zu bestimmenden Überwachungskomitee. Den Beteiligten obliegt die Ausgestaltung aller relevanten Verhältnisse wie Kompetenzen, Zusammensetzung und Überwachungsdauer. In Betracht kommt ein Fortbestehen des Gläubigerausschusses in Form des formell neu zu bildenden Überwachungskomitees. Die Gläubiger haben den gesamten Gestaltungsprozess von Beginn an begleitet und sind insoweit über sämtliche Ziele und Entwicklungen im Bilde. Die bisher funktionierende Zusammenarbeit mit dem Schuldner kann ohne besonderen Aufwand fortgesetzt werden. Im Gegensatz zur gesetzlichen Planüberwachung im Sinne der §§ 260 ff. InsO bleibt das Insolvenzgericht in diesem Prozess außen vor und hat – entsprechend der mit einem prepackaged plan verknüpften Intention der Beteiligten – keine Einflussnahmemöglichkeiten mehr. Noch erforderliche Kommunikations- und Handlungsprozesse finden ausschließlich zwischen den Gläubigern und dem Schuldner statt.

770 Vgl. *Braun* in: Gottwald, § 70, Rn. 10; *Graf/Wunsch*, ZIP 2001, S. 1036 f.
771 Kritisch *Hofmann*, NZI 2010, S. 803.

4. Teil: Anforderungen und Gestaltungspotentiale im Rahmen der Erstellung des prepackaged plan

A. Organisation der dem Verfahren vorgeschalteten Planverhandlungen

I. Vorüberlegungen

Ursprung der von den Beteiligten eines auf einem prepackaged plan basierenden Sanierungssachverhalts angestrebten Beherrsch- und Planbarkeitsperspektive ist die effiziente Ausgestaltung des durch die Möglichkeit aus § 218 Abs. 1 S. 2 InsO eröffneten Gestaltungsraums zeitlich vor dem formellen Insolvenzverfahren. Idealerweise bindet der Schuldner jeden einzelnen seiner Gläubiger in diesen Verhandlungs- und Entscheidungsprozess ein[772]. Auf diese Weise können sämtliche vorhandenen Interessen eingebracht, erörtert und in einen gerechten Ausgleich gebracht werden. Ein derartiges Vorgehen vermag jedoch ausschließlich in kleinen, einfach gestrickten Verfahren mit einer übersichtlichen Zahl an Beteiligten zu gelingen[773].

Problematisch gestaltet sich der Vorgang bei umfangreichen Insolvenzsachverhalten mit einer Vielzahl von Beteiligten, für die der Gesetzgeber das Insolvenzverfahren schwerpunktmäßig vorgesehen hat[774]. Die Durchführung eines strukturierten Dialogs unter Beteiligung der gesamten Gläubigerschaft stellt hier eine für den Schuldner unmöglich zu leistende Aufgabe dar. In derartigen Fällen gewinnt der Aspekt der Vorstrukturierung eine erhebliche Bedeutung.

Das Gesetz löst die mit einer Vielzahl von Gläubigern verbundenen praktischen Gestaltungsschwierigkeiten im Insolvenzverfahren mit der Bereitstellung von Organen der Gläubigerselbstverwaltung und der Übertragung einzelner Entscheidungsprozesse auf diese. Des Weiteren tragen verfahrenslenkende Instrumentarien wie das in § 244 InsO verankerte Mehrheitsprinzip sowie das

772 *Bergau/Schmeisser*, DStR 2001, S. 272.
773 *Gerster*, ZInsO 2008, S. 441 f.
774 Vgl. BT-Drs. 12/2443, S. 195.

Obstruktionsverbot nach § 245 InsO zu einer Entscheidungsförderung innerhalb des Verfahrens bei[775]. Wirkung entfalten diese Institute jedoch erst mit Verfahrenseröffnung. Dies ist zum Zeitpunkt der materiellen Planverhandlungen im Zuge der Wahrnehmung des schuldnerischen Planvorlagerechts aus § 218 Abs. 1 S. 2 InsO noch nicht der Fall.

Karsten Schmidt verwies bereits vor Geltung der Insolvenzordnung darauf, dass die vorbereitende Arbeit im Rahmen eines Sanierungsverfahrens nach der künftigen Insolvenzordnung die Bildung „informeller ad-hoc-Gremien" erforderlich machen werde, in denen die Entscheidungsprozesse der Planvorlage vorweggenommen werden[776]. Die Bestimmung dieser Gremien stellt eine wesentliche vom Schuldner im Vorfeld zu erledigende Aufgabe dar.

II. Entscheidungsträger

1. Intention der Beteiligten

Eine positive Zustimmungsprognose und die hieraus resultierende Perspektive der Steuerung und Planbarkeit des Verfahrens lassen sich nur dann erzielen, wenn die Strukturen des vorverfahrensrechtlichen Entscheidungsprozesses denen des formell in der InsO geregelten Insolvenzverfahrens entsprechen. Die Beteiligten müssen demnach darauf bedacht sein, das Verfahren so weit wie möglich in seiner gesetzlichen Ausgestaltung zu antizipieren, damit es lediglich eines einfachen Umsetzungsaktes der erzielten Ergebnisse innerhalb des formellen Verfahrens bedarf. Den Maßstab dafür bilden zunächst die vom Gesetz gemachten Vorgaben.

2. Rechtliche Grundlagen

Die Abstimmung über den Insolvenzplan erfolgt in Gruppen. Das Gesetz legt in § 222 Abs. 1 S. 2 InsO Pflichtgruppen fest. Hierzu zählt eine der absonderungsberechtigten Gläubiger (Nr. 1), sofern durch den Plan in ihre Rechte eingegriffen wird, sowie eine der nichtnachrangigen Insolvenzgläubiger (Nr. 2). Bei Nichterlass ihrer Forderungen bilden die nachrangigen Gläubiger gemäß §§ 222 Abs. 1 S. 2 Nr. 3, 225 Abs. 2 InsO eine weitere Pflichtgruppe. Für Arbeitnehmer sowie Kleingläubiger und geringfügig beteiligte Anteilsinhaber sollen bzw. können nach § 222 Abs. 3 InsO besondere Gruppen gebildet werden. Die Vorschrift des § 222 Abs. 2 InsO ermöglicht darüber hinaus weitere Differenzierungen innerhalb der

775 *Bales*, NZI 2008, S. 217 f.; *Wittig*, NZI 1998, S. 50.
776 *Schmidt*, Wege, S. 169.

Gruppen mit gleicher Rechtsstellung. So können Beteiligte mit gleichartigen wirtschaftlichen Interessen innerhalb einer Gruppe wiederum neue Gruppen bilden.

Zentraler Anknüpfungspunkt für die Einteilung der Beteiligten in Gruppen ist ihre Rechtsstellung. § 222 Abs. 1 InsO verlangt eine Differenzierung zwischen den Beteiligten mit unterschiedlicher Rechtsstellung. Sie ist alleinausschlaggebender Aspekt für die Einteilung eines Beteiligten in eine der in § 222 Abs. 1 InsO genannten Pflichtgruppen[777]. Zwar ist gemäß § 222 Abs. 2 InsO eine weitere Aufteilung der Gruppen möglich, diese knüpft ihrerseits aber an die zwingend vorhergehende Einteilung nach der Rechtsstellung an. Der Gesetzgeber hat sich damit für die Anknüpfung an ein ausschließlich rechtliches Kriterium entschieden. Das Gesetz differenziert in § 222 Abs. 1 InsO zwischen absonderungsberechtigten, nichtnachrangigen und nachrangigen Gläubigern sowie den am Schuldner beteiligten Personen. Bei Vorhandensein von Beteiligten mit unterschiedlichen Rechtsstellungen kann der Planverfasser von der gesetzlich festgelegten Differenzierung nicht abweichen[778].

Die Entscheidungsstruktur des Verfahrens wird weiterhin durch die in §§ 243, 244 InsO festgelegten Anforderungen geprägt. Demnach stimmt jede Gruppe gesondert über den Plan ab. Zur Annahme des Plans ist dabei erforderlich, dass in jeder Gruppe die Mehrheit der abstimmenden Beteiligten die Zustimmung erteilt und zudem die Summe der Ansprüche der Beteiligten, die dem Plan zugestimmt haben, die Hälfte der Summe der abstimmenden Beteiligten beträgt[779].

3. Sonderfall: Anteilsinhaber

Durch das ESUG ist die Möglichkeit in die Insolvenzordnung eingefügt worden, die Anteils- und Mitgliedschaftsrechte der am Schuldner beteiligten Personen zu plandispositiven Gegenständen zu machen[780]. Für sie ist wie für die absonderungsberechtigten Gläubiger gemäß §§ 222 Abs. 1 S. 2 Nr. 4, 225a Abs. 1 InsO eine Pflichtgruppe zu bilden, wenn durch den Plan ihre Anteils- und Mitgliedschaftsrechte berührt werden. Nach § 222 Abs. 3 S. 2 InsO können für geringfügig beteiligte Anteilsinhaber mit einer Beteiligung am Haftkapital von weniger als

777 MüKo-*Eidenmüller*, § 222, Rn. 45; *Schmittmann*, VR 2009, S. 290; *Smid*, InVo 1997, S. 169.

778 *Braun* in: Gottwald, § 67, Rn. 42; *H/W/F*, Handbuch, Kap. 9 Rn. 52; Uhlenbruck-*Lüer*, § 222, Rn. 16.

779 Nötig ist also eine doppelte Mehrheit innerhalb der Gruppen, nämlich Kopf- und Summenmehrheit, vgl. *Burger/Schellberg*, DB 1994, S. 1836; *Riggert*, WM 1998, S. 1523.

780 Der Gesetzgeber entsprach damit einer Forderung der Rechtswissenschaft und Rechtspraxis, die seit langem auf diese Schwäche des Insolvenzplanverfahren hinwies, vgl. nur *Rattunde*, ZIP 2003, S. 600; *Schmittmann*, VR 2009, S. 293; *Smid/Rattunde*, Insolvenzplan, Rn. 6.13 ff.; *Undritz*, ZGR 2010, S. 209 f.

ein Prozent oder weniger als 1 000 Euro besondere Gruppen gebildet werden. Mit dem Eingriff in die Rechte der bisherigen Gesellschafter korrespondiert die in § 225a Abs. 2 InsO verankerte Option, ohne deren Zustimmung Forderungen von Gläubigern in Anteils- oder Mitgliedschaftsrechte am Schuldner umzuwandeln[781].

4. Bedeutung für den Schuldner

a) Rechtliches Kriterium

Eine Vorwegnahme der verfahrensrechtlichen Entscheidungsstrukturen erfordert vom Schuldner, bereits vor der ersten Konfrontation mit seinen Gläubigern eine Einteilung der gesamten Gläubigerschaft in Gruppen vorzunehmen[782]. Dies bedingt eine vorherige Bestimmung der für die Sanierung notwendigen Rechtsänderungen und deren Konsequenzen für die Rechtsstellungen der betroffenen Gläubiger.

Mit der Einteilung der Gläubigerschaft in Gruppen ist dem rechtlichen Kriterium indes Rechnung getragen und der vom Gesetz vorgegebene Mindeststrukturierungsprozess abgeschlossen. Mit der Differenzierung hinsichtlich der Rechtsstellung liegen die vom Gesetz formulierten Voraussetzungen dafür vor, dass die Gläubigergruppen eine Entscheidung über den Plan treffen können.

Die Beachtung des rechtlichen Kriteriums stellt demnach für den Schuldner bei der Strukturierung eines Entscheidungsprozesses vor dem formellen Insolvenzverfahren keine allzu große Hürde dar. Teil des rechtlichen Kriteriums ist neben der Sicherstellung der Pflichteinteilung aber auch die Befugnis, weitere Einteilungen innerhalb der Gruppen nach wirtschaftlich gleichartigen Interessen vorzunehmen. Dem Gesetzgeber war bewusst, dass die Gläubiger mit identischer Rechtsstellung nicht zwangsläufig identische Interessen und Motivationen verfolgen[783]. Aus diesem Grund ermöglicht das Gesetz in § 222 Abs. 2 InsO eine weitere Differenzierung innerhalb der Pflichtgruppen nach gleichartigen wirtschaftlichen Interessen bzw. in Abs. 3 die Bildung besonderer Gruppen für die Arbeitnehmer und Kleingläubiger[784].

Von besonderer Bedeutung ist in diesem Zusammenhang, dass das Gesetz die Entscheidung über eine weitere Gruppenaufteilung bzw. deren Ausgestaltung ausschließlich dem Planverfasser überlässt[785]. Für den Schuldner besteht das Ziel bei einem konsensausgerichteten Plandialog grundsätzlich darin, die vorhandenen

---

781 *Brinkmann*, WM 2011, S. 97.

782 *Achsnick*, Options-Modelle, S. 44; *Graf/Wunsch*, ZIP 2001, S. 1037.

783 Vgl. BT-Drs. 12/2443, S. 199; *Bähr/Landry* in: Mohrbutter/Ringstmeier, § 14, Rn. 41.

784 *Gietl/Langheinrich* in: WDWW, Kap. 12, Rn. 30; *Smid*, InVo 1997, S. 169.

785 *Maus* in: KS, S. 948; *Schmittmann*, VR 2009, S. 290; *Warrikoff*, KTS 1997, S. 543.

Interessen in ihrer Gesamtheit zu ermitteln und in das Konzept einzuarbeiten, um so eine absolute Zustimmung sicherzustellen. Dem entspricht, sämtliche vorhandenen Interessen herauszufiltern und jeweils als eigene Gruppe in den Prozess zu integrieren.

Allerdings besteht ebenso das Bedürfnis des Schuldners, effiziente Verhandlungen und eine zügige Entscheidungsfindung sicherzustellen. Der Schuldner kann nicht die Tatsache außer Acht lassen, dass sowohl die Planvorbereitung als auch das Verfahren auf ein primäres Ziel ausgerichtet sind, nämlich die zügige Herbeiführung der Rechtskraft des Plans. Hinter diesem Ziel tritt gegebenenfalls der Wille zur Beteiligung sämtlicher Gruppen zurück. Bei jedem Insolvenzsachverhalt ergibt sich das Zusammenspiel dieser Aspekte aus den speziellen Umständen des konkreten Falls. Eine Beschränkung des Schuldners auf die Einteilung in Pflichtgruppen kann genügen, garantiert aber nicht zwangsläufig einen Entscheidungserfolg.

Mit der Möglichkeit zu weiteren Gruppenbildungen im Sinne des § 222 Abs. 2, 3 InsO unterstellt das Gesetz die Strukturierung des Entscheidungsprozesses zu einem erheblichen Teil dem Planverfasser. Aus ihr resultieren umfangreiche Gestaltungs- und Beeinflussungsmöglichkeiten. Die Befugnis der erweiterten Gruppenaufteilung wird durch das in § 222 Abs. 2 S. 2 und 3 InsO formulierte Abgrenzungs- und Dokumentationserfordernis zwar eingeschränkt, grenzt den weiten Spielraum des Planverfassers aber nur unwesentlich ein. Der Schuldner bleibt durch die Befugnis zur Gruppeneinteilung prägend für das Schicksal des Plans, zumal sich hinsichtlich der gleichartigen wirtschaftlichen Interessen unzählige Anknüpfungspunkte bieten[786]. Dieser erhebliche Gestaltungsspielraum des Schuldners bedingt, dass eine Vorstrukturierung der Planverhandlungen lediglich anhand der gesetzlich vorgesehenen Verfahrensschritte nicht möglich ist. Sie gibt nur eine Grob- und Mindeststruktur vor, die von dem Planverfasser je nach den Umständen des Einzelfalls auszufüllen ist[787]. Einzig bei solchen Sachverhalten, in denen die Einteilung in die Pflichtgruppen den Gegebenheiten und Interessen des konkreten Falls entspricht, ist die vorverfahrensrechtliche Verhandlungsorganisation den Beteiligten ausschließlich durch das Gesetz vorgegeben.

b) Notwendigkeit eines weiteren Kriteriums?

Da allein aus dem vom Gesetz vorgegebenen Kriterium noch nicht die praktische Möglichkeit resultiert, einen effizienten Gestaltungs- und Entscheidungsprozess

786 Vgl. *H/W/F*, Handbuch, Kap. 9, Rn. 54; *Hess/Weis*, WM 1998, S. 2356; *Kaltmeyer*, ZInsO 1999, S. 259; *Riggert*, WM 1998, S. 1522.

787 *Hess/Weis*, InVo 1998, S. 67 f.; *Kaltmeyer*, ZInsO 1999, S. 259 f.

durchzuführen, ist es für den Schuldner erforderlich, dem rechtlichen Kriterium ein weiteres hinzufügen. Praktisch durchführbar erscheinen Planverhandlungen in umfangreichen Insolvenzsachverhalten lediglich auf repräsentativer Grundlage, d.h., dass die Interessen der einzelnen Gläubigergruppen durch Verhandlungsführer eingebracht werden. Auf diese Weise wird die Verhandlungskomplexität verringert. Die numerische Minimierung der unmittelbar an den Planverhandlungen beteiligten Parteien führt zu einer effektiven Strukturierung des gemeinsamen Gestaltungs- und Entscheidungsprozesses[788]. Repräsentationsgrundlage bildet die vorhandene Interessenstruktur, die der durch die Rechtsstellung vorgegebenen Gruppenstruktur entspricht[789]. Für den Schuldner bedeutet dies allerdings, dass er neben der Bestimmung der Gruppen, also dem rechtlichen Kriterium, auch die Frage klären muss, wie er eine Repräsentation aller beteiligter Gruppen sicherstellen, also das zusätzlich geschaffene personelle Kriterium ausfüllen kann. Dies stellt ebenfalls eine nicht zu unterschätzende Aufgabe für den Schuldner dar.

Das Erzielen eines Kompromisses bedingt zum einen, fruchtende Verhandlungen mit den einzelnen Vertretern der Gruppen zu führen. Von Bedeutung ist zum anderen aber auch der Aspekt der Nachhaltigkeit. Die auf erster Ebene mit den Repräsentanten erzielten Kompromisse müssen neben den eigenen Interessen auch denen der Repräsentierten entsprechen[790]. Die Schwierigkeit für den Schuldner besteht nunmehr darin, dass die Auswahl der Vertreter zu einem Zeitpunkt erfolgt, zu dem der Kreis der betroffenen Gruppenmitglieder personell noch nicht bestimmt und dementsprechend eine Organisation der einzelnen Gläubiger noch nicht erfolgt ist[791]. Der Schuldner ist demnach hinsichtlich der Festlegung der Gruppenvertreter darauf angewiesen, sich in die Interessenlage der einzelnen, künftigen Gruppenmitglieder zu versetzen. Im Hinblick auf die stattfindenden Verhandlungen muss er sich überlegen, wie er geeignete Personen bestimmen kann, die die Interessen der betroffenen Gläubiger angemessen und nachhaltig repräsentieren. Dazu bietet es sich für ihn an, mit einzelnen Gläubigern, von denen er weiß, dass sie in einer bestimmten Gruppe vertreten seien werden, Gespräche zu führen, gegebenenfalls bereits konkrete Personen vorzuschlagen und – darauf aufbauend – vertrauenswürdige Repräsentanten für die Gruppe auszuwählen. Diese Personen müssen bei den übrigen Gruppenmitgliedern angesehen sein und über die Fähigkeit verfügen, die erzielten Verhandlungsergebnisse gegenüber diesen zu erläutern und zu verteidigen[792]. Im Zuge der Auswahlgespräche lässt sich idealerweise

---

788 Vgl. *Eidenmüller*, BB 1998, Beilage 10, S. 20.

789 Vgl. *Kassing*, ZInsO 1999, S. 269.

790 *Eidenmüller*, BB 1998, Beilage 10, S. 20.

791 *Herzig*, Insolvenzplanverfahren, S. 151.

792 *Eidenmüller*, BB 1998, Beilage 10, S. 20; *Kassing* in: Haft/v. Schlieffen, § 25, Rn. 43.

bereits eine Person bestimmen. Jedenfalls aber erhält der Schuldner wichtige Anhaltspunkte dafür, welche Anforderungen die Beteiligten an einen Verhandlungsführer stellen.

5. Literatur

a) Ausgangspunkt

In der Literatur besteht Einigkeit, dass vorverfahrensrechtliche Planverhandlungen unter Beteiligung der gesamten Gläubigerschaft nicht praktikabel sind und insoweit eine Beschränkung auf einzelne Verhandlungspartner notwendig ist. Bei der Bestimmung der Verhandlungspartner wird darauf verwiesen, der Schuldner müsse zwecks Sicherstellung einer positiven Zustimmungsprognose eine Kommunikation mit den „wesentlichen Gläubigern"[793] oder auch „wichtigsten Gläubigern"[794] sicherstellen. Hinsichtlich deren Personalisierung finden sich unterschiedliche Ansätze.

b) Gesetzliche Vorgaben

Eine Differenzierung innerhalb der Gläubigerschaft entsprechend den Kriterien der Wesentlichkeit oder Wichtigkeit sieht die Insolvenzordnung nicht vor. Mit dem ESUG hat der Gesetzgeber jedoch die Regelung des § 13 Abs. 1 InsO dahingehend ergänzt, dass der Schuldner seinem Eröffnungsantrag ein Verzeichnis seiner Gläubiger und ihrer Forderungen beizufügen hat. Gemäß S. 3 umfasst dies im Falle eines laufenden Geschäftsbetriebs die Kenntlichmachung der höchsten Forderungen, der höchsten gesicherten Forderungen sowie der Forderungen der Finanzverwaltung, der Sozialversicherungsträger und aus der betrieblichen Altersversorgung[795]. Nach dem Willen des Gesetzgebers soll es das Verzeichnis dem Gericht erleichtern, die Gläubiger in einem frühen Verfahrensstadium einzubeziehen, insbesondere im Zusammenhang mit der Entscheidung über die Bestellung eines vorläufigen Gläubigerausschusses[796].

---

793 So u. a. *Achsnick*, Options-Modelle, S. 43; *Braun* in: Gottwald, § 68, Rn. 3; *Buchalik*, NZI 2000, S. 296; *Ehlers*, ZInsO 2010, S. 259; *Maus*, DStR 2002, S. 1105; *Schunke*, DZWir 1999, S. 285; *Undritz*, ZGR 2010, S. 209.

794 Vgl. etwa *Foerste*, Insolvenzrecht, Rn. 496; *Götker*, Geschäftsführer, Rn. 487; *Paulus*, ZGR 2005, S. 322; *Wellensiek*, BB 2000, S. 6; für das US-amerikanische Vorbild *Madaus*, NZI 2011, S. 626.

795 Die Entscheidung für eine Einzelaufzählung der in § 13 Abs. 1 S. 3 InsO genannten Forderungen fiel erst im Zuge der Diskussionen über das ESUG. Der DiskE ESUG sah noch vor, dem Schuldner die Beifügung eines Verzeichnisses der „wesentlichen Gläubiger" und ihrer Forderungen aufzugeben.

796 BT-Drs. 12/5712, S. 22 f.

Die Vorschrift soll einen ordnungsgemäßen Ablauf des Insolvenzverfahrens gewährleisten und dient in diesem Zusammenhang insbesondere dem Gericht, dem eine Analyse der Beteiligtenstruktur ermöglicht wird[797]. Anders als das Gericht hat der Schuldner bei der Erstellung eines prepackaged plan kein Informations-, sondern ein Gestaltungsbedürfnis. Die Verschaffung eines Überblicks über die vorhandenen Forderungen muss zu diesem Zeitpunkt bereits erfolgt sein. Für den Schuldner kommt es nunmehr darauf an, ausgerichtet auf die nachhaltige Verwirklichung des Verfahrensziels und unter Ausnutzung strategischer Gestaltungsspielräume die im Einzelfall geeignete Zusammensetzung zu finden.

Allein auf Grundlage einer § 13 Abs. 1 S. 3 InsO entsprechenden Aufteilung der Gläubigerschaft folgt für den Schuldner nicht die Durchführbarkeit eines aussichtsreichen Dialoges. Zwar prägen die Forderungshöhe und -sicherung die Bedeutung eines Gläubigers für die Erfolgsaussichten der Planverhandlungen erheblich mit. Die Regelung des § 13 Abs. 1 S. 3 InsO schafft insoweit aber keine hinreichende Differenzierung. So müssen die Sozialversicherungsträger, die Finanzverwaltung und die Träger der betrieblichen Altersversorgung, auch wenn es sich bei diesen typischerweise um die von einem Insolvenzverfahren in hohem Maße betroffenen Gläubiger handelt, nicht zwangsläufig an jedem Insolvenzverfahren beteiligt sein. Selbiges gilt für solche Gläubiger mit gesicherten Forderungen, deren Rechtsstellung durch den vom Schuldner vorgelegten Insolvenzplan nicht betroffen sind. Die mit § 13 Abs. 1 S. 3 InsO verbundene Beschränkung der Gläubigerschaft auf Einzelgläubiger bewirkt nur eine pauschale Differenzierung, die dem Schuldner zwar Anknüpfungspunkte vorgibt, jedoch keine hinreichende Vorstrukturierung ermöglicht.

c) *Absonderungsberechtigte Gläubiger*

Nach *Braun* steht und fällt die Durchführung eines außergerichtlichen, auf eine im Verfahren zügige Bestätigung ausgerichteten Plandialogs mit der Beteiligung der absonderungsberechtigten Gläubiger[798]. Die absonderungsberechtigten Gläubiger, in deren Rechtsposition nach § 217 S. 1 InsO durch den Plan eingegriffen werden kann, nehmen im Rahmen einer Sanierung eine bedeutende Rolle ein. Die Behandlung und Gestaltung ihrer Position stellt für den Planverfasser eine besondere Schwierigkeit dar. Gerade bei Tätigkeiten des Schuldners mit produzierenden und logistischen Schwerpunkten ist oftmals ein Großteil des Vermögens mit Absonderungsrechten belastet, sodass eine Einigung mit den Absonderungsgläubi-

---

797 *Vallender*, MDR 2012,S. 61.

798 *Braun* in: Braun/Uhlenbruck, S. 566 f., ohne dies allerdings näher auszuführen; wohl auch *Brockdorff* in: FS Heumann, S. 69; MüKo-*Breuer*, § 223, Rn. 16.

gern für die Fortführung des Geschäftsbetriebs und damit für das Gelingen des Plans unverzichtbar ist[799]. Eine Verwertung des schuldnerischen Vermögens unter gleichzeitiger Fortführung des Geschäftsbetriebes schließen sich aus, so dass der Schuldner die absonderungsberechtigten Gläubiger zu einem – zumindest vorläufigen – Verzicht auf eine Verwertung ihrer Sicherheiten zugunsten der Sanierung bewegen muss[800].

Bei den absonderungsberechtigten Gläubigern erfolgt die Befriedigung durch die Verwertung des Sicherheitsguts, wobei anschließend der volle Verwertungserlös unter Abzug der Verwertungspauschale durch den Insolvenzverwalter an den Gläubiger ausgekehrt wird. Absonderungsberechtigte Gläubiger werden demnach so gut wie voll befriedigt. Aus diesem Grund bestimmt § 223 Abs. 1 S. 1 InsO, dass mangels anderweitiger Vereinbarung das Absonderungsrecht vom Plan nicht berührt wird. Bereits daraus folgt, dass der Plan in gesondertem Maße die Absonderungsrechte beachten muss und lediglich bei signalisierter Zustimmung der betroffenen Gläubiger Eingriffe in deren Rechte vorsehen kann[801].

Eine Beteiligung der absonderungsberechtigten Gläubiger ist aufgrund ihrer Bedeutung im Rahmen eines insolvenzplanausgerichteten Gestaltungsprozesses unumgänglich. Dies gilt auch für einen solchen Prozess, der zeitlich vor dem formellen Verfahren durchgeführt wird[802]. Allerdings kann daraus nicht folgen, dass der Schuldner ausschließlich diesen Gläubigerkreis zu beteiligen hat. Bei einer Beschränkung der Verhandlungen auf den Kreis der absonderungsberechtigten Gläubiger knüpft der Schuldner zwar an das vom Gesetz vorgegebene rechtliche Kriterium an. Allerdings wird die grobe Beschränkung auf diese Gruppe den in einer Vielzahl vorhandenen Interessen in keinem Fall gerecht. Gerade bei umfangreichen Insolvenzsachverhalten sind innerhalb der Gläubigerschaft vielfältige Motivationen denkbar. Die Interessen im Hinblick auf die sanierungsrelevanten Aspekte wie Planziel, Konzeptumsetzung und Bereitschaft zur Erbringung von Sanierungsbeiträgen können also divergieren[803]. Diesen unterschiedlichen Motivationen wird der Planverfasser in der Regel durch eine erweiterte Abgrenzung innerhalb der Pflichtgruppe nach wirtschaftlich gleichartigen Interessen Rechnung tragen müssen[804]. Die Beschränkung auf die Pflichtgruppe und das einhergehende Erfordernis einer einheitlichen Beteiligung ihrer Mitglieder verspricht angesichts der heterogenen und u.U. gegensätzlichen Interessenstruktur kaum eine Aussicht auf die anvisierte zügige Einigung. Ein nachhaltiges Ergeb-

---

799 *Warrikoff*, KTS 1997, S. 543.

800 *Bales*, NZI 2008, S. 219; *Bork*, Einführung, Rn. 323; *Kersting*, Rechtsstellung, S. 59.

801 *Bork*, ZZP 1996, S. 477.

802 Vgl. *Herzig*, Insolvenzplanverfahren, S. 157 f., 315.

803 Vgl. *Hess/Weis*, InVo 1998, S. 67; *Kaltmeyer*, ZInsO 1999, S. 159.

804 Vgl. *Bähr/Landry* in: Mohrbutter/Ringstmeier, § 14, Rn. 51; *Hess/Weis*, InVo 1998, S. 67 f.

nis lässt sich daher im Fall einer Beschränkung bei den Verhandlungen auf die absonderungsberechtigten Gläubiger nicht erzielen.

Noch wesentlicher bei einem bloßen Verweis auf Verhandlungen mit den Absonderungsgläubigern ist die Nichtberücksichtigung des personellen Kriteriums. Vom Schuldner kann kaum erwartet werden, jeden einzelnen absonderungsberechtigten Gläubiger in die Verhandlungen mit einzubeziehen. Vielmehr ist eine Beschränkung auf einzelne Verhandlungspartner notwendig. Dies erfordert neben der Filterung der vorhandenen Interessen die Bestimmung solcher Personen. Diesem Erfordernis wird der Schuldner mit einer bloßen Beschränkung der Verhandlungen auf die absonderungsberechtigten Gläubiger nicht gerecht.

d) Großgläubiger

Vielfach findet sich in der Literatur der Verweis darauf, der Schuldner müsse im Rahmen des plankonsensausgerichteten Dialoges die Verhandlungen auf die Großgläubiger beschränken[805]. Die Großgläubiger haben umfangreiche Forderungen gegen den Schuldner, so dass ihnen angesichts der Bedeutung der Anspruchshöhe für die Planabstimmung nach § 244 Abs. 1 Nr. 2 InsO ein erhebliches Stimmgewicht zukommt. Regelmäßig handelt es sich bei ihnen um Banken, die den Schuldner mit Kreditleistungen unterstützt und in diesem Zusammenhang ihre Forderungen über Grundpfandrechte, Sicherungsübereignungen oder Globalzessionen abgesichert haben[806]. Von ihnen werden im Rahmen einer Sanierung entscheidende Beiträge erwartet. Sie müssen in der Regel auf einen erheblichen Teil ihrer Forderungen gegen den Schuldner verzichten[807]. Darüber hinaus erfordert der Bedarf nach einer Sanierungsfinanzierung das Bereitstellen weiterer liquider Mittel. Dies vermag regelmäßig einzig und allein von den Kreditinstituten geleistet zu werden.

Wie die absonderungsberechtigten Gläubiger sind die Großgläubiger für das Gelingen einer Sanierung unverzichtbar. Allerdings kann auch ein pauschaler Verweis auf diese Gruppe nicht den Anforderungen genügen, die an die Erzielung eines nachhaltigen Zustimmungserfolgs gestellt werden.

Dem Gesetz ist der Begriff des Großgläubigers fremd. Es unterscheidet bei der Gruppenbildung einzig und allein zwischen den Rechtsstellungen der Gläubiger. Andere Faktoren, wie insbesondere der Umfang der Forderung, bleiben bei der Einteilung der Pflichtgruppen außer Betracht. Sie können lediglich im Rahmen der weiteren Gruppenaufteilung nach § 222 Abs. 2 InsO von Belang

---

805 So bei *Bergau/Schmeisser*, DStR 2001, S. 274; *Maus*, DStR 2002, S. 1105; *Seagon/Wiester*, ZInsO 1999, S. 631; *Uhlenbruck*, GmbHR 2005, S. 824.

806 Vgl. *Graf/Wunsch*, ZIP 2001, S. 1035; *Riggert*, WM 1998, S. 1521.

807 *Bales*, NZI 2008, S. 219.

sein[808]. Die Intention des Gesetzgebers, eine Einteilung der Gläubigerschaft in die Pflichtgruppen vorzusehen, liegt primär darin begründet, den divergierenden Interessen Rechnung zu tragen. Daran anknüpfend geht es ihm auch darum zu verhindern, dass der Plan ausschließlich mit Großgläubigern ausgehandelt wird und damit vorwiegend deren Interessen Rechnung trägt[809]. Insoweit entspricht eine derartige Anknüpfung nicht der vom Gesetzgeber gewollten und gewählten Differenzierung hinsichtlich der Rechtsstellung. Mit der Beschränkung auf die Großgläubiger erfüllt der Planverfasser zwar das personelle Element, da die Verhandlungen auf wenige Beteiligte beschränkt reduziert werden. Bei einer Durchführung der Entscheidungsprozesse lediglich unter Beteiligung der Großgläubiger lässt der Schuldner jedoch das vom Gesetz vorgegebene rechtliche Kriterium unbeachtet.

6. Stellungnahme

Die personelle Beschränkung auf einzelne Verhandlungsführer dient der Praktikabilität und Beschleunigung der Durchführung eines gemeinsamen Gestaltungsprozesses. Zugleich führt sie zu einer Minimierung der Transaktionskosten[810]. Eine Plangestaltung zeitlich vor dem formellen Insolvenzverfahren, die auch in jenem Bestand haben soll, erfordert die Vorwegnahme der verfahrensrechtlichen Struktur zur Herbeiführung eines rechtsverbindlichen Insolvenzplanes. Das Gesetz macht dabei mit dem Erfordernis der Einteilung der Gläubigerschaft in Gruppen anhand ihrer Rechtsstellung und der notwendigen Mehrheiten konkrete Anforderungen. Trotzdem handelt es sich hierbei lediglich um die Vorgabe einer Grobstruktur. Durch die Möglichkeit des Planverfassers aus § 222 Abs. 2 und 3 InsO, weitere Einteilungen innerhalb der in § 222 Abs. 1 InsO vorgesehen Pflichtgruppen vorzunehmen, besteht ein umfangreicher Spielraum desselben zur selbständigen Ausgestaltung der verfahrensrechtlichen Struktur und damit zur Beeinflussung der Entscheidungsprozesse.

Aufgrund dieser Mitgestaltungsmöglichkeit des Planverfassers ergibt sich keine universelle Übertragung des gesetzlichen Verfahrensweges auf einen vorverfahrensrechtlichen. Allein auf Grundlage der gesetzlichen Vorgaben kann der Planverfasser lediglich dann eine Vorstrukturierung des Entscheidungsprozesses vornehmen, wenn eine Beschränkung auf die Pflichtgruppen angemessen ist. Dies wird aber im Regelfall nicht den vielfältigen Interessen und Motivationen, die die Beteiligten eines Sanierungssachverhalts mit sich bringen, gerecht.

---

808 Vgl. FK-*Jaffé*, § 222, Rn. 22.

809 *Hess/Weis*, InVo 1998, S. 64; *Kaltmeyer*, ZInsO 1999, S. 258.

810 *Uhlenbruck*, BB 2001, S. 1647.

Ohnehin verfolgt der Schuldner im Zuge einer konsensausgerichteten Planvorbereitung das Ziel, möglichst alle Interessen einzubeziehen. Auf diese Weise will er eine positive Zustimmungsprognose erzielen und potentielle Gründe eines Scheiterns frühzeitig ausschließen. Seitens der Beteiligten soll gar nicht erst das Bedürfnis aufkommen, sich gegen den erarbeiteten Plan aufzulehnen. Die rechtliche Möglichkeit zur Berücksichtigung aller Interessen bietet ihm seine Befugnis aus § 222 Abs. 2, Abs. 3 InsO. Allerdings besteht ebenso das Bedürfnis, auf eine effiziente und vor allem zügige Einigung über den Plan hinzuwirken. Dieses steht der Durchführung eines umfangreichen und mitunter zeitintensiven Gestaltungsprozess entgegen. Bereits die Vorstrukturierung der Entscheidungsprozesse erfordert insoweit Entscheidungen des Schuldners. Sie können sich lediglich aus den Umständen des konkreten Einzelfalls ergeben. Dabei bringt stets jeder Insolvenzsachverhalt verschiedene Interessen- und Motivationslagen mit sich[811].

Die Pflicht zur Einteilung der Gläubigerschaft in Gruppen und die freie weitere Einteilung im Sinne von § 222 Abs. 2 und 3 InsO sind – trotz der Wirkungsmöglichkeiten des Schuldners – durch das Gesetz vorgegeben. Allein aus der Erfüllung dieses rechtlichen Kriteriums folgt aber noch keine Praktikabilität der Durchführung interessengerechter Planverhandlungen. Diese erfordern es für den Schuldner, ein personelles Kriterium hinzuzufügen. Hiermit geht einher, für die einzelnen Gruppen Verhandlungsführer zu bestimmen, die die Interessen der Gruppe in den auf einzelne „ad-hoc-Gremien" beschränkten Planverhandlungen wahrnehmen. Die Festlegung dieser Personen bedingt die Führung von Auswahlgesprächen mit einzelnen Gläubigern.

Das Risiko, dass sich Gläubiger einzelner Gruppen nicht hinreichend repräsentiert fühlen, wird der Schuldner nicht vollends ausschließen können. Insofern geht es für ihn angesichts der im Planverfahren erforderlichen Summen- und Stimmenmehrheiten vorwiegend darum, die sog. Hauptgläubiger, also die mehrheitsbildenden Gläubiger, in den einzelnen Abstimmungsgruppen für sich zu gewinnen[812]. Diese haben zum einen umfangreiche Forderungen gegen den Schuldner und tragen damit zur Erzielung der im Verfahren gemäß §§ 243, 244 Abs. 1 Nr. 2 InsO notwendigen Summenmehrheit in ihrer Abstimmungsgruppe bei. Zum anderen bringen sie durch die ihrerseits zu erbringenden umfangreichen Beiträge zum Ausdruck, dass sie von der Reorganisation des Schuldners überzeugt sind, womit sie wiederum positiven Einfluss auf das Stimmverhalten anderer Gläubiger der Gruppe nehmen. Durch die Einbeziehung dieser Gläubiger kann

---

811 *Steffan* in: Oppenländer/Trölitzsch, § 37, Rn. 102.

812 So etwa *Graf/Wunsch*, ZIP 2001, S. 1036; *Herzig*, Insolvenzplanverfahren, S. 144; *Hofmann*, ZIP 2007, S. 263; *Kassing* in: Haft/v. Schlieffen, § 25, Rn. 15; MüKo-*Eidenmüller*, § 218, Rn. 65; *Schmudde/Vorwerk*, ZInsO 2006, S. 350.

der Schuldner das vornehmliche Ziel, nämlich mit den Vertretern der Gläubigergruppen eine Reorganisationsstrategie zu entwickeln, die von der Mehrheit der zu erwartenden Gläubigergruppen getragen wird, verwirklichen[813].

Die „Wesentlichkeit" bzw. „Wichtigkeit" eines Gläubigers für einen Sanierungsprozess ergibt sich aus den Umständen des konkreten Falls. Für den Schuldner, der auf eine zügige Umsetzung der Verhandlungen im formellen Verfahren ausgerichtet ist, kommt der Gläubiger als Verhandlungspartner in Betracht, der das rechtliche und personelle Kriterium in sich vereint. Dieses ergibt sich zum einen aus der gesetzlichen, vom Schuldner gegebenenfalls erweiterten Gruppenstellung, zum anderen aus der Höhe der Forderung und damit der Bedeutung für einen Zustimmungserfolg innerhalb der Gruppe. Dies schließt nicht aus, dass es sich im Einzelfall bei diesen um die Absonderungs- oder Großgläubiger handelt. Eine pauschale Beschränkung auf diese beiden Gruppen wird der Einzelfallabhängigkeit und der Bedeutung der beiden Kriterien jedoch nicht gerecht[814].

III. Strategische Bedeutung der Gruppeneinteilungsbefugnis für den Schuldner

Das Gesetz macht dem Planverfasser Vorgaben, die sich auf die Strukturierung des Handlungs- und Entscheidungsprozesses vor dem Verfahren auswirken. Hierzu zählt insbesondere das Erfordernis der Einteilung der Gläubigerschaft in Gruppen und eine Abstimmung in selbigen über den Insolvenzplan. Die Gruppen sind prägend für das Schicksal des Plans[815]. Aus diesem Grund ist es für den plangestaltenden Schuldner von existentieller Bedeutung, die Mehrheiten in den einzelnen Gruppen sicherzustellen[816].

Die Verfahrenselemente beeinflussen die vor dem Verfahren stattfindenden Verhandlungen und begründen für den Plangestalter ein Abhängigkeitsverhältnis, so zumindest im Hinblick auf eine gruppenorientierte Gestaltung auf repräsentativer Basis. Das bestehende Abhängigkeitsverhältnis ist aber nicht ausschließlich einseitig bedingt. Schließlich räumt das Gesetz dem Planverfasser im Rahmen seiner Planfertigung gestalterische Spielräume ein. Wesentlicher Teil dessen ist die ihm obliegende Befugnis, die Einteilung der Gruppen vorzunehmen.

---

813 Kübler/Prütting-*Otte*, § 218, Rn. 22.

814 *Gerster*, ZInsO 2008, S. 441; *Kaltmeyer*, ZInsO 1999, S. 258.

815 *Kaltmeyer*, ZInsO 1999, S. 258.

816 *Riggert*, WM 1998, S. 1523.

Die Einteilung der Abstimmungsgruppen gilt als der „Schlüssel zur Mehrheitsfrage“[817]. Sie liegt in den Händen des Planverfassers[818]. Der Schuldner legt damit einen entscheidenden Teil der Art und Weise fest, wie das dominierende Prinzip der Gläubigerautonomie ausgeübt wird[819].

Auch wenn im Rahmen eines prepackaged plan die Erarbeitung des Sanierungskonzepts gemeinsam erfolgen soll, so obliegt es doch dem Schuldner, mit einem ersten Entwurf auf die von seiner Insolvenz betroffenen Beteiligten zuzugehen[820].

Ein sanierungswilliger Schuldner, der den von seiner Insolvenz Betroffenen seine Sanierungsbereitschaft lediglich offenbart, ohne dabei Anknüpfungspunkte für eine erfolgversprechende Sanierungsstrategie aufzuzeigen, wird bei diesen die vom Gesetzgeber prognostizierten positiven Effekte hinsichtlich einer Planvorlage im Sinne des § 218 Abs. 1 S. 2 InsO nicht erreichen können. Immerhin ist mit seinem Streben nach der Sanierung seines Unternehmens auch die Erwartung an die Betroffenen verknüpft, ihrerseits Beiträge zur Gesundung zu leisten und rechtliche Positionen vollständig oder teilweise aufzugeben. Das Erzielen einer derartigen Bereitschaft verlangt vom Schuldner, seinen Gläubigern mit einem Planentwurf gegenüberzutreten, der bereits aussichtsreiche und wirtschaftlich ausgewogene Ansätze bereithält[821].

Der Entwurf beinhaltet eine erste Einteilung der Gläubigerschaft in Gruppen. Damit determiniert der Plangestalter zugleich die im Folgenden ablaufenden Verhandlungen[822]. Schafft er etwa lediglich eine Gruppe, beschränken sich die Gespräche auf einen Repräsentanten. Teilt er die Beteiligten hingegen in viele unterschiedliche Gruppen ein, so erfordert dies die Auswahl und Verhandlung mit mehreren Vertretern.

Wesentlich bedeutender für den Schuldner ist allerdings die Tatsache, dass er neben der quantitativen Einteilung auch die inhaltliche Gestaltung der Gruppen vornimmt. Auch wenn eine nominelle Bestimmung der einzelnen Mitglieder zu dem frühen Zeitpunkt noch nicht erfolgen kann, hat der Plangestalter die Möglichkeit, die Einteilungskriterien festzulegen. Dadurch prägt er die sich anschließenden Verhandlungen entscheidend vor. Die Einteilung ermöglicht ihm, im Voraus zu planen, welche inhaltlichen Interessen in den Planverhandlungen vertreten sein werden. Dies beinhaltet möglicherweise entstehende Konfliktfelder auszuloten und Ansätze zu ihrer einvernehmlichen Bewältigung zu entwickeln.

---

817 Vgl. nur *Hess/Weis*, WM 1998, S. 2356; MüKo-*Eidenmüller*, § 222, Rn. 6.

818 *Bähr/Landry* in: Mohrbutter/Ringstmeier, § 14, Rn. 42; *Warrikoff*, KTS 1997, S. 543.

819 FK-*Jaffé*, § 222, Rn. 15; *Smid*, InVo 1997, S. 170.

820 *Graf/Wunsch*, ZIP 2001, S. 1035 f.; *Kassing* in: Haft/v. Schlieffen, § 25, Rn. 37.

821 *Kassing* in: Haft/v. Schlieffen, § 25, Rn. 37.

822 Vgl. *Graf/Wunsch*, ZIP 2001, S. 1036; *Kassing* in: Haft/v. Schlieffen, § 25, Rn. 37.

Der Schuldner muss bereits im Zuge der Vorbereitung der Planverhandlungen in Gruppen denken. Dies umfasst die frühzeitige Einteilung der Gruppen und das Anstellen von Überlegungen hinsichtlich der gruppenspezifischen Interessenrepräsentation. Die Ausrichtung auf die Erzielung einer positiven und nachhaltigen Zustimmungsprognose ist dabei sein dominierendes Motiv[823].

IV. Inhaltliche Zusammensetzung

1. Ausgangspunkt

Die vom Gesetz vorgegebenen Anforderungen inhaltlicher und verfahrensrechtlicher Art beeinflussen die Struktur eines auf eine Plansanierung ausgerichteten, vor dem Verfahren stattfindenden Entscheidungsprozesses. Auch wenn der Schuldner mit den ihm eingeräumten gestalterischen Freiräumen diese Struktur mitprägt, lassen sich aus den gesetzlichen Mindestanforderungen Erkenntnisse hinsichtlich der effektiven Ausgestaltung der Verhandlungen vor dem Verfahren ziehen.

2. Absonderungsberechtigte Gläubiger

Sofern in ihre Rechtsstellung eingegriffen wird, ist für die absonderungsberechtigten Gläubiger im Plan eine Abstimmungsgruppe zu bilden. Das Gesetz sieht in §§ 222 Abs. 1 S. 2 Nr. 1, 223 Abs. 1 S. 1 InsO eine Pflichtgruppe für sie vor.

Die Rechtsstellung der Absonderungsgläubiger kann durch die beispielhaft in § 223 Abs. 2 InsO genannten Änderungen umgestaltet werden. In der Praxis haben sich darüber hinaus weitere Gestaltungsmodelle herausgebildet. Dazu zählt insbesondere die Bildung einer Verwertungsgemeinschaft. Dabei übertragen die einzelnen Absonderungsgläubiger alle ihre gegenwärtigen und zukünftigen Rechte, die ihnen aufgrund ihrer Sicherheiten gegenüber Dritten zustehen, auf einen Pool, der in Form einer BGB-Gesellschaft geführt wird. Die an dem Pool beteiligten einzelnen Mitglieder bilden die Gesellschafter der Verwertungsgesellschaft[824]. In einem als Poolvereinbarung ausgestalteten Gesellschaftsvertrag können die Mitglieder die relevanten Rechtsverhältnisse der Gesellschaft, etwa Organe und Vertretung, regeln. Die Verwaltung des Pools erfolgt in der Regel durch einen zu bestimmenden Treuhänder, der die im Plan vorgesehenen Zahlungen an die Gläubiger vornimmt[825].

---

823 Vgl. Nerlich/Römermann-*Braun*, Vor. § 217, Rn. 225.

824 *Drees* in: Runkel, § 6, Rn. 414; *v. Leoprechting* in: v. Leoprechting/Ziechmann, S. 67; *Riggert*, WM 1998, S. 1524.

825 *v. Leoprechting* in: v. Leoprechting/Ziechmann, S. 67 f.; MüKo-*Breuer*,§ 223, Rn. 23 ff.

Die Praxis zeigt, dass sich die Betroffenen regelmäßig bereits alsbald nach Bekanntwerden des Insolvenzantrages bzw. eines zeitnah zu erwartenden Antrags in einem solchen Pool zusammenschließen, um eine einfache, effektive und interessengerechte Wahrung ihrer Rechte zu gewährleisten. Dies gilt insbesondere für die finanzierenden Banken, Lieferanten und Kreditversicherer[826].

Der gut informierte und organisierte Schuldner weiß um die an seinen Vermögensgegenständen bestehenden Absonderungsrechte. Insofern kann er den Kreis seiner absonderungsberechtigten Gläubiger sowohl personell als auch – im Hinblick auf mögliche Abgrenzungskriterien im Rahmen der Gruppenbildung – materiell bestimmen. Ziel des plangestaltenden Schuldners muss es demgemäß sein, frühzeitig auf eine solche Poolbildung hinzuwirken und sodann mit dem bestellten Treuhänder die entsprechenden Verhandlungen zu führen[827]. Mit dem Treuhänder findet der Schuldner einen Verhandlungspartner, der durch die Absonderungsgläubiger im Rahmen eines Sicherheiten-Poolvertrages vertraglich legitimiert ist. Die darin festgelegte Treuhandabrede sieht eine Verwaltung der einbezogenen Sicherheiten durch den Treuhänder vor[828]. Die Verwaltungskompetenz umfasst das Führen von Sanierungsverhandlungen mit dem Schuldner. Plant dieser also eine Sanierung im Wege des Insolvenzplanverfahrens unter Einbeziehung der Rechte der poolbeteiligten Gläubiger, kann er die Verhandlungen effektiv mit dem dazu legitimierten Treuhänder führen.

3. Nichtnachrangige Gläubiger

Bei den nichtnachrangigen Gläubigern handelt es sich um die von der Insolvenz des Schuldners am stärksten betroffene Gruppe. Ihnen werden die größten Vermögenseinbußen aufgebürdet[829]. Anders als für die absonderungsberechtigten Gläubiger besteht bei den nichtnachrangigen Gläubigern bei einer Verwertung im Wege der Liquidation nur die Aussicht auf eine geringe Befriedigungsquote. Allein aus diesem Grund sind sie in der Regel zu Zugeständnissen bereit[830].

Vorwiegend handelt es sich bei den nichtnachrangigen um solche Gläubiger, die gegenüber dem Schuldner Ansprüche aus Lieferungen und Leistungen haben. Zumindest die Hauptlieferanten des Schuldners vereinbaren Aus- bzw. Absonderungsrechte und entziehen sich hierdurch einer Einordnung in die Gruppe der

---

826 *Kaltmeyer*, ZInsO 1999, S. 264; *Kußmaul/Steffan*, DB 2000, S. 1851; *Obermüller*, Bankpraxis, Rn. 6.122 ff.; *Riggert*, WM 1998, S. 1524.

827 *Herzig*, Insolvenzplanverfahren, S. 312 ff.

828 *Obermüller*, Bankpraxis, Rn. 6.127 f.

829 *Bähr/Landry* in: Mohrbutter/Ringstmeier, § 14, Rn. 53; FK-*Jaffé*, § 224, Rn. 1.

830 *Kautzsch*, Unternehmenssanierung, S. 191.

nichtnachrangigen Gläubiger mit ihrer gesamten Forderung[831]. Hauptsächlich setzen sich die Mitglieder der Gruppe demgemäß aus Dienstleistern oder kleineren Lieferanten zusammen[832].

Der Schuldner ist im Rahmen der Fortführung zwar weiterhin auf deren Lieferungen und Leistungen angewiesen. Das Abhängigkeitsverhältnis ist aber nicht derart eng wie bei den absonderungsberechtigten Gläubigern. Deren Beiträge – insbesondere der Verzicht auf die Verwertung der zur Produktion notwendigen schuldnerischen Vermögensgegenstände – sind für den Schuldner elementare Voraussetzungen für das Fortführen seines Geschäftsbetriebes. Das Erbringen der Leistungen durch die nichtnachrangigen Gläubiger ist hingegen in der Regel austauschbar.

Für den Schuldner bietet sich insofern im Umgang mit den nichtnachrangigen Gläubigern, trotz dessen es sich bei ihnen nach § 222 Abs. 1 S. 2 Nr. 2 InsO um eine Pflichtgruppe handelt, die Möglichkeit ihrer Nichtberücksichtigung in den vorverfahrensrechtlichen Verhandlungen. Dies wird entscheidend durch die Tatsache geprägt, dass die nichtnachrangigen Gläubiger im Rahmen einer Regelliquidation lediglich die Insolvenzquote erhalten, eine Sanierung aber regelmäßig eine verbesserte Befriedigungsaussicht bietet. Durch das Obstruktionsverbot gemäß § 245 InsO sowie das Erfordernis der Glaubhaftmachung einer voraussichtlichen Schlechterstellung im Rahmen des Minderheitenschutzes nach § 251 Abs. 2 InsO wird ihnen eine Auflehnung gegen den Plan im Verfahren erheblich erschwert[833]. Für den Schuldner kommt es darauf an, die Nichtschlechterstellung in aller Deutlichkeit aufzuzeigen und damit einer möglichen Obstruktion im Vornherein jeglichen Boden zu entziehen. Dies erfordert von ihm, durch geeignete und plausible Zahlen die Vorteile seines Plans gegenüber einer Liquidation positiv darzustellen[834]. Eine effektive Auflehnung gegen den Plan steht zudem vor der praktischen Schwierigkeit, dass sie eine zügige Organisation durch die Gläubiger voraussetzt[835]. Dies wird jedoch – vorausgesetzt, einzelne Gläubiger erlangen von den Sanierungsverhandlungen Kenntnis – wiederum dadurch so gut wie unmöglich, als ihnen im Vorfeld der Insolvenz eine Individualisierung ihrer weiteren Gruppenmitglieder nicht möglich ist[836].

Allerdings offenbart die Gruppe der nichtnachrangigen Gläubiger dem plangestaltenden Schuldner Anknüpfungspunkte für eine erweiterte Gruppenaufteilung nach wirtschaftlich gleichartigen Interessen und damit die Option strategischer

831 *v. Leoprechting* in: v. Leoprechting/Ziechmann, S. 61.

832 *Warrikoff*, KTS 1997, S. 546.

833 *Bähr/Landry* in: Mohrbutter/Ringstmeier, § 14, Rn. 53; *Bergau/Schmeisser*, DStR 2001, S. 274.

834 FK-*Jaffé*, § 224, Rn. 9.

835 *Braun* in: Braun/Uhlenbruck, S. 660 f.; *Kaltmeyer*, ZInsO 1999, S. 264.

836 Vgl. *Braun* in: Braun/Uhlenbruck, S. 660 f.

Gestaltung im Sinne des § 222 Abs. 2 InsO. So kann er beispielswiese viele kleine zustimmungssichere Gruppen bilden[837]. Ein solches Vorgehen ist für ihn indes ausschließlich dann von Nutzen, wenn er tatsächlich die Mehrheiten in den Gruppen sicherstellt[838]. Dies bedingt in der Konsequenz die Integration der mehrheitsbildenden Gläubiger in den vorverfahrensrechtlichen Verhandlungsprozess. Zugleich minimiert der Schuldner auf diese Weise das Risiko, dass sich die Gruppe der nichtnachrangigen Gläubiger insgesamt übergangen wähnt und daher gegen den Plan opponiert. Die Position der nichtnachrangigen Insolvenzgläubiger wird durch die Einbeziehung jedoch ohnehin nicht gestärkt. Durch die dokumentierte voraussichtliche Nichtschlechterstellung ist ihnen eine Auflehnung gegen den Plan tatsächlich erschwert.

Der optimale Umgang mit den nichtnachrangigen Gläubigern ergibt sich aus den Umständen des Einzelfalls. Es wird sich jedoch im Regelfall anbieten, zwecks Maximierung der Legitimationswirkung des ausgearbeiteten Plans zumindest den oder die mehrheitsbildenden Gläubiger der Pflichtgruppe zu beteiligen[839].

4. Nachrangige Gläubiger

Neben den absonderungsberechtigten und nichtnachrangigen Gläubigern bilden die nachrangigen Gläubiger gemäß § 222 Abs. 1 S. 2 Nr. 3 InsO eine dritte Pflichtgruppe. Allerdings beschränkt sich das Erfordernis ihrer Bildung auf die Konstellation, dass ihre Forderungen als nicht erlassen gelten. Gemäß § 225 Abs. 1 InsO ist dies aber grundsätzlich der Fall. Eine Befriedigung ihrer Ansprüche ist auf den unwahrscheinlichen Fall beschränkt, dass sowohl die absonderungsberechtigten als auch die nichtnachrangigen Gläubiger voll befriedigt werden. Insoweit bleiben sie regelmäßig außer Betracht[840].

5. Anteilsinhaber

Die Anteilsinhaber sind im Falle der Umgestaltung ihrer Rechte wie die Gläubiger gemäß § 244 Abs. 3 InsO zur Abstimmung über den Insolvenzplan berufen. Die

---

837 Die Schaffung einer Mehrzahl zustimmungssicherer Gruppen ist relevant für die Schaffung der Voraussetzungen des Obstruktionsverbots nach § 245 Abs. 1 Nr. 3 InsO, das sich seinerseits als wirkungsvolles strategisches Handlungsinstruments des Planverfassers erweisen kann. Zu den einzelnen inhaltlichen und strategischen Gestaltungsmöglichkeiten sowie in der Literatur entwickelten Ansätzen zur Einschränkung etwaiger Manipulations- und Missbrauchsrisiken vgl. u.a. *Braun* in: Braun/Uhlenbruck, S. 602 ff.; *Kaltmeyer*, ZInsO 1999, S. 258 ff.; *Riggert*, WM 1998, S. 1524 f.; *Smid*, InVo 1997, S. 170 ff.

838 Diese ist relevant für die Ausnutzung des Obstruktionsverbots, vgl. § 245 Abs. 1 Nr. 3 InsO.

839 *Kußmaul/Steffan*, DB 2000, S. 1852; *v. Zwoll*, ZInsO 2008, S. 419.

840 *Exner/Beck* in: Beck/Depré, § 43, Rn. 27.

mit dem prepackaged plan verknüpften Intention, durch eine Antizipation der verfahrensrechtlichen Strukturen das folgende Verfahren planbar zu machen, zu verwirklichen, erfordert somit unter Zugrundelegung der in § 222 Abs. 1 InsO vorgegebenen Gruppenstruktur die Berücksichtigung auch der Gesellschafter. Dennoch unterscheidet sich die Art und Weise ihrer Einbeziehung in die vorgerichtlichen Verhandlungen von der der Gläubigerschaft.

Anders als die Gläubiger sind die Gesellschafter durch ihre Anteile an dem schuldnerischen Unternehmen unmittelbar an dessen Erfolg und Misserfolg beteiligt. Dies gilt zumindest für solche Gesellschaften, bei denen die Bestimmung der geschäftlichen Tätigkeit von einigen wenigen Einzelpersonen abhängt. Für sie kommt die mit dem prepackaged plan verknüpfte – ggf. weit vor dem Zeitpunkt der aus § 15a InsO resultierenden Antragspflicht liegende – Fixierung und Einleitung eines Insolvenzverfahrens nur in Betracht, wenn die Gesellschafter eine dahingehende Entscheidung mittragen. Diese haben im außergerichtlichen Bereich die grundlegende Entscheidungsgewalt inne und bestimmen demgemäß auch über die Frage, ob eine Sanierung im Wege eines Insolvenzverfahrens erfolgen soll[841]. Nur wenn dies positiv beantwortet wird, kann die Initiierung eines dialogausgerichteten Insolvenzplans erfolgen[842].

Die Erzielung eines Konsenses mit den Gesellschaftern ist damit für die schuldnerische Geschäftsführung zwingende Voraussetzung dafür, mit der Gläubigerschaft zielgerichtete Verhandlungen aufzunehmen. Der Schuldner verkörpert in dem auf eine nachhaltige Einigung mit seinen Gläubigern ausgerichteten Verhandlungs- und Entscheidungsprozess die Position des Initiators und steht fortan für das Funktionieren desselben ein. Dies macht es unumgänglich, dass auf der schuldnerischen Ebene absolute Einigkeit im Hinblick auf diesen Prozess besteht[843]. Nur, wenn sich zwischen Gesellschaftern und Geschäftsführern die Zielrichtung sowie die Art und Weise der Zielverwirklichung entsprechen, kann die Frage nach der Durchführung eines Insolvenzplanverfahrens positiv beantwortet werden. Der Schuldner steht in dem gestalterischen Prozess für das Zustandekommen eines Kompromisses ein, der die Berücksichtigung vieler unterschiedlicher Interessen erfordert. Besteht aber auf Seiten des Schuldners selbst Uneinigkeit, wird er diese Rolle nicht ausfüllen können. Der Planerarbeitung voraus geht demgemäß eine interne Übereinkunft auf der schuldnerischen Gesellschafter- und Geschäftsführerebene, um nach der Konfrontation mit den Gläubigern sämtliche Kapazitäten vollends auf den nunmehr gemeinschaftlich zu absolvierenden Gestaltungsprozess auszurichten. In diesem Zusammenhang

841 Vgl. *Desch*, BB 2011, S. 845.

842 Vgl. *Braun* in: Braun/Uhlenbruck, S. 657; *Rattunde*, ZIP 2003, S. 596 f.

843 *Uhlenbruck* in: Schmidt/Uhlenbruck, Rn. 5.271.

werden sämtliche Gesellschafter jedenfalls zu einem Stillhalte-, idealerweise sogar zu einem Investitionsprozess bewogen.

Den Altgesellschaftern droht im Verfahren die Entziehung ihres Anteils bzw. dessen Entwertung durch die gegen ihren Willen mögliche Aufnahme neuer Gesellschafter. Insoweit sind ihrerseits große Vorbehalte gegenüber dem Gang in das Insolvenzverfahren denkbar[844]. Weiterhin verlieren sie selbst im Falle angeordneter Eigenverwaltung gemäß § 276a InsO ihren Einfluss auf die Geschäftsführung und können nur noch mit Zustimmung des Sachwalters personelle Veränderungen in der Geschäftsleitung vornehmen. Die Überwachung des Schuldners übernehmen mit Verfahrenseröffnung der Sachwalter und der Gläubigerausschuss[845]. Die durch das ESUG herbeigeführten Änderungen erhöhen damit insbesondere den Anreiz zur schuldnerischen Eigensanierung zugunsten der Gläubiger[846].

Für die Gesellschafter bietet die Phase zwischen Verfahrenseröffnung und Bestätigung des Plans insoweit kaum eine Perspektive der Einflussnahme[847]. Dies vermag die zustimmungsorientierte Einwirkung auf die Gesellschafter zu erschweren. Die Erstellung eines prepackaged plan erfolgt jedoch weit vor dem Zeitpunkt der Verfahrenseröffnung. Mit einer Plangestaltung kommen die Gesellschafter den mit dem Verfahren verbundenen Einschränkungen insoweit zuvor. Auch wenn die Gestaltung im Hinblick auf ein künftiges Verfahren erfolgt, eröffnet ihre bis dato gestärkte Stellung den Gesellschaftern eine verbesserte Ausgangsposition in den Verhandlungen, zumal ohne ihre Zustimmung der frühzeitige Eintritt in das Insolvenzverfahren nicht erfolgen kann. Insoweit steht ihnen die Option offen, Vereinbarungen wie die nach § 225a Abs. 2 InsO zulässige Zahlung von Abfindungen auszuhandeln[848].

Weiterhin hält die Sanierung durch einen Insolvenzplan gestalterische Spielräume bereit, die zugunsten der Wertigkeit des Gesellschaftsanteils nutzbar gemacht werden können. Insoweit kann es sich als wirtschaftlich reizvoll erweisen, mit einem nominell dezimierten, jedoch in der Werthaltigkeit gesteigerten Anteil an dem sanierten und wiedererstarkten Unternehmen beteiligt zu sein[849]. Dieser Option werden sich die Gesellschafter insbesondere dann nicht entziehen, wenn seitens der Gläubigerschaft eine Sanierungsbereitschaft zu erwarten oder gar bereits in Aussicht gestellt worden ist[850]. Dies gilt insbesondere dann, wenn das

---

844 Vgl. *Desch*, BB 2011, S. 845 f.; *Hölzle*, NZI 2010, S. 804.

845 *Hofmann*, NZI 2010, S. 804.

846 *Willemsem/Rechel*, BB 2011, S. 839.

847 Vgl. *Hofmann*, NZI 2010, S. 804.

848 Vgl. *Willemsen/Rechel*, BB 2011, S. 839.

849 *Braun/Heinrich*, NZI 2011, S. 508.

850 *Kammel/Staps*, NZI 2010, S. 797.

Eigenkapital so gut wie aufgezehrt ist und einzig die Option auf eine Sanierung noch eine Befriedigungsaussicht verspricht[851].

Gerade bei Familien- und Traditionsunternehmen kann seitens der Gesellschafter das Bedürfnis der Erhaltung ihrer Gesellschafterstellung und der Sicherung der Fortführung des Unternehmens das Wirtschaftlichkeitsinteresse überwiegen. Entscheidend ist insoweit die Wahrung eines sozialen Status, der auch durch die verminderte Teilhaberschaft zukünftig verwirklicht wird[852].

Die Praxis zeigt, dass sich Gesellschafter bei einem drohendenden Insolvenzverfahren nicht lediglich in eine vermögenssichernde Position begeben, sondern durch die Bereitstellung weiterer finanzieller Mittel die Sanierung fördern. Hiermit räumen sie nicht nur den möglichen Verdacht aus, auf Kosten der Gläubiger die Werthaltigkeit ihres Gesellschaftsanteils zu steigern, sondern senden zugleich ein positives Zeichen an die im Folgenden zu beteiligenden Gesellschaftsgläubiger[853].

Im Falle eines prepackaged plan sprechen mithin gewichtige Gründe für die Gesellschafter, den auf den Insolvenzplan ausgerichteten Verhandlungs- und Gestaltungsprozess mitzutragen. Im Übrigen ist die Verhandlungsposition widersprechender Gesellschafter geschwächt. Diesen droht im Falle der Liquidation regelmäßig der Totalverlust, sodass sie keine Zahlungen zu erwarten haben[854]. Lediglich für den so gut wie aussichtslosen Fall, dass nach der Verteilung der Insolvenzmasse ein Überschuss verbleibt, ist an die am Schuldner beteiligten Personen gemäß § 199 InsO der Teil des Überschusses herauszugeben, der ihr bei einer Abwicklung außerhalb des Insolvenzverfahrens zustünde. Eine Nichtzustimmung der Gesellschafter fällt insoweit in der Regel unter das Obstruktionsverbot nach § 245 InsO. Aufgrund der hohen Anforderungen bieten – wie für die nichtnachrangigen Insolvenzgläubiger auch – Anträge auf Minderheitenschutz nach § 251 InsO bzw. die Einlegung eines Rechtsmittels gemäß § 253 InsO keine Aussicht auf Erfolg[855].

---

851 Vgl. *v. Leoprechting* in: v. Leoprechting/Ziechmann, S. 128.

852 *v. Leoprechting* in: v. Leoprechting/Ziechmann, S. 128.

853 *Ehlers*, ZInsO 2010, S. 259; *Hess/Weis*, WM 1998, S. 2355; *v. Leoprechting* in: v. Leoprechting/Ziechmann, S. 31; *Undritz*, ZGR 2010, S. 209 f.

854 *Braun/Heinrich*, NZI 2011, S. 508; *Hölzle*, NZI 2011, S. 127.

855 *Brinkmann*, WM 2011, S. 99 f.

6. Weitere Gruppen

a) Ausgangspunkt

Im Zuge des formellen Insolvenzverfahrens werden weitere Gruppen außer den vom Gesetz gemäß §§ 243, 244 InsO zur Planabstimmung berufenen Pflichtgruppen mit dem Sanierungsvorhaben konfrontiert. Allein die Beachtung des vom Gesetz vorgegebenen rechtlichen Kriteriums vermag insoweit nicht den Aspekt der Nachhaltigkeit bzw. das mit dem prepackaged plan verbundene Ziel, eine Beherrsch- und Planbarkeit des formellen Verfahrens zu erreichen, sicherzustellen. Vielmehr erfordert ihre Gewährleistung, sämtliche Entscheidungsträger zu integrieren, die in irgendeiner Art und Weise für den Ablauf des Verfahrens von Bedeutung sind[856].

Das Bedürfnis, mit dem Plan eine nachhaltige Sanierungslösung zu erzielen, beschränkt sich letztlich nicht auf das formelle Insolvenzverfahren. Vielmehr wird das mit dem prepackaged plan verfolgte Ziel der Beteiligten, das formelle Verfahren vorhersehbar und planbar zu machen, von dem Interesse der Beteiligten überragt, das Unternehmen dauerhaft zu sanieren und die Umsetzung der vereinbarten Maßnahmen zu realisieren. Die Zukunft des schuldnerischen Unternehmens dauerhaft zu sichern erfordert vielmehr, jegliches Störungspotential auch zeitlich über die Planbestätigung und Verfahrensaufhebung hinaus auszuschließen. Die Basis für die Schaffung einer solchen Perspektive bietet der prepackaged plan, erweitert jedoch den Kreis der vom Schuldner zu beteiligenden Personen[857].

b) Arbeitnehmerspezifische Aspekte

(1) Arbeitnehmer und Betriebsrat

Die Arbeitnehmer zählen mit ihren Forderungen gegen den Schuldner zu den Insolvenzgläubigern, in deren Rechtsstellung durch den Plan eingegriffen werden kann. Für sie soll nach § 222 Abs. 3 S. 1 InsO eine Abstimmungsgruppe gebildet werden, wenn sie mit nicht unerheblichen Forderungen beteiligt sind. Durch die Regelung soll auf die besondere Situation der Arbeitnehmer Rücksicht genommen werden. Ihre Interessen unterscheiden sich regelmäßig von denen der übrigen Gläubiger[858]. Rechtlich fallen die Arbeitnehmer mit ihren Forderungen grundsätzlich in die Abstimmungsgruppe der Insolvenzgläubiger im Sinne des § 222 Abs. 1 S. 2 Nr. 2 InsO. Eine Gruppe speziell für die Arbeitnehmer ließe

---

856 *Herzig*, Insolvenzplanverfahren, S. 158.
857 *Herzig*, Insolvenzplanverfahren, S. 158.
858 *Brockdorff* in: Huntemann/Brockdorff, Kap. 13, Rn. 29; *Moll* in: Schmidt/Uhlenbruck, Rn. 8.82.

sich demgemäß nur unter den Voraussetzungen des § 222 Abs. 2 InsO ermöglichen und läge ausschließlich im Ermessen des Planverfassers. Haben die Arbeitnehmer nun aber nicht unerhebliche Forderungen, so macht der Gesetzgeber die Bildung einer solchen Gruppe ausnahmsweise zur Pflicht[859].

Die vorzeitige Erarbeitung eines im Insolvenzverfahren zustimmungssicheren Kompromisses ist darauf ausgerichtet, alle von der Insolvenz des Schuldners betroffenen Gruppen in den Gestaltungsprozess mit einzubeziehen und ihre Interessen in das zu erarbeitende Konzept zu integrieren. Zu diesen Gruppen zählen auch die von der Insolvenz des Schuldners besonders betroffenen Arbeitnehmer. Ihr Schicksal ist in besonderer Weise mit dem des schuldnerischen Unternehmens verknüpft. Das Unternehmen ist im Hinblick auf die (vorläufige) Fortführung auf die Produktivität seiner Arbeitnehmer zwingend angewiesen[860]. Nicht zuletzt verlangt die Tatsache, dass Sanierungen regelmäßig Umstrukturierungen und personelle Einschnitt erforderlich machen, eine offene und konstruktive Zusammenarbeit mit den Arbeitnehmern[861].

Vom Schuldner erfordert der Umgang mit dieser Gruppe eine sensible Handhabung. Die Vorbereitung eines umfangreichen Sanierungsprozesses unter Durchführung von Umstrukturierungen sowohl personeller Art als auch innerhalb der täglichen Abläufe bleibt den Arbeitnehmern nicht verborgen. Sie sind insofern die ersten Beteiligten außerhalb der Gesellschafter- und Geschäftsführerebene, die mit dem Sanierungsprozess in Berührung kommen. Mit der Kenntnis der Arbeitnehmer von der wirtschaftlichen Schieflage sowie der geplanten Sanierung im Insolvenzverfahren wird sich bei dem Großteil von ihnen die Sorge um den Arbeitsplatz und damit die eigene Zukunft verbinden. Dies kann der Schuldner nicht verhindern. Jedoch bieten sich ihm – entsprechend der mit einem prepackaged plan verknüpften Intention – gegenüber Reaktions- stets vorzuziehende aktive Handlungsmöglichkeiten. Er muss ihnen die Vorteile und Chancen des anvisierten Sanierungsweges aufzeigen und auf diese Weise eine Motivation für die aktive Teilnahme an dem Sanierungsprozess hervorrufen[862]. Erforderlich ist es insoweit, zu verhindern, dass die Arbeitnehmer von unternehmensfremder Seite von den Schwierigkeiten des Schuldners erfahren und Mitarbeiter mit Schlüsselqualifikationen womöglich vorschnell kündigen[863]. Die Information der Arbeitnehmer

---

859 HK-*Flessner*, § 222, Rn. 16; *Smid/Rattunde*, Insolvenzplan, Rn. 7.12; Uhlenbruck-*Lüer*, § 222 Rn. 23.

860 *Buchalik*, NZI 2000, S. 298; *Ehlers*, ZInsO 2010, S. 262; *Drukarczyk/Schöntag* in: Gottwald, § 3, Rn. 82.

861 *Bales*, NZI 2008, S. 219.

862 *Kußmaul/Steffan*, DB 2000, S. 1850.

863 Vgl. *Groß* in: Buth/Hermanns, § 3, Rn. 39; *v. Leoprechting* in: v. Leoprechting/Ziechmann, S. 96.

kann in einer Betriebsversammlung erfolgen. Dabei sind Ablauf und Struktur des geplanten Ablaufs aufzuzeigen und im Einzelnen zu erläutern. Ein besonderer Fokus liegt auf der Hervorhebung der sanierungsspezifischen Vorzüge des geplanten Vorgehens. Aus Gründen der Verständlichkeit kann es sich anbieten, eine interne schriftliche Kurzinformation mit den wesentlichen Daten und Abläufen bereitzustellen, die den Arbeitnehmern eine Orientierung geben soll[864].

Zugleich sind die Arbeitnehmer darauf hinzuweisen, dass auch ihre Mitwirkung für den Sanierungsprozess unentbehrlich ist[865]. Damit wird die Zusicherung verbunden, dass ihre Interessen und Rechte in den stattfindenden Verhandlungen repräsentiert werden. Dabei verfügt der Schuldner angesichts des immensen Interesses der Arbeitnehmerschaft an der Fortführung des Geschäftsbetriebs im Rahmen der Gespräche hinsichtlich eines Sanierungsplans über eine aussichtsreiche Verhandlungsposition[866]. Eine Interessenwahrnehmung erfolgt durch den Betriebsrat bzw. eine von ihm, gegebenenfalls in Absprache mit den Gewerkschaften, bestimmte Verhandlungsperson[867].

Das mit einem prepackaged Plan verfolgte Ziel der Beherrsch- und Planbarkeit gestattet es für die Beteiligten ohnehin nicht, die einflussreiche Position des Betriebsrats im Verfahren außer Acht zu lassen. Das Gesetz räumt ihm wirkungsreiche Befugnisse im Insolvenz- und im Insolvenzplanverfahren ein. So ist ihm Gelegenheit zu geben, sich im Berichtstermin gemäß § 156 Abs. 2 S. 1 InsO zu äußern sowie eine Stellungnahme zum Plan nach § 232 Abs. 1 Nr. 1 InsO abzugeben. Seine ablehnende Stellungnahme im Berichtstermin oder aber zum Plan ist dazu geeignet, den Meinungsbildungs- und damit auch den Abstimmungsprozess der Gläubiger erheblich zu beeinflussen. Diese auszuschließen erfordert vom Schuldner, den Betriebsrat in den vor dem Verfahren stattfindenden Gestaltungsprozess zu integrieren. Zugleich entfällt im Falle der Vorwegnahme der Abgabe einer Stellungnahme im Sinne des § 232 Abs. 1 Nr. 1 InsO deren Erforderlichkeit im Verfahren und trägt so zu der von den Beteiligten gewünschten Beschleunigung desselben bei[868].

(2) Pensions-Sicherungs-Verein auf Gegenseitigkeit

Für den Pensions-Sicherungs-Verein auf Gegenseitigkeit (PSVaG) kann gemäß § 9 Abs. 4 S. 1 BetrAVG eine besondere Gruppe im Insolvenzplanverfahren gebildet werden, sofern der Plan eine Fortführung des Unternehmens oder eines

864 *Herzig*, Insolvenzplanverfahren, S. 158; *Liebig/Witt*, DB 2011, S. 1932.

865 *Herzig*, Insolvenzplanverfahren, S. 150.

866 *Riggert*, WM 1998, S. 1525; *Warrikoff*, KTS 1997, S. 545.

867 *Braun* in: Braun/Uhlenbruck, S. 669; *Herzig*, Insolvenzplanverfahren, S. 151.

868 Siehe oben, S.167 ff.

Betriebes vorsieht[869]. Der PSVaG tritt im Falle der Eröffnung des Insolvenzverfahrens über das Vermögen des Arbeitgebers gemäß § 7 Abs. 1 S. 1 BetrAVG für die Erfüllung der unmittelbaren Versorgungszusagen des Arbeitgebers ein. Bei ihm handelt es sich regelmäßig um den Gläubiger mit den höchsten Forderungen im ungesicherten Bereich[870]. Die erfolgreiche Gestaltung im Rahmen eines prepackaged plan bedingt bereits aufgrund seiner Forderungshöhe und damit seiner Qualifizierung als Hauptgläubiger die Einbeziehung des PSVaG[871]. Die Sachkunde und Erfahrung, die der PSVaG aus der Vielzahl von Insolvenzverfahren, an denen er beteiligt war, gewonnen hat, kann für die Erarbeitung eines rechtlich wie wirtschaftlich optimalen Plankonzepts genutzt werden[872].

(3) Sprecherausschuss der leitenden Angestellten

Die Insolvenzordnung sieht für den Sprecherausschuss der leitenden Angestellten keine eigene Gruppe im Planverfahren vor, räumt ihm jedoch im Verfahren an mehreren Stellen Befugnisse ein. Wie der Betriebsrat ist der Sprecherausschuss der leitenden Angestellten berechtigt, eine Stellungnahme zum Plan gemäß § 232 Abs. 1 Nr. 1 InsO abzugeben und sich im Berichtstermin nach § 156 Abs. 2 S. 1 InsO zu äußern. Die Verhinderung einer ablehnenden bzw. die verfahrensbeschleunigende Vorwegnahme der Stellungnahme nach § 232 Abs. 1 Nr. 1 InsO legen auch hier die Integration in den Verhandlungsprozess nahe.

c) Kleingläubiger

Der Gesetzgeber bezweifelte, dass allein die geringe Höhe einer Forderung die Begründung eines gleichartigen wirtschaftlichen Interesses im Sinne des § 222 Abs. 2 InsO und damit die Bildung von speziellen Gruppen für Kleingläubiger ermöglicht[873]. Aus diesem Grund bestimmt das Gesetz in § 222 Abs. 3 S. 2 InsO, dass für Kleingläubiger besondere Gruppen gebildet werden können[874].

Im Zuge planvorbereitender Verhandlungen ist es für den Schuldner wünschenswert, den Kreis der zu beteiligenden Gruppen klein zu halten. Aus diesem Grund wird er regelmäßig darauf bedacht sein, die Kleingläubiger aus den Verhandlungen auszusparen. Dies kann zum er einen tun, indem er ihnen den normalen

---

869 Vgl. *Bertram* in: Gottwald, § 107, Rn. 87 ff.; *Rolfs* in: Blomeyer/Rolfs/Otto, § 9, Rn. 102 f.

870 *Mönning*, Betriebsfortführung, Rn. 813; *Paulsdorff/Wohlleben* in: KS, S. 1666.

871 *Ehlers*, ZInsO 2010, S. 259; *Kußmaul/Steffan*, DB 2000, S. 1849 f.; *v. Leoprechting* in: v. Leoprechting/Ziechmann, S. 163; *Schreiber/Herbst*, ZInsO 2008, S. 435 f.

872 Vgl. *Paulsdorff/Wohlleben* in: KS, S. 1660.

873 BT-Drs. 12/2443, S. 200.

874 *Schiessler*, Insolvenzplan, S. 118.

Regelungen der nichtnachrangigen Gläubiger unterstellt und durch die Dokumentation anhand geeigneter Zahlen eine Auflehnung gegen den Plan von vornherein unmöglich macht. Im Einzelfall kann aus Gründen der Verfahrensvereinfachung aber auch eine vollständige Befriedigung der Kleingläubigerschaft in Betracht kommen. In diesem Fall steht ihnen nach §§ 237 Abs. 2, 243 InsO kein Stimmrecht über den Plan zu. So erspart sich der Planverfasser von vornherein, Überlegungen hinsichtlich einer Beteiligung bzw. einer Gestaltung der Rechte dieser Gruppe anzustellen bzw. minimiert das Risiko, dass die Kleingläubiger trotz Aussichtslosigkeit gegen den Plan opponieren[875].

d) Aussonderungsberechtigte Gläubiger

Die aussonderungsberechtigten Gläubiger sind gemäß § 47 InsO am Insolvenzverfahren nicht als Insolvenzgläubiger beteiligt. Folglich sieht § 222 InsO keine Pflicht zur Bildung einer Gruppe für sie vor[876].

Betriebsnotwendige, kurzfristig nicht austauschbare Gegenstände des schuldnerischen Vermögens können mit Aussonderungsrechten belastet sein. Das Gesetz ermöglicht im eröffneten Verfahren den Lieferanten, die Waren unter Eigentumsvorbehalt geliefert haben, vom Verwalter nach § 103 InsO die Erfüllung des Kaufvertrages zu verlangen und im Falle seiner Ablehnung die Herausgabe der Vorbehaltsware zu verlangen[877]. Insoweit kommt den aussonderungsberechtigten Gläubigern ein erhebliches Macht- und Gefährdungspotential zu[878]. Durch die Geltendmachung ihres Aussonderungsrechts können sie die betroffenen Gegenstände dem schuldnerischen Vermögen entziehen und damit eine Fortsetzung der Geschäftstätigkeit unmöglich machen[879].

Um derartige Risiken von vornherein auszuschließen, kommt der plangestaltende Schuldner nicht umhin, zumindest solche Aussonderungsgläubiger, denen Rechte an für die fortzuführende Geschäftstätigkeit unentbehrlichen Gegenständen zustehen, an den Sanierungsverhandlungen zu beteiligen[880]. Die entsprechenden Gläubiger müssen davon überzeugt werden, den betroffenen Gegenstand in der künftigen Insolvenzmasse zu belassen. In diesem Zusammenhang ist jedoch zu bedenken, dass mit der Inbetriebnahme durch den Schuldner ein erheblicher

---

875 *Bähr/Landry* in: Mohrbutter/Ringstmeier, § 14, Rn. 44; *Kaltmeyer*, ZInsO 1999, S. 259; *v. Leoprechting* in: v. Leoprechting/Ziechmann, S. 65.

876 *Warrikoff*, KTS 1997, S. 544.

877 *Liebelt-Westphal* in: Huntemann/Brockdorff, Kap. 8, Rn. 15.

878 Vgl. das Beispiel bei *Smid/Rattunde*, Insolvenzplan, Rn. 6.38.

879 *Maus* in: Schmidt/Uhlenbruck, Rn. 8.15; MüKo-*Eidenmüller*, § 217, Rn. 158.

880 So *Gietl/Langheinrich* in: WDWW, Kap. 12, Rn. 27; *Maus* in: Schmidt/Uhlenbruck, Rn. 8.15; *Warrikoff*, KTS 1997, S. 544.

Wertverlust einhergeht und infolge erschwerter Verwertungsmöglichkeiten das Interesse des Gläubigers, sein Aussonderungsrecht geltend zu machen, erheblich eingeschränkt sein kann[881]. Dies wirkt sich insoweit begünstigend auf die Verhandlungen mit ihm aus.

Da die Rechte der aussonderungsberechtigen Gläubiger anders als die der Absonderungs- und Insolvenzgläubiger im gestaltenden Teil des Insolvenzplans nicht umgestaltet werden können, entziehen sie sich einer Teilnahme an der Planabstimmung im formellen Verfahren. Mit den aussonderungsberechtigten Gläubigern können daher bereits im Zuge der Planverhandlungen vor dem Verfahren verbindliche Vereinbarungen getroffen und dem später eingereichten Plan als Anlagen im Sinne des § 230 Abs. 3 InsO angehängt werden[882].

Als Vereinbarungen mit ihnen kommen insbesondere die Ablösung der Aussonderungsrechte sowie die Erklärung von Herausgabeverzichten seitens der Gläubiger in Betracht. Grundsätzlich ist dabei eine Einzelübereinkunft mit den betroffenen Gläubigern erforderlich[883]. Im Falle der Warenlieferantengläubiger kommt zumindest eine persönliche Beteiligung sowie Einigung mit sämtlichen Betroffenen aus Praktikabilitätsgründen nicht in Betracht. Für den Schuldner ist es insoweit zweckmäßig, auf eine eigene Poolbildung durch die Beteiligten hinzuwirken oder aber eine Integration auch ihrer Rechte in eine bereits bestehende Sicherheitenverwertungsgemeinschaft, etwa der absonderungsberechtigten Gläubiger, sicherzustellen. Auf diese Weise erzielen die Beteiligten eine gemeinsame Wahrnehmung ihrer Interessen sowie eine Gewährleistung einer optimalen Ausschöpfung ihrer Sicherungsrechte und Befriedigung. Zugleich findet der Schuldner mit dem bestimmten Treuhänder einen kompetenten, von den Poolmitgliedern legitimierten Verhandlungspartner vor. Zweckmäßig ist die Bildung für die Lieferanten untereinander, darüber hinaus unter Beteiligung der Banken und Kreditversicherer[884]. Zumindest bei diesen Gruppen vermag das Interesse an der Fortsetzung ihrer Geschäftsbeziehungen zu dem Schuldner überaus groß zu sein, so dass es für sie oftmals eine Option darstellen kann, zugunsten einer schuldnerischen Sanierung einen eigenen organisatorischen und finanziellen Aufwand zu betreiben[885].

---

881 Vgl. *v. Leoprechting* in: v. Leoprechting/Ziechmann, S. 65.

882 *Bähr/Landry* in: Mohrbutter/Ringstmeier, § 14, Rn. 36; *Warrikoff*, KTS 1997, S. 544.

883 *Warrikoff*, KTS 1997, S. 544.

884 Vgl. *v. Leoprechting* in: v. Leoprechting/Ziechmann, S. 66.

885 *v. Leoprechting* in: v. Leoprechting/Ziechmann, S. 66.

e) Insolvenzgericht

Wesentliches Mittel der Beteiligten zur Beherrsch- und Planbarmachung des formellen Insolvenzverfahrens ist die interessengesteuerte Einflussnahme auf gerichtliche Entscheidungsprozesse. Das Gericht bleibt jedoch von entscheidender Bedeutung für das – verfahrensrechtliche – Ziel der Beteiligten, eine zügige Rechtsverbindlichkeit des Insolvenzplans herbeizuführen. Dem Gericht kommen im Insolvenzplanverfahren umfassende Mitwirkungsbeiträge zu[886].

Anders als für die sonstigen von der Insolvenz des Schuldners betroffenen Gruppen kommt eine Beteiligung des Gerichts in dem vor dem Insolvenzverfahren stattfindenden Gestaltungsprozess nicht in Betracht. Erst die formelle Vorlage von Eröffnungsantrag und Insolvenzantrag löst seine Tätigkeit aus[887].

Die Durchführung von Verhandlungs- und Planungsprozessen im Hinblick auf ein gerichtliches Insolvenzverfahren rechtfertigen es für die Gläubiger jedoch nicht, die Position des Gerichts komplett außen vor zu lassen. Bereits mit der Eröffnung des Verfahrens begehren die Beteiligten die Anordnung der Eigenverwaltung, die Einsetzung eines Gläubigerausschusses und die zeitnahe Terminierung eines verbundenen Berichts-, Prüfungs-, Erörterungs- und Abstimmungstermins. Das Gericht wird mit der Antrags- und Planvorlage komplexer Entscheidungsprozesse ausgesetzt, die es innerhalb kürzester Zeit zu absolvieren gilt[888]. Zwar präsentieren die Beteiligten mit der Vorlage sämtliche zur Prüfung erforderliche Unterlagen, so dass die Ermittlungstätigkeit für das Gericht entfällt, und strukturieren so die einzelnen Prüfungen für das Gericht vor. Die Bündelung der Prüfungen bedeutet aber dennoch eine erhebliche Belastung des Gerichts im Zuge der Eröffnung des Verfahrens, die eine unkommunizierte Vorlage von Eröffnungsantrag und Insolvenzplan nicht zulassen[889].

Das Gericht ist daher bereits im unmittelbaren Zusammenhang mit der Vorlage über den geplanten Ablauf des Verfahrens und dessen Vorbereitung umfassend zu informieren. Zu diesem Zweck kann der Schuldner mit seinen Beratern sowie den Gruppenvertretern dem Gericht in einem persönlichen Gespräch die Ziele der Beteiligten und die hierzu bisher erfolgten sowie noch erforderlichen Schritte erläutern. Zugleich kann sich das Gericht auf diese Weise von der Ernsthaftigkeit des Vorgehens überzeugen, die den Prüfungsaufwand rechtfertigen und für die antragsgemäßen Entscheidungen erforderlich sind[890]. Aus-

---

886 Vgl. *Klopp/Kluth* in: Gottwald, § 17, Rn. 19; *Smid* in: Heilmann/Smid, Kap. 1, Rn. 97.

887 *Ley* in: Beck/Depré, § 4, Rn. 1

888 *Gerster*, ZInsO 2008, 443; *H/W/F*, Handbuch, Kap. 9, Rn.11; *Wehdeking/Smid*, ZInsO 2010, S. 1717.

889 Vgl. *Bales*, NZI 2008, S. 221; *Undritz*, ZGR 2010, S. 209; *Wuschek*, ZInsO 2012, S. 112.

890 Vgl. *Schmudde/Vorwerk*, ZInsO 2006, S. 350.

schließlich auf dieser Basis kann sich das Gericht auf die anzustellende Prüfung ausrichten und so den an es gestellten Anforderungen gerecht werden[891]. Der Dialog als Basis des prepackaged plan, der zwischen den Beteiligten vor dem Verfahren ausgelöst wurde, muss auch mit dem Gericht geführt werden. Je früher er initiiert wird, desto besser sind die Aussichten für ein Gelingen des Sanierungsprozesses[892].

Die Intention des Schuldners und seiner Gläubiger zu einer beschleunigten Verfahrensdurchführung und die mit ihr verbundene umfassende Vorbereitung spiegelt sich in einem Mehraufwand für das Gericht nach Vorlage von Eröffnungsantrag und Insolvenzplan inklusive weiterer Anträge, Stellungnahmen, Vermögensübersichten, Gutachten etc. wieder. Zu bedenken ist allerdings, dass das Gericht mit der unverzüglichen Prüfung zu einer zügigen Durchführung des Verfahrens beiträgt. Der weitere im Verfahren zu leistende Aufwand ist durch die von den Beteiligten im Vorfeld erbrachten Vorbereitungen minimiert. Dies entspricht dem Interesse des Gerichts[893].

7. Stellungnahme

Einen von Entscheidungen getragenen Prozess beherrsch- und planbar zu machen verlangt vom Planverfasser, den vom Gesetz vorgegebenen Entscheidungsstrukturen Rechnung zu tragen. Dies erfordert von ihm im Zuge der inhaltlichen Plangestaltung in Gläubigergruppen zu denken[894]. Dies gilt für jede Planfertigung, unabhängig von ihrem Urheber und Zeitpunkt. Mit der die Vorwegplanung der Gruppenstruktur bezweckt der Planverfasser, dass er bereits vor dem Abstimmungs- und Erörterungstermin weiß, welche Gläubigergruppen dem Plan zustimmen werden[895].

Auch der Schuldner verfolgt im Zuge planvorbereitender Verhandlungen das Ziel, einen nachhaltigen Konsens mit seinen Gläubigern hinsichtlich seiner Haftungsverwirklichung zu erzielen. Dies erfordert von ihm gleichwohl eine Vorwegnahme der gesetzlich vorgegebenen Gruppenstruktur, deren Ausprägung und Zusammensetzung er jedoch aufgrund seiner Befähigung zur weiteren interessengerechten Einteilung der Gruppen maßgeblich beeinflussen kann. Leitmotiv des Schuldners bleibt indes der Aspekt der nachhaltigen Zustimmungssicherung.

Eine strategische Gruppengestaltung zwecks Sicherung der Zustimmung verkörpert den Aspekt der Nachhaltigkeit lediglich im Hinblick auf die Abstim-

891 *Brockdorff* in: FS Heumann, S. 68.

892 *Piepenburg*, WPg. 2011, Sonderheft, S. 19; *Smid/Rattunde*, Insolvenzplan, Rn. 4.6.

893 *Brockdorff* in: FS Heumann, S. 69 f.; *Ziechmann* in: v. Leoprechting/Ziechmann, S. 175.

894 *Achsnick*, Options-Modelle, S. 44.

895 *Graf/Wunsch*, ZIP 2001, S. 1037.

mung über den Plan. Für den Schuldner kommt es aber darauf an, diesen Aspekt auf weitere Faktoren wie insbesondere die Fortsetzung der geschäftlichen Beziehungen zeitlich über das formelle Insolvenzverfahren hinaus mit den Beteiligten zu erstrecken. Insoweit besteht seinerseits auch ein erweitertes Interesse daran, alle dazu notwendigen Gruppen an dem Verhandlungs- und Entscheidungsprozess zu beteiligen und deren Interessen in einen allgemein akzeptierten Ausgleich zu bringen. Dies kann mithin die Einbindung solcher Gruppen bedingen, die für die Abstimmung über den Plan keine gesonderte Bedeutung haben. Hierzu zählen vorrangig die Arbeitnehmer und aussonderungsberechtigten Gläubiger.

Das Bedürfnis nach einer verfahrensgemäßen Zustimmungssicherung mittels strategischer Gestaltung kann insoweit hinter dem Willen, nachhaltige und interessengerechte Lösungen zu erzielen, zurücktreten[896]. Indes ist eine Einbeziehung sämtlicher Einzelinteressen in den gestalterischen Prozess genauso unpraktikabel wie eine Beteiligung der gesamten Gläubigerschaft. Es kommt für den Schuldner insoweit darauf an, das Bedürfnis nach zügiger Zustimmungssicherung auf der einen und nachhaltiger Interessensicherung auf der anderen Seite in einen gerechten Ausgleich zu bringen. Ihr ideales Zusammenwirken ergibt sich aus den Umständen des konkreten Falls.

Seine Befugnis zur Gruppeneinteilung kann bereits in diesem Zusammenhang Wirkung entfalten. Hat er etwa ein besonderes Bedürfnis daran, bestimmte Gläubiger zu beteiligen und dadurch zu einer fortdauernden Erhaltung der geschäftlichen Beziehungen zu bewegen, kann er die Abstimmungsgruppen dergestalt zusammensetzen, dass sich diese Gläubiger als optimale Repräsentanten der Gruppen erweisen. Auf diese Weise sichert der Schuldner die Geschäftsbeziehungen zu den Gläubigern, auf die er im Rahmen der Fortführung seines Geschäftsbetriebes vor, während und nach dem Insolvenzverfahren angewiesen ist. Idealerweise handelt es sich bei diesen zugleich um Gläubiger mit hohen Forderungen, so dass sie im Verfahren zur Erzielung der in der Planabstimmung erforderlichen Summenmehrheit beitragen.

V. Bedenken gegenüber dem Modell frühzeitiger Beteiligung

1. Die Banken als Risikofaktor?

Die frühzeitige Mitteilung der wirtschaftlichen Schwierigkeiten und beabsichtigten Planverhandlungen an einzelne Hauptgläubiger durch den Schuldner stößt in der Literatur auf Vorbehalte. So sei nach *Kußmaul/Steffan* etwa die Einbindung

896 *Rattunde*, ZIP 2003, S. 599.

der Banken in die Planungsphase aus praktischen Gründen ausgeschlossen, da bei diesen, sobald die Arbeit des Schuldners an einem Insolvenzplan bekannt werde, das Risiko der Kündigung, zumindest aber des Einfrierens der Kreditlinien bestehe[897].

Die Einbeziehung der Banken ist eine unweigerliche Voraussetzung für das Gelingen eines jeden auf Nachhaltigkeit ausgerichteten Sanierungsprozesses. Insbesondere gilt dies für den Fall einer dialogausgerichteten Vorbereitung eines Insolvenzplans. Nur unter Einbeziehung der Banken als Hauptgläubiger lässt sich das von den Beteiligten verfolgte Ziel, in der Phase zeitlich vor dem Insolvenzverfahren einen Plan mit positiver Zustimmungsprognose zu erstellen, erreichen. Eine Durchführung dieses Prozesses unter Verzicht auf die Banken stellt insoweit keine Option dar[898].

Zu Bedenken ist indes, dass nicht jedes Bekanntwerden einer wirtschaftlichen Schieflage des Schuldners automatisch zu einer Kündigung der Geschäftsverbindungen durch die Bank führen muss. Vielmehr steht es in deren Ermessen, inwieweit sie Beiträge zu einer Sanierung des Schuldners leistet oder zunächst stillhält. Ihr stehen vielfältige Handlungsmöglichkeiten offen, weshalb ihre Entscheidung von besonderer Bedeutung für das Ob und Wie des Sanierungsprozesses ist[899]. Ziel des gestaltenden Schuldners muss es daher sein, dergestalt Einfluss auf diese Ermessensentscheidung zu nehmen, dass sich in der konkreten Situation eine Herabsetzung oder Kündigung der Kreditlinie nicht als richtige Handlungsoption erweist.

Das wesentliche Geschäft der Banken liegt in der Vergabe von Krediten an Unternehmen, wodurch eine positive Zinsspanne erwirtschaftet werden soll[900]. Im Zuge der Krise des Geschäftspartners wandelt sich diese Zielrichtung. Nunmehr steht nicht die Erwirtschaftung von Zinseinkünften im Fokus der Bank, sondern die Minimierung des Ausfallrisikos. Mittel hierzu kann eben die Herabsetzung oder Kündigung der Kreditlinie sein[901]. Eine Konfrontation der Banken mit den wirtschaftlichen Schwierigkeiten begründet seitens der Bank ein erhebliches Informationsbedürfnis an der Zukunftsfähigkeit des schuldnerischen Unternehmens. Dieses stellt die Grundlage ihrer Ermessenentscheidung dar, deren

---

897 *Kußmaul/Steffan*, DB 2000, S. 1850; mit derselben Argumentation *Obermüller*, Bankpraxis, Rn. 1.523.

898 Vgl. *Schreiber/Herbst*, ZInsO 2008, S. 435 f.

899 *Bales*, NZI 2008, S. 216 f.; *Ebbing*, KTS 1996, S. 327; *Huntemann/Dietrich*, ZInsO 2001, S. 14; *Wittig*, NZI 1998, S. 51.

900 *v. Leoprechting* in: v. Leoprechting/Ziechmann, S. 21.

901 *v. Leoprechting* in: v. Leoprechting/Ziechmann, S. 21.

Resultat ebenso die Fortsetzung der Geschäftsbeziehungen, gegebenenfalls unter gleichzeitiger Investition in den Sanierungsprozess, sein kann[902].

Anknüpfungspunkt für den Schuldner im Umgang mit der Bank ist deren Informationsbedürfnis, welches er mit der Kundgabe seiner wirtschaftlichen Schwierigkeiten begründet. Im Zuge einer dialogausgerichteten Planerstellung beschränkt sich der Schuldner nicht auf die bloße Kundgabe. Vielmehr präsentiert er zeitgleich ein Konzept, auf welche Art und Weise eine Sanierung im Wege des Insolvenzplans erfolgen kann. Dies umfasst eine Beschreibung des geplanten Vorgehens, der innewohnenden Möglichkeiten und der Vorteile gegenüber anderen Handlungsoptionen. In diesem Zusammenhang stellt der Schuldner dar, dass er bereits wesentliche Grundlagen zur effektiven Absolvierung des gesamten Prozesses bereitet hat. Dies umfasst etwa die Kompetenzerweiterungen durch die Hinzuziehung externer Berater sowie die Dokumentation der Bereitschaft sowohl der Gesellschafter als auch der Arbeitnehmer, in den Sanierungsprozess zu investieren. Weiterhin stellt der Schuldner der Bank die bereits erfolgte Ausarbeitung eines ersten materiellen Plankonzepts zu Verfügung. Auch wenn dieses lediglich die Grundlage für die sich anschließenden Verhandlungen darstellt, beinhaltet es bereits Anknüpfungspunkte für Sanierungsgestaltungen, die von der Bank geprüft werden können. Auf dieser Basis wird die Effektivität der sich anschließenden Verhandlungen begründet.

Der Schuldner nimmt so die Informationsbeschaffung über sein Unternehmen, die ansonsten von der Bank selbständig zu leisten wären, vorweg. Eine Auseinandersetzung mit den bereitgestellten Informationen geht einer bedeutsamen Entscheidung wie der Herabsetzung oder Kündigung der Kreditlinie voraus. Die Bank wird sich insoweit zunächst auf die dargestellten Informationen sowie das Konzept einlassen und einer intensiven Überprüfung unterziehen, bevor es zu einer endgültigen Entscheidung über die Fortführung der Geschäftsbeziehungen gelangt. Zu bedenken ist zudem, dass auch seitens der Bank grundsätzlich ein Interesse an der Fortführung des schuldnerischen Unternehmens besteht. So bleibt ihr zum einen der Schuldner als – nach erfolgreicher Sanierung gestärkter – Geschäftspartner erhalten. Zum anderen erspart sie sich die im Falle einer Liquidation bestehender Absonderungsrechte eintretenden Wertverluste und Verwertungsabzüge zugunsten der Insolvenzmasse[903].

902 *v. Leoprechting* in: v. Leoprechting/Ziechmann, S. 45 ff.; *Obermüller*, Bankpraxis, Rn. 5.16.
903 *Ebbing*, KTS 1996, S. 327; MüKo-*Breuer*, § 223, Rn. 17.

2. Die Kreditversicherer als Risikofaktor?

Die Problematik einer frühzeitigen Konfrontation beschränkt sich nach Ansicht der o. g. Literaturstimmen nicht auf den Kreis der Banken, sondern ergebe sich auch im Hinblick auf weitere Hauptgläubiger, insbesondere die Lieferanten[904]. Dies hänge damit zusammen, dass diese ihre Lieferbeziehungen in der Regel über einen Kreditversicherer abgesichert hätten und aus dem zugrunde liegenden Vertragsverhältnis eine Verpflichtung folge, bei wirtschaftlicher Schieflage eines Kunden den Kreditversicherer hierüber in Kenntnis zu setzen. Die Erteilung der Auskunft führe sodann zu einer Herabsetzung der versicherten Linie durch den Versicherer und wirke sich in der Konsequenz auch auf das Verhältnis des Lieferanten zum Schuldner aus, da die Lieferanten womöglich ihre Geschäftsbeziehungen kündigen und zur Aufrechterhaltung des schuldnerischen Geschäftsbetriebes notwendige Lieferungen einstellten. Im Ergebnis entstehe auf diese Weise ein „Domino-Effekt" und es drohe in letzter Konsequenz doch die für die Beteiligten nicht steuer- und beherrschbare Insolvenz[905].

Genau wie bei den Banken besteht bei den Kreditversicherern und Lieferanten mit der Kenntnis über die wirtschaftlichen Schwierigkeiten des Schuldners ein Informationsbedürfnis. Der Abbruch der Lieferbeziehungen bzw. das Reduzieren oder Kündigen der versicherten Linie ist auch hier das Resultat eines umfangreichen Informations- und Abwägungsprozesses[906].

Anders als die Lieferanten sind die Kreditversicherer keine Gläubiger des Schuldners und damit keine Beteiligte des künftigen Insolvenzverfahrens. Durch ihre Möglichkeit, die Versicherungsbeziehungen zu den Lieferanten zu kündigen und damit in der Regel die Folge herbeizuführen, dass auch die Lieferanten ihre Leistungen an den Schuldner einstellen und bestehende Sicherheiten an betriebsnotwendigen Gegenständen verwerten, erlangen sie jedoch eine entscheidende Bedeutung für die Funktionsfähigkeit des Sanierungsprozesses. Insoweit kann es für den Schuldner zur Voraussetzung der Schaffung eines beherrschbaren Prozesses werden, die Kreditversicherer im Rahmen seiner Planvorbereitung zu beteiligen[907]. Effektives Mittel ist hierbei wiederum, auf die Bildung eines Pools zwischen den unmittelbar am künftigen Verfahren beteiligten Lieferanten und den lediglich mittelbar beteiligten Kreditversicherern hinzuwirken. Dies dient beiden Gruppen, da sich ihre Interessen im Hinblick auf den Schuldner entsprechen und daher gebündelt wahrgenommen werden können[908]. Für den Schuldner muss

904 *Kußmaul/Steffan*, DB 2000, S. 1849; *Obermüller*, Bankpraxis, Rn. 1.523.

905 So im Ergebnis auch *Buchalik*, NZI 2000, S. 295.

906 *v. Leoprechting* in: v. Leoprechting/Ziechmann, S. 74, 88 ff.

907 Vgl. *Schreiber/Herbst*, ZInsO 2008, S. 435.

908 *v. Leoprechting* in: v. Leoprechting/Ziechmann, S. 75; *Riggert*, WM 1998, S. 1524.

diese Poolbildung nicht nachteilig sein. Mit dem von den Poolmitgliedern zu bestimmenden Verhandlungsführer findet der Schuldner wiederum einen optimalen Gesprächspartner für die effektive Vorbereitung und Durchführung der Planverhandlungen vor. Durch die frühzeitige Bereitstellung der wesentlichen Informationen hat der Schuldner wiederum die Möglichkeit, auf die Entscheidungen der Kreditversicherer und Lieferanten Einfluss zu nehmen. Zeigt er die Vorteile des geplanten Vorgehens auf und legt diese in aller Deutlichkeit dar, werden sich diese Gruppen nicht dieser aussichtsreichen Befriedigungsoption durch eine vorschnelle Kündigung entziehen.

3. Stellungnahme

Die Optimierung der Ausschöpfung der dem Schuldner vom Gesetz eingeräumten Planvorlagemöglichkeit gleichzeitig mit dem Insolvenzantrag aus § 218 Abs. 1 S. 2 InsO erfordert die Durchführung fruchtender Verhandlungen mit den Hauptgläubigern. Der Akt der Konfrontation und Kommunikation muss dem Insolvenzverfahren notwendigerweise vorausgehen.

Dass die zunächst informierten Gläubiger infolge der Kenntnis seiner wirtschaftlichen Schwierigkeiten ihre Geschäftsverbindung zu ihm hinterfragen, kann der Schuldner ob des bestehenden wirtschaftlichen Risikos nicht verhindern. Der Schuldner hat jedoch dafür Sorge zu tragen, dass diese Skepsis nicht zu einer Überreaktion, die in einer vorschnellen Einschränkung oder gar Kündigung der Geschäftsbeziehungen gipfeln kann, führt[909]. Damit sich die Gläubiger nicht auf eine passive, rein vermögenssichernde Position beschränken, geht es für den Schuldner darum, den Impuls für einen Sanierungswillen und eine aktive Einbringung der Interessen zu entfachen. Im Einzelfall erfordert dies vom Schuldner, das geeignete Maß an Fingerspitzengefühl an den Tag zu legen[910].

Der Schuldner muss den Beteiligten von Beginn an aufzeigen, weshalb eine Investitionsentscheidung in den schuldnerischen Sanierungsprozess auch für sie die wirtschaftlich wie rechtlich sinnvollste Entscheidung darstellt[911]. Dazu hat er ihnen die Vorteile des geplanten Vorgehens, insbesondere die gesteigerten Befriedigungsaussichten, darzulegen, um so das einer Investitionsentscheidung innewohnende Vertrauen zu rechtfertigen. Wesentliche Beiträge, die einer Rückgewinnung und Manifestierung dieses Vertrauens in seine Person dienen, hat der Schuldner dabei bereits geleistet. So hat er durch organisatorische Maßnahmen bereits umfangreiche Vorbereitungen dafür getroffen, dass ein Verhandlungspro-

909 *Götker*, Geschäftsführer, Rn. 402.
910 *Graf/Wunsch*, ZIP 2001, S. 1036.
911 *Brockdorff* in: FS Heumann, S. 69.

zess initiiert, effektiv durchgeführt und erfolgreich beendet werden kann. Mit der Anfertigung eines ersten Sanierungskonzepts hat er zudem wesentliche materielle Gestaltungsarbeiten vorweggenommen, zumindest aber vorbereitet. Der Schuldner setzt sich im Interesse der von seiner wirtschaftlichen Schieflage betroffenen Gruppen einem transparenten Prozess aus. Dieser beginnt mit der lückenlosen Dokumentation von Ursprung und Umfang der Krise. Erfüllt der Schuldner die hierdurch an ihn begründeten Anforderungen und präsentiert von Beginn an die Perspektive eines von allen Beteiligten beherrschbaren und befriedigungsorientierten Sanierungsprozesses, werden sich die Beteiligten diesem nicht verschließen[912].

B. Planerische Elemente im Rahmen der Erstellung des prepackaged plan

I. Interner Umgang mit dem Sanierungsprozess

Die Verwendung planerischer Elemente verwirklicht die von den Beteiligten verfolgte Intention, eine Maximierung der Steuer- und Beherrschbarkeit des gesamten Sanierungsprozesses zu gewährleisten. In besonderer Weise besteht dieses Bedürfnis im Hinblick auf den wegen seines innewohnenden Gefährdungspotentials höchst sanierungsrelevanten Faktor Zeit.

Dem Schuldner und den von ihm beteiligten Gruppen steht im Falle der anvisierten Wahrnehmung der rechtlichen Planvorlagebefugnis aus § 218 Abs. 1 S. 2 InsO zum Zeitpunkt der Erstellung des Plans ein Mehr an Zeit und Kapazitäten zur Verfügung als unter den Bedingungen des Insolvenzverfahrens. Die Notwendigkeit, den Geschäftsbetrieb und Finanzierungsräume aufrecht zu erhalten, bedingen jedoch auch in dieser Phase, die Gestaltung zügig voranzutreiben. Die durch die gemeinsame Planerarbeitung erreichte Beschleunigung des formellen Verfahrens stellt bei einer Gesamtbetrachtung nur dann einen Zeitgewinn dar, wenn die eingesparte Zeit nicht bereits im Rahmen der Vorbereitung zusätzlich aufgewendet werden musste.

Bereits der Einladung an seine Gläubiger, einen gemeinsamen Verhandlungsprozess zu absolvieren, gehen auf Schuldnerseite umfangreiche Aktivitäten voraus. Hierzu können Veränderungen auf der Geschäftsführungs- und Gesellschafterebene zählen, jedenfalls aber eine Kompetenzerweiterung durch die

912 *Spies*, ZInsO 2005, S. 1256; *Steffan*, WPg. 2003, Sonderheft, S. 160.

Hinzuziehung externer Berater[913]. Diese verfügen über die erforderlichen rechtlichen wie betriebswirtschaftlichen Kenntnisse, um zunächst die Eignung des schuldnerischen Unternehmens für eine Sanierung im Wege des Insolvenzplans auf der verfahrensrechtlichen Grundlage des § 218 Abs. 1 S. 2 InsO zu subsumieren[914]. Sie verkörpern im Gestaltungs- und Verhandlungsprozess die Rolle des kompetenten, vertrauenswürdigen und unabhängigen Ansprechpartners, die im Regelinsolvenzverfahren der Insolvenzverwalter einnimmt, auf den die Gläubiger jedoch zugunsten der Eigenverwaltung verzichten[915].

Weiterhin macht die Umsetzung der Sanierungsmaßnahmen, die aufgrund der zügigen Absolvierung der Verhandlungen und des Insolvenzverfahrens in einem engen zeitlichen Zusammenhang erfolgen, sanierungsvorbereitende und -begleitende Umstrukturierungen innerhalb der täglichen Arbeitsabläufe erforderlich. Hierzu werden im Einzelfall personelle Kompetenzumverteilungen nötig, damit eine Koordination der Unternehmens- mit der Sanierungstätigkeit erfolgen kann[916]. Dies gilt auch im Hinblick auf die Beschaffung sämtlicher für die Erstellung eines Insolvenzplans erforderlichen Unternehmensdaten, Wertgutachten etc.[917]. Deren vollständige und professionelle Zusammenstellung ist ebenso mit Aufwand verbunden und kann demgemäß organisatorische Maßnahmen erforderlich machen[918].

Mit der Vorlage eines von ihm ausgearbeiteten ersten Planentwurfs tritt der Schuldner in eine Vermittlerposition. Dies umfasst – neben der Initiierung der Verhandlungen – die Aufgabe, dafür Sorge zu tragen, dass die Verhandlungen stetig weitergeführt und so schnell wie möglich zu einem erfolgreichen Abschluss gebracht werden[919]. Als effektives Mittel erweist sich hierbei für den Schuldner die Erstellung eines detaillierten Ablaufplans, in dem er einen zeitlichen Rahmen für die Verhandlungen zwischen ihm und seinen Gläubigern festsetzt[920]. Dieser berücksichtigt sämtliche auf dem Weg bis zur rechtlichen Verbindlichkeit des Plans notwendigen Etappen, von der internen Erarbeitung des Planentwurfs

---

913 Vgl. etwa *Ehlers/Schmid-Sperber*, ZInsO 2008, S. 880; *Herzig*, Insolvenzplanverfahren, S. 149; *Schlegel*, Eigenverwaltung, S, 64; *Steffan* in: Oppenländer/Trölitzsch, § 37, Rn. 133.

914 Vgl. *Häsemeyer*, Insolvenzrecht, Rn. 28.06 d; *Kassing* in: Haft/Schlieffen, § 25, Rn. 47; *Schmittmann*, VR 2009, S. 289; *Spies*, ZInsO 2005, S. 1256; *Steffan*, WPg. 2003, Sonderheft, S. 154.

915 *Braun* in: Braun/Uhlenbruck, S. 670; *Brockdorff* in: FS Heumann, S. 69; *Buchalik*, NZI 2000, S. 296; *Gerster*, ZInsO 2008, S. 439; *v. Leoprechting* in: v. Leoprechting/Ziechmann, S. 165 f.; *Steffan*, WPg. 2003, Sonderheft, S. 154.

916 Vgl. *Braun* in: Braun/Uhlenbruck, S. 677; *Herzig*, Insolvenzplanverfahren, S. 149 f.

917 *Frank* in: Runkel, § 12, Rn. 28; *Smid/Rattunde*, Insolvenzplan, Rn. 4.7.

918 *Herzig*, Insolvenzplanverfahren, S. 150.

919 Vgl. *Steffan*, WPg. 2003, Sonderheft, S. 154.

920 *Steffan* in: Oppenländer/Trölitzsch, § 144, Rn. 141; wohl auch *Maus*, DStR 2002, S. 1108.

über die Auswahlgespräche und die eigentlichen Planverhandlungen bis hin zu seiner Einreichung und Begleitung innerhalb des formellen Insolvenzverfahrens[921]. Auf diese Weise bringt der Schuldner gegenüber seinen Gläubigern erneut zum Ausdruck, dass er nicht nur grundsätzlich an einer Sanierung interessiert, sondern auch in einem hohen Maße dazu bereit ist, diese voranzutreiben. Zugleich erzeugt er mit der Festlegung einzelner Etappenziele einen Entscheidungsdruck im Rahmen der Gespräche. Dazu ist die Anberaumung kurzfristiger Termine erforderlich[922]. Sieht der Ablaufplan enge zeitliche Grenzen bzw. konkrete Mindestergebnisse zu einem bestimmten Zeitpunkt vor, so ist den Beteiligten die Möglichkeit, Entscheidungen hinauszuzögern, nicht gegeben[923].

Ein derartiger Ablaufplan liefert zudem einen Beitrag zu der im Rahmen der Sanierungsverhandlungen gewollten Transparenz[924]. So sind den zunächst kontaktierten Gläubigern von vornherein die Verhandlungsschritte bekannt bzw. die zunächst nicht unmittelbar Beteiligten können diese im Nachhinein exakt nachvollziehen, was die Gefahr, dass sich Letztere übergangen wähnen, erheblich einschränkt.

Die zeitliche Festlegung des Sanierungsablaufs stellt einen effektiven Bestandteil der Steuerung des Sanierungsprozesses dar. Für den Schuldner bedeutet die Erstellung eines Ablaufplans ein Mehr an Einfluss und Beherrschbarkeit. Sie erfordert allerdings von ihm, bereits im Zuge der Erstellung seines ersten Planentwurfs mögliche Konfliktpunkte auszuloten und den erforderlichen Verhandlungsbedarf einzuschätzen. Er muss insoweit bei der Festlegung der einzelnen Etappen das richtige Gespür finden. Risiko hinsichtlich der Erzeugung von Einigungsdruck und Realismus hinsichtlich der notwendigen Verhandlungszeit müssen in einem ausgewogenen Verhältnis stehen. Durch die Planung maximiert der Schuldner das Vertrauen in den Sanierungsprozess und damit auch in sich. Dies beschränkt sich jedoch auf den Fall, dass der Ablaufplan eingehalten werden kann und tatsächlich wird[925]. Der Schuldner hat zu jeder Zeit hierfür Sorge zu tragen[926].

921 Vgl. *Braun* in: Braun/Uhlenbruck, S. 667 f., 685; *Frank* in: Runkel, § 12, Rn. 28.
922 *Kußmaul/Steffan*, DB 2000, S. 1850.
923 *Kußmaul/Steffan*, DB 2000, S. 1850.
924 Vgl. *Steffan*, WPg. 2003, Sonderheft, S. 154.
925 Vgl. *Kußmaul/Steffan*, DB 2000, S. 1850.
926 *Kußmaul/Steffan*, DB 2000, S. 1850.

II. Externer Umgang mit dem Sanierungsprozess

1. Ausgangspunkt

Der vom Schuldner mit seinen Gläubigern und sonstigen von seinem Insolvenzverfahren betroffenen Gruppen durchgeführte Verhandlungs- und Entscheidungsprozess ist von Beginn an auf eine Neuordnung der wirtschaftlichen Verhältnisse im Wege des Insolvenzplanverfahrens ausgerichtet. Seine Durchführung verlangt insoweit von allen an dem Prozess beteiligten Gruppen, das Insolvenzverfahren als Option zu einer effektiven Haftungsverwirklichung des Schuldners zu begreifen. Diese Perspektive steht jedoch im Widerspruch zu der tatsächlich vorherrschenden Empfindung des Schuldners, seiner Arbeitnehmerschaft, seiner Vertragspartner und Kunden bzw. der Öffentlichkeit insgesamt, die mit dem Schlagwort „Insolvenz“ regelmäßig ein ausschließlich negatives Bild verbinden[927].

Die Ausrichtung der Verhandlungen auf die Wahrnehmung der Insolvenzantrags- und Planvorlagemöglichkeit aus § 218 Abs. 1 S. 2 InsO bedeutet für die Beteiligten jedoch, in der Konsequenz genau dieses Bild hervorzurufen. Spätestens mit der vom Gesetz in §§ 27, 30 InsO vorgegebenen Bekanntmachung der Eröffnung des Insolvenzverfahrens dringt die wirtschaftliche Schieflage des schuldnerischen Unternehmens nach außen. Im Rahmen des Sanierungsprozesses stellt sich für die Beteiligten die Frage, ob sie sich auf diesen gesetzlich determinierten Zeitpunkt beschränken oder aber in Anknüpfung an die Intention der Steuerung und Beherrschbarmachung Vorkehrungen im Hinblick auf die öffentliche Bekanntmachung treffen.

2. Insolvenzmarketing

a) Grundlagen

Mit der Unterrichtung der Arbeitnehmer sowie der ausgewählten Gläubiger im Rahmen der Vorbereitung des gemeinsamen Verhandlungsprozesses erfahren diese Gruppen von den wirtschaftlichen Schwierigkeiten des Schuldners. Diese Auskunft verlässt insoweit die schuldnerische Gesellschafter- und Geschäftsführerebene und damit deren ausschließlichen Beherrschbarkeitsbereich. Eine zumindest stückweise Verbreitung lässt sich ab diesem Zeitpunkt nicht mehr verhindern[928]. Eine geräuschlose Durchführung des kompletten Planverhandlungsprozesses vor dem formellen Verfahren erscheint lediglich in kleinen Sachver-

---

927 Siehe oben, S. 77 ff.

928 *Braun* in: Braun/Uhlenbruck, S. 669.

halten praktikabel, die in Kürze und damit zeitlich vor einem öffentlichen Bekanntwerden zu einem erfolgreichen Abschluss gebracht werden können[929].

Im Falle eines Insolvenzsachverhalts mit unübersichtlichen Strukturen sowie erheblichem Diskussionsbedarf vermag in der Kürze der Zeit ein derartiger Konsens nicht erzielt zu werden. Insoweit droht mit der internen Information an die ersten Gruppen bzw. im Zuge der Auswahl- und Verhandlungsgespräche, dass die wirtschaftliche Schieflage des Schuldners extern bekannt wird. Ein derartiger Informationsfluss und dessen Aufnahme und Entwicklung in der Öffentlichkeit kann von den Beteiligten weder beherrscht noch beherrschbar gemacht werden. Sie würden insoweit in eine reagierende Position gedrängt, die der von ihnen mit dem prepackaged plan verfolgten Intention, den gesamten Sanierungsprozess steuer- und beherrschbar zu machen, entgegensteht[930]. Aus diesem Grund wird in der Literatur darauf verwiesen, auch die Informationssteuerung nach außen sollte durch die Beteiligten im Rahmen der Verhandlungen einen Ordnungspunkt bilden. *Kußmaul/Steffan* prägten in diesem Zusammenhang den Begriff des „Insolvenzmarketing“[931].

Hinter dem Insolvenzmarketing steckt die Intention, die im Zuge des Sanierungsprozesses zu absolvierenden Handlungsschritte ausgerichtet auf das Sanierungsziel aufeinander abzustimmen und so zu dessen effektiver Realisierung beizutragen. Mittel kann der offensive Umgang mit der Sanierungsbedürftigkeit des Unternehmens und der Sanierungsdurchführung nach außen sein. Ziel ist in diesem Fall die Erhaltung des Beschaffungs- und Absatzmarktes für die Zeit vor, während und nach Abschluss des durchzuführenden Sanierungsprozesses[932]. Dabei erfolgt keine Beschränkung der Information und Integration auf die an den Planverhandlungen aktiv teilnehmenden Gläubiger und sonstigen Gruppen. Vielmehr werden weitere von dem künftigen Insolvenzverfahren des Schuldners betroffene Gruppen an dem Sanierungsprozess beteiligt. Das Instrument hierzu ist eine kontrollierte und koordinierte Informationspolitik[933].

b) Umgang mit den Gläubigern

Die Mehrzahl der Gläubiger und damit der Großteil derjenigen, deren Rechte durch den Plan betroffen sind und daher im formellen Insolvenzverfahren über ihn abstimmen, waren bisher an dem gestalterischen Prozess nicht beteiligt. Ihre

929 *Ehlers/Schmid-Sperber*, ZInsO 2008, S. 881.

930 Vgl. *Guttmann* bei Menz, ZInsO 2009, S. 710; *Kammhuber/Karle* in: Haarmeyer II, S. 137; *Kassing* in: Haft/v. Schlieffen, § 25, Rn. 15.

931 *Kußmaul/Steffan*, DB 2000, S. 1850; vgl. auch *Steffan* in: Oppenländer/Trölitzsch, § 37, Rn. 142.

932 *Kußmaul/Steffan*, DB 2000, S. 1850; *Steffan* in: Oppenländer/Trölitzsch, § 37, Rn. 142.

933 *Braun* in: Braun/Uhlenbruck, S. 669; *Herzig*, Insolvenzplanverfahren, S. 150.

Interessen wurden durch die ausgewählten Vertreter repräsentiert. Die Interessenrepräsentation trägt idealerweise zu einer nachhaltigen Legitimation der erzielten Ergebnisse bei. Spätestens im gerichtlichen Verfahren werden die übrigen Gläubiger entscheidend für den Erfolg des ausgehandelten Plans[934]. Für die aktiv Gestaltenden stellt sich insoweit die Frage, wie sie mit dem bisher außen vor gebliebenen Teil der Gläubigerschaft zu verfahren haben. Gerade in aufwendigen Sanierungsfällen besteht regelmäßig ein erhöhter Informationsbedarf auf allen Seiten. Aus Gründen der Praktikabilität scheidet eine Teilnahme der Gläubiger am Gestaltungsprozess jedoch aus. Was bleibt, ist die Option der Teilhabe. Sie wird verwirklicht durch die Durchführung eines transparenten Sanierungsprozesses als Teil eines professionellen Insolvenzmarketings.

Der Schuldner kann nach Absprache mit den unmittelbar an den Verhandlungen Beteiligten zu Beginn des Verhandlungsprozesses den bisher außen vor gebliebenen Gläubigern eine Art Kurzinformation zukommen lassen. Diese enthält die wesentlichen Informationen[935]. Dazu zählen unter anderem die abstrakten Gründe des Sanierungsbedürfnisses, das geplante Vorgehen sowie dessen Vorteile und innewohnenden Chancen zur Steigerung der Befriedigungsaussichten. Exemplarisch für den sich anschließenden Prozess können die Auswahlgespräche hinsichtlich der Gespräche in Kürze dargestellt und erläutert werden. Zudem kann auf den erörterten und von den Verhandlungsteilnehmern genehmigten Ablaufplan und dessen Funktionen verwiesen werden. Als ideales Medium zur Darstellung dieser Informationen stellt sich das Internet dar. Die Homepage des Unternehmens bietet die Möglichkeit, die abstrakten Informationen sowie den Ablaufplan einschließlich Erläuterungen bereitzustellen[936]. Des Weiteren können die tagesaktuellen Entwicklungen und Zwischenerfolge in Form von Sachstandsberichten veröffentlicht werden[937]. Die transparente Gestaltung des Sanierungsprozesses inklusive der Teilhabe der bisher außen vor gebliebenen Gläubigerschaft dient dazu, die womöglich ihrerseits bestehende Befürchtung auszuräumen, die Verhandlungen des Schuldners mit den von ihm ausgewählten Gläubigern ginge zu ihren Lasten.

Zu bedenken bleibt, dass dies nicht bedeutet, dass sämtliche Gesprächsinhalte in allen Einzelheiten zur jederzeitigen Ansicht für alle sonstigen Beteiligten freigegeben werden dürfen. Der Wille zu absoluter Transparenz stößt an die Grenzen, wenn das Bedürfnis des Schuldners zur Wahrung interner Geschäftsgeheimnisse gegenüber Marktkonkurrenten überwiegt. Die Information der Gläubiger sollte sich insoweit auf Verhandlungsabläufe und Grobstrukturen beschrän-

934 Vgl. *Wellensiek*, BB 2000, S. 6.

935 *Buchalik*, NZI 2000, S. 297 f.; *Kußmaul/Steffan*, DB 2000, S. 1850.

936 *Brockdorff* in: FS Heumann, S. 69; *Kußmaul/Steffan*, DB 2000, S. 1850.

937 Vgl. *Brockdorff* in: FS Heumann, S. 69; *Steffan* in: Oppenländer/Trölitzsch, § 37, Rn. 142.

ken, anhand derer sie die Ernsthaftigkeit und Produktivität des Sanierungsprozesses nachvollziehen können. Auf Seiten der Beteiligten ist insoweit das richtige Gespür gefragt, einen im Einzelfall geeigneten Ausgleich zwischen dem Informationsinteresse der Gläubiger und dem Integritätsinteresse des Schuldners zu finden.

Aus Gründen der Praktikabilität kann indes auch in einem transparenten Prozess das Bereitstellen der wesentlichen Informationen auf einzelne Gläubiger beschränkt werden. Das Interesse solcher ungesicherter Gläubiger, die nur in losen bzw. vereinzelten Geschäftsverbindungen zum Schuldner stehen, an dem Sanierungsprozess vermag ohnehin gering zu sein. Für diese kommt es im Ergebnis ausschließlich auf die tatsächliche Befriedigung ihrer Forderungen an, so dass es auch ihrem Interesse entspricht, zugunsten einer Zeit- und Kostenersparnis in dem gestalterischen Prozess außen vor zu bleiben.

Die Kurzinformation wird insoweit lediglich an die diejenigen Gläubiger verschickt, die ihrerseits nicht an dem Verhandlungsprozess als Repräsentant einer Abstimmungsgruppe beteiligt sind. Zudem erfolgt eine Weitergabe an solche, die zwar für den Verhandlungsprozess entbehrlich, für die Fortführung der Geschäftstätigkeit des sanierten Unternehmens jedoch von Bedeutung sind. Dazu zählen etwa ungesicherte Lieferanten, Sozialversicherungsträger und Finanzbehörden[938]. Daneben können auch solche Gruppen beteiligt werden, die zwar keine Forderungen gegen den Schuldner haben und damit nicht an dem Insolvenzverfahren teilnehmen, aber ihrerseits für den sanierten Geschäftsbetrieb unentbehrlich sind. Hierzu zählen insbesondere die Hauptkunden[939].

Der transparente Umgang mit der Sanierung dient neben der Information auch der Vertrauenswerbung, Darstellung von Effizienz und Glaubwürdigkeit sowie der Sicherung sämtlicher in Zukunft erforderlichen Geschäfts- und Kundenbeziehungen[940]. Zugleich wird eine Einigkeit der handelnden Personen bescheinigt, was eine umfangreiche Legitimationswirkung beinhaltet und daher einen Mehrheitsdruck zu erzeugen vermag[941].

Eine unkontrollierte Preisgabe der Information kann für den Erfolg eines Sanierungsprozesses verheerend sein. Werden in der außergerichtlichen Phase infolge der Kenntniserlangung etwa wichtige Aufträge oder Lieferantenbeziehungen gekündigt, ist einer Fortsetzung des Geschäftsbetriebs und damit einer Sanierung der Boden von vornherein entzogen. Durch eine gezielte Steuerung der Informationen nach außen kann einer derartigen Entwicklung entgegenge-

---

938 Vgl. *Herzig*, Insolvenzplanverfahren, S. 158; *Steffan* in: Oppenländer/Trölitzsch, § 37, Rn. 142.

939 *Kußmaul/Steffan*, DB 2000, S. 1850; *v. Leoprechting* in: v. Leoprechting/Ziechmann, S. 164; *Mönning*, Betriebsfortführung, Rn. 1094.

940 *Buchalik*, NZI 2000, S. 297 f.; *Herzig*, Insolvenzplanverfahren, S. 158; *Ries*, ZInsO 2010, S. 512; *Steffan* in: Oppenländer/Trölitzsch, § 37, Rn. 142.

941 *Bergau/Schmeisser*, DStR 2001, S. 274.

wirkt werden. Wird mit der Preisgabe der Sanierungsbedürftigkeit die Information verknüpft, dass ein vorgefertigtes Sanierungskonzept bereits existiert und nunmehr unter Beteiligung der Gläubigerschaft optimiert wird, vermag dies einzelne Beteiligte zu hindern, sanierungsgefährdende Handlungen vorzunehmen.

c) Umgang mit der Öffentlichkeit

Die Wirkung einer Preisgabe der wirtschaftlichen Schwierigkeit und Sanierungsbedürftigkeit des Schuldners beschränkt sich nicht auf den Kreis der Großgläubiger, ständigen Geschäftspartner und Hauptkunden. Gerade in Fällen der Krise eines Traditionsunternehmens oder eines großen regionalen Arbeitgebers besteht ein erhebliches öffentliches Interesse an den Sanierungszielen, -abläufen und -ergebnissen. Verbunden mit der Preisgabe der relevanten Informationen ist daher eine erhöhte Aufmerksamkeit in Gesellschaft, Politik und Presse[942]. Einen beherrschbaren Prozess zu gewährleisten erfordert demgemäß vom Schuldner und seinen Verhandlungspartnern, die potentiellen Einflussnahmemöglichkeiten dieser Gruppen im Zuge der Vorbereitung in die Überlegungen mit einzubeziehen[943]. Anders als bei den Gläubigern geht es bei diesen nicht vornehmlich darum, eine Teilhabe am Sanierungsprozess zu gewährleisten. Bei ihnen dient das Insolvenzmarketing dazu, ihr erhebliches Informationsbedürfnis zu befriedigen, das die mit Bekanntwerden der wirtschaftlichen Krise des Schuldners entstehende Unsicherheit auslöst. Die Ausformung des Insolvenzmarketings im Wege einer offensiven Informationspolitik kann sich in diesem Zusammenhang als strategische Option der Beteiligten erweisen[944].

Die Praxis zeigt, dass mit Bekanntgabe der (drohenden) Insolvenz eines Unternehmens eine besondere Motivation bei dem potentiellen Kundenkreis entstehen kann, etwa aus dem emotionalen Grund der Verbundenheit zu Arbeitnehmern oder dem Standort zum Erhalt des Unternehmens beizutragen. Im Rahmen einer offensiven Informationspolitik kann dieses Potential idealerweise mobilisiert werden. Wird die Verbundenheit dazu genutzt, einen Willen zur Mitwirkung an der Sanierung und damit beispielweise eine erhöhte Kaufbereitschaft zu entfachen, werden weitere sanierungsfördernde Effekte erreicht[945].

Folge einer Preisgabe der wirtschaftlichen Schwierigkeiten des Schuldners und eines gesteigerten Öffentlichkeitsinteresses kann jedoch auch eine erhebliche

942 *Herzig*, Insolvenzplanverfahren, S. 150; *Kammhuber/Karle* in: Haarmeyer II, S. 144; *v. Leoprechting* in: v. Leoprechting/Ziechmann, S. 21; *Madaus*, Insolvenzplan, S. 538.

943 *Wuschek*, ZInsO 2012, S. 114.

944 *Herzig*, Insolvenzplanverfahren, S. 150; *Mönning*, Betriebsfortführung, Rn. 1097; *Ries*, ZInsO 2010, S. 512.

945 Vgl. *Mönning*, Betriebsfortführung, Rn. 1097.

Erwartungshaltung an die Beteiligten hervorrufen. Die Erwartungen können im Einzelfall konträr zu den zwingend erforderlich Sanierungsmaßnahmen, insbesondere dem Abbau von Arbeitsplätzen, sein. Eine derartige Entwicklung muss sich für die Beteiligten jedoch nicht unbedingt als nachteilig erweisen. Ein erheblicher öffentlicher Druck vermag einzelne Gläubiger daran hindern, als erste die Geschäftsbeziehungen oder die Verhandlungsgespräche zu beenden. Insoweit vermögen sie wirtschaftliche Einbußen eher hinzunehmen als das Risiko einer öffentlichen Rufschädigung[946]. Dies gilt ebenso für die außen vor gebliebenen Gläubiger, sollten sie gegen das nunmehr komplett ausgearbeitete Konzept aufbegehren.

Zu Bedenken ist weiterhin, dass die Beteiligten die Preisgabe an die Öffentlichkeit selbständig steuern können. Sie haben insoweit die Kontrolle darüber, bestimmte Erwartungshaltungen aufzubauen bzw. von Beginn an zu verhindern. Dies gilt sowohl im Hinblick auf den Inhalt als auch die Art und Weise der Auskunftserteilung[947]. So können etwa positive Aspekte stets in den Vordergrund gestellt und damit die Wahrnehmung der erarbeiteten Maßnahmen verbessert werden. Beispielweise ist eher auf die Erhaltung des Standorts und die damit verbundene Fortsetzung der Zusammenarbeit mit den hiesigen Geschäftspartnern einzugehen als auf die Erforderlichkeit, Arbeitsplätze sowie einzelne Lieferbeziehungen abzubauen[948].

Das Bekanntwerden der wirtschaftlichen Schwierigkeiten des Schuldners beinhaltet ein großes Gefährdungspotential. Der Schuldner gerät in eine Situation, in der er sich vor allen beteiligten Gruppen rechtfertigen muss. Seine Handlungsmöglichkeiten sind in diesem Fall auf die Reaktion beschränkt. Zur Durchführung der Sanierung erforderliche Kapazitäten werden demgemäß anderweitig gebunden. Einer Nichtbeherrschbarkeit wohnt darüber hinaus das Risiko inne, dass Externe, etwa Wettbewerber, ihrerseits durch die einseitige oder verfälschte Preisgabe von Informationen gezielt in den Sanierungsprozess eingreifen. Streuen sie Zweifel an der Sanierungsfähigkeit vermag dies zu Verunsicherung und Demotivation bei sämtlichen für den Sanierungsprozess erforderlichen Beteiligten zu führen[949]. Der erforderlichen Sanierungsdynamik wäre insofern der Boden entzogen.

Die Möglichkeit der aktiven Steuerung ist einer passiven Rolle stets vorzuziehen. Sie gewährleistet das mit dem prepackaged plan anvisierte Ziel eines Höchstmaßes an Steuerung und Beherrschbarkeit. Der Umgang mit der Öffent-

946 Vgl. *v. Leoprechting* in: v. Leoprechting/Ziechmann, S. 27.

947 *Guttmann* bei Menz, ZInsO 2009, S. 710.

948 Vgl. *Eidenmüller*, BB 1998, Beilage 10, S. 23; *Kassing* in: Haft/Schlieffen, § 25, Rn. 46; *Ries*, ZInsO 2010, S. 513.

949 *Guttmann* bei Menz, ZInsO 2009, S. 710.

lichkeit sollte daher aufgrund seiner gestalterischen Chancen, aber auch seiner erheblichen Risiken, einen speziellen Ordnungspunkt in den Verhandlungen bilden. Durch die Konfrontation der Arbeitnehmer bzw. einiger Gläubiger über die wirtschaftliche Schieflage des Schuldners droht ein Bekanntwerden und damit die Entwicklung einer sanierungsfeindlichen Eigendynamik. Eine Einigung über die Organisation des Umgangs mit den Gläubigern ist somit frühzeitig zu erzielen und steht daher am Anfang des Verhandlungsprozesses[950]. Nur auf diese Weise können die Beteiligten eine den Anforderungen des Einzelfalls gerecht werdende Strategie sowie die Voraussetzungen ihrer Umsetzung schaffen[951].

Auf Seiten der Gläubiger sollten die Vorbehalte gegen eine offensive Informationspolitik gering sein. Für sie steht die Art und Weise ihrer Befriedigung an erster Stelle. Ermöglicht das transparente Vorgehen einen zügigen Abschluss des Verfahrens, verbunden mit einer evidenten Befriedigungsmaximierung sowie dem Erhalt eines wirtschaftlich gesundeten Geschäftspartners, werden sie sich einer solchen nicht verschließen.

Aus personeller Sicht bietet es sich an, bereits im Vorfeld einen Informationsbeauftragten für die Koordinierung der öffentlichkeitstangierenden Belange zu bestimmen oder gar ein gesamtes organisatorisches System einzurichten[952]. Der Informationsbeauftragte sollte gerade im Falle mit großem gesellschaftlichem, politischem und medialem Interesse über Erfahrungen im Umgang mit Gläubigern, Kunden und Medien verfügen[953].

Ein offener Umgang mit der wirtschaftlichen Schieflage des Schuldners sowie seinem Bedürfnis nach einer Sanierung kann, muss aber nicht zwangsläufig die optimale Ausprägung eines Insolvenzmarketings darstellen. Die Entscheidung darüber orientiert sich an den Umständen des konkreten Falls und stellt das Resultat eines umfangreichen Abwägungsprozesses dar[954]. Dies vermag im Einzelfall dazu zu führen, dass eine stille Durchführung das ideale Befriedigungsergebnis bereithält. Allerdings stellt der offene Umgang eine nicht zu unterschätzende Handlungsoption für die Beteiligten dar. Mit der Entscheidung zugunsten einer solchen transparenten Durchführung des Sanierungsprozesses stellen sich wiederum erhöhte Anforderungen an die am Verhandlungsprozess beteiligten Gruppen, allen voran

---

950 *Guttmann* bei Menz, ZInsO 2009, S. 710; *Ries*, ZInsO 2010, S. 512; *Westpfahl/Janjuah*, ZIP 2008, Beilage Heft 3, S. 4.

951 *Herzig*, Insolvenzplanverfahren, S. 150.

952 *Braun* in: Braun/Uhlenbruck, S. 669; *Herzig*, Insolvenzplanverfahren, S. 150; *Kammhuber/Karle* in: Haarmeyer II, S. 145; *Westpfahl/Janjuah*, ZIP 2008, Beilage Heft 3, S. 4.

953 *Herzig*, Insolvenzplanverfahren, S. 150.

954 So auch *Mönning*, Betriebsfortführung, Rn. 1097, der den Beteiligten zwar grundsätzlich von einer Berichterstattung durch die Presse abrät, eine öffentliche Kundgabe der Entscheidung über die Fortführung jedoch „ausnahmsweise“ zulässt.

den Schuldner, der jederzeit auf die Aufrechterhaltung der zwischen ihm und seinen Verhandlungspartnern entstandenen Homogenität hinzuwirken hat. Nur wenn die Beteiligten selbst die propagierte Einigkeit demonstrieren, verwirklichen sie die von ihnen angestrebte Perspektive der Steuerung, Beherrsch- und Planbarkeit des Sanierungsprozesses.

5. Teil: Zusammenfassung der Ergebnisse

1.

Der Schuldner kann seinen Gläubigern durch die Ausübung seines Planinitiativrechts aus § 218 Abs. 1 InsO einen eigenen Verwertungsvorschlag unterbreiten. Das Gesetz setzt ihm lediglich in geringem Maße inhaltliche und verfahrensrechtliche Grenzen. Mit der Bestellung eines (vorläufigen) Insolvenzverwalters wird die selbstbestimmte Ausübung praktisch unmöglich, da der nunmehr fremdbestimmte Schuldner in eine passive Position verdrängt wird.

Einzig seine Möglichkeit aus § 218 Abs. 1 S. 2 InsO hält für den Schuldner aussichtsreiche Gestaltungschancen und damit eine Perspektive der Einflussnahme bereit. Sie macht den Bereich zeitlich vor dem Insolvenzverfahren im Hinblick auf ein insolvenzrechtliches Handlungsinstrument nutzbar. Die Möglichkeit beinhaltet die Perspektive, aus einer agierenden Position heraus einen Verwertungsvorschlag zu gestalten und hierdurch steuernd auf das künftige Insolvenzverfahren einzuwirken.

2.

Das Modell des prepackaged plan entstammt der US-amerikanischen Rechtspraxis. In einem US-amerikanischen Sanierungssachverhalt besteht gemäß 11 USC § 1126 die Möglichkeit, bereits vor dem gerichtlichen Verfahren die Zustimmung oder Ablehnung zu einem ausgearbeiteten Reorganisationsplan zu erklären (sog. prepackaged bankruptcy). Die Bindung an die Zustimmung, die Abwicklung des Verfahrens durch den eigenverwaltenden Schuldner als gesetzlichem Regelfall und dessen Überwachung durch die Gläubiger machen ein prepackaged plan basiertes Reorganisationsverfahren nach Kapitel 11 des US-amerikanischen Bankruptcy Code für die Beteiligten beherrsch- und planbar. Die ohnehin gesetzlich eingeschränkten Wirkungsmöglichkeiten des Gerichts sind durch die Verhandlungen im Vorfeld weiter reduziert, so dass eine zügige und absprachegemäße Bestätigung des Plans herbeigeführt werden kann.

Im deutschen Recht existiert die Option einer prepackaged bankruptcy nicht. Vom Gesetzgeber in das Insolvenz- und Insolvenzplanverfahren eingebettete Informations- und Prüfungspflichten stehen der verbindlichen Erklärung der

Zustimmung zum Plan im Vorfeld des Verfahrens entgegen. Die Handlungsmöglichkeiten des Schuldners in einem deutschen Sanierungssachverhalt reduzieren sich auf die Erzielung einer positiven Zustimmungsprognose im Hinblick auf den ausgearbeiteten Insolvenzplan.

3.

Die Möglichkeit zur Präsentation eines eigenen Planvorschlags korrespondiert auch in einem deutschen Insolvenzsachverhalt mit dem Bedürfnis des Schuldners, tatsächlich Einfluss auf das Abstimmungsverhalten der Gläubiger zu nehmen. Wie der Insolvenzverwalter hat er im Hinblick auf die Abstimmung der Gläubiger über den Plan ein Interesse daran, die vorhandenen Positionen herauszufiltern und in einen mehrheitsfähigen Ausgleich zu bringen. Mittel hierzu ist die Durchführung eines Dialoges entsprechend § 218 Abs. 3 InsO zeitlich vor dem Insolvenzverfahren, dessen Resultat die positive Zustimmungsprognose betreffend die Planabstimmung bereithält. Der Durchführung steht nicht die Regelung des § 226 Abs. 3 InsO entgegen. Zwar unterfallen auch im Vorfeld erzielte Vereinbarungen ihrem Anwendungsbereich. Eine Offenlegung schuldet der Schuldner jedoch nur, wenn tatsächlich vermögenswerte Vorteile in Aussicht gestellt werden. Im Hinblick auf bloße Verhandlungen wird der Schuldner nicht zur Transparenz verpflichtet.

Die erzielte positive Zustimmungsprognose ist Ausgangspunkt der Beherrsch- und Planbarmachung des Insolvenzverfahrens. Im Zuge seiner Vorbereitung werden von den Beteiligten sämtliche plan- wie verfahrensrelevanten Punkte vollends geklärt. Sodann können jegliche Kapazitäten in die Vorbereitung der Umsetzung des Plankonzepts investiert werden. Zwar lässt dies den Zeitpunkt der verbindlichen Geltung der im Plan vorgesehenen Maßnahmen unberührt. Die Beteiligten legen jedoch den Grundstein für eine Absolvierung des Verfahrens innerhalb kürzester Zeit.

4.

Es lassen sich hinsichtlich der Gefahr, die das Gericht zur Anordnung vorläufiger Sicherungsmaßnahmen verpflichtet, zwei Ebenen unterscheiden. Durch den Eröffnungsantrag wird eine lediglich abstrakte Gefahr für die Masse ausgelöst, die nicht zur Erforderlichkeit von Sicherungsmaßnahmen führt. Die konkrete Gefährdung ist das Resultat eines unmittelbaren Schuldner- oder Gläubigerhandelns. Im Falle eines prepackaged plan ist das Risiko schuldnergesteuerter Gefährdungen nicht existent. Die Erforderlichkeit, den Schuldner in seiner Verfügungsberechtigung zu beschränken sowie einen vorläufigen Insolvenzverwalter oder vorläufigen

Sachwalter zu bestellen, besteht nicht. Schuldner und Gläubiger dokumentieren dies gegenüber dem Gericht. Ein Risiko kann lediglich durch einzelne Gläubiger verwirklicht werden. Dem können die sonstigen Beteiligten durch die Anregung bestimmter Sicherungsmaßnahmen begegnen.

Durch eine umfangreiche Vorbereitung können die Beteiligten den durch das Gericht zu leistenden zeitintensiven Prüfungsaufwand und damit die Gefahr masseschädigender Handlungen minimieren. Das Gericht hat auf eine zügige Entscheidung über den Insolvenzantrag hinzuwirken, eine Prüfungskompetenz im Hinblick auf den Plan kommt ihm nicht zu. Der Prüfungszeitraum ist auf die Zeit beschränkt, die das Gericht tatsächlich zur Entscheidung über den Eröffnungsantrag benötigt. Die Prüfung kann nicht auf einen Sachverständigen übertragen, der Zeitraum nicht verlängert werden. Eine entsprechende Möglichkeit kann im Falle des prepackaged plan nicht aus § 22 Abs. 1 S. 2 Nr. 3 InsO hergeleitet werden.

5.

Die Entscheidung über die Einsetzung eines vorläufigen Gläubigerausschusses und dessen personelle Zusammensetzung im Eröffnungsverfahren trifft das Gericht im Falle des Nichtvorliegens der Voraussetzungen gemäß § 22a Abs. 1 InsO nach Ausübung eines Ermessens. An den Grundsätzen der Erforderlichkeit und Verhältnismäßigkeit orientiert sich die Entscheidung nicht, da die Einsetzung des vorläufigen Gläubigerausschusses keine Sicherungsmaßnahme im Sinne der §§ 21 ff. InsO darstellt. Es entspricht den Interessen sowohl des Schuldners als auch der Gläubiger, den im Vorfeld initiierten Schuldner-Gläubiger-Dialog durch den vorläufigen Gläubigerausschuss fortbestehen zu lassen. Die beiden Gruppen machen im Falle des prepackaged plan von ihrem Antragsrecht nach § 22a Abs. 2 InsO Gebrauch und benennen dabei Personen, die im Vorfeld des Verfahrens an den Verhandlungen als Vertreter der einzelnen Interessengruppen beteiligt waren. Das Gericht kann von den Vorschlägen nur aus wichtigen Gründen abweichen.

6.

Die Anordnung der Eigenverwaltung ist ein wesentliches Instrument zur Beherrschbarmachung des formellen Verfahrens. Statt eines Insolvenzverwalters, der das Risiko der Nichtumsetzung der im Vorfeld vereinbarten Maßnahmen verkörpert, trägt der Schuldner selbständig dafür Sorge, dass die Voraussetzungen für eine absprachegemäße Umsetzung bereitet werden. Die Gläubiger verzichten auf einen mit umfangreichen Handlungsbefugnissen ausgestatteten Insolvenzverwalter. Die Rolle wird vom Schuldner sowie dessen Beratern eingenommen, die sinnbildlich für einen Wechsel in der schuldnerischen Geschäftspolitik und tatsächlich den Gläubigern als kompetente Ansprechpartner zur Verfügung stehen.

Die Auswahl des vom Gericht zu bestellenden Sachwalters orientiert sich an den in § 56 Abs. 1 InsO statuierten Grundsätzen. Der einstimmige Vorschlag einer Person durch den vorläufigen Gläubigerausschuss entsprechend § 56a Abs. 2 S. 1 InsO löst zulasten des Gerichts einen (zeit-)erheblichen Prüfungsaufwand im Hinblick auf das bedeutsame Kriterium der Unabhängigkeit aus. Ein Maximum an Einflussnahme hält für die Beteiligten die Option aus § 56a Abs. 2 S. 2 InsO bereit, da das Gericht das vom vorläufigen Gläubigerausschuss entwickelte Sachwalterprofil in der Regel nicht verwerfen kann. Dass eine bislang unbeteiligte Person zum Sachwalter bestellt wird, ist für die Beteiligten aufgrund ihrer dominanten Stellung in dem Sanierungsprozess hinnehmbar. Die Befugnisse des Sachwalters beschränken sich im Wesentlichen auf die Überwachung des Schuldners. Seine gestalterischen Wirkungsmöglichkeiten entfallen.

7.

Die Beteiligten müssen dafür Sorge tragen, dass die Anordnung der Eigenverwaltung bereits im Eröffnungsbeschluss erfolgt. Dies geschieht durch einen einstimmigen Beschluss des vorläufigen Gläubigerausschusses entsprechend § 270 Abs. 3 S. 2 InsO. In den sonstigen Fällen stellt sich § 270 Abs. 2 Nr. 2 InsO als entscheidende Voraussetzung im Zuge der gerichtlichen Prüfung dar. Im Hinblick auf die vom Gesetzgeber mit dem ESUG intendierte Stärkung der Eigenverwaltung sind erhöhte Anforderungen an eine Ablehnung des Antrags zu stellen. Dies äußert sich in einer Reduzierung der vom Gericht zu leistenden Ermittlungs- und Prüfungstätigkeiten. Die Ablehnung ist auf solche Fälle beschränkt, in denen konkrete Nachteile bekannt sind. Der Inhalt des vom Schuldner vorgelegten Insolvenzplans bleibt für die Entscheidung des Gerichts außen vor. Sein Vorliegen entfaltet lediglich eine Indizwirkung, als der Schuldner durch die interessenorientierte Planerarbeitung unter Beteiligung seiner Gläubigerschaft die Eigenschaften der Einsatzbereitschaft, Ernsthaftigkeit und Verantwortung nachgewiesen hat. Dies erhöht die Anforderungen an das Gericht, das Vorliegen gläubigergefährdender Nachteile zu bejahen. Der Schuldner kann eine solche Annahme dadurch erschweren, dass er jegliche Umstände, die als mögliche Anknüpfungspunkte für Nachteile dienen, von Anfang an widerlegt. An personelle Veränderungen auf der Geschäftsführungsebene ist die Anordnung nicht geknüpft.

8.

Das Amt des vom Gericht im Insolvenzeröffnungsverfahren eingesetzten vorläufigen Gläubigerausschusses endet mit der Eröffnung des Verfahrens. Seine Einsetzung im Eröffnungsbeschluss entsprechend § 67 InsO sichert die Aufrechterhaltung des im Vorfeld des Verfahrens initiierten und im Eröffnungsverfahren durch den vorläufigen Gläubigerausschuss fortgesetzten Dialoges. Es entspricht dem Interesse sowohl der Gläubiger als auch des Schuldners, die hierdurch begründete Handlungsfähigkeit aufrechtzuerhalten und durch gegenseitige Kommunikations- und Kontrollprozesse zu effektiveren. Die Gläubiger können bereits mit der Einreichung des Eröffnungsantrags Stellungnahmen beibringen, in denen sie erklären, dass sie in der ersten Gläubigerversammlung nicht nur für die generelle Einsetzung eines Gläubigerausschusses, sondern auch unter Beibehaltung der bisherigen personellen Zusammensetzung stimmen werden. Dies hat das Gericht im Falle der Mehrheitsfähigkeit bei seiner Entscheidung zu berücksichtigen. Im eröffneten Verfahren unterstützt der Gläubigerausschuss den erst mit Verfahrenseröffnung bestellten Sachwalter bei der Einarbeitung in den Sachverhalt.

9.

Eine zügige Herbeiführung einer Entscheidung über den Plan bedingt die Absolvierung des Verfahrens innerhalb der gesetzlichen Mindestfristen. Die umfangreiche Vorbereitung im Rahmen der vorbereitenden Verhandlungen minimiert den Kommunikations- und Handlungsbedarf im eröffneten Verfahren. Das Gericht kann die Frist zur Anmeldung der Forderungen nach § 28 Abs. 1 S. 2 InsO auf den Mindestzeitraum von zwei Wochen beschränken. Von der Möglichkeit, den Berichts- und Prüfungstermin nach § 29 Abs. 2 zu verbinden und diesen über die Option aus § 236 S. 2 InsO auch mit dem Erörterungs- und Abstimmungstermins zusammenzulegen, ist im Falle des prepackaged plan Gebrauch zu machen.

Die Festlegung und Bekanntmachung des Erörterungs- und Abstimmungstermins nach § 235 InsO schließt sich an die erfolgreiche Vorprüfung des Plans im Sinne des § 231 InsO an. Dass bereits die Stellungnahmen nach § 232 InsO vorliegen und der Plan in der Geschäftsstelle des Gerichts zur Einsicht gemäß § 234 InsO ausliegt, ist nicht Voraussetzung. Die Stellungnahmen können schon vor Abschluss der gerichtlichen Prüfung nach § 231 InsO, im Falle des Betriebsrats und des Sprecherausschusses der leitenden Angestellten sogar vor der Stellung des Eröffnungsantrags, eingeholt werden.

10.

Die Erteilung der Zustimmung zum Plan stellt den letzten von den Beteiligten zu leistenden aktiven Beitrag zur Herbeiführung von dessen Rechtsverbindlichkeit dar. In Anbetracht der von den Beteiligten vollumfassend geklärten Lage bestehen keine Handlungs- und Kommunikationsbedürfnisse mehr. Die Auseinandersetzung mit dem konkreten Insolvenzsachverhalt beschränkt sich auf die Auseinandersetzung mit dem erarbeiteten Insolvenzplan.

Da weder grundsätzliche Zielbestimmungen noch planspezifische Erörterungs- und Modifikationsakte erforderlich sind, stellt die Abstimmung über den Plan den bedeutsamen Teil des Termins dar. Die Beteiligten haben dafür Sorge zu tragen, dass die zustimmungswilligen Gläubiger an der Abstimmung teilnehmen. Andernfalls ist eine Stimmabgabe im Wege der Vertretung sicherzustellen.

11.

Das Gericht bestätigt mangels Prüfungsbedarfs den Insolvenzplan noch im gemeinsamen Berichts-, Prüfungs-, Erörterungs- und Abstimmungstermin. Gründe und Bedürfnisse für die Einlegung von Rechtmitteln bestehen im Falle des prepackaged plan nicht, so dass die Planbestätigung nach zwei Wochen Rechtskraft erlangt und das Gericht das Insolvenzverfahren aufhebt.

Im gestaltenden Teil des Plans können die Beteiligten eine Überwachung der Planerfüllung durch den Schuldner nach Aufhebung des Insolvenzverfahrens vorsehen und anhand der Gegebenheiten des Einzelfalls individuell ausgestalten. Die vor und während des Verfahrens stattfindenden Kommunikationsprozesse als Basis des gemeinschaftlichen Handelns werden insoweit über das formelle Verfahren hinaus fortgesetzt. Die vormaligen Mitglieder des formell nicht mehr existierenden Gläubigerausschusses bilden ein Überwachungskomitee. Zugleich wird zwecks Durchführung der Überwachung ein Sachwalter bestellt. Für dieses Amt eignet sich ein Berater des Schuldners, der Einsicht in die Geschäftsführung und Planumsetzung nehmen kann ohne selbige zu beeinträchtigen.

12.

Die Beteiligung sämtlicher Gläubiger an den Planverhandlungen zeitlich vor dem Insolvenzverfahren kommt lediglich in Sachverhalten mit kleiner Gläubigerzahl in Betracht. In den anderen Fällen liegt es am Schuldner, effektive Gespräche durch die Bildung von Verhandlungsgremien zu ermöglichen. Das Gesetz gibt in § 222 InsO durch das Erfordernis zur Einteilung der Gläubigerschaft in Gruppen mit unterschiedlichen Rechtsstellungen ein rechtliches Kriterium vor. Neben das rechtliche tritt ein personelles Kriterium, das die Grundlage für die

Verteilung der Verhandlungskompetenz auf einzelne Personen bereitet. Der Schuldner hat dafür Sorge zu tragen, dass die Verhandlungsführer einen nachhaltigen Konsens gewährleisten. Als ideal hierfür erweisen sich die Gruppengläubiger mit hohen Forderungen und großem Einfluss, sog. Hauptgläubiger.

Neben den in § 222 Abs. 1 InsO genannten Pflichtgruppen beteiligt der Schuldner solche Interessengruppen, die für einen nachhaltigen Sanierungserfolg im Hinblick auf das Insolvenzverfahren und zeitlich darüber hinaus von Bedeutung sind. Das Verfahren und das Gelingen des Insolvenzplans beherrsch- und planbar zu machen erfordert, jegliche potentielle Gefährdungsquellen durch die Beteiligung an den Verhandlungen auszuschließen. Deshalb beteiligt der Schuldner die Kleingläubiger und Arbeitnehmer, den Betriebsrat, den PSVaG, den Sprecherausschuss der leitenden Angestellten, die aussonderungsberechtigten Gläubiger und das Insolvenzgericht. Hierdurch wird der Kommunikationsbedarf gesteigert. Korrekturen können über plantaktische Gestaltungen erreicht werden.

13.

Eine Perspektive der Steuerung und Beherrschung ist ausschließlich durch die Einbindung sämtlicher Hauptgläubiger zu erreichen. Der Schuldner muss verhindern, dass sich einige von diesen mit Bekanntwerden seiner wirtschaftlichen Schieflage und der angestrebten Planverhandlungen in eine rein vermögenssichernde Position begeben, die womöglich in der Einschränkung oder Kündigung der Geschäftsbeziehungen gipfelt. Anknüpfungspunkt hierbei ist das bei den Hauptgläubigern mit Bekanntwerden entstehende Informationsbedürfnis, das der Schuldner durch die gesteuerte Preisgabe von Informationen zugunsten einer Entscheidung für den Sanierungsprozesses befriedigen kann.

14.

Ein prepackaged plan trägt dem einer Sanierung innewohnenden Beschleunigungsbedürfnis im Hinblick auf das formelle Verfahren Rechnung. Die zügige Absolvierung des Verfahrens beinhaltet bei Gesamtbetrachtung nur dann den anvisierten Zeitgewinn, wenn für die Planvorbereitung und -erarbeitung im Vorfeld nicht ein Mehr an Zeit zusätzlich aufgewendet wurde. Mittel des Schuldners zur Beschleunigung des gesamten Sanierungsprozesses ist die Erstellung eines Ablaufplans. Der Ablaufplan ist für ihn ein weiteres Instrument zur Steuerung und Planung. Er setzt den Beteiligten zeitliche Grenzen für sämtliche auf dem Weg zur Planbestätigung zu absolvierende Etappen.

Spätestens mit der öffentlichen Bekanntmachung der Verfahrenseröffnung, in der Regel bereits mit der Konfrontation der Arbeitnehmer sowie der Verhandlungspartner lässt sich ein Bekanntwerden der wirtschaftlichen Schieflage des

Schuldners und den Planverhandlungen nicht mehr verhindern. Agierende Handlungsräume zu wahren und reagierende zu vermeiden bedingen, selbstbestimmt den Informationsfluss gegenüber den bisher unbeteiligten Gläubigern sowie der Öffentlichkeit zu steuern. Grundlage ist ein Insolvenzmarketing. Es ermöglicht und verknüpft Transparenz, Teilhabe, Vertrauensbildung und strategische Gestaltungsspielräume im Interesse eines von den Beteiligten umfassend beherrschten Prozesses.

Literaturverzeichnis

Achsnick, Jan
Options-Modelle im Insolvenzplanverfahren
Berlin 2002

Andres, Dirk/ Leithaus, Rolf
Insolvenzordnung
2. Auflage, München 2011
[zitiert: Andres/Leithaus-*Bearbeiter*]

Arbeitskreis für Insolvenz- und Schiedsgerichtswesen e.V., Köln (Hrsg.)
Kölner Schrift zur Insolvenzordnung
2. Auflage, Herne [u.a.] 2000
[zitiert: *Verfasser* in: KS]

Bales, Klaus
Insolvenzplan und Eigensanierung – Chancen für einen Neustart im Rahmen der Sanierung und Insolvenz
NZI 2008, S. 216-221

Balz, Manfred
Aufgaben und Struktur des künftigen einheitlichen Insolvenzverfahrens
ZIP 1988, S. 273-294

Barre, Marcus
Der single asset real estate case im deutschen Insolvenzplanverfahren
Marburg 2007

Bauer, Stephan
Mass Tort Bankruptcies – Masseschadeninsolvenzen nach dem Chapter 11 Verfahren des US Bankruptcy Code
DAJV-Newsletter 2009, S. 102-107

Beck, Siegfried/ Depré, Peter
Praxis der Insolvenz: Ein Handbuch für die Beteiligten und ihre Berater
2. Auflage, München 2010
[zitiert: *Verfasser* in: Beck/Depré]

Becker, Christoph — Insolvenzrecht
2. Auflage, Köln [u.a.] 2008

Bergau, Sabine/ Schmeisser, Wilhelm — Sanierung eines Bauträgers: Ansätze im Rahmen des Insolvenzplanverfahrens
DStR 2001, S. 270-276

van Betteray, Wolfgang/ Delhaes, Wolfgang (Hrsg.) — Festschrift für Friedrich Wilhelm Metzeler: zum 70.Geburtstag
Köln 2003
[zitiert: *Verfasser* in: FS Metzeler]

Bhandari, Jagdeep S./ Weiss, Lawrence A. — Corporate bankruptcy: economic and legel perspectives
Cambridge 1996
[zitiert: *Verfasser* in: Bhandari/Weiss]

Bichlmeier, Wilhelm — Die Verhinderung der Eigenverwaltung mittels einer Schutzschrift
DZWir 2000, S. 62-67

Blomeyer, Wolfgang/ Rolfs, Christian/ Otto, Klaus (Hrsg.) — Betriebsrentengesetz: Gesetz zur Verbesserung der betrieblichen Altersversorgung
5. Auflage, München 2010
[zitiert: *Verfasser* in: Blomeyer/Rolfs/Otto]

Bork, Reinhard — Der Insolvenzplan
ZZP 1996, S. 473-486

–. — Einführung in das Insolvenzrecht
5. Auflage, Tübingen 2009

Bork, Reinhard/ Koschmieder, Kurt-Dieter (Hrsg.) — Fachanwaltshandbuch Insolvenzrecht
Köln 2003
[zitiert: *Verfasser* in: Bork/Koschmieder]

Braun, Eberhard (Hrsg.) — Insolvenzordnung
4. Auflage, München 2010
[zitiert: Braun-*Bearbeiter*]

Braun, Eberhard/ Heinrich, Jens
Auf dem Weg zu einer (neuen) Insolvenzkultur in Deutschland – Ein Beitrag zu dem Regierungsentwurf für ein Gesetz zur weiteren Erleichterung der Sanierung von Unternehmen
NZI 2011, S. 505-517

Braun, Eberhard/ Uhlenbruck, Wilhelm
Unternehmensinsolvenz
Düsseldorf 1997
[zitiert: *Verfasser* in: Braun/Uhlenbruck]

Breuer, Wolfgang
Das neue Insolvenzrecht
München 1998

Brinkmann, Moritz
Wege aus der Insolvenz eines Unternehmens – oder: Die Gesellschafter als Sanierungshindernis
WM 2011, S. 97-103

Brinkmann, Moritz/ Zipperer, Helmut
Die Eigenverwaltung nach dem ESUG aus Sicht von Wissenschaft und Praxis
ZIP 2011, S. 1337-1347

Buchalik, Robert
Faktoren einer erfolgreichen Eigenverwaltung
NZI 2000, S. 294-301

Burger, Anton/ Schellberg, Bernhard
Der Insolvenzplan im neuen Insolvenzrecht
DB 1994, S. 1833-1837

Buth, Andrea K./ Hermanns, Michael (Hrsg.)
Restrukturierung, Sanierung, Insolvenz
3. Auflage, München 2009
[zitiert: *Verfasser* in: Buth/Hermanns]

De Angelis, Marco/ Bodenbrenner, Hans-Joachim
Unternehmensinsolvenz – Anforderungen an Geschäftsführer und Vorstand
MDR 2003, S.1145-1151

Denkhaus, Stefan Ulrich
Betriebsfortführung und Eigensanierungspläne bei insolventen Bauunternehmen
ZInsO 1999, S. 216-220

Desch, Wolfram — Schutzschirmverfahren nach dem RegE-ESUG in der Praxis
BB 2011, S. 841-846

Dudenredaktion (Hrsg.) — Duden, Deutsches Universalwörterbuch
7. Auflage, Mannheim [u.a.] 2011
[zitiert: Duden, Deutsches Universalwörterbuch]

Ebbing, Frank — Gläubigerbanken in der Unternehmenskrise
KTS 1996, S. 327-358

Ehlers, Harald — Sanierung mit oder ohne Insolvenz
ZInsO 2010, S. 257-265

Ehlers, Harald/ Schmid-Sperber, Reinhold — Musterinsolvenzplan für Freiberufler bei Vermögensverfall
ZInsO 2008, S. 879-888

Ehricke, Ulrich — Sicherungsmaßnahmen bei Antrag auf Anordnung einer Eigenverwaltung, insbesondere zur Person des vorläufigen Sachwalters
ZIP 2002, S. 782-789

Eidenmüller, Horst — Mediationstechniken bei Unternehmenssanierungen
BB 1998, Beilage 10, S. 19-25

–. — Unternehmenssanierung zwischen Markt und Gesetz: Mechanismen der Unternehmensreorganisation und Kooperationspflichten im Reorganisationsrecht
Köln 1999

Engberding, Antonius — Was leistet der Insolvenzplan im neuen Insolvenzrecht?
DZWir 1998, S. 94-98

Fassbach, Burkhard — Die cram down power des amerikanischen Konkursgerichts im Reorganisationsverfahren nach Chapter 11 des Bankruptcy Code: Vor-

bild für das Obstruktionsverbot in der deutschen Insolvenzordnung
Frankfurt/Main [u.a.] 1997

Flessner, Axel Sanierung und Reorganisation
Tübingen 1982

Flöther, Lucas/ Smid, Stefan/ Wehdeking, Silke Die Eigenverwaltung in der Insolvenz
München 2005
[zitiert: *Verfasser* in: Flöther/Smid/Wehdeking]

Foerste, Ulrich Insolvenzrecht
5. Auflage, München 2010

Forum Insolvenzrecht (Hrsg.) Festschrift für Helgi Heumann: zum 60. Geburtstag am 26. Dezember 2005
Dresden 2006
[zitiert: *Verfasser* in: FS Heumann]

Frege, Michael C. Die Rechtsstellung des Gläubigerausschusses nach der Insolvenzordnung (InsO)
ZGR 1999, S. 478-484

Frege, Michael C./ Keller, Ulrich/ Riedel, Ernst Insolvenzrecht
7. Auflage, München 2008

Frind, Frank Die Grenze zwischen Gestaltung und Manipulation im Insolvenzplanverfahren
NZI 2007, S. 374-378

–. Problemanalyse zum RefE „ESUG" – Teil 1
Eine Durchsicht des Referentenentwurfs zum „ESUG" aus gerichtlicher Sicht mit aufgezeigten Interpretations- und Optionsmöglichkeiten
ZInsO 2011, S. 373-381

Fröhlich, Andreas/ Bächstädt, Christian Nicolas Erfolgsaussichten eines Insolvenzplans in Eigenverwaltung
ZInsO 2011, S. 985-991

Gerloff, Christian Funktionen und Aufgaben des Insolvenzgerichts
Baden-Baden 2008

Gerster, Erwin Insolvenzplan „das unbekannte Wesen“ oder „der Maßanzug des Insolvenzrechts?“
ZInsO 2008, S. 437-445

Götker, Uwe Der Geschäftsführer in der Insolvenz der GmbH: der Einfluss der Insolvenzordnung auf die Rechts- und Pflichtenstellung eines GmbH-Geschäftsführers
Köln 1999

Gottwald, Peter (Hrsg.) Insolvenzrechts-Handbuch
4. Auflage, München 2010
[zitiert: *Verfasser* in: Gottwald]

Graf, Ulrich/ Wunsch, Irene Eigenverwaltung und Insolvenzplan – gangbarer Weg in der Insolvenz von Freiberuflern und Handwerkern?
ZIP 2001, S. 1029-1040

Grub, Volker Insolvenzplan und Eigenverwaltung
AnwBl. 2000, S. 580-583

Gulde, Volker Die Anordnung der Eigenverwaltung durch das Insolvenzgericht im Eröffnungsbeschluss
Köln 2005

Gundlach, Ulf/ Frenzel, Volkhard/ Schmidt, Nikolaus Die Einladung zur Sitzung des Gläubigerausschusses
NZI 2005, S. 304-308

Haarmeyer, Hans Verfahrensrechtliche Voraussetzungen für die Anordnung von Sicherungsmaßnahmen
ZInsO 2001, S. 203-210

–. (Hrsg.) Sanierungs- und Insolvenzmanagement I: Grundlagen und Methoden
Remagen 2009
[zitiert: *Verfasser* in: Haarmeyer I]

–. (Hrsg.)
Sanierungs- und Insolvenzmanagement II: Grundlagen und Methoden
Remagen 2009
[zitiert: *Verfasser* in: Haarmeyer II]

Haarmeyer, Hans/ Wutzke, Wolfgang/ Förster, Karsten
Handbuch zur Insolvenzordnung
3. Auflage, München 2001
[zitiert: *H/W/F*, Handbuch]

–.
PräsenzKommentar zur Insolvenzordnung
Münster 2010
[zitiert: H/W/F-*Bearbeiter*]

Häsemeyer, Ludwig
Insolvenzrecht
4. Auflage, Köln/München 2007

Haft, Fritjof/ v. Schlieffen, Katharina Gräfin (Hrsg.)
Handbuch Mediation: Verhandlungstechnik, Strategien, Einsatzgebiete
2. Auflage, München 2009
[zitiert: *Verfasser* in: Haft/Schlieffen]

Happe, Eike
Die Rechtsnatur des Insolvenzplans
Köln [u.a.] 2004

Henckel, Wolfram
Deregulierung im Insolvenzverfahren?
KTS 1989, S. 477-494

Hermanns, Michael/ Buth, Andrea K.
Der Insolvenzplan als Sanierungsplan
DStR 1997, S. 1178-1184

Herzig, Dirk
Das Insolvenzplanverfahren
Frankfurt/Main [u.a.] 2001

Hess, Harald
Insolvenzrecht Großkommentar
Heidelberg 2007
[zitiert: Hess-*Bearbeiter*]

–.
Vom Sanierungskonzept zum Insolvenzplan
WPg. 2009, S. 299-304

Hess, Harald/ Obermüller, Manfred
Insolvenzplan, Restschuldbefreiung und Verbraucherinsolvenz
3. Auflage, Heidelberg 2003
[zitiert: *Verfasser* in: Hess/Obermüller]

Hess, Harald/ Weis, Michaela
Die sachgerechte Abgrenzung der Gläubigergruppen nach der InsO
InVo 1998, S. 64-68

–.
Der Insolvenzplan
WM 1998, S. 2349-2362

Hess, Harald/ Weis, Michaela/ Wienberg, Rüdiger
Insolvenzordnung
2. Auflage, Heidelberg 2001
[zitiert: H/W/W-*Bearbeiter*]

Hirte, Heribert
Restrukturierung nach der InsO: Gesetzesplan, Fehlstellen und Reformansätze innerhalb einer umfassenden InsO-Novellierung
ZGR 2010, S. 224-247

Hölzle, Gerrit
Die „erleichterte Sanierung von Unternehmen" in der Normenkultur der InsO – ein hehres Regelungsziel des Ref-ESUG
NZI 2011, S. 124-131

Hölzle, Gerrit/ Pink, Andreas
Mezzanine-Programme und Gestaltungspotential der Sanierungseigenverwaltung im ESUG
ZIP 2011, S. 360-368

Hofmann, Matthias
Die Eigenverwaltung in der Insolvenz: Darstellung eines Rechtsinstituts unter besonderer Berücksichtigung des Gesellschaftsinsolvenzrechts
Frankfurt a. M. [u.a.] 2006

–.
Die Eigenverwaltung insolventer Kapitalgesellschaften im Konflikt zwischen Gesetzeszweck und Insolvenzpraxis
ZIP 2007, S. 260-264

–.	Die Vorschläge des DiskE-ESUG zur Eigenverwaltung und zur Auswahl des Sachwalters – Wege und Irrwege zur Erleichterung von Unternehmenssanierungen NZI 2010, S. 798-805
Huhn, Christoph	Die Eigenverwaltung im Insolvenzverfahren Köln 2003
Huntemann, Eva/ Brockdorff, Christian Graf (Hrsg.)	Der Gläubiger im Insolvenzverfahren Berlin [u.a.] 1999 [zitiert: *Verfasser* in: Huntemann/Brockdorff]
Jaeger, Ernst (Hrsg.)	Konkursordnung 8. Auflage, Berlin 1958-1973 [zitiert: Jaeger-*Bearbeiter*]
Kaltmeyer, Christoph	Der Insolvenzplan als Sanierungsmittel des Schuldners – Unter Berücksichtigung des EGInsOÄndG v. 19.12.1998 (Teil I) ZInsO 1999, S. 255-266
Kammel, Volker/ Staps, Christian	Insolvenzverwalterauswahl und Eigenverwaltung im Diskussionsentwurf für ein Sanierungserleichterungsgesetz NZI 2010, S. 791-797
–.	Der Insolvenzplan als Sanierungsmittel des Schuldners – Unter Berücksichtigung des EGInsOÄndG v. 19.12.1998 (Teil II) ZInsO 1999, S. 316-324
Kassing, Uwe	Mediation im Insolvenzplanverfahren – Eine Verhandlungstechnik zur Durchsetzung von Insolvenzplänen? ZInsO 1999, S. 266-270
Kautzsch, Christof	Unternehmenssanierung im Insolvenzverfahren Lohmar [u.a.] 2001

Keller, Ulrich Insolvenzrecht
München 2006

Kersting, Andrea Die Stellung der Gläubiger im Insolvenzplanverfahren
München 1999

Kessler, Nicholas Die Aktiengesellschaft in der Eigenverwaltung
Berlin 2006

Kindler, Peter/ Nachmann, Josef (Hrsg.) Handbuch Insolvenzrecht in Europa
München 2010
[zitiert: *Verfasser* in: Kindler/Nachmann]

Koch, Asja Die Eigenverwaltung nach der Insolvenzordnung
Frankfurt a. M. [u.a.] 1998

Köster, Malte Die Bestellung des Insolvenzverwalters
Baden-Baden 2005

Kranzusch, Peter Die Eigenverwaltung im Insolvenzverfahren – Anwendung und Hindernisse
ZInsO 2008, S. 1346-1354

Kreft, Gerhard Heidelberger Kommentar zur Insolvenzordnung
6. Auflage, Heidelberg 2011
[zitiert: HK-*Bearbeiter*]

Kübler, Bruno M./ Prütting, Hanns/ Bork, Reinhard (Hrsg.) Insolvenzordnung
Köln 1998
[zitiert: Kübler/Prütting-*Bearbeiter*]

Kußmaul, Rolf/ Steffan, Bernhard Insolvenzplanverfahren: Der prepackaged plan als Sanierungsvariante
DB 2000, S. 1849-1853

Leonhardt, Peter/ Smid, Stefan/ Zeuner, Mark (Hrsg.) Insolvenzordnung
3. Auflage, Stuttgart 2010
[zitiert: LSZ-*Bearbeiter*]

v. Leoprechting, Gunter/ Ziechmann, Patrick Entscheidungsprozesse im Insolvenzverfahren
Herne [u.a.] 1999
[zitiert: *Verfasser* in: v. Leoprechting/ Ziechmann]

Liebig, Max/ Witt, Peter Unternehmenssanierung: Vor oder nach der Insolvenz?
DB 2011, S. 1929-1935

Lüke, Wolfgang Anmerkung zu LG Cottbus
ZIP 2001, S. 2189-2190

Madaus, Stephan Der Insolvenzplan – Von seiner dogmatischen Deutung als Vertrag und seiner Fortentwicklung in eine Bestätigungsinsolvenz
Tübingen 2010

–. Aktivierung des Planverfahrens als Sanierungsverfahren durch Zulassung einer Bestätigungsinsolvenz (pre-voted bankruptcy)
NZI 2010, S. 622-627

Marotzke, Wolfgang Das Unternehmen in der Insolvenz: Fortführung und Veräußerung zwischen Eröffnungsantrag und Berichtstermin
Neuwied [u. a] 2000

Maus, Karl Heinz Schuldnerstrategien in der Unternehmensinsolvenz (Teil II)
DStR 2002, S. 1104-1108

Menz, Konrad Bericht zum 1. Bundeskongress „Sanierung nach Plan“, vom 19.03.2009, Bonn
ZInsO 2009, S. 708-711
[zitiert: *Referent* bei Menz, ZInsO 2009]

Möhlmann, Thomas Grundzüge der US-amerikanischen Berichterstattung im insolvenzrechtlichen Reorganisationsverfahren
KTS 1997, S. 1-48

Mönning, Rolf-Dieter Betriebsfortführung in der Insolvenz
Köln 1997

Mohrbutter, Harro/ Ringstmeier, Andreas (Hrsg.) Handbuch der Insolvenzverwaltung
8. Auflage, Köln [u.a.] 2007
[zitiert: *Bearbeiter* in: Mohrbutter/ Ringstmeier]

Münchener Kommentar Insolvenzordnung
2. Auflage, München 2008
[zitiert: MüKo-*Bearbeiter*]

Nerlich, Jörg/ Kreplin, Georg (Hrsg.) Münchener Anwaltshandbuch Sanierung und Insolvenz
München 2006
[zitiert: *Verfasser* in: Nerlich/Kreplin]

Nerlich, Jörg/ Römermann, Volker (Hrsg.) Insolvenzordnung
München 1999
[zitiert: Nerlich/Römermann-*Bearbeiter*]

Obermüller, Manfred Insolvenzrecht in der Bankpraxis
7. Auflage, Köln 2007

–. Der Gläubigerausschuss nach dem „ESUG“
ZInsO 2012, S. 18-25

Oelrichs, Carsten P. Gläubigermitwirkung und Stimmverbote im neuen Insolvenzverfahren
Köln [u.a.] 1999

Oppenländer, Frank/ Trölitzsch, Thomas (Hrsg.) GmbH-Geschäftsführung
München 2004
[zitiert: *Bearbeiter* in: Oppenländer/ Trölitzsch]

Pape, Gerhard Gläubigerbeteiligung im Insolvenzverfahren
Berlin 2000

–. Erleichterung der Sanierung von Unternehmen durch Stärkung der Eigenverwaltung
ZInsO 2010, S. 1582-1596

Pape, Gerhard/ Uhlenbruck, Wilhelm	Insolvenzrecht München 2002
Paulus, Christoph G.	Die Insolvenz als Sanierungschance – ein Plädoyer ZGR 2005, S. 309-326
–.	Deutschlands langer Weg in die insolvenzrechtliche Moderne – Auf der Suche nach einer Sanierungskultur (Rescue Culture) – WM 2011, S. 2205-2210
Piepenburg, Horst	Die Aufgabenverteilung im eigenverwalteten Insolvenzplanverfahren WPg. 2011, Sonderheft, S. 18-20
Pohlmann, Ulrich	Befugnisse und Funktionen des vorläufigen Insolvenzverwalters Köln 1998
Prütting, Hanns/ Gehrlein, Markus (Hrsg.)	Zivilprozessordnung 3. Auflage, Köln 2011 [zitiert: Prütting/Gehrlein-*Bearbeiter*]
Rattunde, Rolf	Sanierung von Großunternehmen durch Insolvenzpläne – Der Fall Herlitz ZIP 2003, S. 596-600
Ries, Stephan	Klartext: Intelligentia – providentia: Für Qualität in der Insolvenzabwicklung und gegen eine Diffamierung der Berufsgruppe ZInsO 2010, S. 512-513
Riggert, Rainer	Das Insolvenzplanverfahren – Strategische Probleme aus der Sicht absonderungsberechtigter Banken WM 1998, S. 1521-1525
Rotstegge, Jochen P.	Konzerninsolvenz: Die verfahrensrechtliche Behandlung von verbundenen Unternehmen nach der Insolvenzordnung Baden-Baden 2007

Runkel, Hans P. (Hrsg.) Anwalts-Handbuch Insolvenzrecht
Köln 2005
[zitiert: *Verfasser* in: Runkel]

Schiessler, Wolfram Der Insolvenzplan
Bielefeld 1997

Schlegel, Stephan Die Eigenverwaltung in der Insolvenz
Berlin 1999

–. Insolvenzantrag und Eigenverwaltungsantrag bei drohender Zahlungsunfähigkeit
ZIP 1999, S. 954-959

Schluck-Amend, Alexandra/ Walker, Thilo Neue Haftungsrisiken für GmbH-Geschäftsführer durch Pflicht zur Erstellung eines Insolvenzplans?
GmbHR 2001, 375-381

Schmidt, Andreas (Hrsg.) Hamburger Kommentar zum Insolvenzrecht
3. Auflage, Münster 2009
[zitiert: HambKom-*Bearbeiter*]

Schmidt, Karsten Wege zum Insolvenzrecht der Unternehmen: Befunde, Kritik, Perspektiven
Köln 1990

Schmidt, Karsten / Uhlenbruck, Wilhelm (Hrsg.) Die GmbH in Krise, Sanierung und Insolvenz
4. Auflage, Köln 2009
[zitiert: *Verfasser* in Schmidt/Uhlenbruck]

Schmittmann, Jens Sanierung mittels Insolvenzplanverfahren
VR 2009, S. 289-295

Schmittmann, Jens/ Dannemann, Dirk Gesetz zur erleichterten Sanierung von Unternehmen
VR 2012, S. 73-80

Schmittmann, Jens/ Theurich, Holger/ Brune, Tim Das insolvenzrechtliche Mandat
3. Auflage, Bonn 2009
[zitiert: *Verfasser* in: S/T/B]

Schmudde, Betina/ Vorwerk, Sabine	Die Facetten des Insolvenzplanverfahrens – eine Gesamtschau ZInsO 2006, S. 347-352
Schreiber, Werner/ Herbst, Christoph	Insolvenzplanverfahren mit Hürden ZInsO 2008, S. 435-437
Schuhmacher, Elmar/ Thiemann, Stephan	Mediation und neues Insolvenzrecht – Möglichkeiten und Grenzen alternativer Konfliktlösungen im Insolvenzverfahren DZWir 1999, S. 441-446
Schunke, Michael	Chance trotz Insolvenz DZWir 1999, S. 284-286
Seagon, Christopher/ Wiester, Roland	Erste praktische Erfahrungen mit der Insolvenzordnung aus Verwaltersicht ZInsO 1999, S. 627-632
Seide, Christian/ Brosa, Christine	Das Auswahlverfahren für Insolvenzverwalter im Lichte der Gläubigerautonomie ZInsO 2008, S. 769-776
Skauradszun, Dominik	(Kein) Reformbedarf bei der Eigenverwaltung nach §§ 270 ff. InsO DZWir 2010, S. 365-268
Smid, Stefan	Zum Recht der Planinitiative gem. § 218 InsO WM 1996, S. 1249-1254
–.	Kontrolle der sachgerechten Abgrenzung der Gläubigergruppen im Insolvenzplanverfahren InVo 1997, S. 169-179
–.	Sanierungsverfahren nach neuem Insolvenzrecht WM 1998, S. 2489-2515
–.	Praxishandbuch Insolvenzrecht 5. Auflage, Berlin 2007

–. Große Reform oder Beseitigung der Insolvenzordnung durch ein neues Konkursverfahren?
DZWir 2010, S. 397-408

–. Stärkung des Gläubigereinflusses und die Bestellung des Insolvenzverwalters im Spiegel der mit dem RegE des ESUG vorgesehenen Neuregelungen
WPg. 2011, Sonderheft, S. 8-13

Smid, Stefan/ Nellessen, Eckehard Acht Thesen zum Verhältnis der Aufgaben von Insolvenzgericht und Insolvenzverwalter zu den verfahrensrechtlichen Befugnissen des Schuldners im neuen Insolvenzverfahren
InVo 1998, S. 113-117

Smid, Stefan/ Rattunde, Rolf Der Insolvenzplan
2. Auflage, Stuttgart 2005

Spies, Jörg Insolvenzplan und Eigenverwaltung – Sanierungsansatz zur Krisenbewältigung bei Unternehmen mittlerer Größe
ZInsO 2005, S. 1254-1259

Steffan, Bernhard Sanierung in der Insolvenz
WPg. 2003, Sonderheft, S. 148-163

Uhlenbruck, Wilhelm Die neue Insolvenzordnung (II) – Auswirkungen auf das Recht der GmbH und GmbH & Co. KG
GmbHR 1995, S. 195-211

–. Das neue Insolvenzrecht als Herausforderung für die Beratungspraxis
BB 1998, S. 2009-2021

–. Gerichtliche oder außergerichtliche Sanierung ? – Eine Schicksalsfrage Not leidender Unternehmen
BB 2001, S. 1641-1648

–. Die Rechtsstellung des Geschäftsführers in der GmbH-Insolvenz
GmbHR 2005, S. 817-832

–. (Hrsg.) Insolvenzordnung
13. Auflage, München 2010
[zitiert: Uhlenbruck-*Bearbeiter*]

Undritz, Sven-Holger Restrukturierung in der Insolvenz
ZGR 2010, S. 201-217

Vallender, Heinz Eigenverwaltung im Spannungsfeld zwischen Schuldner- und Gläubigerautonomie
WM 1998, S. 2129-2139

–. Rechtsstellung und Aufgaben des Gläubigerausschusses
WM 2002, S. 2040-2049

–. Gesetz zur weiteren Erleichterung der Sanierung von Unternehmen (ESUG) – Änderungen des Insolvenzeröffnungsverfahrens
ZInsO 2012, S. 61-65

–. Gesetz zur weiteren Erleichterung der Sanierung von Unternehmen (ESUG) – Das reformierte Plan- und Eigenverwaltungsverfahren
ZInsO 2012, S. 125-129

Warrikoff, Alexander Gestaltungsmöglichkeiten im Insolvenzplan
KTS 1997, S. 527-552

Wehdeking, Silke Masseverwaltung durch den insolventen Schuldner
Berlin 2005

Wehdeking, Silke/ Smid, Stefan Soll die Anordnung der Eigenverwaltung voraussetzen, dass der Schuldner dem Insolvenzgericht einen „pre-packaged“ Insolvenzplan vorlegt? – Zum Junktim von Eigenverwaltung und Insolvenzplan –
ZInsO 2010, S. 1713-1717

Weisemann, Ulrich/ Smid, Stefan (Hrsg.)
Handbuch Unternehmensinsolvenz
Köln 1999
[zitiert: *Verfasser* in: Weisemann/Smid]

Wellensiek, Jobst
Ein Jahr Insolvenzordnung – Erste Praxiserfahrungen mit dem neuen Recht
BB 2000, S. 1-8

Westpfahl, Lars/ Janjuah, Riaz K.
Zur Modernisierung des deutschen Sanierungsrechts
ZIP 2008, Beilage Heft 3, S. 1-28

Westrick, Ludger
Chancen und Risiken der Eigenverwaltung nach der Insolvenzordnung
NZI 2003, S. 65-72

Wild, Gerd-Rüdiger
Versagung und Ernennung des gewählten Konkursverwalters durch das Konkursgericht gemäß § 80 KO
KTS 1982, S. 63-64

Willemsen, Reinhard/ Rechel, Janine
Insolvenzrecht im Umbruch – ein Überblick über den RegE-ESUG
BB 2011, S. 834-840

Willmann, Helmut/ Messinger, Heinz (Hrsg.)
Langenscheidts Großwörterbuch der englischen und deutschen Sprache
Teil 1: Englisch-Deutsch
Berlin [u.a.] 2002
[zitiert: Langenscheidts Großwörterbuch]

Wimmer, Klaus (Hrsg.)
Frankfurter Kommentar zur Insolvenzordnung
6. Auflage, Köln 2011
[zitiert: FK-*Bearbeiter*]

Wimmer, Klaus/ Dauernheim, Jörg/ Wagner, Martin/ Weidekind, Sabine-Sofie (Hrsg.)
Handbuch des Fachanwalts Insolvenzrecht
Neuwied/Kriftel 2002
[zitiert: *Verfasser* in: WDWW]

Wittig, Arne Beseitigung der Insolvenzgründe mit Bankenbeiträgen als Voraussetzung der freien Unternehmenssanierung
NZI 1998, S. 49-57

Wuschek, Thomas Eigenverwaltung gewinnt an Bedeutung – Durch das ESUG nimmt Attraktivität der Eigenverwaltung zu
ZInsO 2012, S. 110-115

Zöller, Richard (Hrsg.) Zivilprozessordnung
28. Auflage, Köln 2010
[zitiert: Zöller-*Bearbeiter*]

von Zwoll, Christiane Der „außergerichtliche Insolvenzplan“
ZInsO 2008, S. 418-420

Schriftenreihe des Centrum für Deutsches und Europäisches Insolvenzrecht Kiel

Herausgegebenvon Stefan Smid, Silke Wehdeking und Mark Zeuner

Band 1 *in Vorbereitung*

Band 2 Sebastian Wilhelm Deichgräber: Gesellschaftsrechtliche Sitzverlegungen und haftungsrechtliche Begründungen internationaler insolvenzrechtlicher Zuständigkeiten. Zugleich ein Beitrag zur Verwendung in der Judikatur. 2012.

Band 3 Malte Engeler: Die zweigliedrige Personengesellschaft in der Insolvenz. 2012.

Band 4 Sebastian Müller: Verhandlungsgesteuerte Sanierung durch den prepackaged plan. Das Planinitiativrecht des Schuldners aus § 218 Abs. 1 S. 2 InsO als Ausgangspunkt steuer- und planbarer Gestaltungsprozesse. 2013.

Band 5 Christoph Pabst: Materielle Insolvenz – Die retrograde Ermittlung der Zahlungsunfähigkeit. 2013.

www.peterlang.de

www.ingramcontent.com/pod-product-compliance
Ingram Content Group UK Ltd.
Pitfield, Milton Keynes, MK11 3LW, UK
UKHW021845290926
8980IPUK00005B/658

9 783631 643600